Zurechnung als Operationalisierung von Verantwortung

TREFFPUNKT PHILOSOPHIE

Herausgegeben von Matthias Kaufmann

Band 4

PETER LANG
Frankfurt am Main · Berlin · Bern · Bruxelles · New York · Oxford · Wien

Matthias Kaufmann/Joachim Renzikowski (Hrsg.)

Zurechnung als Operationalisierung von Verantwortung

PETER LANG
Europäischer Verlag der Wissenschaften

Bibliografische Information Der Deutschen Bibliothek
Die Deutsche Bibliothek verzeichnet diese Publikation in der Deutschen Nationalbibliografie; detaillierte bibliografische Daten sind im Internet über <http://dnb.ddb.de> abrufbar.

Gedruckt auf alterungsbeständigem,
säurefreiem Papier.

ISSN 1619-585X
ISBN 3-631-52120-0

Printed in Germany 1 2 3 4 6 7

www.peterlang.de

Inhalt

Vorwort

III. Rechtliche und philosophische Aspekte des Zurechnungsbegriffs

Matthias Kaufmann/ Joachim Renzikowski

Vom Nutzen der Zurechnung

Der Gebrauch des Wortes „Verantwortung“ lädt nachgerade ein zur großen Geste. Seit langem verweisen Politiker auf ihre historische Verantwortung oder auch auf ihre Verantwortung für das Ganze, weshalb sie individuelle Wünsche und Ansprüche zurückweisen müssten. Nach oben strebende Manager wollen endlich mehr Verantwortung tragen, und manchmal übernehmen Politikerinnen und Politiker durch den Rücktritt die Verantwortung für eigene Fehler oder für solche, die in den von ihnen geleiteten Behörden begangen wurden. Ein weiterer Aspekt trat hinzu, als in den letzten Jahrzehnten im Kontext der ökologischen Bewegung und der Kritik an den Folgen der Großtechnologien mit wechselndem Erfolg nach Verantwortlichen für Fehlentwicklungen gesucht und zudem unser aller Verantwortung angemahnt wurde. Die Rolle eines Klassikers erwarb sich dabei *Das Prinzip Verantwortung* von Hans Jonas aus dem Jahr 1979, doch erwies gerade die Diskussion um individuelle und kollektive Verantwortung im Rahmen der Technikfolgenbewertung die enorme Komplexität der zu berücksichtigenden Zusammenhänge (vgl. u.a. Hubig 1995; Lenk/Maring 1995; Ropohl 1996, 75). Teilweise ähnlichen Problemen sah man sich auf dem vergleichsweise jungen Gebiet des Völkerstrafrechts gegenüber. Hier wie dort bedient man sich nun, um die schwer zu fassenden Verantwortungsbeziehungen handhabbar zu machen, in vielen Fällen des im Vergleich zum Verantwortungsbegriff wesentlich „minderkomplexen“ (Joachim Lege, zum Facettenreichtum des Verantwortungsbegriffs vgl. die geordnete Auswahlbibliographie von Ulrike Arndt 1995) Begriffs der rechtlichen Zurechnung. Weyma Lübbe sprach bereits von einer „Zurechnungsexpansion“ (Lübbe 1998, 20 ff.).

In der Tat wissen wir nicht recht, wie das Verantworten vor der Natur von statten geht. Dagegen haben wir von dem Ort, an dem sich Menschen seit jeher vor Menschen verantworten müssen, dem Strafgericht, eine erheblich deutlichere Vorstellung. Während man ferner bei moralischen Appellen an das menschliche Verantwortungsbewusstsein für die eigene Zukunft, die Zukunft der Menschheit oder auch des Lebens auf unserem Planeten noch immer Schwierigkeiten hat, die Träger der Verantwortung und die ihnen zuzuschreibenden Verhaltensweisen zu identifizieren, bietet in der juristischen, speziell strafrechtlichen Tradition zumindest für vergangene Handlungen der Begriff der Zurechnung einen Weg zur systematischen Durchdringung der Problematik.

So waren es vor allem Fragen der Strafgerechtigkeit, die den Anlass zu ersten Versuchen einer systematischen Entfaltung des Begriffs der Zurechnung als Operationalisierung der Verantwortung gaben. Die europäische Tradition dieses

Begriffes beginnt wohl bei Aristoteles. In den ersten Kapiteln des dritten Buches seiner Nikomachischen Ethik diskutiert er zwar nicht, ob eine Handlung strafrechtlich zugerechnet werden kann, wohl aber, wann man sagen kann, sie sei freiwillig ausgeübt worden (hekousion). Seine Kriterien sind, dass der Ursprung im Handelnden liegt und dass dieser ein Wissen um das Ziel der Handlung besitzt (vgl. EN III, 1-3 1109b 30 - 1111b 2; Wolf 2002, 116 ff.; Broadie 1991, 124 ff.).

Anthony Kenny (Kenny 1975, 16 ff.) bemängelt, bei Aristoteles sei der Begriff des Willens noch unterbestimmt und sieht als entscheidenden Durchbruch die Charakterisierung bei Thomas von Aquin, für den im zweiten Teil seiner Summa Theologiae (ST IIaIIae qu. 6) eine Handlung aus freiem Willen geschieht, wenn ihr Ursprung im Handelnden liegt, dieser begriffliches Wissen um das Ziel der Handlung besitzt und das Verhältnis der Mittel zum Ziel kennt. Ob die Kritik an Aristoteles zutrifft, ist für unseren Kontext weniger relevant als der Umstand, dass die bei Thomas auftauchende Bestimmung wohl in der Folgezeit rezipiert wurde. Bei Thomas finden sich auch detaillierte, wenngleich nach mancher Ansicht nicht vollständig konsistente Untersuchungen darüber, inwieweit die Leidenschaften unsere Verantwortlichkeit für Handlungen zu mindern vermögen (u.a. ST IaIIae qu. 77,78; vgl. v.a. Nisters 1994; zu den *passiones* bei Thomas auch Brungs 2002).

Ferner formuliert Thomas die für einige Zeit richtungweisende Unterscheidung zwischen einem unmittelbar vom Willen hervorgebrachten Akt des Wollens (actus elicitus) und einem zwar vom Willen befohlenen, aber unter Vermittlung einer anderen Fähigkeit ausgeführten Akt wie Spazierengehen oder Sprechen (a voluntate imperatus, et mediante alia potentia exercitus, ut ambulare vel loqui, ST IaIIae, qu. 6 art. 4co). Richtungweisend ist diese Unterscheidung für unseren Kontext deshalb, weil spätestens in der anschließenden Debatte über das Verhältnis des Wollens zur Ausführung bei der moralischen Beurteilung einer Handlung der Begriff der Zurechenbarkeit (imputabilitas) eine entscheidende Rolle spielt, in der das bereits in den Digesten vorzufindende *imputare* mit der Willensfreiheit in Verbindung gebracht wird, also in Reflexionen eingeht, die in die Richtung der späteren *imputatio moralis* weisen (vgl. den Beitrag von Hruschka). Darüber ist man sich nämlich in einer zu Beginn des vierzehnten Jahrhunderts geführten, intensiven Diskussion einig, dass das, was eine Handlung lobenswert oder tadelnswert, belohnenswert oder strafenswert erscheinen lässt, was ihr also moralische Qualität verleiht, ihre *imputabilitas*, eben ihre Zurechenbarkeit sei. Während Duns Scotus und seine Parteigänger Wert darauf legten, dass auch ein *actus imperatus* in gewisser Weise zurechenbar sei, wie ein Sklave, der auf Befehl seines Herrn gemordet habe (Duns Scotus, Quodlibet qu. 18, ed. Wadding, Lyon 1639, 481 ff.; Adams/Wood 1983), meint Ockham, jede äußere Tat könne auch die eines unzurechnungsfähigen *phreneticus* sein, die moralische Bewertung erfolge nur bei zurechnungsfähigen Menschen aufgrund des Motivs ihrer Handlung, also aufgrund des *actus elicitus* (Ockham, Quodlibeta septem, Opera Theologica IX, 99 ff.).

Trotz dieser klaren Belege für eine frühere, auch bereits terminologische Verwendung des Wortstammes scheint man von einer Zurechnungslehre erst seit dem 17. Jahrhundert, wohl seit Pufendorf sprechen zu können, bei dem sich nach der begründeten Vermutung Joachim Hruschkas wohl auch erstmals der Terminus *imputatio* findet. Es entwickelte sich bei Pufendorf und im Anschluss an ihn, insbesondere in der naturrechtlichen Diskussion des 18. Jahrhunderts, bei Autoren wie Wolff, Heineccius und Daries, um nur einige zu nennen, eine Feinstrukturierung des Zurechnungsbegriffs, die in ihrer Differenzierungsleistung heutigen Ansätzen keineswegs nachsteht, wie Hruschka bereits seit einigen Jahren mehrfach nachgewiesen hat. Der hier folgende, den historischen Anfangsteil eröffnende Beitrag Huschkas zeigt die Entwicklung dieser Diskussion, auch im Hinblick auf das Verhältnis der Zurechnung zur Anwendung des Gesetzes und zur Subsumtion. Die berühmt gewordene Definition aus Kants Metaphysik der Sitten: „Zurechnung (imputatio) in moralischer Bedeutung ist das Urteil, durch welches jemand als Urheber (causa libera) einer Handlung, die alsdann Tat (factum) heißt und unter Gesetzen steht, angesehen wird." (AA VI, 227) stellt einen wesentlichen Meilenstein in dieser Debatte dar, keineswegs jedoch ihr Ende.

Selbstverständlich bleibt die Diskussion um die Zurechnung im 17. und 18. Jahrhundert kein rein deutsches Phänomen – zumal Pufendorf in späteren Jahren bekanntlich an der Universität Lund in Diensten des schwedischen Königs stand. Innerhalb der gesamteuropäischen Naturrechtsdiskussion gibt es dabei eine interessante Parallele zwischen Deutschland und Italien, insofern in beiden Ländern die rechtswissenschaftliche Diskussion über die kleinräumigen politischen Grenzen hinweg maßgeblich an der allmählichen Herausbildung eines modernen rechtsstaatlichen Systems beteiligt war, allerdings auch an den Abwehrversuchen des ancien régime gegen dieselbe.

Giuseppe Cacciatore präsentiert die von Giambattista Vico (1669-1744) beeinflussten, im Geiste der Aufklärung für eine streng rechtsstaatlich agierende Justiz ringenden neapolitanischen Reformer Gaetano Filangieri und Francesco Mario Pagano. Letzterer bezahlte seinen Einsatz mit dem Leben: Als Vorsitzender des Gesetzgebungskomitees der neapolitanischen Revolution von 1799 wird er nach deren Niederschlagung verhaftet und am 29. Oktober 1799 erhängt. Cacciatore zeigt zunächst, dass für Giambattista Vico die strafrechtliche Zurechnung eng an den Begriff des Bewusstseins geknüpft ist, ein Merkmal, das sich auch in der strikt auf die soziale und rechtliche Reform ausgerichteten, in hohem Maße verwissenschaftlichten Rechtslehre Filangieris vorfindet. Die beiden folgenden Beiträge behandeln die weitere Entwicklung im für einige Zeit durch seine aufklärerische Haltung hervorgetretenen Großherzogtum Toskana, wo unter dem Einfluss von Cesare Beccarias 1765 publiziertem epochalen Werk *Dei delitti e delle pene* zeitweilig die Todesstrafe abgeschafft war, anhand zweier Schüler des aufklärerischen Naturrechtlers Giovanni Maria Lampredi. Mario Montorzi zeigt am Beispiel Luigi Cremanis, wie sich aus einem antiaufklärerischen Impuls und der scholastisch geprägten traditionellen Rechtslehre ein sehr spezifischer Zurechnungsbegriff zu einer Waffe in der Hand der politischen Repression der Restaurationszeit nach der Französischen Revolution formen lässt. Die dabei zutage tretende ontologische Deutung des „Aristotelismus", die keinen klaren Unterschied von rechtlicher und moralischer Verpflichtung macht und in der Deutung Cremanis jedes Anzeichen für eine Geisteshaltung, die auf eine Verachtung der Gesetze des Staates schließen lässt, als Delikt ansieht, führte möglicherweise zu einer gewissen Abkehr von in weitem Sinne noch mit der Scholastik in Verbindung gebrachten Zurechnungslehren und zu einer Ausrichtung an Autoren der französischen Aufklärung. Cremanis Deutung des Verbrechens als Verachtung des Gesetzes erinnert denn auch eher an Suarez (De legibus ac deo legislatore, lib. III, cap. XXVIII) als an die Pufendorfsche Tradition. Ein interessantes Beispiel des allmählich eintretenden Wandels der zentralen Bezugnahme, weg von der Scholastik, hin zu den *ideologues* im zeitgenössischen Frankreich, aber auch zu Bentham, mitsamt einiger Hemmungen, der egalitären Logik des modernen Vernunftrechts zu folgen und etwa Frauen dieselbe Zurechnungsfähigkeit wie Männern zuzuschreiben, ist das Werk des pisaner Restaurationsjuristen und Rechtsphilosophen Giovanni Carmignani, dessen Zurechnungslehre Andreas Labardi in seinem Beitrag vorstellt. Die relativ detaillierten Beiträge aus einer Epoche der italienischen Rechtswissenschaft zeigen dabei deutlich deren Verflechtung mit politischen Entwicklungen und Veränderungen der Strafpraxis, bei denen die Entwicklung des Zurechnungsbegriffs eine nicht unerhebliche Rolle spielte. Kurt Seelmann weist dann nach, wie Hegel einerseits den traditionellen Zurechnungsbegriff aufnimmt und um die sog. politische Zurechnung ergänzt, allerdings in anderer Bedeutung von „politischer Zurechnung" als Carmignani sie im Anschluss an Bentham anführt, wie er andererseits aber auch innovative Elemente hinzufügt, etwa verschiedene Formen der „Zurechungsminderung" in entwickelten Gesellschaften.

Die Geschichte des Zurechnungsbegriffs wird durch den Beitrag von Stanley L. Paulson abgeschlossen. Paulson zeigt zunächst, dass Kelsen sich an die traditionelle Begrifflichkeit anlehnt, sie aber im Rahmen seiner Reinen Rechtslehre mit völlig anderen Inhalten füllt. Kelsen unterscheidet zwischen zwei Arten der Zurechnung, der „zentralen" und der „peripheren". Die zentrale Zurechnung versucht, einen Gegenstand als Bestandteil des Rechts zu erkennen, indem sie ihn in Beziehung zu einem Zurechnungspunkt setzt. Zurechnungspunkte sind im Gegensatz zur herkömmlichen Ansicht aber weder natürliche, noch juristische

Personen, sondern Teilrechtsordnungen. Damit stellt sich das Problem, wie der Zurechnungspunkt selbst als rechtlich erkannt werden kann. Letztlich muss sich damit die Rechtsordnung selbst voraussetzen, was zu Kelsens Lehre von der Grundnorm hinführt. Auch bei der peripheren Zurechnung wird kein Subjekt verwendet. Vielmehr geht es um die Zurechnung einer Rechtsfolge zu einem Tatbestand. Paulson analysiert die Probleme, die Kelsens Begrifflichkeit aufwirft, und ihren Stellenwert in der Reinen Rechtslehre. Aus der Sicht der traditionellen Zurechnungslehre entwickelt Kelsen eine Form ohne Inhalt. Aber vielleicht ist das ja gerade das Ziel seines Kampfes gegen den Naturalismus im Recht.

Aus einer deutlich anderen Perspektive, nämlich mit Blick auf die Fragen, die sich bei der Anwendung des Zurechnungsbegriffs auf die politischen Bedingungen der Gegenwart ergeben, behandeln die Beiträge des zweiten Teils die Problematik. So zeigt Georg Lohmann zunächst, dass es bei positiven Pflichten im Sinne Kants möglich und zweckmäßig ist, von einer Zurechnung von Pflichten zu sprechen. Sodann argumentiert er dafür, die Umsetzung der sozialen Menschenrechte aus der sog. dritten Generation der Menschenrechte mit Hilfe einer Zurechnung sozialer Pflichten vorzunehmen. Die zu erwartenden Schwierigkeiten bei der Anwendung auf konkrete Fälle hofft er durch ein nachvollziehbares Abwägen der verschiedenen, dabei kollidierenden Ansprüche überwinden zu können.

Agostino Carrino beschreibt die problematische Situation der modernen parlamentarischen Demokratien, aber etwa auch der europäischen Bürokratie wesentlich dadurch, dass mehr und mehr die Möglichkeit der Zurechnung und des Verantwortlich-Machens schwindet. Nach einer Diskussion der entstandenen Probleme gelangt er zu dem Schluss, es sei der „Lackmustest“ für die Zukunftsfähigkeit der modernen Demokratien, ob es ihnen gelingt, politische Verantwortlichkeit über Zurechnung zuverlässig zu organisieren.

Jan C. Joerden greift aus dem komplexen Feld der Probleme kollektiver Zurechnung modellhaft die Frage heraus, ob man bei der Bevölkerung eines verbrecherischen Staates in der Weise von einer Kollektivschuld sprechen kann, dass die bei kriegerischen Handlungen gegen die Staatsführung unvermeidlichen Kollateralschäden damit legitimiert wären. Er untersucht vorhandene strafrechtsdogmatische Figuren und Erwägungen – von der Mittäterschaft bis zu sehr viel schwächeren Formen kollektiven Schuldigwerdens – auf Analogien zur Bevölkerung eines Staates, gegen den man glaubt, einen gerechten Krieg führen zu dürfen, und zeigt, dass sich die Leiden, welche man der Zivilbevölkerung zufügt, jedenfalls nicht mit der Annahme einer Kollektivschuld rechtfertigen lassen.

Der Beitrag von Joachim Renzikowski behandelt das Problem der strafrechtlichen Zurechnung innerhalb von Hierarchien. Zwar ist es ein Gebot der Gerechtigkeit, nicht nur die „Kleinen zu hängen und die Großen laufen zu lassen". Die möglicherweise größere Verantwortlichkeit der „Schreibtischtäter" im Verhältnis zu den unmittelbar Ausführenden macht die Hinterleute jedoch noch nicht zu Tätern im strafrechtlichen Sinn, denen die Ausführung als ihr Werk zugerechnet werden kann. Immerhin bietet das geltende Recht eine weitere Kategorie an: die Anstiftung. Fraglich ist, ob ein streng restriktiver Täterbegriff jeden Regress hinter das freie Handeln des unmittelbar Ausführenden verbietet und damit eine Zurechnung zum Hintermann ausschließt, oder ob die Fälle der Anstiftung – jenseits des deutschen, aber in Übereinstimmung etwa mit dem portugiesischen Strafrecht – eine eigene Kategorie der Täterschaft bilden, weil sich der Angestiftete in den Dienst des Hintermannes stellt.

Joachim Lege zeigt die Grenzen des Zurechnungsbegriffs im Umwelt- und Technikrecht auf. In diesem Bereich würden Risiken „zugerechnet". Unter einem Risiko können man eine Handlung im Angesicht einer Gefahr, d.h. ein Wagnis, oder den Wert einer Handlung im Hinblick auf eine Gefahr verstehen. Lege erprobt beide Definitionen auf einem Streifzug durch das Umwelt- und Technikrecht. Im Endeffekt hält er den Zurechnungsbegriff jedoch in diesem Bereich für unterkomplex, weil die aufgeworfenen Probleme nicht durch die individuelle Zurechnung von Risiken, sondern nur durch gerechte Institutionen gelöst werden könnten. Besser sei es daher, den komplexeren Begriff der „Verantwortung" zu verwenden. Der materielle Grund der Verantwortung für Umweltrisiken liege in der Gefährdung knapper Ressourcen. Die entsprechenden Verteilungsprobleme ließen sich mit einem liberalen Freiheitsmodell nicht bewältigen.

Der abschließende Teil des Bandes greift wiederum einige hartnäckige theoretische Fragen philosophischer und juristischer Natur auf.

Die strafrechtliche „Lehre von der objektiven Zurechnung" behandelt Volker Haas. Nach verbreiteter Ansicht formuliert diese Lehre normative Zurechnungsschranken gegenüber einem als zu weit empfundenen Begriff einer äquivalenten Kausalität. Haas kritisiert, dass das Ziel einer Haftungsbegrenzung nicht wirklich erreicht werde, wenn die Äquivalenz der Ursachen durch eine Äquivalenz der unerlaubten Risiken ersetzt werde. Zudem beruhe die Reichweite des unerlaubten Risikos auf einer utilitaristischen Interessenabwägung, die die subjektiven Rechte des Einzelnen verkürze. Demgegenüber plädiert Haas für eine individualrechtlich begründete Theorie strafrechtlicher Haftungsbegründung und -begrenzung, die am subjektiven Recht als Legitimationsgrund für öffentlichrechtliche Verhaltenspflichten ansetzen müsse. Die rechtliche Zurechnung werde somit durch die Reichweite des subjektiven Rechts bestimmt.

Georg Mohr wiederum diskutiert die für den Zurechnungsbegriff äußerst wichtige Frage, inwieweit seine Anwendung die menschliche Willensfreiheit voraussetzt. Mohr zeigt die Schwächen der Theorien auf, welche die Legitimität oder

Illegitimität strafrechtlicher Zurechnung an die Beweisbarkeit der Willensfreiheit oder aber des Determinismus knüpfen, gibt sich jedoch ebenso wenig mit der Behauptung der Irrelevanz der Willensfreiheit für das Strafrecht zufrieden. Er führt aus, dass wir, wenn wir uns als Normadressaten verstehen, mit dem aristotelischen Begriff von Freiwilligkeit auskommen, dass wir hingegen dann, wenn wir uns als Normautoren betrachten, auf den bei Rousseau und Kant entstandenen Begriff der Autonomie zurückgreifen müssen. Als gemeinsame Schwäche der verschiedenen präsentierten Entwürfe ermittelt er dabei die zu geringe Berücksichtigung des Umstandes, dass wir es heute mit dem Strafrecht eines demokratischen Verfassungsstaates zu tun haben.

Alexander Aichele analysiert kritisch die Konsequenzen der zentralen Rolle der Willensfreiheit für die praktische Philosophie Kants im Kontext der Zurechnung. Der Umstand, dass die Zurechungsfähigkeit mit der Personalität und diese wiederum mit dem Menschsein gewissermaßen gleichgesetzt wird, führt beim Umgang mit nicht zurechnungsfähigen Tätern allzu leicht dazu, ihnen das Menschsein abzusprechen und sie folgerichtig auch nicht mit der Menschen gebührenden Achtung zu behandeln.

Vanna Gessa-Kurotschka befasst sich mit dem auf die Verantwortung für unser gutes Leben bezogenen Aspekt in Hans Jonas' *Prinzip Verantwortung* und weist insbesondere auf die Gefahr hin, dass wir unter Umständen unter Verweis auf die Freiheit der Forschung, auf die Freiheit unserer Selbstgestaltung dabei sein könnten, die organische Basis unserer bisherigen Lebenserfahrung – und damit auch unserer Zurechnungsgrundsätze – aufs Spiel zu setzen.

Matthias Kaufmann versucht abschließend eine Übersicht über die Bereiche, in denen eine Strukturierung des Verantwortungsbegriffs mittels der Zurechnung gelingt oder zumindest erfolgversprechend angegangen wird. Ferner werden Gebiete benannt, in denen Derartiges nicht möglich erscheint. Davon sind einige durch einen eher missbräuchlichen Umgang mit der Rede von Verantwortung gekennzeichnet, der gerade keine Bereitschaft einschließt, sich vor Menschen für das eigene Tun zu verantworten. Andere jedoch beziehen sich auf Formen und Aspekte menschlichen Tätigseins, die eine genaue Zurechnung nicht gestatten oder unnütz machen.

Wir danken sehr herzlich Dagmar Kaufmann für die gelungenen Entwürfe von Plakaten, Programmen und Faltblättern für die Tagung, auf die der vorliegende Band zurückgeht, sowie für die Umschlaggestaltung. Die Tagung wurde ermöglicht durch die Deutsche Forschungsgemeinschaft, aber auch durch einen Zuschuss der Martin-Luther-Universität und der Abteilung Öffentlichkeitsarbeit des Kultusministeriums des Landes Sachsen-Anhalt, denen gleichfalls unser Dank gebührt. Herrn Tino Kleinert, Frau Christiane Trieb, Herrn Dominik Recknagel und Frau Juliane Gerling danken wir für besonders zeitaufwändige und kompetente Hilfe bei der Organisation der Tagung, Herrn Daniel Andrae für den entscheidenden Beitrag bei der Herstellung des fertigen Bandes.

Halle im Juni 2004

Matthias Kaufmann
Joachim Renzikowski

Literatur:

Adams M. McC.;Wood, R.: Is To Will It as Bad as To Do It? The Fourteenth Century Debate, in: Franciscan Studies 43 (1983), S. 5-60.

Arndt, U.: Auswahlbibliographie zum Thema "Verantwortung", in: *Kurt Bayertz* (Hg.), Verantwortung. Prinzip oder Problem?, Darmstadt 1995, S. 287-303.

Bayertz, K. (Hg.): Verantwortung. Prinzip oder Problem?, Darmstadt 1995.

Broadie, S.: Ethics with Aristotle, Oxford 1991.

Brungs, A.: Metaphysik der Sinnlichkeit, Halle/Saale 2002.

Hubig, C.: Verantwortung und Hochtechnologie, in: *Kurt Bayertz* (Hg.), Verantwortung. Prinzip oder Problem?, Darmstadt 1995, S. 98-139.

Kaufmann, M.: imputabilitas als Merkmal des Moralischen, in: Jahrbuch für Recht und Ethik 2 (1994), S. 55-66.

Kenny, A.: Will, Freedom and Power, Oxford 1975.

Lenk, H.; Maring, M.: Wer soll Verantwortung tragen? Probleme der Verantwortungsverteilung in komplexen soziotechnischen-sozioökonomischen Systemen, in: *Kurt Bayertz* (Hg.), Verantwortung. Prinzip oder Problem?, Darmstadt 1995, S. 241-286.

Lübbe, W.: Verantwortung in komplexen kulturellen Prozessen, Freiburg/München 1998.

Nisters, T.: Aquinas on Passions and Diminished Responsibility, in: Jahrbuch für Recht und Ethik 2 (1994), S. 239-257.

Wolf, U.: Aristoteles' "Nikomachische Ethik", Darmstadt 2002.

I. Zur Geschichte des Zurechungsbegriffs

Joachim Hruschka

Zurechnung seit Pufendorf. Insbesondere die Unterscheidungen des 18. Jahrhunderts

I. Sprachgeschichtliches zu „imputatio" und „Zurechnung"

In Pufendorfs „De Jure Naturae et Gentium" von 1672 gibt es ein Kapitel „De Actionum Moralium Imputatione" – wörtlich: „Über die Zurechnung moralischer Handlungen" (Pufendorf 1672, Lib. I Cap. 9 [101-105]), in dem der Autor für die praktische Philosophie ein neues Thema formuliert. Nicht, dass es vor 1672 keine Zurechnungslehre gegeben hätte. Schon Aristoteles hat eine ausgearbeitete Zurechnungslehre (dazu Loening). Dasselbe gilt für Thomas von Aquin und für eine ganze Reihe auf ihn folgender Autoren. Aber erst seit Pufendorf können die einschlägigen Lehren als „Zurechnungslehren" bezeichnet werden. Pufendorf ist der erste gewesen, der das Substantiv „imputatio" als einen terminus technicus in die praktische Philosophie eingeführt hat, um ein treffendes Wort für das Urteil zu haben, das wir im Anschluss an ihn heute als „Zurechnungsurteil" bezeichnen (vgl. Loening, X f.).

Obwohl das zu „imputatio" gehörige Verb „imputare" alt ist (es wird schon in der Antike benutzt; wir finden es etwa in den Digesten, Dig. 20.5.9; 49.16.14.1.), ist es nicht schon beim ersten Anblick verständlich. Deshalb bleiben den Autoren nach Pufendorf, die sich mit der Zurechnungslehre befassen, die Geschichte des Wortes und die Schwierigkeiten, die sich daraus für das Verständnis ergeben, dauernd präsent (vgl. Hochstetter, Exercitatio II § 39 [98]; Daries 1754, Obs. XLII § 16; Martini, § 174 Schol. mit vielen Hinweisen). „Imputare" ist eine Ableitung von „putare". „Putare", das ursprünglich „reinigen" meint, hatte in der Sprache der Landwirtschaft schon in der Antike den Sinn von „schneiden" angenommen, weil Bäume und Reben dadurch „gereinigt" werden, dass sie beschnitten werden.[1] Kerben werden in ein Holz eingeschnitten (man denke an die römischen Zahlzeichen), um die Schulden anzuzeigen, die jemand hat. Infolgedessen kann ein Mensch etwas „auf dem Kerbholz" haben. „Putare" wird auf diese Weise zu „rechnen" und „imputare" zu „anrechnen", „zurechnen".[2] Schon bei Phaedrus heißt es: „Noli imputare vanum benificium mihi." – „Rechne mir nicht die nichtige

---

[1] Damit hängt die Bedeutung des Wortes „amputieren" zusammen: „amputare" – „rund herum schneiden".

[2] Damit hängt auch das Wort „computare" – „zusammenrechnen" zusammen, von dem der moderne „computer" seinen Namen hat. Wichtige Hinweise auf die Geschichte des Ausdrucks „imputare" verdanke ich der Glosse von Klaus Bartels in der Neuen Zürcher Zeitung vom 7. 1. 1984, 33.

Cap. VII § 24) die heutige Bedeutung erläutern: „Imputare“ bedeutet, jemandem etwas „auf [die] Rechnung schreiben“.
Das Wort „zurechnen“ ist eine eher mechanische Verdeutschung von „imputare“, die in der hier interessierenden Bedeutung zuerst in Luthers Bibelübersetzung vorzukommen scheint (vgl. Gustav Rosenhagen, Art. „zurechnen“, in: Grimm, Sp. 637 ff.). Auch dieses Wort ist im 17. und 18. Jahrhundert nicht aus sich heraus völlig verständlich, sondern bedarf der Erläuterung durch das lateinische Original. Deshalb hat es in der Eindeutschung „imputieren“ auch eine starke Konkurrenz. „Hinc Germani dicunt: Ich will es ihm nicht imputiren,“ heißt es einmal bei Daries (Institutiones, Pars Generalis Cap. V § 218 Cor. 2). Auf die Dauer setzt sich trotzdem das Wort „zurechnen“ durch.

II. Kants Zurechnungsbegriff

Die heute wohl bekannteste Definition von „Zurechnung“ finden wir in Kants „Metaphysik der Sitten“:

> „Zurechnung (imputatio) in moralischer Bedeutung ist das Urteil, wodurch jemand als Urheber (causa libera) einer Handlung, die alsdann Tat (factum) heißt und unter Gesetzen steht, angesehen wird.“ (AA VI, 227 Z. 21-23)

Jemandem etwas auf die Rechnung schreiben (Thomasius), kann in verschiedener Weise geschehen. Christian Wolff (Philosophia Practica Universalis Pars prior, § 642) und Daries unterscheiden zwischen „physischer Zurechnung“ („imputatio physica“) und „moralischer Zurechnung“ („imputatio moralis“). Bei der ersteren geht es um den Kausalzusammenhang zwischen dem Dasein einer Person und dem Eintritt eines Ereignisses, bei der letzteren um die Frage, ob ein Ereignis auf den Willen einer Person bezogen werden kann (Daries 1754, Obs. XLII § 17). Kant geht es nicht um die imputatio physica, sondern allein um die Zurechnung „in moralischer Bedeutung“, um die Frage, ob eine „Handlung“ auf den Willen einer Person bezogen werden kann.
Dabei müssen wir von dem weiten Handlungsbegriff ausgehen, wie er im 18. Jahrhundert üblich ist. „Actio“ – „Handlung“ ist jedes Ereignis, in das ein Mensch involviert ist. Deshalb unterscheidet Wolff zwischen den „actiones liberae“ und den „actiones physice necessariae“, den „freien“ und den „physisch notwendigen Handlungen“ (Wolff, § 12). Auch Kant spricht expressis verbis von „freien Handlungen“ (vgl. etwa Kant, AA VI, 222 Z. 3). Wenn von einer „Handlung“ die Rede ist, bleibt es infolgedessen offen, ob die „Handlung“ eine freie oder eine physisch notwendige Handlung ist. Ein Zurechnungsurteil sagt dann, dass die zugerechnete Handlung eine „freie Handlung“ ist. „Handlung“ ist deshalb nicht

gleichbedeutend mit „Tat“, sondern eine „Tat“ (factum) ist, jedenfalls bei Kant, das Ergebnis eines Zurechnungsurteils, nämlich eine „freie Handlung“.[3]
Eine Handlung ist eine freie Handlung, wenn sie einem Urheber zugeschrieben werden kann und zugeschrieben wird. „Urheber“ einer Handlung ist eine Person dann, wenn sie „causa libera“ (wörtlich: „freie Ursache“) der Handlung ist. Schon Achenwall, von dem Kant den Gedanken übernimmt, verwendet zur Erläuterung des Wortes „auctor“ – „Urheber“ den Ausdruck „caussa libera“ (Achenwall, § 27). Der Sinn des Hinweises ist klar. Die Person, die Urheber eines Handlung ist, ist Urheber deswegen, weil die Handlung von der Person ihren Ausgang nimmt, ohne dass sie (die Person) ihrerseits zur Vornahme der Handlung determiniert wäre. Eine causa libera zeichnet sich vor einer causa causata (einer ihrerseits verursachten Ursache) dadurch aus, dass sie gerade nicht selbst verursacht, sondern der (absolute) Anfang einer neuen Ursachenkette ist.
Die Zurechnung einer Handlung als einer Tat ist kein Selbstzweck. Ist eine Handlung zurechenbar und zugerechnet, dann „steht“ sie, wie Kant sagt, „unter Gesetzen“, genauer: unter „moralischen Gesetzen“, die Kant auch „Gesetze der Freiheit“ nennt (Kant, AA VI, 214 Z. 13-14). „Moralische Gesetze“ stehen in einem Gegensatz zu den „Naturgesetzen“. Sie sind, noch einmal Achenwall, „propositiones, secundum quas dirigere actiones suas liberas aliquis obligatur“ – „Sätze, denen gemäß seine freien Handlungen einzurichten jedermann verpflichtet ist.“ (Achenwall, § 13). Die Zurechnung einer Handlung als einer freien Handlung ist eine notwendige Bedingung für die Anwendbarkeit dieser Gesetze auf die Handlung. Ohne Zurechnung können die moralischen Gesetze auf eine Handlung nicht angewendet werden. Die Zurechnung der Handlung ist aber auch eine hinreichende Bedingung für die Anwendbarkeit moralischer Gesetze. Stets dann, wenn eine Handlung zugerechnet wird, steht sie unter moralischen Gesetzen.

III. Die Anwendung des Gesetzes auf eine Tat impliziert die Zurechnung dieser Tat (Christian Wolff)

Die bei Kant deutlich werdende Beziehung zwischen der Anwendbarkeit und der Anwendung moralischer Gesetze und der Zurechnung der Tat ist in der zweiten Hälfte des 18. Jahrhunderts klar. Sie wird von Achenwall 1750 folgendermaßen formuliert: „Legis ... imputatio semper supponit imputationem facti, nec nisi idealiter ab hac separari potest.“ – „Die Zurechnung des Gesetzes setzt immer eine Zurechnung der Tat voraus und kann nur theoretisch von ihr unterschieden werden.“ (Pütter/Achenwall, § 158)[4] Mit „imputatio legis“ – „Zurechnung des

[3] Die Terminologie ist schwankend. Auch Achenwall (§ 7) benutzt „factum“ zur Bezeichnung einer freien Handlung (actio libera).
[4] Dazu, dass Achenwall als der Autor der zitierten Stelle anzusehen ist, vgl. Schröder in:

Gesetzes" meint Achenwall die „applicatio legis ad factum", die „Anwendung des Gesetzes auf die (zugerechnete) Tat". Man kann das Zögernde an Achenwalls Formulierung sehen. Idealiter muss zwischen der Anwendung des Gesetzes auf die Tat und der Zurechnung der Tat ein Unterschied gemacht werden, aber die Unterscheidung ist doch „nur theoretisch". Achenwalls Zögern liegt daran, dass keine anderthalb Jahrzehnte zuvor so bedeutende und einflussreiche Autoren wie Heinrich Köhler und J. G. Heineccius die Zurechnung der Tat und die Anwendung des Gesetzes auf die Tat noch gleichgesetzt hatten. Beide definieren „imputatio" durch die „applicatio legis ad factum". Köhler spricht ausdrücklich von „Definition", und Heineccius schreibt schlicht, die Anwendung des Gesetzes auf eine Tat werde „Zurechnung" genannt (Köhler, Exc. III § 381; Heineccius, Lib. I § 95). Vor diesem Hintergrund bereitet es Schwierigkeiten, applicatio legis ad factum und imputatio facti auseinander zu dividieren und die Implikations- und Replikationsbeziehungen zwischen ihnen darzulegen.

Die Leistung, die damit verbunden ist, hat Christian Wolff in seiner „Philosophia Practica Universalis" von 1738 erbracht. Einerseits unterscheidet Wolff zwischen der Anwendung des Gesetzes auf die Tat und der Zurechnung dieser Tat, andererseits sieht und beschreibt er den Zusammenhang zwischen den beiden. Er definiert: „Qui ... legem ad factum aliquod applicat, is de ejus convenientia vel disconvenientia cum lege judicat." – „Wer das Gesetz auf eine Tat anwendet, urteilt darüber, ob die Tat mit dem Gesetz übereinstimmt oder nicht übereinstimmt." (Wolff, § 598 Schol.) Darüber hinaus definiert er: „Imputatio actionis, sive positivae, sive privativae, dicitur judicium, quo agens declaratur causa libera ejus, quod ex actione ipsius consequitur, boni malique vel sibi, vel aliis." – „Zurechnung einer Handlung, sei es der Vornahme, sei es der Unterlassung einer Handlung, wird das Urteil genannt, durch das der Handelnde als freie Ursache dessen bezeichnet wird, was aus der Handlung folgt, sei dies gut, sei es schlecht, sei es, dass die Folgen für ihn selbst, sei es, dass sie für andere entstehen." (Wolff, § 527) Anwendung des Gesetzes auf die Tat und Zurechnung der Tat sind zwei offensichtlich verschiedene Begriffe. Aber es besteht eine Implikationsbeziehung zwischen den beiden: „Ex applicatione legis ad factum intelligitur, actionem esse talem, quae imputari possit." – „Aus der Anwendung des Gesetzes auf eine Tat erhellt, dass die Handlung so beschaffen ist, dass sie zugerechnet werden kann." (Wolff, § 598) Das soll heißen: Die Anwendung des Gesetzes auf eine Tat ist eine hinreichende Bedingung für die Zurechnung der Tat. Es wäre, mit anderen Worten, ein Selbstwiderspruch, das Gesetz retrospektivisch auf eine „Tat" anzuwenden und zugleich anzunehmen, die „Tat" sei nicht zurechenbar.

Wolffs Implikation korrespondiert dem „'Sollen' impliziert 'Können'". Das „'Sollen' impliziert 'Können'" besagt, dass stets dann, wenn ich *in der Prospektive* ein Gesetz auf eine Tat anwende, ich zugleich davon ausgehe, dass der

Pütter/Achenwall, 334.

Angesprochene auch in der Lage ist, der Forderung nachzukommen. Sage ich „Rette den Ertrinkenden!“ (verstanden als eine moralische Forderung), dann schließt das ein, dass ich glaube, dass der Adressat den Ertrinkenden auch retten kann (vgl. Hare, 70). Wolffs Satz besagt, dass stets dann, wenn ich *in der Retrospektive* ein Gesetz auf eine Tat anwende (der Adressat meiner Forderung ist untätig geblieben; er hat den Ertrinkenden nicht gerettet), ich zugleich die Tat zurechne. In dem Beispiel gehe ich bei der retrospektivischen Anwendung des Gesetzes auf die Untätigkeit des potentiellen Retters davon aus, dass der untätig Gebliebene den Ertrinkenden hätte retten können, dass seine Untätigkeit also die (freie) Unterlassung einer gebotenen Handlung war. Denn das ist es, was „Zurechnung der Tat“ bedeutet.

Wolffs Implikation wird 1740 von Turnbull aufgegriffen[5], der sie an Thomas Reid[6] weitergibt, und auch Kants Benutzung des „'Sollen' impliziert 'Können'“[7] dürfte bei Wolff ihren Ursprung haben.

IV. Exkurs zum Subsumtionsbegriff

Wolffs Überlegungen führen bei Achenwall (Pütter/Achenwall, § 158; Achenwall, § 29 N), Baumgarten (1760, § 125) und in Kants Vorlesungen (AA XXVII, 561 Z. 29, 562, Z. 18) zu der Zweiteilung von „imputatio facti“ – „Zurechnung der Tat“ und „imputatio legis“ – „Zurechnung des Gesetzes“.[8] Die imputatio facti besagt, dass jemand der Urheber einer Handlung sei. Statt „imputatio legis“ könnte man auch „applicatio legis ad factum“ sagen. Tatsächlich erklärt Kant die imputatio legis ausdrücklich als „applicatio legis ad factum sub lege sumtum“, als „Anwendung des Gesetzes auf die Tat, die unter das Gesetz fällt“. Die imputatio legis ist damit identisch mit dem Subsumtionsschluss.

„Subsumtion“ meint dasselbe wie „applicatio legis ad factum“. Doch sieht Subsumtion den Vorgang in der Perspektive der Tat („Subsumtion“ ist „Unterordnung der zugerechneten Tat unter das Gesetz“), während „applicatio

[5] Turnbull, 18: „With respect to our natural disposition to approve or disapprove actiones, or our sense of good or ill desert, it necessariliy implies in it, or carries along with it, a persuasion of its being in the power of the person blamed or commended, to have done or not done the action approved or disapproved.“

[6] Reid, „Essays on the Intellectual Powers of Man“ (1785) und „Essays on the Active Powers of Man“ (1788) in: Hamilton, 447, 517.

[7] Vgl. etwa Kant, AA III, 524 Z. 18-23: Da reine Vernunft „gebietet“, dass „Handlungen, die den sittlichen Vorschriften gemäß sind, geschehen sollen, so müssen sie auch geschehen können.“

[8] Baumgarten hat die Zweiteilung in seinen Vorlesungen als eine Art von Kompromiss (B. spricht von „conciliare“) zwischen dem Zurechnungsbegriff Köhlers und dem Wolffs erklärt. Köhlers Zurechnung heiße jetzt „imputatio legis“, Wolffs Zurechnung „imputatio facti“. Vgl. Baumgarten 1763, 22 (§ 42 zu Köhlers § 381).

legis ad factum“ denselben Vorgang vom Gesetz her betrachtet, eben als Anwendung des Gesetzes auf die Tat.

In seiner Vorlesung im Wintersemester 1793/94 erläutert Kant die Subsumtion. Die imputatio legis setzt voraus, „a) daß die Handlung unter einem Gesetz stehe,“ und „b) daß sie unter dieses Gesetz subsumiert werden könne.“ Das führt dann zum Subsumtionsschluss. Kant wörtlich:

> „Die Imputatio facti macht bey einer Schlußform jederzeit minorem, sowie das Gesetz majorem propositionem aus, und die Imputatio legis concludiert hieraus, z.E.
>
> lex — Der Beschimpfende soll dem Beschimpften seine
> pr. maj. — Ehre wiedergeben.
> imp. facti — Er hat mich beschimpft.
> pr. min. — Also muß er eine satisfaction leisten.„
>
> (AA XXVII, 562 Z. 5-18)

Das Gesetz liefert den Obersatz, die Zurechnung der Tat unter den relevanten Umständen liefert den Untersatz, woraus sich der Schlusssatz von selbst ergibt. Die Zurechnung der Tat unter den für das Gesetz relevanten Umständen ist die eigentliche Leistung, die erbracht werden muss. Ist sie erbracht worden, dann wird der Subsumtionsschluss trivial (zu Einzelheiten der imputatio facti bei Kant vgl. Hruschka 2001, 203 ff., 209 ff.).

V. Die Dreiteilung des Daries

Die Benutzung des Ausdrucks „imputatio legis“ als eines Namens für die Anwendung des Gesetzes auf eine Tat ist im Grunde ein terminologischer Missgriff, der nur mit der Gleichsetzung von „applicatio legis ad factum“ und „Zurechnung überhaupt“ erklärt werden kann, wie wir sie bei Köhler und Heineccius kennen gelernt haben. Die applicatio legis ad factum, wie Wolff sie definiert, enthält keine Zurechnungselemente mehr.

Darüber hinaus war die Zweiteilung von „imputatio facti“ und „imputatio legis“, als sie erfunden wurde, schon überholt. Pufendorf hatte schon 1673 eine Dreiteilung vorgenommen, und sein Kommentator J.J. Lehmann war ihm 1721 darin gefolgt. 1740 wird daraus bei Daries die Dreiteilung von „imputatio facti“, „applicatio legis ad factum“ und „imputatio iuris“ – „Zurechnung der Tat“, „Anwendung des Gesetzes auf die Tat“ und „Zurechnung des Rechts“.

Nach Pufendorf rechnen wir einem Menschen Handlungen („actiones humanae“) dann zu, wenn wir meinen, „quod homo pro earum auctore recte possit haberi, ac ad reddendam de iisdem rationem adstringi, quodque in ipsum redundent effectus, qui ex istis proveniunt“ – „dass der Mensch zu Recht als ihr Urheber angesehen werden kann, dass er verpflichtet werden kann, über sie Rechenschaft abzulegen und dass auf ihn die Wirkungen zurückfallen, die aus der Handlung hervorgehen“ (Pufendorf 1673, Lib. I Cap.1, § 17). Aus dieser Dreiteilung macht Lehmann ausdrücklich drei verschiedene Stufen der Zurechnung: „Imputatio prima praecedit secundam, & haec tertiam. Prima est, quando quis pro auctore alicuius actionis haberi potest. ... Secunda est, quando actio ab aliquo patrata ut bona, mala aut indifferens declaratur. ... Tertia ... definit consequentia illius actionis, quae sunt absolutio aut proemium aut poena, minimum satisfactio.“ – „Die Zurechnung erster Stufe geht der Zurechnung zweiter Stufe voran und diese der Zurechnung dritter Stufe. Die Zurechnung erster Stufe findet statt, wenn jemand für den Urheber seiner Handlung gehalten werden kann. Die Zurechnung zweiter Stufe findet statt, wenn die von ihm begangene Handlung als gut, schlecht oder indifferent erklärt wird. Die Zurechnung dritter Stufe bezeichnet die Folgen der Handlung, die Freispruch, Lohn oder Strafe, mindestens aber Genugtuung, sind.“ (Lehmann, N. zu I 1 § 17)

Daries, der von Wolffs Begriff der applicatio legis ad factum ausgeht (Daries, Institutiones, Cap. V § 225), scheidet Lehmanns (und Pufendorfs) zweite Stufe als eine Stufe der Zurechnung aus. Übrig bleiben Lehmanns erste und dritte Stufe, die bei Daries zur ersten und zweiten Zurechnungsstufe werden. Die imputatio facti bestimmt Daries als „declaratio, quod aliquis sit auctor facti“, d.i. als „Erklärung, jemand sei der Urheber der Tat“, die imputatio iuris als „iudicium de merito facti“ – „Urteil über das Verdienst der Tat“ (Daries, Institutiones, Cap. V § 218).[9] Zwischen beiden steht die applicatio legis ad factum. Die Zurechnung erster Stufe, die imputatio facti, ist eine Voraussetzung, die Zurechnung zweiter Stufe, die imputatio iuris, ist eine Folge der Anwendung des Gesetzes auf die Tat. Ausdrücklich schreibt Daries zur applicatio legis ad factum, „quod hic actus, imputationi iuris antecedat, et imputationi facti sequatur, mihi videtur.“ – „Mir scheint, dass der Akt der Anwendung des Gesetzes auf die Tat, der Zurechnung des Rechts vorangeht und der Zurechnung der Tat nachfolgt.“ (Daries, Institutiones, Cap. V § 225 Schol.)

VI. Verdienst und Schuld, Belohnung und Strafe

Daries setzt „meritum“ noch mit „praemium vel poena“ – „Belohnung oder Strafe“ gleich (Daries, Institutiones, Cap. III § 120). Indessen hatte Pufendorf schon 1660 zwischen „meritum“ und „demeritum“ als jeweils dem „effectus materialis“ einer über das Pflichtmaß hinausgehenden resp. pflichtwidrigen Tat auf der einen und „Belohnung“ und „Strafe“ auf der anderen Seite unterschieden: „Effec-

[9] Die Terminologie ist an die Unterscheidung von „quaestio facti“/„quaestio iuris“ angelehnt. Zu dieser Unterscheidung vgl. Maximilian Herberger, Art. „Quaestio iuris/quaestio facti“, in: Ritter, Sp. 1739-1743.

tus materialis actionis bonae proficuae, & quidem indebitae est Meritum; malae Demeritum; quorum illud pensatur per mercedem & praemium, hoc consequitur Poena.... Ex actione debita nullum est meritum." – „Der materiale Effekt einer guten und nützlichen, aber nicht geschuldeten Handlung heißt 'Verdienst'; der einer schlechten Handlung heißt 'Unverdienst'. Das erstere wird durch Lohn oder durch Auszeichnung ausgeglichen. Dem letzteren folgt die Strafe.... Aus der Vornahme einer geschuldeten Handlung ergibt sich kein Verdienst." (Pufendorf 1660, Lib. I Def. XIX § 2; Def. XX § 1) Kant betont 1797 denselben Unterschied: „Was jemand pflichtmäßig mehr tut, als wozu er nach dem Gesetze gezwungen werden kann, ist verdienstlich (meritum); was er nur gerade dem letzteren angemessen tut, ist Schuldigkeit (debitum); was er endlich weniger tut als die letztere fordert, ist moralische Verschuldung (demeritum). Der rechtliche Effekt einer Verschuldung ist die Strafe (poena); der einer verdienstlichen Tat Belohnung (praemium) ...; die Angemessenheit des Verfahrens zur Schuldigkeit hat gar keinen rechtlichen Effekt." (AA VI, 227 Z. 30 - 228 Z. 2)

Es ist offensichtlich, dass Kant sich terminologisch und teilweise auch sachlich an die Pufendorf-Stelle anlehnt. Er übernimmt Pufendorfs Sprachgebrauch. Danach ist zwischen dem „materialen" (Pufendorfs „effectus materialis") und dem „rechtlichen Effekt" (Kant) einer über das Pflichtmaß hinausgehenden oder pflichtwidrigen Handlung zu unterscheiden. Der materiale Effekt sind „Verdienst (meritum)" oder „moralische Verschuldung (demeritum)" der rechtliche Effekt sind Belohnung oder Strafe. Die Dreiteilung, die Daries vornimmt, berücksichtigt diesen Unterschied noch nicht. Auf der Grundlage der Differenz von materialem und rechtlichem Effekt ist dagegen zwischen der „Zurechnung zum Verdienst" und der „Zurechnung zur Schuld" auf der einen und der Zumessung von Belohnung resp. Strafe auf der anderen Seite zu unterscheiden (vgl. Hruschka 2000, 181 ff., 187 ff.)

Die Notwendigkeit, solchermaßen zu differenzieren, wird, wie es scheint, im letzten Jahrzehnt des 18. Jahrhunderts klar. Die Textstelle bei Kant ist nur ein Beispiel unter anderen. Die Überlegungen beginnen damit, dass die deutsch schreibenden Autoren von „Zurechnung zum Verdienst" und „Zurechnung zur Schuld" sprechen (diese Terminologie etwa Grolman, § 37), die Ausdrücke „Verdienst" und „Schuld" aber, anders als möglicherweise das lateinische „meritum", die Zumessung von Belohnung oder Strafe nicht einschließen. Ist das aber erst einmal klar, dann fällt die Unterscheidung leicht. Mit großer Deutlichkeit macht denn auch der Kant-Anhänger Carl Christian Erhard Schmid einen Unterschied zwischen „Zurechnung der Tat", „Zurechnung zur Schuld oder zum Verdienst" und „Zurechnung zur Belohnung und Strafe" (Schmid, 94 und 107).[10]

---

[10] Auf Schmid weist Renzikowski hin, der die 2. Aufl. von 1792 zitiert, die mir nicht vorgelegen hat. Renzikowski betont mit Recht den Unterschied zwischen der Zurechnung zum Verdienst und zur Schuld auf der einen und der Zumessung von Belohnung und Strafe auf der anderen

Schmid fasst die Ergebnisse der Entwicklung knapp zusammen, wenn er schreibt: „Ein zurechnendes Urteil enthält zweierlei: 1) daß eine Handlung der freien Bestimmung durch moralische Vernunft fähig ... gewesen sei. 2) daß und wieweit sie durch moralische Vernunft wirklich bestimmt oder nicht bestimmt worden sei. - Jenes heißt Zurechnung der Tat überhaupt, und betrifft die Zurechnungsfähigkeit (imputativitas); dieses Zurechnung zur Schuld oder zum Verdienst." (Schmid, 94) Die Zurechnung erster Stufe ist die Voraussetzung dafür anzunehmen, dass die Handlung, um die es geht, eine Tat sei, die unter den Gesetzen der „moralischen Vernunft" steht. Sie ist die Annahme, dass „moralische Vernunft" auf die Handlung Einfluß nehmen konnte. Die Zurechnung zweiter Stufe ist eine Folge der Anwendung dieser Gesetze. Hat „moralische Vernunft" die Handlung (die über das Pflichtmaß hinausgeht) tatsächlich bestimmt, dann wird die Tat zum Verdienst zugerechnet. Hat „moralische Vernunft" die Handlung nicht bestimmt (weshalb die Handlung als pflichtwidrig zu beurteilen ist), dann wird die Tat zur Schuld zugerechnet.[11]

VII. Schlussbemerkung zum Straftatbegriff

Die im 18. Jahrhundert entwickelte Zurechnungslehre bildet die Grundlage auch für heutige ähnliche Unterscheidungen. Wenn es nach wohl allgemeiner Meinung in der heutigen deutschen Strafrechtslehre zu den Voraussetzungen einer Straftat gehört, dass diese Straftat eine „Handlung" ist, die „rechtswidrig" ist und zur „Schuld" zugerechnet werden kann (vgl. nur Welzel, 48), dann finden wir genau die Elemente wieder, an deren Unterscheidung die Autoren des 18. Jahrhunderts gearbeitet haben. Der heutige Handlungsbegriff ist enger als der actio-Begriff des 18. Jahrhunderts. „Handlung" bedeutet heute, was im 18. Jahrhundert „actio libera" oder „Tat (factum)" heißt. Diese Handlung muss als „Handlung" (auf der ersten Stufe der Zurechnung) zurechenbar sein, andernfalls das Strafgesetz nicht angewendet werden kann. Ist die Handlung dagegen als „Handlung" zuzurechnen, dann kann das Gesetz angewendet werden. Das Urteil, dass die Tat „rechtswidrig" sei, ist das Ergebnis einer Anwendung derjenigen Tatbestände des Strafgesetzes, bei denen es um die Rechtswidrigkeit von Taten geht (d.i. der Delikts- und der Rechtfertigungstatbestände). Ist die Tat als „rechtswidrig" zu beurteilen, dann führt das (auf der zweiten Stufe der Zurechnung) zur Zurechnung der „l'obéissance

Seite (vgl. Renzikowski, 272-274, insbes. dort Fn. 147, 148).

[11] Vgl. auch Feuerbach 1799, 155: „Wenn man ... die Tat und das Subjekt als Ursache derselben auf ein Pflichtgesetz bezieht und jene als unter diesem enthalten denkt, so entsteht der Begriff von Schuld und Verdienst, je nachdem die Handlung entweder dem Gesetze widerspricht oder ihm gemäß ist. Jede Übertretung eines Pflichtgesetzes ist eine Schuld (reatus), jede Befolgung desselben ist ein Verdienst im weitern Sinne des Wortes."

dass Entschuldigungsgründe eingreifen. An diesen Elementen einer Straftat wird nicht zu rütteln sein, solange wir die Anwendung eines Strafgesetzes überhaupt als eine rationale Veranstaltung begreifen.

Zu den genannten Elementen kommt nach den üblichen Definitionen, jedenfalls im deutschen Recht, als (scheinbar) weiteres Element das Erfordernis hinzu, dass die Straftat, um eine „Straftat" zu sein, einen Deliktstatbestand erfüllen muss. Damit wird an sich lediglich eine Selbstverständlichkeit formuliert, weil die Anwendung des Strafgesetzes logisch unmöglich ist, wenn die Voraussetzungen der Anwendung nicht gegeben sind. Schon bei Hobbes heißt es (in deutlichem Anschluss an den Römerbrief des Apostels Paulus, Röm. 4, 15): „Ubi lex non est, peccatum non est." – „Wo es kein Gesetz gibt, gibt es auch keine Verfehlung." (Hobbes, Pars II Cap. 27 [211]).[12] Trotzdem wird das Erfordernis der Erfüllung eines strafgesetzlichen Deliktstatbestandes mit einem gewissen Recht besonders genannt, weil der Hinweis auf die Notwendigkeit, dass die Handlung den Tatbestand gerade eines Strafgesetzes erfüllt, rechtsstaatlichen Charakter hat. Im deutschen Strafrecht wird dazu die berühmte Formel Feuerbachs „Nullum crimen sine lege!" – „Keine Strafe ohne (Straf-)Gesetz!" benutzt (Feuerbach 1801, § 24), auch sie eine Errungenschaft der Aufklärung genauso wie die Zurechnungsstrukturen, von denen in diesem Beitrag die Rede ist.

Literatur:

Achenwall, G.: Prolegomena Iuris Naturalis, 3. Aufl. 1767.

Baumgarten, A. G.: Initia Philosophiae Practicae Primae, 1760.

Baumgarten, A. G.: Ius Naturae, 1763.

Daries, J. G.: Institutiones Iurisprudentiae Universalis.

Daries, J. G.: Observationes Iuris Naturalis, Socialis et Gentium, Vol. II, 1754.

Feuerbach, P. J. A.: Revision der Grundsätze und Grundbegriffe des positiven peinlichen Rechts Erster Teil, 1799.

Feuerbach, P. J. A.: Lehrbuch des gemeinen in Deutschland geltenden Peinlichen Rechts, 1801.

Grimm, J. und W.: Deutsches Wörterbuch, 16. Band 1954.

Grolman, K. v.: Grundsätze der Criminalrechtswissenschaft, 1798 (Neudruck 1970).

Hamilton, W. (Hg.): The Works of Thomas Reid, 5. Aufl. 1858.

Hare, R. M.: Freiheit und Vernunft, 1973.

Heineccius, J. G.: Elementa Iuris Naturae et Gentium, 1738.

Hobbes, T.: Leviathan, 1651 (lat.: 1668), in: Opera Latina Band. III, hg. von William *Molesworth*, 1841 (Neudruck 1966).

Hochstetter, A. A.: Collegium Pufendorfianum, 2. Aufl. 1710.

[12] Vgl. auch Hobbes, Cap. 28 (225): „Ante legem, transgressio legis esse non potuit." – „Vor dem Gesetz kann es keine Übertretung des Gesetzes geben."

Hochstetter, A. A.: Collegium Pufendorfianum, 2. Aufl. 1710.

Hruschka, J.: Zur Interpretation von Pufendorfs Zurechnungs- und Notstandslehre in der Rechtslehre der Aufklärung, in: *Manfred Beetz* u.a. (Hg.), Die Hermeneutik im Zeitalter der Aufklärung, 2000, S. 181 ff.

Hruschka, J.: Die species facti und der Zirkel bei der Konstitution des Rechtsfalles in der Methodenlehre des 18. Jahrhunderts, in: Jan *Schröder* (Hg.), Theorie der Interpretation vom Humanismus bis zur Romantik - Rechtswissenschaft, Philosophie, Theologie, 2001, S. 203 ff.

Kant, I.: Kritik der reinen Vernunft, 2. Aufl. 1787, in: Kants gesammelte Schriften, hg. von der Königlich Preußischen Akademie der Wissenschaften. Erste Abteilung, Band 3, 1904.

Kant, I.: Die Metaphysik der Sitten, 1797, in: Kants gesammelte Schriften, Band 6, 1907, S. 203-493.

Kant, I.: „Metaphysik der Sitten, Vigilantius", Vorlesung gehalten im WS 1793/94, in: Kants gesammelte Schriften, Band 27.2.1, S. 561 ff.

Köhler, H.: Juris Naturalis Exercitationes VII, Nachdruck 1738.

Lehmann, J. J.: Adnotationes zu Pufendorf, De Officio Hominis et Civis, 1721.

Loening, R.: Die Zurechnungslehre des Aristoteles, 1903 (Neudruck 1967).

Martini, K. A. v.: De Lege Naturali Exercitationes sex, neue Aufl. 1770.

Phaedrus, Liber Fabularum.

Pütter, J. S./Achenwall, G.: Elementa Iuris Naturae, 1750, Anfangsgründe des Naturrechts, hg. und übersetzt von *Jan Schröder*, 1995.

Pufendorf, S.: Elementa Jurisprudentiae Universalis, 1660, in: Werke Band. 3, hg. von *Thomas Behme*, 1999.

Pufendorf, S.: De Jure Naturae et Gentium, 1672, in: Werke Band 4/1, hg. von *Frank Böhling*, 1998.

Pufendorf, S.: De Officio Hominis et Civis, 1673, in: Werke Band 2, hg. von *Gerald Hartung*, 1997.

Renzikowski, J.: Der Begriff der „Zurechnung" in der Reinen Rechtslehre Kelsens, in: *Robert Alexy* u.a. (Hg.), Neukantianismus und Rechtsphilosophie, 2002, S. 253 ff.

Ritter, J. u.a. (Hg.): Historisches Wörterbuch der Philosophie Bd. 7, 1989

Schmid, C. C. E.: Versuch einer Moralphilosophie, 2. Band, 4. Aufl. 1802 (Neudruck 1981).

Thomasius, C.: Fundamenta Iuris Naturalis et Gentium, 4. Aufl. 1718 (Neudruck 1963).

Turnbull, G.: The Principles of Moral Philosophy I, 1740 (Neudruck 1976).

Welzel, H.: Das Deutsche Strafrecht, 11. Aufl. 1969.

Wolff, C.: Philosophia Practica Universalis Pars prior, 1738 (Neudruck 1971).

Giuseppe Cacciatore

Der Begriff der Zurechnung in einer Phase der italienischen Rechtsphilosophie: *Vico, Filangieri, Pagano.*

Es scheint mir sinnvoll, die Reflexion über einen Begriff aus der Rechtssprache, der in enger Verbindung zu Ethik und Politik steht, mit einer kurzen lexikalischen Vorbemerkung anzugehen. Nicht, um mit gelehrten Zitaten Eindruck zu machen. Vielmehr folge ich einer elementaren Wahrheit, gemäß der die Entstehung und die Entwicklung des Wortes die Entstehung und die Entwicklung der Idee bezeugt (Manzini 1903, 301 ff). Bereits im griechischen Wort αγος verbindet sich die ursprüngliche Bedeutung des Opfers als Buße begangener Sünden mit der einer schweren Schuld, eines schweren Vergehens (etwa Mord), das mit einer Buße gesühnt werden muss (Liddell-Scott 1996). So verknüpft sich bei einigen griechischen Tragikern (Sophokles Antigone, V.256) die Sünde bezeichnenderweise mit dem vom Menschen freiwillig begangenen Verbrechen. Daher kann man mit Recht behaupten, dass bereits in den Anfängen der abendländischen Kultur die Beurteilung dessen, was für die von den Göttern gewollte Ordnung und für die von den Gesetzen der *polis* bestimmte Ordnung als schädlich empfunden wurde, verbunden ist mit der Freiwilligkeit der begangenen Schuld, die es deshalb wiedergutzumachen gilt. Die Beziehung von Schuld und Kredit (debito-credito), deren Grundlage stets die Freiwilligkeit der Handlung ist, bildet sich sowohl auf der sprachlichen als auch auf der begrifflichen Ebene. Auch im Bereich der mit dem lateinischen Begriff *imputare* zusammenhängenden Bedeutungen gibt es zum Beispiel einen klaren Bezug zu *computare*, nämlich zur Bestimmung eines Kredits, der für aufgenommene Schulden zu zahlen war (Forcellini 1844), und das Verb *imputare* verzeichnet unter seinen grundlegenden Bedeutungen auch „in Rechnung stellen". An das lateinische Verb *imputare* knüpft direkt das deutsche Verb *zurechnen* an, das, wie man bei Grimm liest, „etwas als Guthaben oder Schuld anrechnen" bedeutet. Der Ausdruck *Zurechnung* umfasst sowohl die wörtliche Bedeutung der *Zurechnungsfähigkeit*, d.h. die Möglichkeit, etwas in Rechnung zu stellen, als auch die ethisch-religiöse der Sühne einer begangenen Schuld. Im *Bedeutungswörterbuch* des Duden wird die Bedeutung von *zurechnungsfähig* folgendermaßen erklärt: „fähig, sein eigenes Handeln zu beurteilen, einzuschätzen, zu verantworten".

Auch im italienischen Sprachgebrauch ist die vorrangige Bedeutung des Verbs *imputare* „jemandem eine Schuld zuschreiben" oder „einen Schaden einer bestimmten Ursache zuschreiben". Mit dieser allgemeinen Bedeutung geht die spezifische Bedeutung zusammen (die vor allem dem Substantiv *imputazione* zukommt) und zwar jemanden für eine widerrechtliche oder kriminelle Tat verantwortlich machen (Battaglia 1972).[1] Zum Beleg des charakteristischen Zusammenhangs zwischen dem Begriff der Zurechnung und dem der Freiwilligkeit der zurechenbaren Handlung kann man die Tatsache anführen, dass dieser sowohl in der moralischen als auch in der Sphäre ökonomischen Handelns mit Bezug auf die Verantwortlichkeit einer Person und die Freiwilligkeit der Handlung verwendet wird.

Geht man nun von der semantischen zur rechtsgeschichtlichen Ebene über, so lässt sich zweifellos feststellen, dass sämtliche Formen der Strafgesetzgebung, von den archaischen bis zu den modernen, das Element der Freiwilligkeit in der Bewertung der kriminellen Handlung berücksichtigten. Zumindest in der europäischen Geschichte besaß dieser Umstand jedoch für viele Jahrhunderte nicht immer die sichere und objektive Grundlage des Gesetzes, wodurch er der Willkür und dem Überwiegen anderer Interessen (der religiösen, politischen und jener der persönlichen Macht) gegenüber dem – durch die von der Gemeinschaft anerkannte juridische Norm garantierten – allgemeinen Interesse entzogen war. Erst mit der Aufklärung (und mit ihren unterschiedlichen nationalen Ausprägungen) und der kantischen kritischen Tradition beginnt sich das Prinzip einer notwendigen Verbindung zwischen dem objektiven und dem subjektiven Element der Zurechnung zu bilden.[2] Seit Beccaria ist eine der unabdingbaren Grundlagen, auf denen jede rechtliche Zivilisation beruht, das Prinzip des *nullum crimen sine lege*, ein Prinzip, das unter anderem bekanntlich eine große Rolle im Emanzipationsprozess der Völker von absolutistischen Regimen spielte. Dank diesem politischen und zugleich kulturellen Prozess wurde es möglich, die Bedeutung des subjektiven Elements in der ethischen und juristischen Qualifizierung der Zurechenbarkeit zu bestimmen. Was als Bedingung der „vorsätzlichen Freiwilligkeit" bezeichnet wurde, erweist sich als eines der Hauptkriterien, die den Begriff der Zurechenbarkeit in seinem juristisch-strafrechtlichen Gebrauch erklären, besonders seit den französischen Kodifikationen am Ende des 18. Jahrhunderts und den österreichischen am Beginn des 19. Jahrhunderts.

Der stets an Bedeutung zunehmende Begriff der *Individualität* kennzeichnet den entscheidendenden Schritt zu einer Theorie der Zurechenbarkeit, die der dialektischen Komplexität angemessen ist, in der sich in der modernen Welt die Beziehung zwischen Person und Gesellschaft bildet. Anhand dieser Tatsache lassen sich, auch dank der Theoretiker des Strafrechts der Aufklärung, einige wesentliche Ergebnisse bestimmen: a) nur das Individuum (und daher keine abstrakte

[1] Man beachte, dass im Italienischen wie im Deutschen zu den Bedeutungen von *imputare* auch die des Rechnens, des in Rechnung stellens zählt.

[2] Man vergesse jedoch nicht, dass schon im römischen Recht die Begriffe des *animus nocendi* und der Fähigkeit, ein Verbrechen zu begehen, klar bestimmt waren, ebenso die Bedeutung des Willens bei der Ausübung eines Verbrechens.

und vorausgesetzte Gemeinschaft, sei sie sozialer, sittlicher, politischer, religiöser oder ethnischer Natur) ist strafrechtlich zurechnungsfähig; b) die Zurechenbarkeit ist immer verbunden mit einem widersätzlichen Verhalten, mit der Verletzung von Rechten anderer, mit einer bestimmten Verhaltenserscheinung, die jedoch ausdrücklich vom Gesetz vorgesehen ist; c) die Zurechnungsfähigkeit, zumindest die strafrechtliche, hat nur Folgen in Verbindung mit der Freiwilligkeit der begangenen vorsätzlichen Handlung, oder jedenfalls im Verhältnis zum höheren oder geringeren Grad der Freiwilligkeit (daher die immer deutlicher werdende Analogie zwischen dem Begriff der Zurechenbarkeit und dem der Fähigkeit, etwas zu beabsichtigen und zu wollen, mit sämtlichen Auswirkungen, die diese auf die Definition der Strafrechtsfähigkeit hat); d) das Hervorheben des Elements der Individualität in der neuzeitlichen Herausbildung der Zurechnungsfähigkeit ist direkt proportional zu der immer größeren Rationalisierung der prozessualen Methodiken einerseits und zur immer weiter zunehmenden Gleichheit der Bürger vor dem Gesetz andererseits.

Zur Bestimmung dieser Grundelemente haben einige der bekanntesten Vertreter der aufklärerischen Reformbewegung in Italien mit ihren Reflexionen und Arbeiten beigetragen. Es seien hier für den norditalienischen und lombardischen Zweig dieser Reformbewegung vor allem Beccaria und die Gebrüder Verri genannt und für den süditalienischen und neapolitanischen Filangieri und Pagani, auf die im Folgenden näher eingegangen wird.

Dass man bei der Bestimmung der Angelpunkte, die die Grundlage des modernen Strafrechts bilden (und daher auch der Rolle der Zurechnungsfähigkeit), von der Aufklärung ausgehen muss, ist eine von der Rechtsgeschichte allgemein anerkannte Tatsache. Diese Behauptung trifft im Besonderen mehr auf das Umfeld der philosophischen Doktrinen zu, die die strafrechtlichen Theorien beeinflusst haben, als auf das der Gesetzgebung und der Kodifizierung.[3] Wenn man dem von Spirito angewandten rekonstruktiven Schema[4] folgt, gibt es keinen Zweifel dass bei Beccaria wie bei Pagano und bei den anderen großen Rechtsgelehrten der Aufklärung das Problem der Strafe überwiegend im Sinn einer Vertragslehre

[3] Es war übrigens dieser Gedanke, der Ugo Spirito – Philosoph und Schüler Gentiles – 1924 dazu anregte, die *Storia del diritto penale italiano. Da Cesare Beccaria ai nostri giorni*, zu schreiben. Hier wird aus der dritten Auflage zitiert, Firenze, 1974. Spirito ist, unter anderem, auch davon überzeugt, dass man nicht weiter als bis Beccaria zurückgehen muss, um Form und Inhalte des modernen Strafrechts zu erkennen. „Und das nicht nur aus dem Grund (...), dass sich gerade mit Beccaria das Bedürnis nach einer wahren Wissenschaft des Strafrechts einzustellen beginnt und die ersten großen systematischen Konstruktionen entstehen, sondern auch, da für den Rechtsgelehrten von heute die wirklichen Probleme des Strafrechts – die der Inhalt sämtlicher aktueller Forschungen und Diskussionen sind – auf die Bewegung der Aufklärung zurückgehen“ (vgl. ebd., 35).

[4] Mit Spirito teile ich jedoch keineswegs sein oberflächliches Verdikt von der „Antihistorizität“ der Aufklärung.

verstanden wird. Das heißt, die Strafe ist eine Form zur Verteidigung des Gesellschaftsvertrags, der von den Bürgern mit dem Staat abgeschlossen wird, mit dem Staat, der gerufen wird, mit der Anwendung der Gesetze einzuschreiten, um die Verletzung individueller Rechte zu verurteilen. Damit bestimmen die Voraussetzungen der Aufklärung (aber auch, häufig damit verbunden, die des Utilitarismus und des Kontraktualismus) einerseits die soziale Zielsetzung der Strafe und andererseits die Verlässlichkeit und Allgemeinheit der Verfahren des Rechtssystems, die unter dem Anspruch größter Genauigkeit und Öffentlichkeit stehen.

Bei einer Analyse der kulturellen und philosophischen Ursprünge des europäischen Rechts ist nicht zu vernachlässigen, dass neben der unzweifelbaren Wechselwirkung zwischen den Entwicklungen der modernen Philosophien und den theoretischen Systematisierungen des Rechts, das römische Recht einen gewichtigen und tiefgreifenden Einfluss behält – was in besonderem Maße für die italienischen Philosophen und Juristen gilt. Zu den bekanntesten Beispielen hierfür zählt sicherlich Giambattista Vico. Den Forschern, die sich mit Vico beschäftigen, ist wohlbekannt, welche zentrale Rolle ein Begriff wie der der *auctoritas* einnimmt, dessen Bedeutung zwischen dem Bereich der metaphysischen Wahrheit, der historisch-philologischen Gewissheit und dem der politischen Legitimität schwankt. Es gibt für Vico eine bürgerliche *auctoritas*, die in ihren Zuständigkeitsbereichen unterschiedliche und artikulierte Formen der Herrschaft und der Kontrolle der Sozialisierungs- und Zivilisierungsprozesse ausdrückt. Das grundlegende philosophische Problem bei Vico – zuerst in *De uno universi iuris principio et fine uno* (1720) und später in der *Scienza Nuova* (1725/1730/1744) – ist die Bestimmung der Prinzipien und Modelle, die imstande sind, die zerstreute Vielfalt von historischen Tatsachen und gesellschaftlichen Erscheinungen zu einer Einheit zu synthetisieren. Daher wird verständlich, weshalb bei der Realisierung dieser Aufgabe dem Recht eine herausragende Stellung zukommt, an dem die Geschichtlichkeit des menschlichen Wirkens deutlich sichtbar wird. Man sieht somit, wie sich bei Vico sowohl die alte römisch-rechtliche Tradition als auch einige Ergebnisse der historischen und philosophischen Kritik des 17. und 18. Jahrhunderts auswirken. Bei Vico und den späteren aufklärerischen Theoretikern von Beccaria bis Filangieri und Pagano stellt sich das gleiche Problem: die Bestimmung der Formen der möglichen Beziehung zwischen Naturrechtsphilosophie und positivem Recht. Wenn die Metaphysik, für Vico, „die Doktrin, die uns die ewige Wissenschaft der Wahrheit lehrt", ist, ist sie nicht nur imstande, die Existenz des Rechts zu beweisen, sondern auch den skeptischen und relativistischen Kritiken an der Universalität und Notwendigkeit der Gerechtigkeit die Stirn zu bieten. „Sie wird uns als ewiges Richtscheit dienen, mit dem wir messen können, wieviel das römische Zivilrecht dem natürlichen Recht der geschichtlichen Völker genommen oder hinzugefügt hat, und somit werden wir eine vollkommene Einsicht in die Prinzipien dieses Rechts bekommen. Darum – fährt Vico fort – ist in mir das ungeheure Verlangen erwacht, zu versuchen, ob mit Hilfe der Metaphysik die Grundlagen der Jurisprudenz bestimmt werden können, so dass jeder Beweis der Jurisprudenz mit diesen übereinstimmt." (Vico 1974, 30-32) Das offenkundige Ziel, das Vico in seinem juristischen Werk verfolgt, ist das Bestehen eines natürlichen Gerechten zu beweisen und damit die Tatsache, dass es unter den Menschen von Natur aus „eine Gesellschaft des wahren Gerechten, das das *aequum bonum*, das gleiche Nützliche ist, auf dem das *ius naturale immutabilis* beruht, worin alle Gesellschaft stets übereinstimmen" (Vico 1974, 6) gibt. *Finis et Fons* des römischen Rechts sind für Vico „die Bewahrung der Ordnung" und die „Beaufsichtigung des gleichen Rechts" (Vico 1974, 258). Den Kennern des römischen Rechts ist wohlbekannt, dass Vicos Suche nach den grundlegenden Begriffskomplexen, auf denen das römische Recht beruht (Herrschaft, Freiheit und Schutz), in der historisch-positiven Bestimmung durchaus gewollt mit der Einteilung der römischen Jurisprudenz in tatsächliche Rechte, persönliche Rechte und Handlungen zusammenfällt. Für Vico ist daher die Gerechtigkeit „omnis societatis fundamentum" (Vico 1974, 73), die unabdingbare Voraussetzung für das Bestehen einer bürgerlichen Gesellschaft. Zur Aufrechterhaltung des Gleichgewichts zwischen den je eigenen Nutzen der Menschen ist es notwendig, eine „libera societas", eine „sodalitas" zu errichten, womit eine „ausgleichende Gerechtigkeit" (Vico 1974, 76-77) erzielt wird. Auf dieser Ebene können die subjektiven Rechte bestimmt werden, die den Gebrauch und den Besitz von Dingen betreffen, also alles, was zum Bereich des Zivilrechts gehört. Daher gehört das Strafrecht, wie Vico bemerkt, genaugenommen nicht zur ausgleichenden Gerechtigkeit, da mit einer gerechten, für das Vergehen bestimmten Strafe nicht eine individuelle Schuld, sondern eine Verletzung der bürgerlichen Gesellschaft wiedergutgemacht wird. Nur diese bestimmt über die gerechte Entschädigung. „Deshalb kann die zivile Gewalt (...) die gebührenden Strafen mit Recht fordern, da sie sich auf das Einverständnis beruft, das der Schuldige zu den Gesetzen erklärt hat, welche die Grundlage der Gesellschaft sind und welche er zur Verübung des zugerechneten Vergehens übertreten hat." (Vico 1974, 78)

Auch Vico vertritt somit eine moderne Anschauung des Strafrechts, die den Prinzipien des Kontraktualismus folgt. Die juristische Macht gebührt dem Staat, da er das Recht hat, den Bürger zu bestrafen, der die Gesetze verletzt hat, in die er in dem Moment einwilligt, in dem er seinen Eintritt in die bürgerliche Gesellschaft beschlossen hat. In Anbetracht dieses grundlegenden Prinzips ergibt sich nun die Zurechenbarkeit vor allem dann, wenn die von einem Individuum freiwillig begangene Handlung zum Tatbestand der gemäß der Strafgesetze strafbaren Taten gehört.

Im Kapitel LXVII von *De Uno* (dessen Titel *De venia, poena, imputatione* ist) behandelt Vico explizit das Thema der Zurechnung. Während ein Fehler, so argumentiert Vico, vergeben werden kann, bedürfen „Bosheit, Betrug, Überheblichkeit" einer Strafe. Das, was dann die Zurechnung auslöst, sind die Folgen der Faulheit, der Nachlässigkeit und des Luxus. Vico führt hier eine klare Unterscheidung ein, die sich in das moderne Strafrecht einreiht, da man die Strafe desjenigen mildern kann, der „wegen vorübergehender Torheit" (ein Betrunkener, ein jähzorniger Mensch, ein Verliebter) einen Fehler begeht, aber nicht die Strafe „derjenigen, die aus langjähriger Gewohnheit gegen jegliche menschliche Sitte taub geworden sind und nunmehr von einer kaum überwindlichen Notwendigkeit zum niederträchtigen Handeln getrieben werden" (Vico 1974, 82).
Das subjektive Element der Zurechenbarkeit, die Freiwilligkeit der böswilligen Handlung tragen, für Vico, zur Definition der Strafe bei, „welche die Art von Züchtigung ist (...), die vom Bewusstsein des böswilligen Handelns kommt" (Vico 1974, 85-86). Vico, der eine Vorliebe für Ethymologien hat, verbindet das Wort Bewusstsein (*conscientia*) mit wissen (*scire*), so dass die Erkenntnis der Wahrheit vor allem *conscire* ist, das heißt „mit anderen die Kenntnis dieser teilen" (Vico 1974, 86). Der menschliche Geist wird sich also der eigenen Vernunft bewusst, aber er gewinnt – vom Standpunkt des Rechts aus – auch das Bewusstsein um sein eigenes Handeln. Mit einer Sprache, die ihre metaphysische Prägung nicht verbirgt, verbindet Vico das redliche Handeln mit dem Lohn des Erkennens der Wahrheit, die Gott der Rechtschaffenheit zuerkannte und das böswillige Handeln mit der Strafe des Nicht-Erkennens der Wahrheit, das von Gott der Unehrlichkeit zugewiesen wird. Das sind die allgemeinen Voraussetzungen, die Vico dazu bringen, die gerechte oder ungerechte Handlung mit dem Bewusstsein des Individuums in Zusammenhang zu bringen. Darauf folgt eine Differenzierung und Abstufung der Schuldarten und der entsprechenden Strafen. So genügt es, Individuen, die versehentlich sündigen, mit der Unehre zu bestrafen, da sie die Wahrheit nicht zu erkennen vermochten. Diejenigen, die vorsätzlich sündigen, aber noch einen gewissen Respekt vor der Wahrheit haben, werden mit einem starken Reuegefühl bestraft. Die Individuen, die gegenüber ihrem eigenen böswilligen Verhalten keine Reue empfinden, werden mit dem Ausschluss von jeglicher menschlicher Gesellschaft bestraft. Es ist an dieser Stelle interessant, zu beobachten, dass Vico – zumindest darin in Übereinstimmung mit den utilitaristischen Ideen des modernen Kontraktualismus – die Strafe nicht als etwas von Natur aus Notwendiges betrachtet, sondern als einen „von der natürlichen Vernunft erleuchteten und gelenkten Nutzen". In einer gerechten Gesellschaft, so argumentiert Vico, sind die Strafen jeder Art von Vergehen angemessen. Für die Unwissenden, die ihren Fehler gestehen, ist eine leichte Strafe vorgesehen, eine angemessene Strafe wird über diejenigen Verbrecher verhängt, die wieder in die Gesellschaft eingegliedert werden können, diejenigen aber, die

für die bürgerliche Gesellschaft als hoffnungslos verloren gelten, werden schwer bestraft (Vico 1974, 86).

Vicos Beobachtungen über das Strafrecht im Allgemeinen und über die Strafe und ihre Verbindung zu Freiwilligkeit und Zurechenbarkeit im Besonderen sind jedoch in einen komplexen philosophischen Diskurs eingebettet, der die großen erkenntnistheoretischen, ethischen und politisch-juristischen Themen betrifft, die sich aus dem Verhältnis des Wahren zum Gewissen, der Philosophie zur *auctoritas* ergeben. Es war Gaetano Filangieri, der der Gesetzgebung einen systematischen Charakter verschaffte, so weit, dass sie Züge einer wahren und eigentlichen Wissenschaft annahm. Im Besonderen ist das dritte Buch seines großen Werkes (*La scienza delle legislazione*) den „Strafgesetzen", der Definition eines regelgerechten Strafverfahrens und der systematischen Phänomenologie der Vergehen und der Strafen gewidmet. Filangieri gehört gewiss mehr als Vico schon aus offenkundigen chronologischen Gründen ganz dem Zeitalter der Aufklärung und der modernen Sichtweise des Strafrechts an, die mit Beccaria ihren Anfang nahm. Filangieri war noch keine zwanzig Jahre alt, als er einen Aufsatz mit dem Titel *Della morale de' legislatori* schrieb, der von der Forschung einhellig als erster Entwurf der zukünftigen *Scienza della legislazione* angesehen wird. Bereits in diesem Entwurf zeigt sich die charakteristische Verknüpfung der Prinzipien der „zivilen Philosophie" (Autorität und Souveränität des Gesetzes als Instrument zur Erhaltung des Wohlergehens der Völker) mit den Elementen einer modernen Theorie des Strafrechts, die auf der allgemein anerkannten Bemessung der Strafe gemäß der geltenden Gesetzgebung[5] beruht, womit auch der Willkür des Richters bei der Auslegung der Gesetze Einhalt geboten wird. Im „Piano ragionato" seines Hauptwerkes geht Filangieri von zwei Zielen aus, die der Gesetzgebung zugrundeliegen: dies sind die Erhaltung und die Ruhe. „Aber der Mensch kann sich ohne Mittel nicht erhalten, noch kann er unbesorgt sein, wenn er sich darüber unsicher ist, dass er nicht belästigt werden

[5] Bekanntlich unterscheidet Filangieri zwischen einer „absoluten Güte der Gesetze" (das heißt ihrer Fähigkeit, sich den universalen Prinzipien der Moral anzupassen, die allen Nationen gemein sind) und der „relativen Güte der Gesetze" (die auf der Verschiedenheit der menschlichen Natur, der politischen Körper und der Nationen beruht). Wie kann man nun entscheiden, welche, unter den verschiedenen Gesetzgebungen und den entprechenden Kodifizierungen die beste ist? „Auf diese Frage antworte ich – beteuert Filangieri – dass Sparta keine bessere Gesetzgebung haben konnte als die von Lykurg und Athen die von Solon: die Wirkung dieser beiden Gesetzgebungen war dieselbe, trotz der Gegensätze und Verschiedenheiten ihrer Gründe. Beide waren dem Staat der zwei Republiken, denen sie gegeben wurden, nützlich, und diese Zweckmäßigkeit, diese *Beziehung zwischen den Gesetzen* und *dem Staat der Nation*, der *sie bekommt*, ist das, was ich *relative Güte* nenne" (Vgl. Filangieri 1984, 63). An dieser Stelle müsste sich das nie abgeschlossene Kapitel über die Zusammenhänge zwischen Naturrechtsphilosophie, Historismus und juristischem Positivismus öffnen, also über das, was die theoretische Debatte in der modernen und zeitgenössischen Rechtsphilosophie lange gekennzeichnet hat.

kann. *Die Möglichkeit zu leben und in Wohlstand zu leben; die Freiheit, sein Eigentum zu vermehren, zu verbessern und zu erhalten; die Leichtigkeit im Erwerb der für ein angenehmes Leben notwendigen und nützlichen Waren; das Vertrauen in die Regierung; das Vertrauen in die Richter; das Vertrauen in andere Bürger; die Gewissheit, nicht gestört zu werden, solange man nach den Vorschriften des Gestzes handelt*, das sind demnach die Ergebnisse des universalen Prinzips der *Erhaltung* und der *Sicherheit*. Jeder Bestandteil der Gesetzgebung, der der Gesellschaft nicht einen dieser Vorteile bringt, ist daher unnütz“ (Filangieri 1984, 25).[6] Während – wie Filangieri bemerkt – „die Bevölkerung und der Reichtum“ (die demographische Entwicklung und der wirtschaftliche Wohlstand) der Gegenstand der Politik- und Wirtschaftsgesetze sind (Filangieri 1984, 30), wird die Wahrung der Ruhe der Bürger der Strafgesetzgebung übertragen. Und die Ruhe ist nichts anderes als die Sicherheit, wodurch sich der Bürger, der die Gesetze respektiert, bewusst ist, dass er in seinem täglichen Wirken nicht gestört wird. Es ist nun gerade das dem Gesetz innewohnende Element der Universalität und der Gewissheit,[7] das für Filangieri, entlang einer Linie, die sich in den demokratischen Liberalismus des 19. Jahrhunderts fortsetzt, den Grundsatz der politischen Freiheit darstellt. Dieser Grundsatz „beruhigt alle Klassen, Verhältnisse und Ordnungen der bürgerlichen Gesellschaft, gebietet dem Richter Einhalt und hilft dem schwächeren Bürger mit allen der Nation zur Verfügung stehenden Kräften; diese Stimme, die dem Mächtigen sagt, *du bist Sklave der Gesetze*, und den Reichen daran erinnert, dass der Arme ihm gleichgestellt ist; diese Kraft, die in den Handlungen des Menschen immer das Interesse, das Gesetz zu verletzen, und das Interesse, das Gesetz zu beachten im Gleichgewicht hält, kann nur das Ergebnis der Strafgesetzgebung sein“ (Filangieri 1984, 31).

Die Freiheit des Bürgers[8] und die Gleichheit vor dem Gesetz stellen überdies die notwendige Vorbedingung der Grenzen der Anklage und der Verteidigung im Bereich der Verfahren dar, die die Strafgesetzgebung regeln. In der Tat – als Beweis der extremen Modernität der Anschauungen Filangieris (was den sofor-

---

[6] Im Absatz II des ersten Buches liest man: „Die *Erhaltung* betrifft die Existenz und die *Ruhe* betrifft die Sicherheit. Um zu existieren bedarf es der Mittel und um sicher zu sein, bedarf es des Vertrauens.“ (vgl. ebd., 50)

[7] „Gott gefällt es nicht – schreibt Filangieri – dass eine Wissenschaft, von der die Gesellschaftsordnung abhängt und in der jedes Vergehen für die Nationen schädlicher sein kann als die Geißeln des Himmels, ohne festgelegte Prinzipien und Regeln, vage und ungewiss sei.“ (vgl. ebd., 51)

[8] Gerade am Anfang des dritten Buches der *Scienza della legislazione*, das, wie bekannt ist, den Strafgesetzen gewidmet ist, definiert Filangieri die Ruhe, die dem Bürger vom Bewusstsein darüber zukommt, dass er durch die Gesetze geschützt werden kann, als „*bürgerliche Freiheit*“; wahre und einzige Freiheit, die mit dem gesellschaftlichen Staat in Einklang stehen kann“ (vgl. Filangieri 1984, 385)

tigen Erfolg seines Werkes in Europa erklärt) – wird es gerade im Hinblick auf die Prinzipien der Strafverfahren,[9] die eine gute Gesetzgebung auszeichnen, möglich, „die Art der Handlungen festzulegen, die das Gesetz als Straftaten ansehen sollte" und folglich die entsprechenden Strafen zu bestimmen (Filangieri 1984, 31 ff.). In der Verfahrenssystematik von Filangieri erhält nicht nur der Grad der Bemessung der Strafe gemäß der Natur der begangenen Straftat seine Relevanz, sondern auch die unterschiedlichen Sanktionen, die die „Person des Rechtsbrechers", die „Umstände der Straftat" und das Ausmaß des verursachten Schadens berücksichtigen. Der neapolitanische Reformer verfolgt also das erklärte Ziel, eine möglichst einfache und klare „Verfahrensmethode" zu definieren, mit der die vom Gesetz vorzuschreibenden Strafen bestimmt und nach den verschiedenen Tatbeständen der Verbrechen, nach „ihrer *Qualität* und ihrem *Grad* bemessen werden können, das bedeutet nach den Umständen, die sie mehr oder weniger schädlich, mehr oder weniger schrecklich machen" (Filangieri 1984, 386).

Hier geht es nicht darum, die Analysen, die Filangieri den verschiedenen Problemen des Strafverfahrens widmet, eingehend zu untersuchen. Ich möchte in diesem Zusammenhang nur auf die herbe Kritik an den Modalitäten vieler Kodifikationen des modernen Zeitalters hinweisen, in denen die Anklage noch immer von einem „willkürlichen Geheimnis" umhüllt ist, was oft ungerechte Freiheitsentzüge anhand einfacher Indizien, falscher Zeugenaussagen und des Ermessens der Richter zur Folge hat. Filangieri wird somit zum überzeugten Befürworter der absoluten Öffentlichkeit der Anklage und der Notwendigkeit, zwischen einer Ermittlungsbehörde und einer Anklagebehörde zu unterscheiden (Filangieri 1984, 414). Auf diese Weise würden sämtliche schädliche Überbleibsel eines Inquisitionssystem feudaler Art schwinden. „Der Richter würde nicht mehr der stellvertretende Ankläger sein; der Richter oder seine bestechlichen Untergebenen würden nicht mehr die Ermittler sein; es gäbe keine geheime Anzeige mehr; die *öffentliche Stimme und das Gerücht*, das sehr zweideutig ist und oft einem Fehler oder einer Intrige eines wohlbedachten Betrugs unterliegt, wäre kein Vorwand oder legitimer Grund mehr dafür, dem Menschen die Freiheit zu entziehen. Im Anklage- wie im Ermittlungsverfahren hätten wir dann einen legitimen Ankläger und eine rechtmässige Anklage: beide Verfahren unterschieden sich nur in der unterschiedlichen politischen Lage derer, die sie errichten müssten. Sowohl in dem einen als auch in dem anderen Verfahren müsste der Ankläger die Beweise, die es gegen den Angeklagten gibt, erbringen: der Ankläger müsste der wahre Ermittler sein, der Richter hätte nur die Beweise zu überprü-

[9] Filangieri erklärt, dass er – als bevorzugte Quellen eines Weges der menschlichen Vernunft hin zur Bestimmung der bestmöglichen strafgerechtlichen Kodifizierung – auf das Beispiel der juristischen Kultur der Römer zurückgreifen will und unter den modernen auf das Beispiel des englischen Strafgesetzbuches (vgl. Filangieri 1984, 387 und 388 ff.).

fen und zu beurteilen“ (Filangieri 1984, 414-415). Die logische Konsequenz der legitimen Institution der Anklage (die entweder vom Bürger oder von der Anklagebehörde vorgebracht wird) ist die öffentliche Ermittlung, die jedoch auch an eine strenge und klare Reihe Verfahrensvorschriften (die hier nicht angeführt werden) gebunden ist, die somit zugleich die Würde der angeklagten Person[10] und die Beachtung des Gesetzes gewährleisten. Anhand dieser Prinzipien bestimmt Filangieri zwei wesentliche Bedingungen, auf denen jedes strafrechtliche Urteil beruht: die moralische Gewissheit des Richters darüber, dass der Angeklagte das Gesetz übertreten hat und die Beachtung der „gesetzlichen Norm“, das heißt der vom Gesetzgeber vorgeschriebenen Norm. Wenn die rechtskräftigen Beweise ermittelt worden sind, anhand derer sich beweisen lässt, ob eine Straftat vorliegt oder nicht, hat der Richter nur die Wahl unter drei Antworten: „die Anklage ist wahr, die Anklage ist falsch, die Anklage ist zweifelhaft“. „Die erste hätte eine Verurteilung des Angeklagten zu einer vom Gesetz festgelegten Strafe zur Folge; die zweite einen vollkommenen Freispuch und die dritte eine Aussetzung des Urteils“ (Filangieri 1984, 460).

Im zweiten Teil des Buches III der *Scienza della legislazione*, behandelt Filangieri das zentrale Thema der Straftaten und der Strafen: Hier ist das Problem der Zurechnung unmittelbar mit der Bewusstheit verbunden, mit welcher der Bürger (der von Filangieri verwendete Ausdruck ist nicht zufällig „Bürger“ und nicht Individuum) die Inhalte des von ihm freiwillig unterschriebenen Gesellschaftsvertrages beachtet oder nicht. „Die strafrechtliche Sanktion ist der Teil des Gesetzes, mit welchem dem Bürger die Wahl zwischen der Erfüllung einer gesellschaftlichen Pflicht und dem Verlust eines gesellschaftlichen Rechts gelassen wird“ (Filangieri 1984, 538). Das Problem der Zurechnung wird von Filangieri jedoch in der Definition der allgemeinen Grundsätze jenes Teiles der Strafgesetzgebung erörtert, der sich mit den Straftaten und den Strafen befasst. Die Handlung, behauptet Filangieri, kann nur zurechenbar sein, wenn ihre Freiwilligkeit offensichtlich ist. „Wo kein Wille sein kann, kann daher keine Straftat sein“ (Filangieri 1984, 536). Hier zeigt sich ganz deutlich der Versuch Filangieris, das Prinzip der Verbindlichkeit des Gesellschaftsvertrags und den Aspekt der Freiwilligkeit und der bewussten Verantwortung des Subjekts zusammenzuhalten. „Solange sich der Wille, Verbrechen zu begehen, nicht zeigt, kann er niemals strafbar sein, und wenn er sich zeigt, kann er nur strafbar sein, wenn er sich mit der vom Gesetz selbst verbotenen Handlung zeigt (…). Das Gesetz darf weder die *Tat* ohne den *Willen*, noch den *Willen* ohne die *Tat* strafen; zur Verhängung einer Strafe müssen eine Verletzung des Gesellschaftsvertrags und der Wille, ihn zu verletzen, zusammentreffen.“ (Filangieri 1984, 537) Nimmt man

[10] Filangieri widmet der Kritik der barbarischen Methoden der Inquisition und der Tortur, die für zivilisierte und von der Vernunft erleuchtete Völker nicht angemessen sind, vortreffliche Seiten.

an, dass die Gesellschaft das Recht hat, sich zum allgemeinen Wohlergehen ihrer Mitglieder zu erhalten, dann hat sie auch das Recht, sich mit jedem Mittel zu verteidigen, wobei sie in den schwerwiegendsten Fällen auch auf die Todesstrafe zurückgreifen kann.[11] Diese Mittel, derer sich, laut Filangieri, die Gesellschaft als Ausdruck des allgemeinen Willens rechtmäßig bedient, sind nichts anderes als die Gesetze, deren grundlegende Zielsetzung diejenige ist, „dem Willen der Menschen“ (das Merkmal der Freiwilligkeit der juristisch relevanten Handlung wird hiermit hervorgehoben) zu zeigen, aus welchen begründenden Motiven die für das gemeine Interesse schädlichen Handlungen zu vermeiden sind. Wie Filangieri am Ende des dritten Buches (Filangieri 1984, 109) bemerkt, hat seine Konzeption eines Strafverfahrens, die sich in eine genaue Klassifikation der Straftaten, in ihren Grad und in ihre Qualität und in die Bestimmung der unterschiedlichen Inhalte der Strafen gliedert, die Vorbeugung von Vergehen der Individuen zum Hauptgegenstand. Wenn die Gewissheit der Strafe nicht in der Willkür oder im Aberglauben, nicht in privater Gewalt oder in der Tyrannei der öffentlichen Macht ihre Bestätigung findet, sondern ausschließlich im „Willen, Verbrechen zu begehen“, dann können das Strafgesetzbuch und sein Verfahren die Aufgabe der Vorbeugung noch vor der Bestrafung erfüllen.

Wie Ugo Spirito (Spirito 1924, 65) zu Recht beobachtet hat, wird der von Vico begonnene und von Filangieri weitergeführte Versuch, die aufklärerischen und kontraktualistischen Theorien einerseits, die Tradition des römischen Rechts andererseits einander anzupassen, bei Francesco Pagano derart betont, dass die Waagschale sich zu einer Wahl naturrechtlicher Art neigt. Diese unter dem Gesichtspunkt der tatsächlichen Nähe Paganos zum romanistischen Rechtsmodell nicht abwegige Beobachtung gibt jedoch nur sehr begrenzt die wichtige theoretische und praktische Rolle wieder, die Pagano bei der Entwicklung des aufklärerischen Projekts einer radikalen Reform der Gesetzgebung hatte, eines Projektes, das im übrigen einen der stärksten Momente der politischen Tätigkeit der italienischen und europäischen Reformer darstellt. Wesentlich stichhaltiger und begründeter sind dagegen m. E. die Interpretationen, die im Hinblick auf eine prägnante Behauptung von Antonio Genovesi – die „Materie der Strafen ist ebenso Sache der Politik wie der Rechtsprechung (*Diceosina)*“ (Genovesi 1777, Bd. II, Buch I, XX, § VII) – die Reflexionen über die Gesetzgebung und die Systeme des Strafrechts nicht nur als einen Apparat der Rechtsverfahren betrachten, sondern auch als einen der Hauptaspekte, die die Politik, die Kultur und die Ethik einer Nation einbeziehen.[12] Es genügt, eine der bekanntesten Stellen der *Saggi politici* von Pagano nochmals zu lesen. Hier wird behauptet: „Willst du wissen, ob ein Volk noch von der Finsternis der Barbarei umgeben

[11] Hier entfernt sich Filangieri von Beccaria, auch wenn er ein Kapitel der „Mäßigung“ widmet, vgl. ebd., 547 ff.

[12] Vgl. die Analysen von F. Venturi (Venturi 1970, 125 ff.), vgl. auch R. Racinaro 2000, 10 ff.

ist, oder ob es bereits seine Augen zum Licht der Feinheit und der Zivilisation erhebt? Öffne sein Gesetzbuch. Wenn dieses zu umfassend und zu weitschweifig ist, wenn seine Gesetze besondere und viele sind, dann kannst du gewiss sein, dass diese Nation noch barbarisch ist und sie noch einen langen Weg vor sich hat, um das Ziel ihrer Kultur zu erreichen. Wenn aber wenige und universale Gesetze ein kleines Gesetzbuch formen, genießt sie bereits glücklich den heiteren Tag der zivilisierten Vollkommenheit" (Pagano 1993, 283). Wie für Filangieri, so findet auch für Pagano das Prinzip der Freiheit seine konkrete Anwendung in der Gewissheit des Urteils, in der Regularität und Universalität eines Verfahrens, das der Willkür der Macht und der Verfügungsgewalt des Richters Einhalt gebietet. „Es lässt sich als feststehendes Prinzip aufstellen, dass je größer die Willkür des Richters ist, um so geringer die bürgerliche Freiheit ist. Mit solch einer feststehenden Norm kann man die Freiheit ermessen, die ein Volk besitzt. Glücklich und erfolgreich ist jenes Volk, wo die Macht der Gesetze unendlich und die Macht des Richters sehr eingeschränkt ist; wo dieser der Arm und die Stimme des Gesetzes ist, wo er das lebendige und sprechende Gesetz selbst ist." (Pagano 1998, 58) In der Gesetzesidee sind die Gewissheit eines geordneten und ruhigen Lebens für den Bürger, aber auch das Vertrauen in die Institute, die die Unverletzlichkeit seiner Rechte zu garantieren haben, notwendig dazu bestimmt, zusammen zu bestehen. Das heißt, die Sicherheit des Bürgers und das Bestehen der bürgerlichen Freiheit müssen Hand in Hand gehen. „Um das wertvollste der Bürgerrechte zu bewahren, bedarf es der Zügel der Regularität des Prozesses" (Pagano 1998, 50-51).

Auch in seinem Werk, das als Manuskript während seiner Professur für Kriminalrecht in Neapel im Umlauf war und 1803 postum herausgegeben worden ist – *Principii del codice penale* – strebt Pagano nicht nur eine systematische Konstruktion der Strafgesetzgebung, mittels einer genauen Definition der Delikte und der Strafen sowie der Ausarbeitung einer raffinierten Theorie der Beweise an, sondern auch und an erster Stelle eine erneute Bestätigung der natürlichen unveräußerlichen Freiheitsrechte der Individuen. Auf dem von Filangieri vorgezeichneten Weg – man denke an seine Theorie der notwendigen Verbindung zwischen der moralischen Gewissheit des Richters und der Beachtung der Gesetzesnorm – bevorzugt auch Pagano das Anklageverfahren. Das bedeutet, dass das Element der Individualität die Grundlage des Strafprozesses bildet, sowohl in Bezug auf die genaue Bestimmung dessen, was dem angeklagten Bürger zurechenbar ist, als auch in Bezug auf die Überzeugung, die sich der Richter während des ganzen Prozessverlaufs von der Überprüfung der Beweise und der Zeugnisaussagen bis zum Urteil bildet. Ein bekannter italienischer Rechtsphilosoph aus dem 20.Jahrhundert – Gioele Solari – bemerkte überzeugend, dass der von Pagano geprägte radikale Wandel in der Theorie des Strafprozesses genau darin bestehe, „die Grundlage der Zurechenbarkeit und der Strafe" vom Äußeren auf das Innere“ zu übertragen (Solari 1963, 48). Ich glaube, dass ein zeitgenössischer Forscher, der sich mit Pagano beschäftigt, mit seiner Behauptung richtig liegt, dass in seinen Werken einige theoretische Elemente zu erkennen seien, die auf die kantische Gesinnungsethik zurückführbar sind. „Durch die Vertrautheit mit der zeitgenössischen Philosophie (...) tun sich für Pagano vollkommen neue Horizonte auf. Die Beziehung zum Kantianismus ist leicht erkennbar.“ Und auch wenn es schwierig scheint, diese Parallele zu ziehen, da ausdrückliche Zitate aus Kants Texten fehlen, sind dennoch die Theorien der meisten modernen Philosophen, von Descartes bis Leibniz, von Vico bis Locke, bei ihm gegenwärtig. Diese Gegenwart tritt besonders dort deutlich hervor, „wo Pagano von der nicht materialistisch und sensualistisch reduziblen Wirklichkeit spricht, die die innere Wirklichkeit ist“ (Racinaro 2000, 32).

Das bedeutet, um zum Thema meines Beitrags zurückzukehren, dass Pagano zweifellos unter die Theoretiker des Strafprozesses in den Anfängen der zeitgenössischen juristischen Kultur einzureihen ist, die mit höchster Klarheit den Sinn und die Grenzen des Begriffes der Zurechenbarkeit erkannt haben. Die Grundlage dieses Begriffs ist der absolute Vorrang des Legalitätsprinzips. Dieses Prinzip bildet die grundlegende Voraussetzung nicht nur für die Definition der Straftat als Verletzung eines Rechtes, sondern auch für den Begriff der bürgerlichen Freiheit. Daher beschäftigt sich das erste Kapitel der *Considerazioni sul processo criminale* nicht zufällig mit der «bürgerlichen Freiheit», eben in Anbetracht der Tatsache, dass ohne Gesetz keine Form der gesellschaftlichen Organisation der Menschheit existieren kann. „Die Rechte sind demnach die natürlichen Potentialitäten und Fähigkeiten, die vom Gesetz begrenzt und eingeschränkt werden, der gerechten Norm der gemeinen Nützlichkeit oder der geglückten Erhaltung des ganzen gesellschaftlichen Körpers. Und jeder Bürger kann seine Kräfte anwenden und all seine Fähigkeiten sicher ausüben, gemäß der obengenannten Einschränkung. Die bürgerliche Freiheit besteht in der Fähigkeit, von seinen Rechten ohne jegliches Hindernis Gebrauch machen zu können.“ (Pagano 1998, 45) Einer der bevorzugten Orte, wo sich die bürgerliche Freiheit festigt und erhält, ist für Pagano die Strafgesetzgebung und das, was sie am meisten kennzeichnet: der gerechte Prozess und seine Öffentlichkeit. „Der Strafprozess, der die Form der öffentlichen Urteile festlegt, ist der Hüter der Freiheit, der Kampfgraben gegen die Gewalttätigkeit, das sichere Zeichen vom Glück einer Nation.“ (Pagano 1998, 41)

In den *Principii del codice penale* beginnt Pagano mit der Definition des Delikts und der Strafe. Während das erste im wesentlichen eine „Verletzung eines natürlichen oder bürgerlichen Rechtes“ ist und damit ein Verstoß gegen die natürliche oder bürgerliche Verpflichtung, ist die zweite der gesetzlich festgelegte Verlust eines Rechtes aufgrund einer versäumten Pflicht oder eines verletzten Rechtes (Pagano 1998b, 241). An dieser Stelle ist es nicht möglich, die ausführliche Systematisierung, die Pagano für den Bereich des Strafrechts erarbeitet hat, in ihren Einzelheiten zu behandeln: für die Bemessung der Straftat, die Definition und Abstufung des Vorsatzes, den Unterschied zwischen zufälligen und fahrlässigen Delikten, dann die Strafen, das Verhältnis zwischen Delikten und Strafen, die Verjährung, die Kompetenzen der Richter und schließlich die Theorie der Beweise. Wichtig ist es indessen, hier auf einige Stellen in der Argumentation von Pagano hinzuweisen, die die Theorie der Zurechnung und die Freiwilligkeit des Vergehens betreffen. In diesem Zusammenhang führt Pagano, wie richtig beobachtet wurde (Palombi 1998, 20), gegenüber den utilitaristischen und kontraktualistischen Theorien ein neues Element ein, indem er der „psychischen Komponente der Straftat" und der Bestimmung der Vorsätzlichkeit der kriminellen Handlung viel Raum lässt, und das in einer Perspektive, die man als Vorläuferin einer Ethik der Intention betrachten kann, welche nie von einer Ethik der Verantwortung getrennt ist (Palombi 1998, 21). Es sind im wesentlichen zwei Eigenschaften, die laut Pagano, zur Qualifizierung des Delikts beitragen: „der Wille und die Wirkung; das heißt, es ist erforderlich, dass ein Schaden verursacht worden ist, und das nicht aus Zufall oder aus Not, sondern aus Bosheit und mit Vorsatz" (Pagano 1998b, 243). Das bedeutet, dass das Ausmaß des Delikts und sein Schweregrad von der Beschaffenheit des angerichteten Schadens und von der bösen Absicht des angeklagten Subjekts abhängen. Wenn also die vorsätzliche Handlung direkt in Zusammenhang steht mit der „Absicht zu schaden" und mit dem Bewusstsein einer Rechtsverletzung, eine Verletzung der vom Gesetz garantierten Rechte anderer, lässt sich davon eine Abstufung des Vorsatzes herleiten. Wenn die Absicht, zu schaden nicht vorhanden ist, muss man laut Pagano von einem Unglück sprechen und nicht von einer Straftat. Und wenn die kriminelle Handlung zwar freiiwillig ist, aber keine Folgen hat, ist von „versuchter Straftat" und nicht von „Straftat" zu sprechen (Pagano 1998b, 244).

Mit diesen Voraussetzungen geht Pagano nun im vierten Kapitel der *Principj* das Problem der Zurechenbarkeit an. Die Logik seines Gedankengangs ist konsequent: Wenn es wahr ist, dass ohne Vorsatz kein Delikt besteht und wenn es ebenso wahr ist, dass sich der Vorsatz infolge einer freiwilligen Handlung zeigt, leitet sich daraus die Notwendigkeit ab, zwischen freiwilligen und unfreiwilligen Handlungen zu unterscheiden, um die „verschiedenen Grade des Vorsatzes in den verschiedenen Straftaten" bestimmen zu können (Pagano 1998b, 246). Was den menschlichen Willen kennzeichnet ist vor allem die Freiheit, und wenn diese nicht mehr vorhanden ist, kann der Wille sich selbst nicht mehr leiten. Indem er sich auf Aristoteles beruft, bemerkt Pagano, dass die Handlung nur dann „frei und freiwillig" ist, wenn das Prinzip der Handlung zum Subjekt gehört, das handelt. Dies ist aber nur der Fall, wenn der Wille überlegt und vernünftig handelt. Im gegenteiligen Fall, das heißt, wenn die Leidenschaft die Vernunft überwiegt, ist das Prinzip der Handlung nicht mehr dem Subjekt zurechenbar, sondern einem äußeren Objekt, sei dies ein Verlangen, eine Begierde oder die bloße Empfindung. Daraus ergibt sich eine vorläufige Regel, und zwar, dass die Grade der Zurechenbarkeit mit den verschiedenen Graden der Freiheit und Bewusstheit in der Ausübung der eigenen Handlungen in Korrelation zu bringen sind. „Derjenige, der das, was er tut, ganz und gar nicht beabsichtigt, handelt aus Unwissenheit und demzufolge kann ihm die Handlung nicht zugerechnet werden, da der Wille keinen Anteil daran hat." (Pagano 1998b, 248)[13] Das bedeutet nicht, präzisiert Pagano, dass die Straftat nur dann vorliegt, wenn sie im voraus überlegt ist. Es geht nur darum, das unterschiedliche Ausmaß des Vorsatzes festzulegen: Es gibt den mit Wissen verwirklichten Tatbestand, den aus Unwissenheit verwirklichten und schließlich den, der „dem Ausbruch der Leidenschaften" zuzuschreiben ist. Es gibt, schließlich, eine „natürliche Abstufung" der Zurechenbarkeit, die somit der Abstufung der Straftaten entspricht, die zufällig, fahrlässig, vorsätzlich sein können, ohne dabei die kriminellen Handlungen zu übergehen, die von den Leidenschaften diktiert oder vom „*conatus*" gekennzeichnet sind (das heißt vom Versuch, ein Verbrechen zu begehen, das nicht in die Tat umgesetzt wird).[14] Die Unterscheidung und die Abstufung der Zurechenbarkeitsfälle entspricht offensichtlich der Abstufung der Strafen.[15] „Diejenigen, die unfähig sind eine Straftat vorsätzlich zu begehen, sind auch rechtsunfähig. Aber niemandem, der eine Straftat begeht, können die Gesetze die Straffreiheit zugestehen; es sind nur die Strafen verschieden, da die Anklage verschieden ist." (Pagano 1998c, 317)

Die dramatischen Ereignisse, die das Leben von Pagano in seinen letzten vier Jahren zeichneten, sind wohlbekannt. 1796 wurde er mit der Anklage als Mittäter und Anstifter der neapolitanischen Jakobiner verhaftet und ihm der Lehrstuhl und das Richteramt entzogen. 1798 wird er aus der Haft entlassen und kehrt, nachdem er für kurze Zeit im Exil in Rom gelebt hat, nach Neapel zurück und wird zu einem der Protagonisten der neapolitanischen Revolution von 1799, indem er das Amt des Vorsitzenden des Gesetzgebungskomitees übernimmt. Nach der Niederschlagung der Revolution wird er Ende Juli 1799 ins Gefängnis gesperrt. Er wird zum Tode verurteilt und am Abend des 29.Oktober 1799 erhängt. Gleichsam, als ob er das extreme Unrecht und die infame Willkür des Richters, die er erfahren sollte, vorausahnen wollte, schreibt Pagano in seiner nachgelas-

[13] Pagano führt als Beispiel die in einem Zustand des Schlafwandelns begangene Straftat an oder die von noch unzurechnungsfähigen Minderjährigen begangene Straftat (vgl. ebd., 250).

[14] Vgl. die ausführliche Analyse, die Pagano in den Kapiteln VI-XI der *Principj* durchführt.

[15] „Die Entität der Strafe muss genau mit der Qualität und der Quantität des Vorsatzes in Beziehung gesetzt werden, der im handelnden Subjekt das Bestehen der Erfordernisse an Intelligenz und Reife voraussetzt, die es gestatten, ihm die Folgen der kriminellen Handlung zuzurechnen, gemäß den Regeln einer ethisch-entschädigenden Anschauung der Strafe". So Palombi, 20

senen *Logica de' probabili*: „Das Bestehen einer Straftat muss gewiss sein (...). Aber die Straftaten müssen wirklich solche sein und vom Gesetz und nicht von der Willkür der Richter festgelegt sein. Es müssen die Straftaten sein, die danach trachten, die Gesellschaft aufzulösen und ihrem Körper unmittelbar das Leben zu nehmen (...). Niemals darf ein Bürger aus einem einfachen Verdacht heraus verurteilt werden. Niemand kann auf Verdacht hin verurteilt werden, und es ist besser einen Schuldigen zu retten, als einen Unschuldigen zu verurteilen. Einen Bürger auf einen Verdacht hin verurteilen heißt, einen Unschuldigen verurteilen: jeder kann in Verdacht geraten. Welch größeren Schaden kann die Gesellschaft davontragen als den der Vernichtung der bürgerlichen Freiheit, das heißt sämtlicher Menschenrechte?" (Pagano 1998c, 487-48)

Übersetzung von Astrid Doellfelder, durchgesehen von Matthias Kaufmann

Literatur:

Battaglia, S: Grande dizionario della lingua italiana, Bd. VII, Torino 1972.

Filangieri, G.: La Scienza della Legislazione, hg. von V. *Frosini* und F. *Riccobono*, Roma 1984.

Forcellini, E.: Totius Latinitatis Lexicon, Prato 1844.

Genovesi, A.: Della Diceosina o sia della filosofia del Giusto e dell'Onesto, Napoli 1777.

Liddel H.G.: Scott, R. A Greek-English Lexikon, Oxford 1996.

Manzini, V.: "Imputabilità" und "Responsabilità", in Digesto Italiano, Bd. XIII, Teil 1, Torino 1903.

Pagano, F. M.: Saggi politici. De' principii, progressi e decadenze delle società (1791-1792), hg. von L. *Firpo* und L. *Salvetti*, Napoli 1993.

Pagano, F.M.: 1998a, Considerazioni sul processo criminale, anastatischer Druck der Mailänder Ausgabe von 1801, Einführung von E. *Palombi*, Milano 1998.

Pagano, F. M.: 1998b Principj del Codice Penale, anastatischer Druck der Mailänder Ausgabe von 1803, Einführung von E. *Palombi*; Milano 1998.

Pagano, F. M. 1998c, Logica de' probabili applicata a' giudizj criminali, anatatischer Druck der Mailänder Ausgabe von 1806, Einführung von E. *Palombi*, Milano 1998.

Palombi, E.: Einführung zu M. Pagano, Principj del Codice Penale, anastatischer Druck der Mailänder Ausgabe von 1803, Milano 1998.

Racinaro, R.: Einführung zu F. M. Pagano, Giustizia criminale e libertà civile (Nachdruck der Ausgabe von 1835 der Princij del Codice Penale und der Logica de' probabili. Per servire di teoria alle pruove nei Giudizj Criminali), Roma 2000.

Solari, G.: Studi su Francesco Mario Pagano, hg. von L. *Firpo*, Torino 1963.

Spirito, U.: Storia del diritto penale italiano. Da Cesare Beccaria ai nostri giorni, Firenze 1974.

Venturi, F.: Utopia e riforma dell'illuminismo, Torino 1970.

Vico, G.: De Uno, in Opere giuridiche, hg. von P. *Cristofolini*, Firenza 1974.

Vico, G.: Sinopsi del diritto universale, in Opere giuridiche, a.a.O.

Mario Montorzi*

Der Richter als Zensor. Der Ermittlungsrichter *Luigi Cremani* und das Problem der *imputabilitas* in der Krise des Gemeinen Rechts vor der Zeit der Kodifikationen

1. Der Strafrechtler Luigi Cremani: Schuljurist und reaktionärer Richter

Der wissenschaftliche und persönliche Werdegang Luigi Cremanis ist Rechtshistorikern dank einiger gehaltvoller Studien bekannt, die speziell das Bild eines Rechtsgelehrten von Rang vertieft haben, der allerdings geprägt ist durch eine traditionelle Bildung von substantiell scholastischem Zuschnitt. Man denke nur an die umfangreiche, fundierte und genaue kritisch-biographische Notiz, welche bereits 1848 als anonymes Vorwort der florentinischen Ausgabe von Cremanis *De iure criminali libri tres* erschien. Diese Ausgabe wurde als Schlusspunkt einer schon 1779 (S. Cremani 1848 V-XIV) in Lucca begonnenen Editionsarbeit ein letztes Mal vom Verleger Gaetano Casoni[1] veröffentlicht. Man entsinne sich sodann des inzwischen geraume Zeit zurückliegenden (vor allem aber erhellenden) Artikels von Giovanni Bricchetti, der 1919 in der „Rivista penale" erschien (Briccheti, 265 ff.), um in jüngerer Vergangenheit bei dem gut belegten und reichen Eintrag im *Dizionario biografico degli Italiani* anzukommen, den ihm Paola Balestreri (Balestreri 1960, 593 ff.) gewidmet hat; zu guter Letzt (Cavanna; Massetto; Renzo Villata 1990, 247 ff.) war es schließlich Ettore Dezza, der sich wiederholt mit genauen und anregenden Untersuchungen der Bedeutung und kulturellen Komplexität der Person Luigi Cremanis zugewandt und nachhaltig die Aufmerksamkeit der Gelehrten auf die Person und das Werk gelenkt hat (Dezza 1989, 144 ff; 1992, 119; 2002).

Cremani, der am 17. Februar 1748 (Balestreri 1960, 593) in Arezzo geboren wurde und in Pisa Schüler von Leopoldo Guadagni[2] und Giovanni Maria Lampredi war (Balestreri, 593; Spagnesi, 57, 60 ff.),[3] wurde schon 1775, wenige

---

* Frau Dr. Chiara Galligani und Dr. Marco Gen waren mir bei einigen bibliographischen Überarbeitungen hilfreich, die ich ansonsten aus physischen Gründen nicht hätte durchführen können: Ihnen möchte ich hiermit öffentlich und ehrlich danken, M.M.

[1] Als der Kern des Textes zu den kriminalistischen Institutionen von Cremani in zwei Bänden in Lucca herausgegeben wurde, um denn in Pavia verkauft zu werden (Cremani 1779), folgte dieser dann in Pavia zwischen 1791 und 1793 die endgültige Fassung in drei Bänden in der Ausgabe der Nachfolger von Pietro Galeazzi (Cremani 1791-1793).

[2] L. A. Guadagni (1705-1785), Lettore antimeridiano di Istituzioni civili dal 1737-38 al 1741-42; Lettore di Pandette dal 1742-43 al 1784-85; (vgl. Barsanti 2001 333, 521; Spagnesi, 58 f.)

[3] Lampredi Giovanni Maria lehrt in Pisa von 1732 bis 1793 (Barsanti 2001, 333; Comanducci 1981).

Jahre nach dem Doktorat in Pisa (Barsanti 1995, 103), in sehr jungen Jahren auf den Lehrstuhl für Strafrecht in Pavia berufen (Balestreri, 593; Vaccari, 217). Von dort aus durchlief er die Stadien einer beruflichen Laufbahn und einer Lebenserfahrung, die durchweg nicht nur in den eingenommenen Ämtern, sondern auch in den traditionellen Strukturen kultureller Bildung sowie der funktionalen und beruflichen Ausbildung (Dezza 1992, 43 ff.) derjenigen der Mitglieder des habsburgischen Beamtenapparates (Cassi, 19, 303 ff.) ähnelte, zwischen den Aufgaben am Lehrstuhl und Konsultationen im Amt, jedenfalls stets im treuen Dienst und in ergebener Verbindung zu den Königs- und Herrschaftsapparaten der österreichischen Monarchie und dem Hause Habsburg-Lothringen.[4] Dennoch, trotz einer vergleichbaren augenscheinlichen Linearität des Verhaltens und der beruflichen Erfahrung, ist die kritische Rekonstruktion der Person Luigi Cremanis nichtsdestoweniger mit interpretativen Schwierigkeiten behaftet. Diese sind hauptsächlich an die Bestimmung des Gewichts geknüpft, das bei differenzierter Bewertung seiner Persönlichkeit der unbeugsamen und harten politischen Haltung beigemessen wird, die er während der *Jacquerie* einnahm, welche während der kurzen französischen Besetzung 1799 in Arezzo ausbrach und sich dann schlagartig auf blutige, willkürliche und grausame Weise auf das Gebiet des Großherzogtums ausdehnte (Balestreri, 595; Einzelheiten zur französischen Besatzung bei Turi, 139 ff.; Mangio; Leoni, 71 ff.). Diese war nämlich der Anlass, aus dem der erst kurz zuvor überstürzt aus der gerade demokratisierten Lombardei[5] in die Heimat zurückgekehrte Luigi Cremani als Hauptorganisator, als unermüdlicher und rachsüchtiger Macher der reaktionären Repression hervortrat, die sich damals gewaltsam durchsetzte. Dies geschah unter der Herrschaft des Florentinischen Senats, der sich in dem durch die aufgeregte Flucht Ferdinands III – bis dahin legitimer Souverän der Toskana – nach Österreich entstandenen Machtvakuum eilig als großherzogliche Regierung ausgerufen hatte.

Während jener bewegten Zeit leitete, organisierte und dirigierte der Jurist aus Arezzo – der unter anderem in seinen strafrechtlichen Schriften ein Befürworter der ermittelnden Prozessform gegenüber der anklagenden war[6] – sogar eine besondere Ermittlungskammer (die bezeichnender Weise in der Toskana sofort

[4] Das sind die Rechtsberatungen, die Cremani nach 1790 auf Anfrage von Peter Leopold von Habsburg-Lothringen, der gerade an die Macht gekommen war, als Universitätsprofessor und der Strafrechtsprechung kundig leistete (Balestreri, 594).

[5] Cremani floh 1796 aus Pavia und wurde am 11. 7. 1797 vom Großherzog der Toscana Ferdinando III zum Mitglied des Obersten Justizgerichts von Florenz berufen (Zobi. III. 248).

[6] Dies entsprang „nicht so sehr ... einer direkten Ablehnung des reinen Anklageprozesses ... , als vielmehr seiner indirekten Neutralisation, die a priori durch die Wahl des politischen Systems gerechtfertigt wird", das monarchisch gegenüber dem republikanischen und dem aristokratischen ist (Dezza, 1989, 149 f.; 1992, 38 mit Fn. 114).

als „Camera Nera“ – „Schwarze Kammer“ bezeichnet wurde), die damals vom Florentinischen Senat selbst gebildet wurde, ausdrücklich um all jene zu verfolgen, die sich in der kurzen Periode der französischen Besetzung mit den „Lehren gegen die Religion und den Staat“ befleckt hatten (Zobi, III, 381 ff.).

2. Im „konservativen 18. Jahrhundert“: die kulturellen Wurzeln der Bildung eines traditionellen Juristen

Es ist wohl wahr: Man sieht ohne Mühe, dass die Person Cremanis sich natürlich und definitiv in ein solches Bild unnachgiebiger und verbissener politischer und institutioneller Treue fügt, dass er sich eher stets in der Logik und Kultur jener Welt bewegt, die von der freigeistigen und rationalen Tradition der *Aufklärung* verschieden und zu dieser alternativ ist, welche vor nunmehr einigen Jahren Paolo Comanducci – als er in diesem Zusammenhang von Giovanni Maria Lampredi, dem Lehrer Luigi Cremanis in Pisa sprach (Venturi, 1969 ff.) – zusammenfassend als typisch für die Atmosphäre des „*Settecento conservatore*“, des konservativen 18. Jahrhunderts, bezeichnete (Comanducci).

Luigi Cremani war wahrlich ein konservativer Jurist (Dezza 1992, 39 Anm.), war aufs Engste an die kulturellen Stilelemente, die beklemmende Repression und die politischen Beschränkungen gebunden, die typisch waren für die späte Welt des ancien regime. Er war es in dem Maße, dass eben die Einschätzung als „konservativ“ für ihn sogar zu schwach erscheinen könnte, besonders dann, wenn man sie in Beziehung setzt zu den hitzigen Tönen klarer Zensur und Verurteilung ihm gegenüber (und vor allem gegenüber seinem Handeln im Jahre 1799), die Teile der Geschichtsschreibung des 19. Jahrhunderts, insbesondere jene laizistischer Ausrichtung mit Nähe zum Risorgimento mit resoluter und überzeugender Bestimmtheit vorbrachten.

Selbst wenn man die gar zu persönlichen und erbitterten Anschuldigungen der in Versen verfassten Schmähschrift beiseite lässt, die bereits 1801, als sich in der Toskana die reaktionäre Bewegung „Viva Maria“ gerade beruhigt hatte, in voller Erregung der Anwalt Raimondo Leoni (zu ihm Mangio, 114 f.) aus Pienza gegen Cremani richtete, besitzen jedenfalls die kritischen Zeilen von Egisto Assunto Brigidi, Apollo Lumini und vor allem Antonio Zobi[7] (die vielleicht verhaltener im Ton, aber ebenso bestimmt in ihrer menschlichen Ablehnung und politischen Rüge sind) noch heute unzweifelhaftes und überzeugendes Gewicht.

Es war tatsächlich in diesem Kontext und dank jener Stimmen, dass sich fast von selbst unter den Autoren die historiographischen Züge der Person Cremanis festigten, die dann dauerhaft als die eines rückschrittlichen und hart reaktionären

[7] Zobi, III, 248, insb. Fn. 32 Cremani „ein Mann von Geist, von vielen rechtswissenschaftlichen Kenntnissen, erbarmungslosem Herzen, Egoist und Absolutist par excellence...“

Juristen erhalten blieben, der, *per correctivam vim,* ein bewusster und aktiver Erneuerer der Regeln und Werte des Ancien Regime war.
Alles in allem – in endgültiger, ich würde sagen auch in zutreffender Weise – wurde Luigi Cremani von da an und vor allem von den liberalen Historikern als Mann der Wissenschaft angesehen, der sich zum Richter der Reaktion gemacht hatte und der in den Dienst dieser seiner politischen Anstrengungen all sein erprobtes technisches und berufliches Wissen stellte, vor allem um die des Jacobinismus Verdächtigen mit *heimlichen Kammerprozessen* ohne jeden Schutz und Recht auf Verteidigung für die Beschuldigten (Mangio, 305) unterschiedslos und hart zu treffen.
Man weiß außerdem, dass Luigi Cremani zu jener Gelegenheit ein nicht uninteressierter Paladin konservativer Ideen war, und dass er – nach der Logik des höfischen Opportunismus‘ (Mascheroni, 373) – von der reaktionären Bewegung eher offenkundig profitierte,[8] um dann in der Zeit der Restauration eine erfolgreiche Laufbahn und Ämter von institutionellem Rang zu erreichen (Balestreri, 395).
Demnach könnte man an dieser Stelle sagen, das Bild sei vollständig und für uns mit den inzwischen gesicherten Ergebnissen fixiert, die Antonio Zobi besiegelt hat als er verächtlich schlussfolgerte, dass die Schriften Luigi Cremanis „dazu dienten, die Rechtswissenschaft zu erklären, während seine Urteile den Richterstand diffamierten“ (Zobi, III, 248 Fn. 32), und damit für ihn eine kanonische Einschätzung festlegte, die gebunden ist an den offensichtlichen Widerspruch einer evaluativen Zensur zwischen einer positiven Einschätzung, die auf den Schuljuristen beschränkt bleibt, und der definitiven Verurteilung, die man demgegenüber angesichts seines beruflichen und politischen Wirkens ausgesprochen hat.
Es ist dennoch angebracht, endlich eine Überwindung eines solchen interpretativen Auseinanderdriftens zu versuchen und eine präzisere Einschätzung der Person Cremanis anzugehen, die es erlaubt, ohne Diskontinuitäten die komplexe historische Gestalt in den Blick zu nehmen. Es scheint nämlich ohne weiteres möglich, eine genaue kontinuierliche Linie zwischen Inhalten der definitorischen Bestimmungen, die Cremani als Theoretiker des Strafrechtes ausgearbeitet hat und seinem anschließenden ununterbrochenen Engagement in der Rechtsprechung während der Unterdrückung in der Restaurationszeit auszumachen: tatsächlich verlaufen sowohl die anfänglichen, anscheinend abstrakten Formen seiner wissenschaftlichen Überlegungen., als auch seine folgenden konkreteren politischen und gerichtlichen Verhaltensweisen als reaktionärer und legitimistischer Richter deutlich entlang der selben konzeptionellen Linie und illustrieren

[8] Das Cremani ein methodischer „Schmeichler der Macht“ gewesen sei, war übrigens auch die feste Überzeugung von Giovanni Carmignani IV, 214.

die Inhalte ein und desselben Denkschemas, in dessen Werterahmen sich Luigi Cremani beständig und treu bewegte.
Es geht wohlgemerkt nicht darum, an dieser Stelle einen Rehabilitationsversuch für einen reaktionären Juristen oder sein von einem ausgefeilten, antiaufklärerischen Obskurantismus gekennzeichnetes Werk zu unternehmen, sondern vielmehr ganz im Gegenteil kritisch die besonderen politischen Inhalte einiger seiner Lehrmeinungen zu reflektieren, die unmittelbar auf irrationale und unterschiedslose Weise ihr belastendes (darüber hinaus grundlegend zerstörerisches) Potential unter Beweis stellten, sobald sie durch Cremani selbst mit strenger und unnachgiebiger Folgerichtigkeit in der konkreten richterlichen Praxis umgesetzt wurden.
Aus allen Richtungen fehlt es nicht an Fakten, die dazu anregen, eine entsprechende Perspektive in der Analyse einzunehmen: Die historischen Forschungen Carlo Mangios gaben z.B. schon zu ihrer Zeit einen überzeugenden Hinweis in diese Richtung und haben uns mit die Umstände berücksichtigender und genauer dokumentarischer Präzision auch darüber belehrt, wie sehr Cremani – eben stark durch seine Kompetenzen und seine anerkannte Autorität als akademischer Strafrechtler – seine spezielle technische und theoretische Einstellung in seine eigene Tätigkeit bei Gericht hat einfließen lassen und sogar bewusst jenen Ruhm genutzt hat, um während der reaktionären Ereignisse des Jahres 1799 die Definition und die formale Vervollkommnung der inquisitorischen Macht der Kammer, der er zu jener Zeit vorstand und die von ihm geleitet wurde, beharrlich zu pflegen (Mangio, 303 ff.; vgl. auch Balestreri, 595; Turi, 268; Brigidi, 420; Zobi, III, 381 ff.).
Die berufliche Autorität und die wissenschaftliche Erfahrung Luigi Cremanis waren somit eine wesentliche und bestimmende Komponente des repressiven Antriebs, der die Maschinerie reaktionärer Rechtsprechung in Bewegung hielt, die er gegen die toskanischen „Jakobiner" (Zobi, III, 248, 381 ff., 451 ff.) in Gang gesetzt hatte, so dass er die Steigerung und Ausdehnung der strafenden Aktivität eben jener Kammer – sei es durch *funktionale Kompetenz* der Entscheidungen, als auch durch umfassende *Berechtigung zum Strafen* – auf einen geschickten und gewissenlosen Gebrauch der Kategorien der *imputabilitas* der Angeklagten und des *delictum,* das ihnen zur Last gelegt wurde, als materielle Voraussetzung der Verfolgung gründen konnte.

3. „Demokratische Maximen": das Missverständnis der strafrechtlichen imputabilitas einer moralischen und politischen Straftat

Vor allem scheint an einem solchen Fall in den Augen des modernen Interpreten bemerkenswert, dass Cremani also offensichtlich nicht in strafrechtlicher Anwendung einer *spezifischen und einheitlichen Strafnorm* (Mangio, 304 f.) gehandelt hat, sondern vielmehr auf praktischem Gebiet Schemata zur Anwendung brachte, die ursprünglich schon in seiner eigenen ideologischen und theoretischen Systematisierung festgehalten waren, und dass er sie im Konkreten in der Ausübung eines *kommissarischen Mandats zur allgemeinen strafrechtlichen Verfolgung* anwendete, das vom Florentiner Senat, der das Großherzogtum (Mangio, 303 f.) regierte, erlassen worden war, darauf, ausgerichtet durch Verhängung von Strafe und durch Besserung Sühne (Mangio, 305; vgl. auch Cremani 1848, §§ iv-v) und Wiedergutmachung der geschehenen Verletzung der allgemeinen Pflicht zum Gehorsam der Untergebenen gegenüber dem Herrscher zu erreichen.

Vorrangig waren es politische und moralische Normverletzungen,[9] die so von ihm verfolgt wurden und man versteht unter diesen Umständen, warum Cremani eine konstante Tendenz an den Tag legte, die Umrisse des Illegalen, das von ihm verhandelt wurde, zu modifizieren, um die Kompetenzen der Rechtsprechung seiner Sitzungskammer immer weiter zu fassen und immer weiter auszudehnen (Mangio, 308 f.).

Neben den kulturellen waren es gerade diese technischen und instrumentellen Voraussetzungen, mittels derer er sich daran machen konnte, darauf abzuzielen, die eigene repressive Macht nicht nur zum Nachteil jener *wenigen* (vgl. Turi, 178 ff.; Mangio, 251 ff.; Saitta, 269 ff.) zu formalisieren und zu legitimieren, *die effektiv und überzeugt* (mit einem *spezifischen Verhalten und mit einem beweisbaren Willensantrieb)* den transalpinen Ideologien gefolgt waren und sie verbreitet hatten, sondern auch gegen jene *vielen* (Funktionäre, Richter und Intellektuelle – Cavanna, 243; Dezza 1992, 41; Mangio, 315; Pesendorfer, 252 f.; Montorzi 1997, 301 ff.), die in der Vergangenheit mehr oder weniger bewusst an der Politik der religiösen Reform (Ricci, 2, 108 ff.; Zobi, III, 383 ff.; Turi, 268; Mangio, 308 f.) und der institutionellen und kulturellen Säkularisation beteiligt gewesen waren, welche zur Zeit der Reformen Leopolds begonnen hatten.

In jener längst vergangenen Zeit luzider reformerischer Spannung und letztlich auch konstitutioneller Bestrebungen (Wandruszka, 368 ff.; Zimmermann, 45 ff.) war die vorurteilsfreie und aufgeklärte Politik Peter Leopolds von Habsburg-Lothringen nicht nur in einzigartiger Weise den Visionen und der Sensibilität selbst seiner engsten und aufgeklärtesten Mitarbeiter (Diaz; Zimmermann, 45 ff.) vorangeeilt, sondern hatte auch tiefgreifende Unruhen im Innern des Großherzogtums verursacht: Sie hatte die Menschen geschieden und die Geister verwirrt und hinterließ eine lange Welle politischer Ressentiments und heftiger

[9] Durch die Anwendung einer solchen Auffassung vom Wesen der Staftat konnte der Jansenismus des Bischofs von Pistoia, Scipione de‘ Ricci, durch die Kammer, der Cremani vorstand, als „mutmaßliche Konspiration gegen den Staat“ interpretiert – und somit auch verfolgt – werden (Ricci, 2, 108).

konservativer und reaktionärer Beunruhigung, die dann eben mit dem Aufruhr der Sanfedisten und insbesondere mit der dumpfen und missgünstigen Repression der „Camera Nera“ Luigi Cremanis zum Ausbruch kam.[10]
Das in kritischer Hinsicht relevante und für den Rechtshistoriker bedeutsame Faktum ist die Beobachtung, die heute gegenüber derartig schikanöser Verfolgung spontan auftaucht: In Wirklichkeit schienen sich die *forma* und die *termini* des von der „Camera Nera“ verfolgten *delictums* zu ergänzen, zu potenzieren und im Lauf der Arbeit weiter zu definieren, vermöge ständig zunehmender Befugniserweiterungen, die mittels einer unentwegten Justierung bezüglich der Definitionen, Vervollkommnungen und Aktualisierungen dank wiederholter Eingaben und ständiger Forderungen Cremanis selbst von den großherzoglichen Regenten des Florentiner Senats bewilligt, ja ihnen beinahe abgenötigt wurden (Mangio, 305).
Der öffentliche Inquisitor verfolgte und erforschte mit seinen eigenen Vernehmungen vor Gericht demnach bloße *Umstände des Verbrechens* (die *facta delicti,* wie sie in der traditionellen strafrechtlichen Definition benannt werden, vgl. Gargani, 53 ff.), die von ihm selbst in der *Ermittlungsphase* herausgearbeitet und als solche bezeichnet wurden, um dann von ihm sofort als *Bestandteile* der unmittelbar strafwürdigen Form des *delictums* verwendet zu werden (vgl. Montorzi 1981, 53 ff.; 1997, 289; Mangio, 301 ff.; weiterhin Catalano, 442 ff.; Luzzati, 466 ff.; Barsanti 1995a). So versteht man sehr gut, dass er, indem er in jener Eigenschaft und mit dieser Methode vorging, in Wirklichkeit sich einer Untersuchung und eines Systems bediente, das viel eher administrativ und polizeigemäß war (Sonnenfels, § 44) denn kritisch und juridisch. Das *delictum* wurde vorzugsweise als ein *physisches und durch die Umstände bestimmtes Produkt* der historisch gesicherten Verhaltensweisen der einzelnen juristischen Subjekte betrachtet (eine objektiv strafbare historische Gegebenheit also) und nicht als *formales Produkt* eines *komplexen Vorganges,* der in einer bestrafenden Sanktion gipfelt, die vom Herrschenden erlassen, kritisch bestimmt und als solche subjektbezogen dem Angeklagten durch den Richter aufgrund der strafrechtlichen *Erkenntnis* zugerechnet wurde (Gargani, 286 ff.).
Wohl überlegt *erkannte* Cremani als Inquisitor der „Camera Nera“ nicht etwa Fakten im Sinne eines *gewöhnlichen* Strafrechtsurteils, in welchem er sie auf der Grundlage eines eigenen autonomen, ausgeführten und kontrollierbaren Aktes kritischer Ausarbeitung einordnete und interpretierte; sondern vielmehr beschränkte er sich bei der Untersuchung darauf, die Umstände, aus denen sich ein *„delictum“* zusammensetzte, *wiederzuerkennen,* um sie dann in einem einzigen

[10] Bekanntlich wurden die Gerichtsakten ähnlicher Vorgäge aus Gründen der Zweckmäßigkeit und politischer Friedensstiftung dann zerstört oder zumindest verborgen (Zobi, III, 455 ff.; Montorzi 1997, 289).

und unkritischen *Akt strafrechtlicher und korrektiver Zuerkennung* zusammenzufassen, vermöge dessen er die Zumessung der Buße für die Straftat vornahm, anhand der bloßen Prüfung der augenscheinlichen Übereinstimmung des von ihm beobachteten Faktensystems mit der vorgegebenen formalen Definition der Straftat, die er ein für alle mal in der theoretischen Lehre und in vorgefasster Weise festgelegt und beschrieben hatte.

Eine eher orakelhafte als kritische „Justitia" wurde also durch diese besondere Kontingenz von ihm verfügbar gemacht: Innerhalb dieser wurde das *delictum* eher als Ergebnis einer irrationalen *voluntas* bestimmt, die bewusst auf ein intrinsisch *schändliches* Ziel ausgerichtet war – deshalb auch objektiv von jedem Beobachter in dieser Weise einzuschätzen („zu kritisieren" in der Sprache Cremanis 1848, 30) – und nicht als Resultat einer speziellen, motivierten und bestimmten *Übertretung* im Verhalten, die deshalb durch den richterlichen Interpreten mit einer gewissen, angemessenen und kontrollierbaren Entscheidung *positiv* bewertet werden kann.

In Wirklichkeit übernahm Cremani auch in der Lehre eine analytische Methode *substantialistischen* Typs mit rigoroser *aristotelischer* Vorgehensweise (Cremani 1848, 32 Fn. 1), innerhalb deren das formale Postulat bestand, wonach die Termini des juristischen Diskurses auch eine unmittelbare ontologische Verwurzelung hätten. Somit in einen engen Rahmen scholastischer Orthodoxie eingeschlossen, wurden die Kategorien der *Freiheit* und der *verstandesmäßigen Einsicht* (notwendige Voraussetzung kriminellen Verhaltens) für den Autor die tragenden Elemente der Konstruktion einer rudimentären und mehrdeutigen Theorie der *imputabilitas*: Diese schien trotzdem noch nicht ausreichend, die eigenen Schritte aus dem begrenzten Reich der Ethik herauszuführen,[11] um sich in das unwegsamere der juristischen Erfahrung zu wagen; vielmehr verblieb sie auf dem Feld des widersprüchlichen Ansatzes der eigenen philosophischen Voraussetzungen und verwechselte statt dessen weiterhin die *intrinsische* Bewertung des individuellen Verhaltens mittels der ethischen Vernunft mit dem ganz anders gelagerten Problem seiner *extrinsischen* juristischen Zurechenbarkeit.

Wir erfassen dies, wenn wir berücksichtigen, wie konsequent Luigi Cremani das komplexe Bild seines strafrechtlichen Systems zeichnete und den Raum bemerken, den er für das logische Vorgehen auf historischer Grundlage ließ, verglichen mit denen, die auf der Grundlage einer kritischen Fundierung vorgehen (vgl. Giuliani; Cordero; Rosoni): Wie in dem Moment, wenn er sich mit den eventuell wirkenden mildernden Umständen zugunsten des Angeklagten beschäftigt, dabei notwendigerweise über die Implikation physischer Handlungen und juristischer Wirksamkeit menschlicher Entscheidungen reflektiert und dabei die Bestimmung ihrer Grundlage auf offensichtlich präjuristische Kriterien

[11] „Huiusce rei ratio ea est, quia intentio agentis una fere est moralitatis mensura ..." (Cremani 1848, XX, Fn. 1.)

(Cremani 1848, 602 ff.; Beccaria, 33 ff.; Dezza 1992, 120 ff.; 1989, 139 ff.; Nani) stellt, die auf naturalistischem Gebiet erarbeitet oder sogar nach ausschließlich statistischen und quantitativen Prinzipien erstellt wurden (Cremani 1848, 56).
Auch in diesem Fall führt die so durchgeführte Option für das naturalistische Argument Cremanis Umgang mit der Lösung des Problems der *imputabilitas* ein weiteres Mal in die ruhige Zone der von historischen Beweisen und präsumtiven Argumenten geleiteten Sicherheiten, als in das heiklere Wagnis der Interpretation von Beweisen, die sich auf rigoros kritische und durch die Akzeptanz der juristischen Überlegungen, die sie unterstützen, mit Gewissheit „sichere" Argumentationen gründen.

4. Vom Konservativen zum Reaktionär: Die traditionalistischen Voraussetzungen in der Ausbildung von Luigi Cremani

Wie man weiß war Luigi Cremani ein konservativer Jurist im vollen Sinn des Wortes – er war es vor allem in den Formen, in den Bestrebungen und in den Zielen, und nicht nur in spezifischen Inhalten von definitorischer Substanz. Seine politische Haltung erschien kulturell motiviert und bewusst auf rigorose Weise traditionalistisch ausgerichtet, und das schon seit seiner Jugendzeit, als er das *ius puniendi* (Cremani 1777) studierte, und ihm das Profil seiner intellektuellen Ausbildung schon klar war. Es ging ihm um eine umsichtige und vollständige Revision und Korrektur aller Ergebnisse (von Reflexion und Erfahrung) der Debatten der Aufklärung (Dezza 1992, 40).
Er bewegte sich offensichtlich in den Grenzen einer moderaten und vorsichtigen Anwendung der Doktrin und Methode von Montesquieu und musste auch, aufgrund von Sachzwängen und der Erfordernisse der Diskussionskultur, die Inhalte der Botschaft Beccarias angemessen berücksichtigen (Dezza 1989, 144 ff.); aber es war doch offensichtlich, dass man ihn beim Thema der Todesstrafe natürlich an der Front ihrer Verteidiger sah und nicht auf der aufgeklärten der Abolitionisten (Briccetti 269).
Dennoch war Cremani als echter Mann der Zivilisation des 18. Jahrhunderts, die auf Geselligkeit und den Austausch von Ideen und Informationen (Goodmann, 256 ff.; allg. Hof; Burke 1987; 1993) gegründet war, offen für die Kontakte und für die „Konversation" mit der Welt der Reformer (Tarello, 483).
Deshalb überrascht es nicht, wenn sich in einem Brief von Gaetano Filangieri[12] an ihn der Beweis für die Wertschätzung und das Vertrauen findet, die er sich auch im Kreis jener Personen erwarb, die aktiv damit beschäftigt waren, die

[12] Datiert in „Caserta, 28 novembre del 1782"; das Schreiben von Filangieri ist publiziert in Venturi 774 f.

Begriffe einer neuen Wissenschaft der Gesetzgebung zu erarbeiten. Dennoch sind die großen Unterschiede nicht zu leugnen, die zwischen den Ansichten des aufgeklärten Reformers[13] Filangieri und den heftigen inquisitorischen Anstrengungen des traditionalistischen Konservativen Cremani zu finden sind. Sie lassen sich eigentlich schon in eben jenem angesprochenen Brief von Gaetano Filangieri ahnen: Dieser dokumentiert die intellektuelle Hochschätzung des neapolitanischen Juristen für den Professor aus Pavia und liefert andererseits den Beleg dafür, dass die beiden gewiss keine ideologische und kulturelle Vertrautheit verband.

Zumal Cremani selbst (Cremani 1848, XVIII) an anderer Stelle flüchtig, aber auf explizite und deutliche Weise festhält, welches die signifikanten Unterschiede in Standpunkt und Systematik sind,, zwischen seiner eigenen integralistischen Konzeption – dank derer er dem Strafrecht vorrangig und beinahe ausschließlich die Funktion der *erzieherischen Repression* und der *ermahnenden, institutionellen Zensur* (Cremani 1848, XXII) zuerkennt – und derjenigen, zu der sich Filangieri bekennt, welcher im Gegensatz zu ihm, derartige funktionelle Vermengungen zwischen Administration und Strafjustiz meidet, und explizit das Problem der nationalen Erziehung in ein Gebiet verlagert, das positivrechtlich und rational von jenem bloß bestrafenden unterschieden ist (vgl. Filangieri 1834-1835, lib. IV, parte 1). Filangieri ist fest davon überzeugt, dass das wahre Objekt der Gesetzgebungswissenschaft „nicht die Bestrafung des Deliktes ist, auch nicht den Übeltäter in Furcht zu versetzen, sondern die Tugend zu belohnen, und den Helden zu ermutigen“ – also nicht die Repression, sondern die zivile und soziale Förderung (Becchi 1986; 1985, 199 ff.; Becchi/Seelmann).

Aufs Ganze – besonders, wenn man die Spannungen, die Unruhe und die fruchtbaren Widersprüche in politischer, spiritueller und menschlicher Hinsicht bei Gaetano Filangieri zum Maßstab nimmt – erscheint Luigi Cremani unvermeidlich als Angehöriger einer traditionelleren Kultur des 18. Jahrhunderts. Natürlich zollt er selbstverständlich bei seiner Ausbildung und auch bei seinen wissenschaftlichen Werken seinen Tribut an die akademische und höfische Gelehrsamkeit (Balestreri, 593; Dezza 1992, 157). Seine Kultur ist eine des Kumulierens und Sammelns (Cremani 1777): weise, raffiniert und kritisch ausgebildet,[14] aber eher darauf ausgerichtet, sich in ein organisches System gegebener Werte und bereits bestehender ideologische Szenarien zu finden, als auf die Ausarbeitung eines autonomen und rationalen Projekts des Eingreifens in die Geschichte.

---

[13] Über die Kontakte von Gaetano Filangieri zu Vico-Zirkeln und neapolitanischen Freimaurergruppen, besonders über seinen Bund mit F. M. Pagano, vgl. Lo Sardo, 574 ff.

[14] Ich denke besonders an das Werk über die Legislation, das er 1774 verfasst hat, schon im Hinblick auf Karl Anton von Martini, dem es gewidmet war und von dem er 1775 ins Tessin berufen worden war (Cremani 1774, VI; Dezza 1992, 3).

5. Skizze einer Zensurtheorie der Strafrechtsausübung

Übrigens sagt es Cremani explizit in seiner Schrift *De iure crirninali:* Seiner Ansicht nach ähnelt die Intervention des Juristen nie jener des Philosophen, der *de iure condendo* argumentiert, sondern eher der des Technikers, der ausschließlich und streng nach den *leges* und dem *ius conditum* agiert, das er schon gültig vorfindet, während er andächtig neben dem Thron steht, wo jener sitzt, der auf Grund von göttlichem Recht die einzige nicht hinterfragbare *Quelle* (Cremani 1848, XVIII f.) jenes Rechts ist.
Auch die Definition von „*delictum*", die Cremani in seinem *De iure criminali* liefert, kann vielleicht in dem Sinn verstanden werden, als wäre sie ein organisches Produkt eines solchen Wertesystems:

> „I. Was ein Delikt ist, gilt es aus den Gesetzen und dem Geist des Handelnden zu entnehmen. Gesetze werden hier verstanden als einzelne Handlungsregeln, die von der höchsten und legitimen Macht den Menschen vorgegeben werden, denen für das, was von jener Macht befohlen wird, die Verpflichtung des Vollbringens innewohnt, für das, was sie verbieten, die des Abstandnehmens. Jede vom Menschen freiwillig begangene, vollendete oder auch unterlassene Tat wird daher, sofern sie unter Missachtung dieser Verpflichtung geschieht, ein Delikt genannt.
> II. Seine oberste Einteilung ist die in Natürliches und Bürgerliches. Das Natürliche, oder moralische, so genannt, weil es gegen das natürliche Gesetz verletzt, nicht weniger als die guten Sitten, wird unterteilt in die Sünde, womit wir unsere Pflichten gegen Gott und daher gegen die anderen Menschen missachten, und in das Laster, womit wir von den Pflichten gegen uns selbst abgehen. Das Bürgerliche ist dasjenige, womit die Gesetze des Staates verhöhnt werden, worin wir leben, sei es eine freie äußere Tat oder die ebensolche Unterlassung einer Tat, die dem menschlichen Gesetz zuwider ist, das durch die Strafsanktion in diesem eigentlichen Sinn bewehrt ist."[15]

[15] „I. *Delictum* quid sit ex legibus, atque ex animo facientis desumi oportet. Leges heic intelliguntur singulae agendi regulae a Summa, ac legitima Potestate propositae hominibus, quibus iussa ab ca Potcstate faciendi, atque a vetitis abstincndi moralis necessitas, seu obligatio inest. *Omne itaquefactuin voluntarie ab homine suscepturn, perfectumve, aut etiam omissum in contemptionern huiusce obligationis, delictum generatirn audit.*
II. Summa eius divisio est in *Naturale* et *Civile.* Naturale, seu morale, ita appellatum quia legem naturalem offendit, non minus quam bonos mores, subdividitur in *peccatum,* quo officia erga Deum, et erga alios homines contemnimus, atque in *vitium,* quo officia erga nosmetipsos deserimus. *Civile* est, quo ludibrio habentur Leges Civitatis in qua degimus sive est actio, actionisve omissio libera, et externa, contraria Legi humanae, munitae sanctione poenali sie proprie dicta ..."(Cremani 1848, 19 f.)

In Cremanis System ist also das *„delictum"* die weitgespannte Projektion eines komplexen (Cassi, 386) definitorischen Raumes (gleichzeitig moralisch und juristisch, natürlich und bürgerlich), in dessen Inneren vielfältige *Entitäten von normativer Qualifikation* ihre Wirkung entfalten:

a) zuerst muss der Kommentator natürlich die Sanktionen, speziell die normativen, in Erwägung ziehen, die vom Fürsten (oder einer anderen Magistratsautorität) seinen Untertanen gegenüber verhängt werden (Cremani 1848, 19 f.);

b) zweitens erscheinen in der *forma delicti,* wie sie von Cremani dargestellt wird, auch jene spezifischen Situationen des *status,* d.h. der sozialen Rollen, die ihren Inhabern besondere *officia* gegenüber sich selbst und gegenüber anderen spezifischen Ordnungssubjekten (Cremani 1848, 78) auferlegen können: Es handelt sich um die Verletzung solcher officia (Cremani 1848, 19 f.), die dann konkret bei den verschiedenen Inhabern der *iurisdictio* (Costa), die im politischen System operieren, konkrete *Machtbefugnisse der Statuierung und des Anordnens* aktiviert. Solche Machtbefugnisse finden ihrerseits ihre Voraussetzung bei der Feststellung des *factum delicti,* und sind konkret darauf ausgerichtet – wie sich Cremani selbst an anderer Stelle zusammenfassend ausdrückt – den einzelnen juristischen Subjekten konkrete Verhaltensverpflichtungen („quid [sit] faciendum, a quo abstinendum"), im Interesse der allgemeinen und öffentlichen Sicherheit (Cremani 1848, 16) vorzuschreiben.

Auf diese Weise scheint sich die Kategorie des Delikts (Cremani 1848, 19 f.) ein für allemal innerhalb jener „moralischen Notwendigkeit oder Verpflichtung" (*„moralis necessitas, seu obligatio"* Cremani 1848, 19) zu lokalisieren, aus der auch das komplexe Band politischer Unterordnung unter den Souverän stammt, und die verschiedenen Kompetenzen von Strafrecht und Polizeiverwaltung, die normalerweise von der Ordnung diversen Richtern und Amtsträgern zugeteilt werden, in eine *komplexe und organische Zensurfunktion* einzufügen.

Das Fundament der *criminalis iurisdictio* wird also von Cremani als *von Natur aus angeboren und ontologisch verwurzelt* postuliert, in der persönlichen und physischen Identität des juristischen Subjekts selbst (Cremani 1848, 19 f.), weil es ein elementares Korollarium seiner natürlichen Qualität als Untertan und der spezifischen *officia* ist, die ihr inhärieren, so dass die *Treue,* die man dem Souverän schuldet, natürlich – sowohl im ethischen als auch im juristischen Bereich – zu den Elementen gehört, aus denen das *factum delicti* besteht: Das Subjekt wird infolgedessen als *objektiv strafwürdig* betrachtet, wenn in ihm die Verletzung des Verhältnisses politischer Unterordnung festgestellt wird (Cremani 1848, 97).

Offenkundig ist der Blick des Strafrechtlers auf das institutionelle Verhältnis gerichtet, das aus moralischer Notwendigkeit und juristischer Verpflichtung den Untertan an seinen Souverän bindet. Die hierarchische und institutionelle Ord-

nung der verschiedenen juristischen und sozialen *status,* der Rollen, welche die Untertanen bekleiden, bekommt – den Nachstellungen des im Kern egalitären Libertinismus zum Trotz, den die Spekulationen der Aufklärer hervorgebracht hatten – konsequenterweise das politische und fast sakrale Charisma einer generellen strafrechtlichen Bestätigung (Cremani 1848, 53 f.).
So ergibt sich rasch eine Skizze, die es schließlich ermöglicht, in dem oft spröden Werk des Inquisitors Cremani die beredte und sichtbare gedankliche Spur der Position zu finden, die er seinerzeit bewusst im Feld der Theorie eingenommen hatte, als er die Resultate seiner Lehrmeinung einer wohlüberlegten Strategie unterordnete, mit dem Ziel, *die politische Verpflichtung der verschiedenen juristischen Subjekte unter aktiven inquisitorischen Schutz zu stellen.* Da sie in einen ähnlichen ideologischen Komplex eingeordnet war, wurde die Zurechenbarkeit normalerweise beinahe wie ein physisches und natürliches Produkt der ebenso natürlichen Bedingung des Untertans betrachtet, und als solche konnte sie geschätzt und in der Lehre behandelt werden, da der Ausgangspunkt des „*delictum*" konsequenterweise definitiv innerhalb jener Fakten und jener Verhaltensweisen erschien, die *objektiv identifizierbar* waren als Verletzungen jener „moralischen Notwendigkeit oder Verpflichtung" *(moralis necessitas, seu obligatio),* in der die politische und juristische Unterordnung des Untertans gegenüber seinem legitimen Souverän ihr Fundament und ihre natürliche Bestätigung fand.

6. „Richterliche Willkür ist ausgeschlossen". Gegen die exzessive Kritik der modernen Juristen: Luigi Cremanis immer unnachgiebigerer Konservatismus

Dennoch schien sich nun eine derartige Position, die unverändert an einer organischen und kategorialen Verbindung zwischen ethischen Bestimmungen und juristischer Einordnung der menschlichen Handlungen festhielt, in eine substantielle Isolation zu begeben, nicht nur wenn man es mit den neuesten Tendenzen der Strafrechtslehre jener Epoche verglich (vgl. Beccaria, 23 f.), sondern auch im Hinblick auf Positionen, die man in den vornehmsten Kreisen des Wiener Hofes vertrat, wo, wie die pädagogischen *Praelectiones*[16] des kaiserlichen Hofmeisters Karl Anton von Martini belegen, das ganz andere Prinzip einer *strikten positiven Typisierung* des Begriffes „*delictum*" galt. Dieses stellte sich dort eher so dar, als sei es ein genaues Synonym des Begriffes *crimen* und müsse folglich darauf ausgerichtet sein, sich in den engen interpretativen Grenzen zu konstruie-

[16] Weil sie, wie man weiß, bestimmt waren *ad usum Archiducum,* zur Erziehung und zur juristischen und politischen Unterweisung der kaiserlichen Nachkommenschaft (vgl. Cassi, 35 ff.).

ren, die ausschließlich von den Vorschriften und den formalen Qualifikationen auferlegt würden, die der staatlichen Gesetzgebung entstammten.
Wenn Cremani nochmals auf der kategorisch erweiterten Sicht des Begriffes *delictum* insistierte (Cremani 1848, 19 f.), so kam von Martini wiederum eine rigorosere und strengere Lektion, die im Gegensatz dazu darauf abzielte, in der Definition des *delictum* selbst seine strikte positive Verwurzelung und, konsequenterweise, seine genauso strenge Trennung vom Gebiet der moralischen Wertung hervorzuheben.[17]
Bis dahin, dass an einem bestimmten Punkt Cremani selbst in einer langen Reflexion über das Thema, bei der auch autobiographische und apologetische Züge der Abhandlung in den Vordergrund traten, nach fast vierzig Jahren wissenschaftlicher Aktivität das eigene Unbehagen über die Isolation kundtat, in die er sich mehr und mehr gedrängt sah: Es waren die Klagen und die Befürchtungen eines Konservativen, der sich schon seit langer Zeit auf dem Weg in die Reaktion befand, der sich nicht in der Lage sah, den Exzess an kritischer Spekulation in der neueren Strafrechtswissenschaft (Cremani 1848, 19 f.) zu akzeptieren und zu rechtfertigen. Außerdem äußerte er seine Bedenken, ob, wenn darüber hinaus die Praktiker unüberlegt auf jener theoretischen Methode bestünden, man nicht zu der paradoxen Situation gelange, dass „man sich der Bestrafung der Delikte mit mehr Billigkeit widmen müsse als dem Schutz der gemeinsamen Sicherheit Aller" (Cremani 1848, 20): denn die Juristen, die mit der Praxis beschäftigt seien, hätten alsbald ihre traditionelle Pflicht und Schuldigkeit als treue Wächter des Gesetzes und des Rechtes verleugnet, um statt dessen – gemäß der philosophischen Mode der Zeit –verantwortungslose und überkritische Interpreten der verschiedenen positiven juristischen Systeme (Cremani 1848, 20) zu werden. Mit einem Wort, die politische Verpflichtung habe in ruinöser Weise die ihre eigene Strafgarantie verloren.
Doch war es gerade dieses Prinzip, das der Strafrechtler aus Arezzo mit absoluter Strenge und Unnachgiebigkeit in seinem Lehramt zu schützen suchte, als er offen bekräftigte in Ehrerweisung gegenüber der maßgeblichen und gesicherten kriminalistischen Scholastik, die *imputabilitas* der *delicta,* die bei Gericht verfolgt würden, habe eine genaue ontologische Konsistenz (Cremani 1848, 19 f.), sofort erkennbar im Bereich der historischen Erfahrung, ohne dass eine aufwändige kritische Rekonstruktion nötig wäre: weil die Strafbarkeit intrinsisch zu den *delicta* selbst gehöre, da sie nichts anderes sei als ein konkreter und die Umstände betreffender Zusammenhang *(cohaerentia).*
So gab er übrigens auch die übliche und gesicherte Lehre der Gerichtspraxis wieder, die das *factum delicti* genau unter jene besonderen Umstände rechnete, die ihrerseits identifizierbar waren als „spontane gesetzeswidrige Handlungen

---

[17] Martini, Cap. II, §10: „*Delictuin* seu Crimen est: *actio subditi libera, salutern Reipublicae violans, sanctione poenali civili interdicta.* Differunt itaque delicta a peccatis et vitiis."

oder Unterlassungen, denen eine Verpflichtung zur Strafe anhängig ist“ (Cremani 1848, 19).
Es waren Prinzipien und Maximen, die Luigi Cremani von den Autoritäten her bezog, die zu jener Zeit von großer Bedeutung waren, besonders im Kreis der Habsburger Magistrate: die *Positiones iuris criminalis,* die der *Hofrath* Christoph Hupka für die Wiener Gerichte erarbeitet hatte (Hupka, cap. 1, § 1), und das *Specimen iurisprudentiae criminalis,* das noch für die Foren der österreichisch-ungarischen Herrschaft vom lombardischen Rechtsgelehrten Franchino Rusca (Rusca, § 36) erarbeitet worden war.
Auf die unbezweifelbare Autorität einer solchen Doktrin blickte Luigi Cremani jetzt wie auf die Quelle der Legitimation einer interpretativen Ordnung, die, seiner Erwartung nach, auch in der Lage sein konnte, sich in eine komplexe politische und institutionelle Garantie umzusetzen, da, so behauptete er nochmals mit der Autorität solcher Autoren, „daran gemahnt wird, dass das Schicksal der Verbrecher ganz in den Gesetzen liege, richterliche Willkür ist ausgeschlossen“ (Cremani 1848, 20).
„... richterliche Willkür ist ausgeschlossen ...“: Der Thron des Souveräns schien also bewahrt vor der ungehörigen Einmischung fremder Agenten, weil Luigi Cremani jetzt, nachdem das unerträgliche exegetische Stimmengewirr entfernt und mit einer gereizten Geste zum Schweigen gebracht worden war, schließlich versuchte, die politische Souveränität mit solchen zensorischen Untersagungen vor den philosophischen und libertinären Schäden, die ihr vom überkritischen Denken von „Leichenrednern und Erneuerern“ zugefügt worden waren, von *loici* und modernen Juristen (Cremani 1848, 20) zu bewahren.
Das juristische Salböl zu einer derartigen Reaktion vor allem politischer Natur liefert er mit einigen signifikanten Beifügungen, die aus einer Passage bei jenem Samuel Friedrich von Böhmer (gleichfalls ein Autor angesehener Texte für die Praxis) stammten (Boehmer 1757), der zu seiner Zeit einen zentralen Platz eingenommen hatte bei der konzeptuellen Systematisierung des gemeinen germanischen Stafrechtes (Boldt): Dieser gab nun an einer Stelle seiner *Observationes* über die *Practica* von Carpzov (Boehmer 1833, 903) zu den zerknirschten Argumentationen von Cremani die beruhigende und endgültige Maxime, wonach sich der Raum kritischer Autonomie des Richtenden notwendigerweise auf eine bloß passive Aktivität ausschließlicher Anwendung der vorausgesetzten Strafregelungen beschränken müsse (zit. nach Boehmer 1833, 165a).
Eine Operation von eher *administrativer Feststellung* als von konkreter und komplexer juristischer Erkenntnis. Sie ließ sich – besser als auf dem offenen Feld der juristischen Dispute – in der Abgeschiedenheit und dem Schutz eines Polizeiraumes ausführen, wo die Aussagen und Gegendarstellungen der interessierten Parteien sichtlich fehl am Platze waren, sofern sie nur einen lästigen und

unpassenden Gegengesang der Verteidigung gegenüber der autokratischen Monodie der institutionellen Macht darstellen würden (Zobi, III, 381 ff).

7. Das Zurückdrängen der Zensurkonstruktion Luigi Cremanis: weg von der Sittenpolizei in Richtung der Idee des „delictum" als Produkt eines Mechanismus sozialer Determination

Cremanis ursprüngliche absolute Ehrerbietung an Politik und Dynastie ging bald und fast natürlicherweise – als spontane Konsequenz der eigenen wissenschaftlichen und kulturellen Niederschriften – über in eine konkrete und kämpferische Haltung, die darauf abzielte, rechtliche Eingriffe der Sittenpolizei zu veranlassen, da es einer solchen Sichtweise vor allem (auf welche Weise auch immer) darum ging, dass der Konsens und der Gehorsam der Untertanen gegenüber dem politischen System garantiert und gelenkt wurde (Bonazzi, 220 ff.; Zuliani, 2).
Die Zensurfunktion des richterlichen Eingriffs schien dementsprechend nach derselben generellen Doktrin des Verbotenen postuliert zu sein, die im Inneren des von Cremani umrissenen Systems wirksam war: Derart, dass die komplexe und „weite" cremanische Form des *delictum*, sofern sie durch die Ermittlungsergebnisse und die formbestimmenden Elemente der Pflicht *festgestellt* und abgesichert war: als effektiv vorhanden in einer ihrer verschiedenen möglichen Manifestationen wie eine komplexe *richterliche Eingriffsklausel* funktionierte und sich konsequenterweise eine echte und eigentliche Quelle der *iurisdictio* des Richters darstellte.
In der Tat konnte der Richter, wenn das Auftreten der Umstände, deren Zusammenwirken zur Annahme eines *delictum* führte, konstatiert war, dafür sorgen, dass die aktuale Situation beseitigt wurde, und damit die infolgedessen gestörte politische Ordnung durch seine spezifischen richterlichen Eingriffe wieder herstellen. Diese konnten, je nach Fall (und den damit verbundenen zu erwartenden Verfahrensweisen), den formalen Inhalt eines Urteils haben und deswegen explizit eine positive Verletzung des Strafrechts sanktionieren, oder eher eine administrative Wirksamkeit besitzen, bei der die *iurisdictio* des Strafrichters spezifische Vorschriften erließ, die ihrerseits ausgeführt werden mussten, so dass „Ehre, Freiheit und sein gesamtes Leben" (honor, libertas vita suaque omnia) der verschiedenen juristischen Subjekte, die zu der Rechtsordnung gehörten, einen angemessenen Schutz fanden im komplexen *ordo* des herrschenden Systems von politischem Gehorsam (Cremani 1848, 20).
Ziel einer solchen doktrinären Systematisierung war dann,

> „dass Alles im Staate nach einer sicheren Ordnung vorgehe, *und niemandem gestattet sei, die Ordnung selbst und die Ruhe der Einzelnen zu stören.* In welchem Amt sich manche mehr die rechte Vernunft, nicht aber die Priester

eines besseren Rechts wünschen...; sie sagen freilich, dass alle, die in jenem Amte tätig sind, so weit es zu machen ist, den Censoren der römischen Republik ähnlich sein müssten, die, gleichsam in die höchste Warte gestellt, fortwährend Wache halten und darauf achten, dass der Staat keinen Schaden nehme" (Cremani 1848, 15).

8. Sensualismus und Ideologie in einer Definition von Gaetano Filangieri, nach Cremani mit einem perspektivischen Blick auf die luris Criminalis Elementa von Giovanni Carmignani

Doch ist vielleicht der Moment gekommen, wenigstens einen Ausblick zu geben, der über die Systematisierungsversuche Luigi Cremanis und die Furcht vor Zensur, die sie wiederholt zu wecken suchen, hinausweist.
Parallel zum langen und leidvollen Zeitraum der Vollendung der Abhandlung Cremanis, die von den Anfängen in Lucca von 1779 bis zur Fertigstellung im Tessin von 1791-93 fortdauerte, beginnt die sensiblere und aufgeschlossenere Strafrechtswissenschaft die Schlussfolgerungen zu ziehen aus der langen Zeit philosophischer Untersuchungen und kultureller Experimente, die sich am Ende des Jahrhunderts vollenden.
Gaetano Filangieri (der, wie wir gesehen haben, zum Kreis der Korrespondenten von Luigi Cremani gehörte, vgl. Lo Sardo, 574 ff.) veröffentlicht in Neapel seine *Scienza della legislazione* (Filangieri), und beseelt damit plötzlich die Debatte zwischen Juristen und Reformern mit neuen Ideen und Spannungen. Der Geist, den die dem Thema des Deliktes gewidmeten Seiten des neapolitanischen Rechtsgelehrten atmen, ist zweifellos anders als der zerknirschte und gekränkte Ton, an den man sonst bei Cremanis Schriften gewöhnt ist: Er ist nicht nur vergleichsweise frischer und einmal frei vom Staub des geschmacklosen akademischen Lateins, das in Cremanis Reden oft hinausläuft auf eine verworrene und tieftönende Geschwätzigkeit; sondern sie trägt auch die deutlichen Zeichen einer wohlüberlegten und aggressiven konzeptuellen *clarité* und berichtet schließlich von einer philosophischen Lehrzeit, die Filangieri in einer Schule von Meistern zugebracht hat, die sehr verschieden von denen der scholastischen Tradition war: „Nicht alle Handlungen, die gegen die Gesetze verstoßen sind Delikte" bekräftigt der neapolitanische Jurist schneidend, „nicht alle, die sie begehen, sind Delinquenten. Die vom Willen getrennte Handlung ist nicht zurechenbar; der von der Handlung getrennte Wille ist nicht bestrafbar. Das Delikt besteht also in der Verletzung des Gesetzes, begleitet vom Willen, es zu verletzen" (Filangieri 1834-1835, 86).
Die Kategorien der scholastischen Terminologie und der strafrechtlichen *vulgata* scheinen sich plötzlich zu vermischen, erschüttert von einer definitorischen Lo-

gik, die sich nun mit neuen theoretischen Annahmen und mit flexibleren systematischen Bestimmungen bereichert.

Für die traditionellen Strafrechtler hatte sich, wie schon bemerkt, das Element des Willens bis damals innerhalb einer streng personalistischen und anthropozentristischen Optik der aristotelischen Ethik (Aristoteles) befunden, und folglich hatten die Analyse und die theoretische Rekonstruktion sich einen Weg gebahnt, der zur Identifikation des juristischen Subjektes führte, als würde es sich um eine in der Geschichte isolierte Entität handeln: Für die Wertung seines Verhaltens, auch unter strafrechtlichem Profil, galten also notwendigerweise Kriterien, die die *individuellen* Prozesse der Entwicklung des Willens unter ausschließliche Beobachtung stellten und sie jedes Mal zum Gegenstand einer strengen *persönlichen* Wertung von teleologischer Kongruität und gleichzeitig ethischer Konformität machten.

Gegenstand der Betrachtung war also das intime und persönliche Laboratorium des einzelnen individuellen Willens, wohin normalerweise der Blick des Interpreten gelangen musste, um die Entstehungsprozesse zu bewerten und zugleich *von innen her* Inhalte und konkrete Handlungsresultate zu *beurteilen.*

Die erweiterte Form des *delictum*, die von Cremani institutionell vorgegeben worden war, basierte zweifellos auf einer solchen gnoseologischen Voraussetzung, und sie war deutlich deren Nachfahre, da sie eine Wertung postulierte, die sowohl aus moralischen Willensinhalten des juristischen Subjektes als auch aus finalistischen Verknüpfungen bestand, denen sie sich beim Entstehen operativ anglich.

Ein geschlossenerer und wesentlich mehrdeutigerer Kreis, in dessen Innerem die Aufgabe des Juristen notwendigerweise belastet war durch starke inquisitorische und zensorische Bedeutungen, da die Urteilsmaßstäbe, die ihm auf diese Weise auferlegt waren, ebenso notwendigerweise – wie Cremani selbst bekannte – den engen Rahmen einer Bewertung der Fakten passieren mussten, die in rigoroser Form gehalten und durch Vorverurteilungen geprägt war von jener typischen und notwendigen Funktion des *Wächters* und *Garanten* der herrschenden Rechtsordnung, von welcher der Jurist selbst, ob er wollte oder nicht (Cremani 1848, XXI), unvermeidlicherweise eingesetzt zu sein schien.

Bei der Begegnung mit Filangieri spürt man jetzt einen anderen Geist. Auch wenn in seiner Schrift die Begriffe der scholastischen Terminologie offensichtlich noch wirksam bleiben, sind sie jetzt dennoch sichtlich in eine semantische Dimension gebracht, die nicht mehr die eines *Kataloges* (Montorzi 1984, 147 ff.) von Werten und Zielen ist, der normalerweise der Elaboration und Valutation des Interpreten entzogen ist. Handlung und Wille hören auf, starre Kategorien der nur philosophischen Interpretation zu sein, um dagegen *materielle und freie Formen der mitfühlenden Wahrnehmung* zu werden, in deren Innerem der Interpret ohne autoritäre Fesseln den eigenen Kognitionsprozess organisiert, indem er in einer autonomen repräsentativen Ordnung, die von ihm persönlich in der Praxis erhobenen Daten zusammenfügt. Delikt, Wille und Zurechenbarkeit werden nun zu Kapiteln einer Straftheorie, die endlich dem autoritären Schulkanon entflieht und es in Alternative dazu vorzieht, sich autonom an das Feld der *sozialen Beziehungen*, als einer nützlichen und vitalen Fundgrube von vereinfachten Verhaltensmodellen und vielfältigen Gelegenheiten zur spekulativen Reflexion zu wenden.

Bei seinem eiligen und knappen analytischen Zugriff auf das Thema des Deliktes wendet Gaetano Filangieri in Wirklichkeit eine ikonoklastische Argumentationstechnik an und unterzieht die alten Begriffe der geläufigen Schuldefinitionen einer dialektischen Prüfung durch ein kombinatorisches Experiment mit dem Ziel, dem Leser auf diese Weise in Bezug auf das konsolidierte traditionelle System die vorherrschende Vielfältigkeit und die unvermeidliche Widersprüchlichkeit der Daten ohne empirische Wahrnehmung zu illustrieren.

Auch wenn Filangieri an anderer Stelle scheinbar die aristotelische Definition von *Willen* akzeptiert, zeigt er sich jedoch sofort unzufrieden und unterzieht sie selbstsicher einer Analyse, da nach seinen Worten der *absolute Wille* der ethischen Kategorien allein nicht genügt, das Verhalten des Strafsubjekts zu erklären. Man muss ihn vielmehr relativieren und in die Geschichte einbetten, und konsequenterweise „... müssen wir nichts anderes tun, als *einen Blick auf die vielfältigen Zufälle des Lebens zu werfen*, um zu sehen, dass sich der Mensch manchmal in der harten Notwendigkeit befinden kann, lediglich zwischen zwei oder drei Übeln wählen zu können. Das Übel, das er unter diesen Umständen vorzieht, hängt, das ist wahr, von seinem Willen ab, aber *es gibt keinen Dieb oder Tyrannen aus seinem Willen*, sagt ein antiker Philosoph;[18] sein Wille hätte ihn von diesem Übel ferngehalten, hätte ihn nicht die Notwendigkeit, ein anderes zu vermeiden, zu dieser Wahl gezwungen“ (Filangieri 1834-1835, 90 f.).

Auch wenn es sich gemäß dem Impuls der Leidenschaften entwickelt, darf das menschliche Handeln nicht betrachtet werden, als wäre es von einer *absoluten Vernunft objektiv verursacht und qualifiziert*, die derselben organischen Struktur der Dinge und natürlichen Verhaltensweisen innewohnt, wie es von der klassischen und scholastischen Tradition (vgl. Platon; Timeon) gelehrt wird. Es ist nie *böse an sich*, sondern es ist nur *für sich* im Vergleich zu einem externen System von Rationalität, das notwendigerweise das Dritte ist im Verhältnis sowohl zum handelnden Subjekt als auch zu dem, der sein Verhalten interpretiert und bewertet.

Filangieri verändert auf diese Weise radikal seinen Reflexionshorizont in Bezug auf den herkömmlichen Kanon der Doktrin und begibt sich absichtlich in die relative und alltägliche Welt der praktischen Zufälle: Er zieht es vor, den Akzent auf das von der Substanz her eher materialistische Profil des menschlichen Han-

[18] Epictetus Phil., Dissertationes ab Arriano digestae, 3.22.105-6.

delns zu legen und seine entsprechende kausale Rechtfertigung in den positiven und konkreten Kategorien der ökonomischen Bewertung der persönlichen Nützlichkeit zu kontrollieren. Denn,

> „sobald die Menschen in Gesellschaft leben, ist die Natur dieser Gemeinschaft so beschaffen, dass jeder, indem er für sich handelt, durch das Resultat seiner Handlungen notwendigerweise den anderen zum Nutzen oder Schaden gereicht. Selbst die gleichgültigsten Handlungen sind von diesem Gesetz nicht ausgeschlossen ... Die notwendige Verbindung, die jeden Teil mit den anderen Teilen und mit Allem verbindet, ist der Grund, der diese Wahrheit deutlich macht. Der wunderbarste und gleichzeitig widersprüchlichste Effekt der Gesellschaft ist dieser: *Ohne uns von unserem Handeln zu trennen, trägt sie uns immer über uns hinaus*; ohne jenes erste einzigartige Prinzip von Aktivität und Bewegung, das in uns ist, zu zerstören, ... zwingt sie uns gleichzeitig, außerhalb von uns zu handeln..." (Filangieri – Hervorhebung von mir)

Die Regeln und Analysen des Juristen müssen nun beginnen, einer neuen Ordnung der empirischen Realität Rechnung zu tragen, in deren Innerem das System der *sozialen Beziehungen* und der *linguistischen Kommunikation* (Bonnot de Condillac, xiii) *Quelle und Instrument* der Darstellung der praktischen Realität wird und konsequenterweise bei jeder juristischen Interpretation eine entscheidende Rolle spielt.

Die sensualistische Prägung einer solchen Argumentationsart ist evident, nicht nur bei den generellen epistemologischen Annahmen, die im Werk Filangieris vertreten werden, der sich im Systematischen oft als Schüler des Helvetius (Filangieri 1834-1835, 128 f.; Helvetius, 1 ff.) erweist; sondern auch bei der Wahl der Argumentationsweise, die von ihm bei durchaus technischen und spezifischen Themen praktiziert wird, wie z.B. wenn Filangieri die Entfaltung des *Willens* des Straffälligen an die Ausübung einer *Freiheit* bindet, die nie absolut ist, wie es von den abstrakten Kategorien der Ethik postuliert wird, sondern vielmehr *immer relativ*, bedingt in der eigenen Umsetzung der uneliminierbaren und stets präsenten materiellen und sozialen Kontingenzen. Deutlich wahrnehmbar erklingt in der *Wissenschaft der Gesetzgebung* das Echo der utilitaristischen Polemik, die Helvetius selbst zu seiner Zeit gegen die Bedeutung eröffnet hatte, die man für gewöhnlich dem Terminus „*liberté*" (Helvetius, 36 f.; s. auch Moravia 1986, 47 ff.) zuschrieb: Niemand ist ein Delinquent aus freien Stücken, sondern man wird eher zu einem solchen, indem sich im handelnden Subjekt eine konkrete Handlungsentscheidung – von ihm mit dem expliziten Ziel ausgeführt, als praktisches Resultat einen persönlichen und spezifischen Nutzen zu erreichen – mit einer entsprechenden, expliziten und typischen sozialen Missbilligung verbindet, die formal darauf ausgerichtet ist, einen bestimmten Typ von menschlichem Handeln als tadelnswert und folglich als strafbar zu sanktionieren.

Die Bestimmung dessen, was als Delikt angesehen werden kann, wird, mit anderen Worten, ein Ergebnis sozialer Kommunikation und sprachlicher Verlautbarung. Neben dem Problem der konzeptuellen Konstruktion des willentlichen Momentes der Straftat erhebt sich jenes der externen Äußerung des Willens, den das Individuum innerhalb eines Kontextes im Umgang mit Dritten bildet, weil

> „außer Zweifel steht, dass allein der Wille, ein Verbrechen auszuüben, kein Verbrechen darstellen kann..." (Filangeri 1834-1835, 94).

Und es ist nicht nur eine mehr oder weniger modische philosophische Perspektive, die sich auf solche Weise erschließt: Vielmehr öffnet sich in diesem Kontext ein ausgesprochen fruchtbarer Weg, der den Kommentator alsbald dazu veranlasst, seine Aufmerksamkeit eher auf die Mechanismen der Entstehung von sozialer Erfahrung zu lenken, als auf die Katalogisierung von *indicia* und Umständen, wie es lange Zeit die Kriminalisten der älteren Tradition mit enervierendem Eifer und Methodik getan hatten, wenigstens seit den verschiedenen Bearbeitern der Regeln des präsumtiven Schließens, wie sie sich schon bei Casoni und Bianchi im 16. Jahrhundert finden. Insbesondere sahen sich die Strafrechtler plötzlich in eine aufwendige intellektuelle Untersuchung verwickelt, die sich am Rand abzuspielen hatte und in eine weitere Vertiefung der ursprünglichen materialistischen Intuition des Sensualismus.

Am Leitfaden derart tiefer Spannungen beginnt die wissenschaftliche Forschung offener und ruheloser Juristen wie Giovanni Carmignani neue Wege der Transformation und der kulturellen Veränderung zu beschreiten, um eine komplexe Neuformulierung der fundamentalen Kategorien des kriminalistischen Wissens zu ergründen, doch dies nicht ohne Widersprüche und mühsame Experimente.

Es ist übrigens das Verdienst von Sabine Schwarze, vor kurzem unterstrichen zu haben, dass sich in den Erwägungen derart emsiger Persönlichkeiten sehr wohl das Wissen um die Entwicklungen in der Forschung der *Idéologues* und ihrer sprachwissenschaftlichen und soziologischen Untersuchungen erkennen lässt (Schwarze 2002; s. auch Moravia 1974, 417 ff.).

Wenn wir uns bei der Definition von *delictum* bei Carmignani (Montorzi 2001, 1011 ff.) aufhielten, wäre es daher jetzt vielleicht ein Leichtes für uns, in ihr die Sedimente einer erneuten Aufmerksamkeit auf jene „Akzidentien des Lebens" zu finden, auf die sich auch Filangieri konzentrierte und folglich einzusehen, warum er bei dieser Gelegenheit sehr bewusst die kategorischen Spitzfindigkeiten vernachlässigte, um statt dessen direkt in die bewegte und schillernde Welt der Sinne und der Zeichen einzudringeu und um lieber Etymologen und Linguisten um erste nützliche Hinweise für das Verstehen der Inhalte und die vorläufigen definitorischen Indikationen von *delictum* zu bitten als Moralisten und Theologen (Carmignani 1833, § 70 f.).

Offenbar fließen viele Strömungen zusammen, um die Schriften von Carmignani über das *delictum* reich an kulturellen Passionen und erneuerten philosophischen

Interessen werden zu lassen. Sie führen nicht nur über die Ausrichtung an Vico, die bei Giovanni Carmignani (Montorzi 2001, 1010) wie bei Francesco Mario Pagano (vgl. auch Pitassi, 330 ff.) und bei Gaetano Filangieri (Vico, 477 f.; Becci 1985-1986) den allerersten Beleg der angeborenen theoretischen Haltung derartiger Juristen konstituiert, sondern sie führen auch über die Schriften von Autoren wie Antoine-Louis-Claude Destutt de Tracy (Destutt de Tracy 1815, 140 ff.) und Joseph-Marie de Gérando (Gérando 1800, 79 ff., 170 ff.), von wo sie methodische Akzente und Objekte der Reflexion sammeln, die schließlich zum kriminologischen Positivismus des 19. Jahrhunderts führen werden. Indem sie einen solchen Weg zurücklegen, kommen sie schließlich zu der Vorstellung, dass die *imputabilitas* des *delictum* in ihrer positiven formalen Determination einen vor allem eher politischen und sozialen Ursprung besitzt als einen ethischen und religiösen,

> „da die Zurechenbarkeit nichts anderes sei, als jene Qualität der menschlichen Handlungen, derentwegen sie als Übel von der Gesellschaft ferngehalten werden. Diese Zurechenbarkeit hat *keine weitere Grundlage als die Notwendigkeit, den Schaden abzuwenden, der aus derartigen Handlungen entstünde, wenn sie frei ausgeführt werden könnten*“.[19]

Die Begriffe des juristischen Wissens haben sich definitiv verändert, und sie bewegen sich jetzt in Richtung einer Perspektive, die zur Kodifizierungsdebatte und innerhalb der Grenzen des Staates zur Konstruktion eines neuen Systems anthropologischer Identifikation führt.

Übersetzung von Marianne Hanson und Sabine Scholz, durchgesehen von Matthias Kaufmann, Übersetzung der lateinischen Passagen von Matthias Kaufmann.

Literatur:

Balestreri, P.: Cremani, Luigi, in: Dizionario biografico degli Italiani, Bd. 30, Roma 1960.

Barsanti, D.: Lauree dell'Università di Pisa, 1737-1861, Pisa 1995.

Barsanti, D.: Pisa in etàt leopoldina: le vicende della communitàt la politica amministrativa, il ruolo sociale dell'Ordine di S. Stefano, 1765-90, Pisa 1995a.

Barsanti, D.: I docenti e le catteare, in: Storia dell'Universität di Pisa, Pisa 2001.

[19] „Cum nil aliud [imputabilitas] sit, quam qualitas illa humanarum actionum, ex qua fit, ut eae tamquam mala politica a societate arceantur, [quae imputabilitas] *nullam aliam basim habet, quam damni avertendi necessitatem, quod ex huiusmodi actionibus emergeret si libere patrari possent.*“ (Carmignani 1833, § 78 – Hervorhebung von mir)

Beccaria, C.: Dei delitti e delle pene: con una raccolta di lettere e documenti relativi alla nascita dell'opera e alla sua fortuna nell'Europa del Settecento, Torino 1978.

Becchi, P.: Gaetano Filangieri und die neapolitanische Schule: ein Beitrag zu den Anfängen der Wirkungsgeschichte einer Gesetzgebungslehre in der europäischen Aufklärung, in: Archiv für Rechts- und Sozialphilosophie 71 (1985), S. 199-234.

Becchi, P.: Vico e Filangieri in Germania, Napoli 1986.

Becchi, P./Seelmann, K.: Gaetano Filangieri und die europäische Aufklärung, Frankfurt a. M./Berlin/Bern/Bruxelles/New York/Oxford 2000.

Bianchi, M.: Tractatus de indiciis homicidii ex proposito comissi et de aliis indiciis homicidii et furti ad legem finalem ff. de quaestionibus, apud Cominum de Tridino Montisferrati 1545.

Boehmer, J.S.F.v.: Elementa iurisprudentiae criminalis, in usum auditorii commoda methodo adornata. 5. Aufl., Halle 1757.

Boehiner, J.S.F.v.: Observationes selectae ad Bened. Carpzovii JC practicam novam rerum criminalium, Florentiae 1833.

Boldt, G.: Johann Samuel von Böhmer und die gemeinrechtliche Strafrechtswissenschaft, Berlin-Leipzig 1936.

Bonnot de Condillac, É.: Essai sur l'origine des connoissances humaines: ouvrage où l'on réduit à un seul principe tout ce qui concerne l'etendement humain ... Amsterdam 1746.

Brichetti, G.: Luigi Cremani criminalista, in: Rivista penale di dottrina, legizlazione e giurisprudenza 1919, S. 265-281.

Brigidi, E. A.: Giacobini e realisti o il Viva Maria – Storia del 1799 con documenti inediti, Prato 1882 (Neuauflage, Sala Bolognese 1974).

Burke, P.: The historical anthropogy of early modern Italy: essays on perception and communication, Cambridge 1987.

Burke, P.: The art of conversation. Social interactions, Cambridge 1993.

Carmignani, G.: Iuris criminalis elementa, 5. Aufl., Pisis 1833.

Carmignani, G.: Scritti inediti del ca. commendatore G. C. Lucca, Giusti 1851.

Casoni, F.: Francisci Casoni Opitergini ... de indiciis, et tormentis tractatus duo. Quibus accesserunt. Doctissima quaedam eiusdem de accusationibus, et inquisitionibus singularia, apud Cominum de Tridino, Montisferrati 1557.

Cassi, A. A.: Il bravo funzionario absburgico tra Absolutismus e Aufklärung: il pensiero e l'opera di Karl Anton von Martini (1726-1800), Milano 1999. *Catalano, F.:* Patrioti e giacobini a Pisa e a Bologna nel 1802-1803, in: Belfagor 1954, S. 442-452.

Cavanna, A.: La codificazione penale in Italia, Milano 1987.

Comanducci, P.: Settecento conservatore: Lampredi e il diritto naturale, Milano 1981.

Cordero, F.: Tre studi sulle prove penali, Milano 1963.

Costa, P.: Iuristictio semantica del potere politico nella pubblicistica medievale, Milano 1969.

Cremani, A.: ... de officiis legumlatoris et iurisconsulti in condendis vel interpretandis legibus ex naturali et civili Romanorum iure derivatis specimen, excudebat loannes Vincentius Falomi, Liburni 1774.

Cremani, A.: De varia jurisprudentia criminali apud diversas gentes eiusque causis oratio ...ab Aloysio Crernani, Ticini Regii 1777.

Cremani, A.: De iure criminali libri duo, Lucae 1779.

Cremani, A. : De iure criminali tres, Volumen unicum, Florentiae 1848.

Destutt de Tracy, A.-L.-C. : Éléments d'idéologie, Paris 1815.

Dezza, E.: Accusa e inquisizione dal Diritto commune ai codici moderni, Milano 1989.

Dezza, E.: Tommaso Nani e la dottrina dell'indizio nel l'età dei Lumi, Milano 1992.

Dezza, E.: L'arme terribile, in: M. Montorzi (Hg.) La polemica di Carmignani sull'intima convinzione del giudice togato, in corso di stampa in Giovanni Carmignani, maestro di scienze criminali e pratico del Fòro, sulle soglie del diritto penale contemporaneo, Pisa 2002.

Diaz, F.: Francesco Maria Gianni: dalla burocrazia alla politica sotto Pietro Leopoldo di Toscana, Mi1ano-Napoli 1966.

Filangieri, G.: La scienza della legislazione del cavalier Gaetano Filangieri, Napoli 1780-1789.

Filangieri, G.: La scienza della legislazione e gli opuscoli scelti, Capolago 1834-1835.

Gargani, A.: Dal corpus delicti al Tatbestand: le origini della tipicitàt penale, Milano 1997.

Gerando, J. M d.: Des signes et de l'art de penser considérés dans leurs rapports mutuels. Paris 1800.

Giuliani, A.: Ii concetto di prova: contributo alla logica giuridica, Milano 1959.

Goodmann, D.: Sociabilitàt, in: L'illuminismo: dizionario storico, Roma-Bari 1997.

Helvetius, C. A.: Dc l'esprit, Discours 1, Paris 1758.

Hof, U. I.: Das gesellige Jahrhundert: Gesellschaft und Gesellschaften im Zeitalter der Aufklärung, München 1982.

Hupka, C.: Positiones iuris criminalis secundum constitutionem Theresianam cum adnexis differentiis iuris Carolini in usurn auditorii Vindobonensis Positiones iuris criminalis secundum constitutionem Theresianam cum adnexis differentiis iuris Carolini in usum auditorii Vindobonensis, Vinnae, Trattnern 1779.

Kleinheyer, G./Schröder, J. (Hg.): Deutsche und europäische Juristen aus neun Jahrhunderten: eine biographische Einführung in die Geschichte der Rechtswissenschaft, 4. Aufl. Heidelberg 1996.

Leoni, F.: Storia della controrivoluzione in Italia 1789-1859, Napoli 1975.

Lo Sardo, E.: Filangieri, Gaetano, in: Dizionario biografico degli Italiani, Bd. 47, Roma 1960.

Lumini, C. A.: La reazione in Toscana nel 1799: documenti storici, Cosenza 1890.

Luzzati, M.: Orientamenti democratici e tradizione leopoldina nella Toscana del 1799. La publicistica pisana, in: Critica storica, VIII, 1969, S. 466-509.

Mangio, C.: I patrioti toscanifra Republica etrusca e Restaurazione, Firenze 1991.

Martini, K. A. v.: Praelectiones de iure criminali, 1772.

Mascheroni, L.: Poesie: raccolte da' suoi manoscritti per Aloisio Fantoni Firenze 1863.

Massetto, G. P.: Osservazioni sulla Leopoldina in Lombardia, in: La Leopoldina nel diritto e nella giustizia in Toscana, Milano 1989.

Montorzi, M.: I processi contro Filippo Mazzei ed i Liberali Pisani del 1799, in: Quaderni fiorentini per la storia del pensiero giuridico moderno, 1981, S. 53 ff.

Montorzi, M.: Fides in rem publicam: ambiguità e tecniche del diritto comune, Napoli 1984.

Montorzi, M.: Sul partito dei Giusdicenti, jetzt in id., Giustizia in Contado, Studi sull' esercizio della giurisdizione nel territorio ponterese e pisano in etàt moderna, Pisa/Pacini 1997.

Montorzi, M.: L'opera di Giovanni Carmignani, maestro di scienze criminali e pratico dcl fóro, sulle soglie del diritto penale contemporaneo, "L'indice penale", NS, anno IV agosto 2001.

Moravia, S.: Il pensiero degli idèologues: scienza e filosofia in Francia, 1780-1815, Firenze 1974.

Moravia, S.: Il tramonto dell'illuminismo: filsofia e politica nella societàt francese, 1770-1810, Roma-Bari 1986.

Nani, T.: Thomae Nani Valtellinensis de indiciis, eorumque usu in cognoscendis criminibus. Liber singularis, Ticini Regii 1781.

Pagano, F. M.: De' saggi politici, a cura di F. Lomonaco, Napoli 2000.

Pesendorfer, F.: Ferdinando III. E la Toscana in etàt napoleonica, Firenze 1986.

Pitassi, M. C.: Francesco Mario Pagano tra Vico e materialismo francese, in: Rivista di filosofia 1982, S. 330-360.

Renzo Villata, G. di.: Giuristi cultura giuridica e idee di reforma nell'etàt di beccarla, in: Cesare Beccaria tra Milano e L'Europa, Milano 1990.

Ricci, S. d.: Memorie di Scipione De' Ricci vescovo di Prato e Pistoia da lui medesimo, pubblicat con documenti da Agenore Gelli, Firenze 1865 (Neuauflage Pistoia 1980).

Rosoni, I.: Quae singula non prosunt collecta iuvant: la teoria della prova indiziaria nell'eta medievale e moderna, Milano 1995.

Rusca, F.: Specimen jurisprudentiae criminalis ad principa legis naturae, Mediolani 1775.

Saitta, A.: Spunti per uno studio degli atteggiamenti politice e dei gruppi sociali nell'Italia giacobina e napeolonica, in: Annuario dell'Ins. Stor. lt. Per l'età mod. e contemp. 1971.

Schwarze, S.: Giovanni Carmignani e la riflessione teorica sulla traduzione nel primo Ottocento, Pisa 2002.

Sonnenfels, J. v.: Grundsätze der Polizey, Handlung und Finanz, Nachdruck der Wiener Ausgabe v. 1819-22, Bizzarri 1970.

Spagnesi, E.: L'insegnamento del diritto a Pisa dal pricipo del '700 all'Unità: dispense di Storia del diritto medievale e moderno 2, Pisa 1999.

Tarello, G.: Storia della cultura giuridica moderna, Assolutismo e codicazione del diritto, Bologna 1986.

Turi, G.: „Viva Maria". La reazione alle riforme leopoldine (1790-1799), Firenze 1969.

Vaccani, P.: Storia della Universitàt di Pavia, 3. ed., Pavia 1982.

Venturi, F. (Hg.): Riformatori napoletani, Milano-Napoli 1962.

Vico, G. B.: Opere, a cure di F. Nicolini, Milano-Napoli 1953.

Wandruszka, A.: Leopold II, Erzherzog von Österreich, Grossherzog von Toskana, König von Ungarn und Böhmen, Römischer Kaiser, Wien 1965.

Zimmermann, I.: Das Verfassungsprojekt des Grossherzogs Peter Leopold von Toscana, Heidelberg 1901.

Zobi, A.: Storia civile della Toscana dal 1737 al 1848, Firenze 1850-1852.

Zuliani, D.: La reforma penale di Pietro Leopoldo, Milano 1995.

Andreas Labardi

Die *imputabilitas* in der Lehre *Giovanni Carmignanis*. Einige Anmerkungen

1. Systematische Einordnung

Carmignanis dogmatisch systematischer Umgang mit dem Institut der Zurechenbarkeit verweist zwangsläufig auf den Schmelztiegel des *ius naturae et gentium* des 18. Jahrhunderts, den in Pisa die Lehre Giovanni Maria Lampredis repräsentierte. Die Verbindung zwischen dem frühen wissenschaftlichen Schaffen Carmignanis und der Lehre des Florentiner Dozenten ist rechtshistorisch in verschiedenen Arbeiten dokumentiert. Dieser Konnex ist nicht zu leugnen, wenngleich er für den jungen Gelehrten nicht mehr als einen Ausgangspunkt darstellt und ihn nicht daran hindert, zu ganz eigenen Ergebnissen zu kommen, welche oft im Kontrast zum Denken des anerkannten Professors stehen (vgl. Comanducci, 10).
Nicht zuletzt dank des Instituts, mit dem wir uns hier befassen, lässt sich eine fruchtbare Gegenüberstellung der Position Lampredis und der des berühmten Schülers durchführen, um die Differenzen und Analogien ans Licht zu bringen.
Lampredi widmet sich in seinen *Theoremata* systematisch der *imputabilitas,* indem er diejenige Qualität der menschlichen Handlungen umreißt, die es ermöglicht, sie einem Individuum zuzuschreiben. Diese „qualitas sive attributum" (Qualität oder Eigenschaft, Anm. d. Übers.) setzt die Existenz eines Gesetzes voraus, das ein bestimmtes Verhalten verlangt, die Pflicht, sich dieser Vorschrift unterzuordnen, außerdem eine „necessaria vel possibilis connexio" (notwendige oder mögliche Verbindung, Anm. d. Übers.) zwischen dem Geschehen und der Handlung oder deren Unterlassung. Die bestätigende Funktion dieser Gesichtspunkte, welche sich wie eine Übersetzung des Legalitäts- und des Materialitätsprinzips lesen, ist evident. Aber die normative Verpflichtung und der „effectus" des Verhaltens finden in dieser Perspektive ihre vorrangige Bedeutung erst in Bezug auf ein Subjekt, das im Reich der Freiheit handelt. Wir treffen somit auf ein Konzept, eben das der Freiheit, welches dabei ist, in der künftigen strafrechtlichen Reflexion eine entscheidende Rolle zu übernehmen, bis es in Konkurrenz mit der positivistischen Idee der Notwendigkeit tritt. Lampredi lieferte durch die Bereitstellung dieses theoretischen Arsenals zweifellos einen bedeutenden Beitrag zu der aufklärerischen Geisteshaltung, durch welche die Leopoldinische Gesetzgebung bestimmt war.
Jener Vorgang nimmt jedenfalls die rigorose Form einer dogmatischen Rekonstruktion an, deren Gegenstand die *actio* ist, nicht in ihrer romanistischen Be-

deutung, sondern als Verhaltensweise aufgefasst. Einem Hinweis Carneluttis[1] folgend, stellen wir fest, dass die *imputabilitas* bei Lampredi aus einer objektiven Perspektive betrachtet wird, die nicht eigentlich vom Handelnden ausgeht, sondern sich nur mittelbar in ihm widerspiegelt.

Im Zuge des zuvor in den *Theoremata* Festgestellten entwirft auch Carmignani ein von genauen logisch-systematischen Kriterien inspiriertes Werk in eminent didaktischer Absicht. So entsteht die erste Ausgabe der *Elementa,* welche 1808 in Florenz erschien und nur die Behandlung des Allgemeinen Teils enthält.[2] Dort widmet sich der Autor dem Thema der Zurechenbarkeit aus einer Perspektive, welche trotz der unvermeidlichen Bündigkeit die Synthese aus einer tiefgreifenden und neuartigen Überlegung darstellt. Jene gehorcht vor allem dem Bedürfnis, eine *imputabilitas* herauszuarbeiten, die von der Bindung an die homologe, von der Moral berücksichtigte Figur befreit ist.

In Übereinstimmung mit der Lesart Benthams, wonach strafrechtliche Normen Produkte der politischen Notwendigkeit sind, welche den kollektiven Willen dazu bringt, bestimmte Handlungen und Unterlassungen (Bentham, 165) zu verbieten, zählt Carmignani zur Existenz einer angemessenen legislativen Prävention das Aufgreifen der „qualitas politica" derjenigen Verhaltensweisen, die von dieser untersagt werden. Die so verstandene Zurechenbarkeit wird nichts anderes als die Qualität der vom Gesetzgeber negativ, d.h. strafbar eingestuften menschlichen Handlungen (Carmignani 1833, I 3-5). Nicht zufällig kann man in Übereinstimmung mit dem, was im Rahmen der Rekonstruktion Lampredis beobachtet wurde, feststellen, dass auch bei Carmignani die Zurechenbarkeit zu den *actiones* angehört und nicht zum Akteur.

In aller Ausführlichkeit wird das Thema der politischen Zurechenbarkeit jedenfalls in der *Teoria della sicurezza sociale* (Pisa 1831/32) behandelt, welche sich als eine der umfassendsten Abhandlungen des Themas im 19. Jahrhundert erweist. Darin gibt der Autor Rechenschaft über die Gründe, die ihn dazu bewogen, das dogmatische Erbe des Strafgesetzes um diesen neuen Begriff zu erwei-

[1] Der Verweis findet sich im folgenden Abschnitt: „Es muss zuallererst klar sein, ob man von der Zurechenbarkeit als einer Seinsweise der *Handlung oder des Handelnden* spricht. Dies ist eine alte Beobachtung Bindings, die man, wie mir scheint, für gewöhnlich nicht in angemessener Weise in Rechnung stellt [...] die Wahrheit ist jedenfalls, dass die Begrifflichkeit sich ändert, je nachdem, ob man vom einen oder vom anderen spricht: in Bezug auf die Handlung betrachtet sie den *Komplex der objektiven Bedingungen,* die nötig sind, damit eine Person sie verantworte, während sie in Bezug auf den Handelnden durch den *Komplex der subjektiven Bedingungen* konstituiert ist." (Carnelutti 1993, 102-103)

[2] Bekanntlich wurde das Werk 1814 mit einem zweiten Band vervollständigt. Im Jahr 1819 erschien in Pisa die zweite, stark überarbeitete Ausgabe, 1833/3 die fünfte. Im Jahr 1822 erschien in den in Florenz gedruckten *Trattati e memorie di legislazione e giurisprudenza criminale* ebenfalls das *Compendio* auf italienisch. Ein Schüler Carmignanis, Dignli Caruana, gab 1847 in Pisa eine italienische Übersetzung der Elementa heraus, welcher ihrerseits Neuauflagen folgten (vgl. Mazzacane).

tern, und er ortet sie in der Notwendigkeit, in der Doktrin, „das moralische Übel vom politischen" zu trennen (Carmignani 1831, II 33). Trotzdem wird die moralische Zurechenbarkeit in dem von ihm entworfenen System nicht von der politischen geschieden; im Gegenteil präzisiert Carmignani, dass er, obwohl sich letztere „begrifflich und praktisch" von der ersten unterscheidet, in jener eine unverzichtbare Voraussetzung erkennt. Der *trait d'union,* der beide Hypothesen verbindet, besteht in der Freiwilligkeit und Freiheit, welche beide das Verhalten bestimmen müssen. Der Autor, der für sich die Urheberschaft des Begriffes der politischen Zurechenbarkeit reklamiert, schreibt:

> „Die Handlungen des Menschen, welche Gegenstand von entweder absolut *moralischen* oder absolut *politischen* Regeln sind, durch welche sie sich leiten lassen sollen, müssen frei sein, ansonsten wären sie nicht lenkbar. In ihrer Lenkbarkeit liegt eben ihre moralische *Zurechenbarkeit,* ein Wort, das der Rechnungssprache entlehnt wurde und das durch ein *Attribut* anzeigt, dass die Handlung einem Urteil zugänglich ist, wonach jene Handlung dem Akteur zugute oder zulasten gelegt werden kann: was man mit einem Wort als *Moralität der Handlung* ausdrückt. Doch die moralische *Zurechenbarkeit* einer Handlung steht unter zwei Bedingungen: erstens, dass die Handlung lenkbar ist und nicht notwendig, und zweitens, dass es eine Regel gibt, mit deren Hilfe man feststellen kann, ob eine Handlung ihrem Akteur als gut, strafbar oder gleichgültig zugeschrieben wird. Die Moralität einer Handlung unter ersterem Gesichtspunkt *ist derselben Handlung intrinsisch,* weil sie vom Zusammenwirken der großen Quellen der Moralität – Wille, Freiheit und Verstand – in der Handlung abhängt, was in gewisser Weise im Inneren des Handelnden und unsichtbar stattfindet, während die Moralitat im zweiten Sinne als *extrinsisch* bezeichnet werden kann, weil sie von einem *Gesetz* abhängt, welches gleich dem Befehl einer höheren Autorität nicht im Handelnden, sondern außerhalb von ihm ist. Während eine menschliche Handlung hinsichtlich ihrer *intrinsischen Zurechenbarkeit* in eben gleicher Weise von jeglichem Gesetz und jeglicher Handlungsanleitung der Menschen bewertet wird, variiert hinsichtlich der *extrinsischen Zurechenbarkeit* das Urteil über jene Handlung im selben Maße, in dem die Regeln für das Verhalten der Menschen variieren. Wenn diese Regel *religiös* ist, handelt es sich um religiöse Zurechenbarkeit: ist die Regel *politisch,* wird es sich um Zurechenbarkeit diesen Namens handeln." (Carmignani 1831, II 34-35)

Aus diesen Worten erkennt man, dass der Unterschied zwischen den verschiedenen möglichen Formen der Zurechenbarkeit der Natur der verletzten Normen innewohnt. Das ihnen allen gemeinsame Element wird tatsächlich in den mitwirkenden psychologischen Faktoren im Willen und in der Freiheit identifiziert, die das Wesen der moralischen Zurechenbarkeit ausmachen, welche auf diesem

Wege subjektive Relevanz erlangt. Wille und Freiheit sind in der Tat Attribute des Menschen, nicht der als Naturereignisse betrachteten Geschehnisse.
Nachdem es gelungen ist, das Recht von der Moral und der Religion zu trennen, übernimmt die Zurechenbarkeit bei Carmignani auch die Aufgabe, jene Bedingungen zu identifizieren, unter denen der Urheber einer als strafbar vorgesehenen Handlung von Strafe freigesprochen wird. Es scheint soweit legitim, zwei Typen der *imputabilitas* zu identifizieren: einen „außerhalb" des Komplexes des Strafsystems und einen in dessen „Innerem". Und es ist genau seine interne Verortung, der wir uns jetzt zuwenden müssen.
Bekanntlich übernimmt der Autor eine analytische Konzeption der Straftat, wonach diese aus der Verknüpfung eines physischen Aktes und eines Willensimpulses resultiert. Was den ersten Aspekt betrifft, unterliegt dieser den Prinzipien der politischen Zurechenbarkeit, verstanden als Passen des Verhaltens auf die Prävention einer Norm, welche das Ziel hat, einen gesellschaftlichen Schaden abzuwenden. Mit dem zweiten Aspekt ist das Recht wieder in die moralische Dimension gerückt, wenngleich es sich eine autonome Sphäre der Anwendung bewahrt. So stellt der Gelehrte fest, die Absicht, ein Verbrechen zu begehen, sei doppelter Natur: politischer und moralischer. Wir übergehen den ersten Aspekt und wenden uns dem zweiten zu. Carmignani erklärt, dass das moralische Wesen der *intentio* „id quo efficitur ut illius effectus physici tamquam ab agente voliti auctori cognito imputari possint, ac debeant" (Carmignani, 1833 113 – das, wodurch bewirkt wird, dass dessen physische Wirkungen als vom Handelnden gewollte dem Urheber zugerechnet werden können und sollen, Übers.) ist. Die Analyse der konstitutiven Bedingungen zurechenbarer Handlungen, hält der Autor fest, „stimmt mit den ethischen Prinzipien Punkt für Punkt überein" (cum ethices principiis pari passu incedit – ebd.). Wenn man dazu berücksichtigt, dass die theologisch-philosophische Ausbildung Carmignanis der juristischen vorhergeht und dass er seine eigene akademische Laufbahn mit einer Professur für Rechtsphilosophie am pisanischen Athenäum beendet, überrascht ein Zugang wie der vorgestellte nicht. Zu unserem Thema zurückkehrend lesen wir: „Wenn die Fähigkeiten, welche die Moralität der Handlungen konstituieren, auch nicht der Möglichkeit nach vorhanden sind, ist die Handlung nicht zurechenbar" (Cum facultates, quae moralitatem actionum constituunt, in agente nec *potentialiter* adsunt, actio haud imputabilis est – Carmignani 1833, I 14). Aber welches sind die Elemente, die ein Verhalten „moralisch" werden lassen und somit im Hinblick darauf ein Urteil über die Zurechenbarkeit gestatten? Der Autor selbst beantwortet diese Frage mit einer schematischen Aufzählung: „Keine direkte oder indirekte Absicht der Gesetzesverletzung hat in den moralischen Wissenschaften statt, wenn nicht folgende Merkmale im Handelnden zusammenfallen: I. Kenntnis des Gesetzes, II. Das Wissen um die voraussichtliche Wirkung der Handlung, III. Der Wille des Handelnden, IV. Die Freiheit zu wählen, wie eher

zu handeln sei." (Nulla ad legem laedendam intentio sive directa sive indirecta in moralibus disciplinis locum sibi vindicat quin in agente concurrant. I. *Legis cognitio,* II. *Actionis effectus praevisio,* III. *Voluntas agendi,* IV. *Libertas eligendi* quod satius agere expediat – Carmignani 1833, I 13)
Der zitierte Abschnitt ist nicht nur deshalb wichtig, weil er geeignet ist, das Begriffspaar Wille – Freiheit zu beleuchten, welches den Schlüssel zum Denken Carmignanis darstellt, sondern auch – und das soll hervorgehoben werden – weil er die Möglichkeit bietet, die systematische Position der Zurechenbarkeit im Hinblick auf die zwei Arten der Schuld, oder um es mit dem Autor zu sagen, der *actio moralis* zu klären. Es ist in der Tat bekannt, dass Vorsatz und Schuld bei Carmignani aufgrund einer *intentio* bestehen, einer *direkten* Absicht in Bezug auf den erstgenannten und einer *indirekten* bezüglich der zweiten. Wenn also die *intentio* das Wesen des Betruges und der Schuld ausmacht, und wenn sie, um relevant zu werden, das Produkt eines freien Willens sein muss, so ergibt sich daraus, dass die *imputabilitas* (basierend eben auf der freien Steuerbarkeit des Wollens) die unabdingbare Voraussetzung für die Schuld darstellt.

2. Ideologie und Geographie der Gefühle

Nach den kurzen Andeutungen, die wir dem Begriff der *imputabilitas* und ihrer systematischen Einordnung gewidmet haben, bietet sich eine wenn auch summarische Beschreibung der einzelnen Ursachen an, welche sie auszuschließen oder zu mindern vermögen. Nochmals müssen unsere Ausführungen den Umweg über die *Elementa* nehmen, um sich der umfassenderen Abhandlung zu nähern, wie sie sich in der *Teoria* findet.
Die *intentio,* so liest man im Handbuch, ist vollkommen, „wenn im Willen der volle Verstand erstrahlt" (voluntati plene intellectus praelucet); sie tritt in ein pathologisches Stadium, verliert also die Vollkommenheit, wenn „die Kraft der Leidenschaften den Verstand verdunkelt oder die Freiheit mindert" (pathematum vis vel intellectum offuscat vel libertatem minuit – Carmignani 1833, I 15). Das Thema findet sich an mehreren Stellen im zweiten Band der *Teoria,* dessen XI. Kapitel den Titel „Von den Ursachen, welche den Willen und die Freiheit beeinflussen, den Gesetzesverstoß entweder ausschließen oder abstufen" trägt. Wille und Freiheit sind derart verbunden, dass der erstere den Handlungen den moralischen Charakter verleiht, während ihm seinerseits diese Rolle eben durch die Freiheit zukommt, wodurch sich diese noch einmal als Schlüssel zum carmignanischen Gebäude zu erkennen gibt.
Ausgenommen den Fall physischer Gewalt, „welche", wie der Autor schreibt, „den Handelnden zu etwas Gelenktem macht, indem sie die Spontaneität zerstört" (Carmignani 1831, II 233), fällt die Handlung (oder Unterlassung), wenn

sie sich spontan, aber nicht frei äußert, in die Hände eines der beiden Ungeheuer, die während des Schlafes der Freiheit entstehen: Zwang und – Ungestüm. Wenn wir den Faden der von uns bemühten Metapher weiterspinnen, könnten wir diesen Ungeheuern den Charakter wandelbarer Kreaturen zuschreiben, die fähig sind, die Erscheinungsform verschiedener Gemütszustände, wie die der Angst und des Zorns, aufzunehmen. Die Ursachen, welche die Zurechnungsfähigkeit ausschließen oder verringern, schaffen die Verbindung zu einer „Anatomie der Seele" mit zweifellos wissenschaftlichen Ergebnissen, die ihre Impulse häufig aus Gebieten empfängt, die außerhalb des Rechts liegen.
Carmignani führt seine komplexe Ausführung auf den Spuren der Werke von Destutt de Tracy und Pierre Cabanis fort, den Hauptvertretern jener Gruppe von Denkern – *les idéologues* –, deren publizistische Blütezeit in die ersten Jahrzehnte des 19. Jahrhunderts fällt und welche die von Condillac ausgehenden ,•Anregungen vertiefen. Von letzterem übernehmen sie die analytische Methode, den Komplex des psychischen Lebens in die einfachen Empfindungen aufzuspalten, in der Überzeugung, dass von den empfindbaren Eindrücken auch die moralischen und sozialen Gefühle ihren Ausgang nehmen. Von hier ist es ein kleiner Schritt zum Strafrecht. Carmignani verheimlicht nicht, dass „das Thema der menschlichen Leidenschaften ... notwendig ideologisch wird, wenn man sie als aktuelle Beweggründe für die menschlichen Taten im Individuum ansieht, welches im Handeln das Gesetz gebrochen hat, als handle es sich darum, den Einfluss festzumachen, den sie auf seinen Willen haben" (Carmignani 1831, II 252). Um Missverständnissen vorzubeugen sei daran erinnert, dass der Professor aus Pisa „den verehrten Herren Destutt de Tracy" (Carmignani 1831, II 230) dafür tadelt, in seinem „Analyseplan der moralischen Fähigkeiten" (ebd.) nicht „die Abhandlung der Ideologie der des Willens" (ebd.) vorangestellt zu haben, wobei er festhält, dass „ohne den Willen, der Intellekt und die Freiheit, die dazu bestimmt sind, diese zu leiten, keiner Untersuchung bedürften" (ebd.). Dies ist keine geringe Divergenz. Trotz allem hält der Strafrechtler jedoch fest, dass „die Phänomene, unter denen sich moralische Gefühle zeigen, demjenigen zu Hilfe kommen, der Zweifel hat, das menschliche Herz genau zu kennen, sei es, um ein Delikt festzustel len, sei es um die aufmerksam gesammelten Entschuldigungen aufzuspüren" (Carmignani 1831, II 263 n). Aus diesem Grund ist er einem seiner Schüler dankbar, der mit „vortrefflichem Geschmack in literarischen Dingen große wissenschaftliche Erfahrung auf kriminalistischem Gebiet vereint", ihn auf „ein klassisches Zitat" hingewiesen zu haben, das sich auf das Verhältnis zwischen Furcht und Verachtung bezieht. Und gerade Furcht ist die Quelle des Zwanges. Der Autor, der stets darauf achtet, die Grenze zwischen dem „gius criminale" und den angrenzenden Gebieten wie dem der Religion und dem der Moral zu wahren, hat leichtes Spiel beim Hervorheben der diametralen Differenz, die zwischen den selten erreichten Sphären absoluter Tugend, deren Voll-

zug im akzeptierten Opfer im Namen des Ideals gipfelt, und der tatsächlichen Realität besteht, in deren Sphäre „die Angst vor dem irreparablen Schaden“ ausreicht, ein Verbrechen zu rechtfertigen.
Die Unersprießlichkeit „heroischen“ Verhaltens liegt der Disziplin zugrunde, die mit „eigentlichem Zwang“ verbunden ist, eine Wendung, die auf „aktuale“ Furcht verweist. Wann immer diese Bedingung fehlt, aber die Seele des Handelnden in gleicher Weise darin befangen sei, sich einem schadhaften Geschehen zu entziehen, spricht der Autor von „uneigentlichem Zwang“. Wo er sich dieser zweiten Art widmet, welche mit dem Dogma der Freiheit übereinstimmt, erkennt Carmignani sogar innerhalb der väterlichen und ehelichen Gewalt eine die Zurechnungsfähigkeit abschwächende Ursache, begründet durch den *habitus* des Gehorsams des Sohnes oder der Ehefrau gegenüber dem Ehemann, welche auf Drängen des *pater familias* ein Verbrechen begehen. Ein Bereich, in dem die Auswirkungen des uneigentlichen Zwanges mit denen der aktualen Furcht völlig zusammenfallen, ist die militärische Disziplin. In diesem Fall präzisiert Carmignani „die Meinung, die moralische Kraft, die notwendig sei, um das Verbrechen entstehen zu lassen, müsse in ihrer Gesamtheit ihren Ursprung im Kopf desjenigen finden, der dem beklagenswerten, zum Instrument gewordenen Menschen dieses Verbrechen befiehlt“ (Carmignani 1831, II 247).
Hier, bevor wir das Thema des uneigentlichen Zwanges verlassen, scheint es angebracht, einen Schritt zurück zu gehen und die Aufmerksamkeit nochmals auf die Schranken zu lenken, die dem Willens des Handelnden durch eheliche Bande und nahe Verwandtschaft auferlegt werden.
In der *Teoria delle leggi* liest man, dass die dem *subjectus,* welcher zur Straftat verleitet wurde, zuerkennbare Entschuldigung bei den „Blutsverbrechen“ und denen, „die von der Natur verabscheut werden“, an eine Grenze stößt. Wenn die Freiheit des Zugrundeliegenden, also ein Element von subjektiver Relevanz, den Ausgangspunkt des Autors für die Analyse des Instituts bildet, ist nicht ersichtlich, aus welchem Grund ein Aspekt wie jener der Natur der Straftat relevant sein sollte, der auf der Ebene der Fakten angesiedelt ist. Der eben erhobene Einwand kann auch so formuliert werden: Sind die Minderung oder die Beseitigung der Herrschaft des Willens nicht in etwa dieselben gegenüber zum Beispiel einer Straftat, die das Rechtsgut des Lebens verletzt, wie gegenüber einem schädigenden Verhalten, welches ein Gut geringerer Bedeutung verletzt?
Die Antwort liegt auf der Hand. Dieser Widerspruch scheint jedoch interessant, insofern er den Leser auf die Präsuppositionen des Naturrechts aus dem 18. Jahrhundert hinweist, genauer auf den Glauben an die Existenz eines angeborenen moralischen Sinnes, der in der Lage ist, dem rationalen Seienden die dem Verhalten intrinsische Güte oder Bosheit zu enthüllen. So stark sei die Kraft dieses Bewusstseins, dass es den Widerstand gegen den Druck eines Subjektes ermöglicht, welches Macht und Einfluss innerhalb der Familie besitzt, die in ro-

manischer Tradition als soziale Struktur verstanden wird, zu der auch Verwandte und Hausangestellte gehören. Die Freiheit also, verstanden als Fähigkeit zum Widerstand gegen den Druck der Gemütszustände, fände ihre eigentliche Stütze in einer instinktiven Abscheu gegen kriminelles Verhalten. Angesichts einer derartigen Freiheit behielte der Wille seinen eigenen Handlungsradius, so dass dank des Fortbestehens des Gespanns Freiheit-Wille das abweichende Verhalten eines Familienmitgliedes oder Domestiken wieder in den Bereich der Zurechenbarkeit zurückfiele. Der moderne Leser mag zwar die Voraussetzungen bestreiten, von denen Carmignani ausgeht, nicht aber die Schlüssigkeit der Folgerung.

3. Die Macht der Leidenschaften

Die andere große Kraft, welche die *imputabilitas* massiv zu beeinträchtigen vermag, ist der Gefühlsausbruch. Die Tradition des gemeinen Rechts ging kurz gesagt aus von einem Fragment Marcians, das der Trunkenheit gewidmet ist (D. 48.19.11.2).

In einem diffizilen Prozess des Herausarbeitens der *ratio* aus dem römischrechtlichen Fragment trat die Charakteristik jener Leidenschaften zutage, die die „Kraft haben, den menschlichen Willen in eine länger andauernde Haltung zu versetzen, die deutlich verschieden ist von der, die er in dem Moment, in dem er sich seiner vollen Freiheit erfreut und unter der Leitung der ruhigen und gut abgewogenen Überlegungen des Intellektes steht, gegenüber dem Delikt einnimmt" (Carmignani 1831, II 248), um in der Folgezeit im gerichtlichen Kontext übernommen zu werden.

Wie im Vorangehenden festgehalten ist die Zurechenbarkeit bei Carmignani aufs Engste an die Schuld gebunden. Diese Verbindung tritt dann besonders deutlich hervor, wenn der Autor sich fragt, ob man sich für den Gefühlsausbruch als vorsätzlich oder als schuldig zu verantworten habe. Er vertritt die Ansicht, der Gefühlsausbruch müsse wenigstens in einigen Fällen ins Fahrwasser der Schuld zurückgeführt werden. Dabei bezieht er sich einerseits auf die hoch geschätzte Meinung, die vom Mittelalter ausgehend durch das Werk von Noodt (vgl. Noodt, 163) auf ihn kommt, der zufolge der Gefühlsausbruch der Schuld zuzurechnen ist, und andererseits auf die gegensätzliche von Romagnosi (an dem er jedoch die Auffassung kritisiert, der Vorsatz sei als nicht abstufbares Bewusstsein vom Begehen einer Unrechtshandlung zu verstehen).

Zu diesem Zweck schlägt Carmignani einen eigenständigen Weg ein, wobei er in der menschlichen Seele „die ersten und entferntesten Ursachen des Handelns" untersucht. Quasi Descartes nacheifernd versucht auch er die eigenen Behauptungen auf unumstößlichem Fundament zu verankern. Das menschliche Han-

deln, sagt er, auch wenn es sich rational erklärt wie im Fall des Algebraikers, bettet die eigenen Wurzeln in ein „leidenschaftliches Bestimmungsprinzip".
Dieses Prinzip tritt teils als „vernünftiger Beweger", teils als „ungestümer Beweger" auf, das heißt als „unwiderstehliche Bewegung, welche die Leidenschaft dem Willen aufzwingt, so dass sie ihn mit einem Male zum Rechtsverstoß hinreißt, dabei die Freiheit untergräbt und mit der Freiheit die Rolle des Intellekts, dem sie keine weitere Funktion zubilligt, außer jener, die ausreicht, die notwendige Verbindung zwischen dem Gebrauch eines *Mittels* und dem *Ziel* herzustellen, unter den gegebenen Umständen das Nächstliegende, worin die Straftat besteht" (Carmignani 1831, II 257-258).
Die Leidenschaften oder Gemütsregungen erwachen gegenüber dem Guten oder in Präsenz des Bösen mit unterschiedlichen Effekten und Konsequenzen. Im ersten Fall zeigt die vom „Anblick des Übels" hervorgerufene Leidenschaft grundlegende Analogien zum Zwang. Was des weiteren die Auswirkungen des „Eindrucks der Furcht" angeht wendet sich der Autor dagegen, dass Viele in dem durch diese Furcht bewirkten Verhalten das Ergebnis einer Berechnung sehen, gemäß dem Eindruck, den derjenige von dem Faktum erhält, der *ex post* urteilt. Er stellt tatsächlich fest: „man sollte sich überlegen, dass es in der schwierigen und gefährlichen Situation, in welcher es [das Verhalten, M.K.] sich zeigt, unvorstellbar ist, dass ein Individuum eine Bilanz nach Kriterien von Vernunft und Gerechtigkeit zieht, wenn es um seine Selbsterhaltung geht, wobei es den ersten Gedanken auf eine mögliche Flucht richtet und, wenn diese sich als unmöglich erweist, auf die Notwendigkeit einer Regelverletzung" (Carmignani 1831, II 264).
Wenn man die Grundzüge der „Milderung schuldhafter Verteidigung" derart präzisiert, so nähert sie sich dem „Notwehrexzess" an, in welchen man gerät, wenn „sich zwar die Aggression zugestehen lässt, nicht aber die Notwendigkeit, sie mittels eines Regelverstoßes abzuwenden" (Carmignani 1831, II 266). Der Eindruck des Übels, der dieser Strafminderung zugrunde liegt, bahnt den Weg zur Diskussion über den Regelverstoß, der unter Einfluss „berechtigten Schmerzes" oder „anerkannter Provokation" ausgelöst wird. „Notwehrexzess", „berechtigter Schmerz", „anerkannte Provokation" sind drei Gesichter des Affekts, denen „ein Ausgangspunkt" gemeinsam ist, „der die Tat rechtfertigt und ein Endpunkt, der sie strafbar werden lässt" (Carmignani 1831, II 268). Dank dieser Charakteristik wird der Affekt in seinen vielfachen Erscheinungsformen an den Umkreis der Schuld herangeführt.
Wenn er zum Zorn übergeht – einer Leidenschaft die, weit entfernt davon, die Seele erstarren zu lassen, wie es die Angst tut, sie vielmehr in Flammen setzt –, erkennt der Autor dessen Fähigkeit an, den Verstand zu paralysieren. Der Zornige erscheint deshalb „... in einem Zustand, in dem er es als möglich erkennen sollte, dass sein Arm später quasi dazu hingerissen werde, das Gesetz zu verlet-

zen“ (Carmignani 1831, II 272). Sein Verhalten scheint also eher schuldhafter Natur denn vorsätzlicher zu sein. Anders liegt der Fall der während einer Schlägerei ausgelösten Straftat, weil „das Aufbrausen der Seele bei letzterer Handlung so leicht erscheint und eine so hohe Bereitschaft zur Erregung besteht, dass der Verdacht auftaucht, es sei mehr durch den Stolz hervorgerufen, dessen Grenzen nicht zu bestimmen sind, als durch den Zorn, dessen Wesen leicht zu erkennen ist“ (Carmignani 1831, II 275). Die Gründe, dem durch Zorn verursachten Verhalten geringere Schwere zuzumessen als dem durch Stolz hervorgerufenen, machen anfangs ratlos. Es ist nicht vermessen, zu vermuten, dass dieses Ergebnis eher durch die Wirkung einer moralischen Werteskala suggeriert wurde als vom rigorosen Gedankengang in cartesischer Manier, welchen der Autor sich zu verwenden auferlegt hatte. Tatsächlich erinnert er den Leser nicht zufällig im Zusammenhang mit dem Wesen des Zornes daran, dass Th. von Aquin eine organische Ursache des Zorns annimmt.[3]

Das letzte der vom Anblick des Übels hervorgerufenen Gefühle ist der Hass, in seinem Ursprung ähnlich der Verachtung, aber in seiner Gegenwart kommt es zu keiner Verringerung der Zurechnungsfähigkeit, da das Reich der Vernunft unangetastet bleibt.

Die Geographie der mit der Zurechenbarkeit verknüpften Gefühle schließt sich mit jenem dem Hass entgegengesetzten, also der Liebe, der keinerlei entschuldigende Kraft zugesprochen wird. Genau wie ihr Gegenteil nimmt sie nur sehr langsam Besitz von der Seele und lässt damit genügend Raum für den Gebrauch der Vernunft.

Ein eigener Raum wird dem im Zustand der nicht geplanten Trunkenheit begangenen Verbrechen gewidmet, das „obwohl freiwillig im eigentlichen Motiv“ nach den “Regeln der Schuld“ (Carmignani 1831, II 287-288) zugerechnet werden muss.

Der Einfluss der *idéologues* lässt sich auch bei der Untersuchung der Psychopathologie und der physiologischen und paraphysiologischen Unreife erahnen. Neben Mittermaier, Feuerbach und der gesamten bekannten Autoritätengalerie der Traktatliteratur des ancien regime finden sich tatsächlich Hinweise auf Rabanis, den Autor des *Rapports du physique et du moral de l'homme* (1802), eines Werkes, welches die Grundlage für die spätere Psychophysiologie schuf.

Die Minderjährigkeit wie auch die „Altersschwäche“ und die Demenz schütteln die gewohnheitsmäßigen Verkrustungen der Zitatenlitanei aus den lateinischen und nichtlateinischen Klassikern ab, um in den Horizont der Moderne einzutreten. Dennoch erfasst Carmignani im Umgang mit diesen Themen nicht immer den Unterschied zwischen Altem und Neuem. So wird – völlig zu Recht – Ca-

[3] Thomas v. Aquin, Summa Theologica, Prima secundae, XLVI, art. V, 3: „Est enim homo dispositus ad irascendum, secundum quod habet cholericam complexionem: cholera autem, inter alios umores, citius movetur; assimilatur enim igni.“

banis dafür kritisiert, dass er in der Zugehörigkeit zum weiblichen Geschlecht ein Hindernis für das Erreichen voller intellektueller Reife sieht. Verwirrend ist, dass der Strafrechtler aus der Toskana dieses Vorurteil nicht überwindet, indem er auf die Autorität eines anderen Wissenschaftlers zurückgreift, sondern sich darauf beschränkt, zu vermuten, „diese Aussage, welche das schöne Geschlecht zu beleidigen vermag, spiegele vielleicht den eigenen Ursprung in der Zeit unserer größten Barbarei wider, in welcher die Abhängigkeit, in der die sozialen Sitten die Frauen hielten, in ihnen eine angemessene und vollständige Entwicklung der Vernunft verhinderte ..." (Carmignani 1831, II 172-173). Trotz dieser Voraussetzungen wird enttäuscht, wer von unserem Autor eine antikonventionelle Stellungnahme erwartet. Tatsächlich, schlussfolgert er, „... ist es noch immer ratsam, auf strafrechtlichem Gebiet die Frau wie den Minderjährigen zu behandeln, um sie nicht in zu stark ausgeprägte Widersprüche gegenüber dem bürgerlichen Recht zu bringen ..." (Carmignani 1831, II 175-176). Einen ähnlichen Tribut zollt Carmignani dieses Mal nicht dem Vorurteil, sondern den philosophischen Debatten der Tradition, wenn er im Hinblick auf die Taubstummen festhält, ihre Zurechnungsfähigkeit könne nicht auf dem Postulat eines „angeborenen Bedürfnisses (...) nach Ordnung und nach Gerechtigkeit" beruhen. Ohne die Annahme eines angeborenen ethischen Sinnes zurückzuweisen, welcher „der menschlichen Würde so vorteilhaft" sei, argumentiert er, dass „der moralische Sinn, nach der Art des Goldes in der Mine im Menschen unwirksam und wertlos bleibt, wenn die Kunstfertigkeit des Wortes ihn nicht entwickelt und der edlen Aufgabe zuführt, für welche die Natur ihn vorgesehen hat" (Carmignani 1831, II 177). Wenn wir von der wissenschaftlichen Arbeit Carmignanis zu seinem Engagement bei Gericht übergehen, begegnen wir in einem seiner „berühmten Fälle" den Themen der Minderjährigkeit und der Trunkenheit, am Beispiel eines jungen Mannes, der beschuldigt wurde, einen Mann während einer Schlägerei ermordet zu haben. Der *Hiatus*, der Theorie und Praxis trennt, erscheint besonders deutlich, wenn sich ganz verschiedene Gebiete gegenüberstehen, als welche das der Wissenschaft und das des Gerichtssaals oft genug erscheinen. Das Thema der Minderjährigkeit wird in der Niederschrift eines Plädoyers ausschließlich aus der Perspektive der Beweisführung untersucht; und genauso sieht es aus, wenn er sich dem Aspekt der Trunkenheit zuwendet, wobei freilich der eine oder andere theoretische Zugriff nicht ausbleibt. Insbesondere der folgende Abschnitt, der auf der Linie der oben durchgeführten Rekonstruktion liegt, ist von einigem Interesse: „Es lässt sich demzufolge nicht abstreiten, dass der Angeklagte sowohl während der Schlägerei als auch während der tödliche Schlag geführt wurde, wenn er es denn war, der ihn führte, betrunken war, weshalb man, ohne sich in unnötiger Gelehrsamkeit beim Zitieren der Meinungen der Alten und der Modernen zu den juristischen Folgen der Trunkenheit und zur Zurechnung der im Zustand der Trunkenheit begangenen Tat zu ergehen, mit dem gelehrten Tiraquello wie mit den wenngleich nicht-akademischen Praktikern und der gängigen Rechtssprechung folgern muss, dass man sich nicht täuscht, wenn man auch hier das Verbrechen, um das es geht, nicht zu den vorsätzlichen, sondern zu den schuldhaften zählt." (Carmignani 1843, I 381-382; Tiraqueau, 31 [causa VI, 1-2])

Übersetzung von Marianne Hanson, durchgesehen von Matthias Kaufmann

Literatur:

v. Aquin, Th.: Summa Theologica.

Bentham, J.: Introduzione ai principi della morale e della legislazione, hg. v. Eugenio *Lecaldano*, Turin 1989.

Carmignani, G.: Teoria delle leggi della sicurezza sociale, Pisa 1831.

Carmignani, G.: Iuris criminalis elementa, Pisis 1833.

Carmignani, G.: Cause celebri discusse dal Cav. Commendatore Giovanni Carmignani, Professore dell'I. e R. Università di Pisa, socio di più accademie italiane e straniere, Pisa 1843.

Carnelutti, F.: Teoria generale del reato, Padova 1933.

Comanducci, P.: La Scuola criminalistica pisana tra Sette e Ottocento, in: Luigi *Berlinguer* und Floriana *Colao* (Hg.), Illuminismo e dottrine penali, Milano 1990, S. 10 ff.

Mazzacane, A.: „Carmignani Giovanni", in: Dizionario Biografico degli Italiani, Roma 1977, XX, S. 414-421.

Noodt, G.: Ad Legem Aquilinam Liber Singularis, in: Opera omnia, Napoli 1786.

Tiraqueau, A.: De poenis legum ac consuetudinum, statutorumque temperandis, aut etiam remittendis, et id quibus quotque ex causis. Accessit rerum verborum et sententiarum insignium locupletissimus index, Venetii 1560.

Kurt Seelmann

Ebenen der Zurechnung bei *Hegel*

Man kann Hegels Zurechnungslehre, verstanden im traditionellen Sinn, mit den Zurechnungslehren anderer Autoren vergleichen und sie in den historischen Kontext einordnen. Dies soll im Folgenden auch in aller Kürze geschehen (I). Aufschlussreicher noch für Hegels Denken als diese Ebene der traditionellen Zurechnungslehren ist allerdings, dass Hegel auf einer zweiten Ebene auch eine Lehre über den Umgang mit solchen Zurechnungslehren entwickelt, dass er danach fragt, ob es Fälle gibt, in denen aus Gründen der Zweckmäßigkeit oder der Gerechtigkeit auf das Zurechnen verzichtet werden sollte (II).

I. Die erste Ebene: Zurechnung in der „Moralität"

Hegels Zurechnungslehre findet sich in seinen „Grundlinien der Philosophie des Rechts" vom Herbst 1820. Neben dieser von Hegel selbst in den Druck gegebenen Ausgabe können wir uns allerdings inzwischen auch noch auf einer Reihe von Mit- und Nachschriften seiner Vorlesungen aus anderen Semestern stützen. Insbesondere der zweite der drei Teile von Hegels Rechtsphilosophie, die „Moralität", enthält dabei das, was seit Pufendorf als eine – insbesondere strafrechtliche – Zurechnungslehre gilt.

1. Der traditionelle Umfang der Zurechnungslehren

Damit eine Handlung den Willen eines Menschen zugerechnet werden kann, verlangt Hegel den Vorsatz (GL, § 117), die Absicht (GL, § 119) und die Unrechtskenntnis (GL, § 132). Entgegen der heutigen Terminologie bedeutet dabei Vorsatz für Hegel, dass man die einzelnen Umstände der Handlung, also z.B. das Inbrandsetzen eines Stückes Holz, erkennt. Absicht meint demgegenüber, dass man die soziale Bedeutung seines eigenen Verhaltens auch richtig einschätzt, im Fall des Inbrandsetzens von Holz also gegebenenfalls erkennt, dass man im Begriffe ist, ein Haus anzuzünden (Nachschrift Hotho, 363). Vor alle drei subjektiven Voraussetzungen der Zurechnung – Vorsatz, Absicht, Unrechtskenntnis – setzt Hegel allerdings die objektive Zurechnungsvoraussetzung der Kausalität (Hegel GL, Anmerkung zu § 115).

Darin zeigt sich jedenfalls in den Grundzügen eine auch dem heutigen Juristen vertraute Abfolge, jenseits derer eigentlich erst die wissenschaftlich interessan-

ten Zurechnungsfragen beginnen. Das ist auch Hegel klar, und auch diese weiteren Probleme der klassischen Zurechnungslehre werden von ihm erörtert. Das beginnt etwa mit der Frage, ob in manchen Fällen nicht schon die Kausalität allein Zurechnung auslösen kann, wenn der eigene Rechtskreis in einer die Gefährdung anderer bedingenden Weise organisiert war (GL, § 116). Auch geht Hegel auf die Frage ein, ob die Folgen einer prinzipiell willentlichen Handlung auch dann zugerechnet werden können, wenn sie als Folgen nicht vom Willen erfasst waren (GL, § 118 A). Weiter behandelt Hegel die Problematik, ob auch jenes Unrecht zugerechnet werden kann, dessen ich mir nicht bewusst bin (GL, § 132 A). Hegel macht sich die Antworten nicht leicht, zeigt auf, wie es einerseits gute Gründe gibt, nur wirklich Gewusstes und Gewolltes zuzurechnen, entwickelt aber ebenfalls die Argumente dafür, einem Vernunftwesen in einem gewissen Umfang auch das zuzurechnen, was es hätte wissen können. Grundfragen der Fahrlässigkeit und des Verbotsirrtums bei potentieller Sachverhaltskenntnis und potentieller Unrechtskenntnis werden so in einer bei einem Nichtjuristen durchaus beeindruckenden Weise entfaltet.
Natürlich war schon vor Hegel die Erkenntnis nicht neu, dass es für die Zurechnung nicht auf das konkret Gewusste und Gewollte allein ankommen kann. Schon in der Tradition des gemeinen Rechts wurden Handlungsfolgen auch dann zugerechnet, wenn sie nur vom potentiellen Wissen erfasst waren. Der Vorsatz galt dann eben als „indirekter" oder wurde einfach praesumiert (näher dazu Hruschka, 191 ff.). Auch wenn Hegel zum selben Ergebnis gelangt wie solche Präsumtionslehren, so doch auf einem anderen Weg: nicht, indem er den besonderen Willen unterstellt, sondern indem er den Einzelnen an seiner allgemeinen Vernunftqualität misst.

2. Verantwortung für das „Wohl" und „politische Verantwortung"

Verbleibt man auf dieser ersten Ebene, der einer klassischen Zurechnungslehre, so dürften es zwei Bereiche sein, in denen Hegel besondere Akzente setzt. Er macht sowohl die Sorge für das Wohl anderer als auch die Verantwortung für komplexe soziale Prozesse zum Gegenstand einer rechtlichen Zurechnung.
Im Zusammenhang mit der traditionellen ethischen Pflicht, auch für das Wohl des anderen Sorge zu tragen, geht Hegel auf die Frage ein, ob es unter bestimmten Voraussetzungen eine Pflicht geben könne, Eingriffe in das Eigentum zu dulden. Hegel bejaht dies für den Fall einer Lebensgefahr ganz konsequent aus der Hilfspflicht in Notfällen. Was seiner Lehre vom „Notrecht" aber eine so große Aufmerksamkeit verschafft hat, ist der Umstand, dass Hegel diesen Anspruch des Bedürftigen auf einen Eingriff in das Eigentum eines anderen nicht nur als einen moralischen Anspruch, sondern als „Recht" einstuft. Das Leben

„in der letzten Gefahr und in der Collision mit dem rechtlichen Eigenthum eines andern hat ein Nothrecht (nicht als Billigkeit, sondern als Recht)“, so Hegel in § 127 seiner Rechtsphilosophie. Das ist deshalb von solcher systematischer Bedeutung, weil hier eine rechtliche Pflichtenzuordnung unabhängig vom eigenen Handeln oder auch nur Vorverhalten erfolgt, Zurechnung also über den Kreis der Handlungen und der Unterlassungen eines Sonderpflichtigen hinausgreift.
Eine zweite Erweiterung des Kreises traditioneller rechtlicher Zurechnung nimmt Hegel sodann unter dem Stichwort der „politischen Verantwortung“ vor (Hegel GL, § 284; sowie in der Nachschrift Wannemann, §§ 140A, 145). Ministern und Beamten ist über die politische Verantwortung nicht nur vergangenes Handeln, sondern auch Nichthandeln zuzurechnen, wenn dadurch eine auf die Zukunft bezogene Pflicht nicht erfüllt wird. Sie tragen, so Hegel im Anschluss an Constant (dazu Becchi, 174 ff.), eine Verantwortung auch für das Handeln anderer, ja für eine ganze soziale Struktur. Die Ausdehnung der Zurechnung über Handlungen und Garantenunterlassungen hinaus, wie sie schon der Gedanke des „Notrechts“ enthält, setzt sich hier in Richtung auf eine komplexe Organisationsverantwortung in modernen Flächenstaaten fort.
Schon auf dem Boden einer Zurechnungslehre klassischen Typs lassen sich somit Besonderheiten in Hegels Zurechnungslehre feststellen. Hegel beschränkt sich aber nicht auf diese Fragen der klassischen Zurechnung.

II. Die zweite Ebene: Zurechnung in der „Sittlichkeit“

Neben die Frage, welches denn die Kriterien für Zurechnung sein sollten, insbesondere welches die subjektiven Voraussetzungen für die Zurechnung von Handlung sind und was über konkrete Handlungen hinaus zuzurechnen ist, geht Hegel nämlich noch auf eine ganz andere Ebene der Zurechnungsproblematik ein. Zusätzlich zu der mit klassischen Zurechnungslehren befassten eben besprochenen ersten Ebene von Zurechnung, wie wir sie im zweiten Teil der Rechtsphilosophie, in der „Moralität“, finden konnten, begibt sich Hegel im dritten Teil der Rechtsphilosophie, in der „Sittlichkeit“ für die Zurechnung auf eine Metaebene. In der „Sittlichkeit“ macht Hegel zum Thema, unter welchen Voraussetzungen der Vorgang des Zurechnens überhaupt stattfinden sollte.
Während auf der ersten Ebene von Zurechnung primär handlungstheoretisch argumentiert wurde, d.h. Gegenstand der Beobachtung die Handlung dessen ist, dem etwas zugerechnet wird, gerät nunmehr das Verhältnis zwischen dem Adressaten der Zurechnung und der Zurechnungsinstanz in den Blick. Hegel verdeutlicht nunmehr, dass, selbst wenn alle Kriterien einer Zurechnung von Handeln oder Unterlassen im Einzelfall gegeben sind, es gleichwohl noch gute Gründe geben kann, den Vorgang des Zurechnens seinerseits zu unterlassen.

Das erfordert natürlich Überlegungen darüber, welche gesellschaftlichen Gründe dafür bestehen können, dass wir überhaupt Handlungen oder Unterlassungen einzelnen Menschen zurechnen.
Hegel greift diese Metaebene zur klassischen Zurechnungslehre in zwei unterschiedlichen Zusammenhängen innerhalb der „Sittlichkeit" auf. Hier, nach „abstraktem Recht" und „Moralität", geht es Hegel um das Recht in seiner institutionalisierten Form – um Familie, bürgerliche Gesellschaft und Staat. Im Hinblick auf zwei dieser drei Institutionselemente, bürgerliche Gesellschaft und Staat, fragt er nach den Konsequenzen für eine Zurechnungslehre angesichts der besonderen Aufgabenstellungen dieser jeweiligen Institutionselemente.
Man muss zwar beachten, dass Hegels „bürgerliche Gesellschaft" nicht, wie es oft missverstanden wird, einfach nur der Tummelplatz von Individualinteressen ist, sondern durchaus schon in Korporationen, Polizei und Rechtspflege Instanzen enthält, die Rahmenbedingungen gelungener Vergesellschaftung auf der Basis rational agierender Individualinteressen gewährleisten. Doch geht es in der „bürgerlichen Gesellschaft" um ein Agieren auf der Ebene von Zweckmäßigkeit – das Gemeinwohl als solches wird erst im „Staat" zum Thema. Entsprechend befasst sich Hegel auch bei der Zurechnung auf der Ebene der „bürgerlichen Gesellschaft" mit Fragen der Zweckmäßigkeit, auf der des „Staates" mit solchen der Gerechtigkeit. Er fragt zum einen, in der „bürgerlichen Gesellschaft", ob und ggf. wie der Akt des Zurechnens in einer Korrelation zur Gefährlichkeit der zuzurechnenden Handlung oder Unterlassung steht. Er stellt andererseits im „Staat" die Frage, ob eine Tat nicht auch der Gesellschaft insgesamt zugerechnet werden und infolgedessen dem einzelnen Täter verziehen werden sollte.

1. Gefährlichkeit und Zurechnung

In der „bürgerlichen Gesellschaft" ist es der insbesondere in der Strafrechtstheorie immer wieder beachtete § 218 der Rechtsphilosophie, in dem Hegel die Zweckmäßigkeit von Zurechnung aufgreift. Er stellt damit aber keineswegs die in der „Moralität" entwickelten Grundsätze wieder gänzlich zur Disposition, etwa indem er eine handlungstheoretisch nicht legitimierbare Zurechnung aus sozialen Nützlichkeitsgründen für akzeptabel erklärte. Solchen in einem utilitaristischen Konzept denkbaren Erwägungen steht offenbar seine Grundorientierung des Rechts am Begriff der Freiheit entgegen. Wenn Hegel Zurechnung an der Zweckmäßigkeit misst, dann im Sinne einer Einschränkung von Zurechnung oder eines gänzlichen Verzichts darauf. Den Zugang dazu findet er dadurch, dass er die historisch zu beobachtende Milderung von Strafen zum Thema macht. Dabei erklärt er die Strafmilderung mit der Festigung von Gesellschaften; nach seiner Ansicht „setzt die ihrer selbst sicher gewordene Macht der Gesellschaft die äußerliche Wichtigkeit der Verletzung herunter und führt daher eine größere Milde in der Ahndung derselben herbei" (Hegel GL, § 218). Eine Handlung, die in einer ungefestigten Gesellschaft deren Fundamente erschüttern kann, vermag einer gefestigten Gesellschaft nicht ernsthaft etwas anzuhaben.

Diese Überlegungen zur historischen Milderung von Strafen erscheinen zwar als ein plausibler Zusammenhang für den Einstieg in zurechnungsbegrenzende Zweckmäßigkeitserwägungen. Hegel lässt es damit aber nicht bewenden, sondern fragt weiter, ob denn dann nicht nur die Strafen milder sein könnten, sondern die Zurechnung sogar gänzlich verzichtbar. Eben um diesen Zusammenhang geht es ihm, wenn er in der Nachschrift Hotho (663) feststellt: „Durch die Festigkeit also der Gesellschaft selbst erhält das Verbrechen die Stellung eines bloss subjectiven, das nicht so aus dem besonnenen Willen, als aus natürlichen Antrieben, aus eigenthümlichen Momenten entsprungen scheint (...). Wird ein Verbrechen begangen, so wird es dem besonnenen Willen nicht zugesprochen, sondern der Leidenschaft, der natürlichen Seite des Willens. Dadurch wird dem Verbrechen der Charakter genommen, in welchem es seine Zurechnung erhält". Damit wird deutlich, dass aus Hegels Sicht nicht nur die Frage, wie bestraft werden soll, sondern bereits die, ob es überhaupt einer Zurechnung bedarf, vom Zustand der Gesellschaft abhängig ist. Eine gefestigte Gesellschaft kann also nicht nur Strafen mildern, sondern sogar auf Zurechnung verzichten.

Zugleich aber zeigt Hegel damit, worin denn aus seiner Sicht die Zurechnung besteht, auf die verzichtet werden kann: darin, die Tat nicht als Naturereignis zu sehen. Die Tat kann dagegen in der Wahrnehmung seitens einer gefestigten Gesellschaft wieder zunehmend in einen Naturzusammenhang gestellt werden. Sie kann dann ohne Bezug auf die Person des Täters erklärt werden und einfach als Unglück erscheinen oder selbst dann, wenn man einen Bezug zum Täter herstellt, nicht seinem Willen zugerechnet, sondern mit der Natur in ihm begründet werden. Das aber bedeutet: Zugerechnet werden muss, wo der Normbruch eines symbolisch-expressiven Widerspruchs bedarf, weil er ohne eine solche Aktion des Widerspruchs verführerisch wirkt und zur Nachahmung verleitet, weil er also geeignet ist, die Norm zu schwächen. Je gefestigter aber die Gesellschaft erscheint, je selbstverständlicher die Normen in ihr gelten, desto weniger bewirkt aufs ganze gesehen eine einzelne Normverletzung. Hegel greift mit dieser Reflexion auf die Notwendigkeit von Zurechnung deutlich über klassische Zurechnungslehren hinaus.

Das heißt allerdings nicht, dass er dafür keine Vorbilder hätte. Hegel baut etwas in die zweite Ebene des Zurechnungsdiskurses ein, was die Strafrechtstraktate des Aufklärungszeitalters teils bei den Ausführungen zu den Straftheorien, teils in Zusammenhang mit dem Strafmaß zu ihrem Gegenstand machen.

Die Straftheorien, die zu begründen suchten, warum Strafe angedroht und/oder vollstreckt werden müsse, waren in der zweiten Hälfte des 18. Jahrhunderts ganz

überwiegend an Präventionsüberlegungen orientiert – dabei spielte die Gefährlichkeit von Täter und Tat für die Notwendigkeit von Spezial- oder Generalprävention eine entscheidende Rolle. Hegel greift diese Fragen der sozialen Gefährlichkeit aus dem Kontext der relativen Straftheorien auf und zeigt ihre relative Legitimation: nicht für die Begründung der Zurechnung ist die Gefährlichkeit tauglich, wohl aber für deren Einschränkung. Hier, wo es darum geht, aus Gründen der Zweckmäßigkeit in bestimmten Fällen die an sich mögliche Zurechnung nicht vorzunehmen, wechselt Hegel, straftheoretsich gesprochen, auf die Ebene der relativen Straftheorien über.
Aber auch einen Aspekt der Strafmaßdiskussion der Aufklärung nimmt er an dieser Stelle in seine Argumentation mit hinein: Für die Autoren des 18. Jahrhunderts war die Milderung der Strafe im Ausmaß der Vervollkommnung der Gesellschaft ein verbreiteter Topos. Schon bei Vico und Montesquieu findet sich die Vorstellung, in freien Staaten könnten die Strafen milder sein (Vico, parte prima, cap. 204, § 4; Montesquieu, lib. VI, chap. XI, IX). Gegen Ende des 18. Jahrhunderts werden solche Thesen dann in historische Fortschrittsmodelle integriert. Verfeinerte Sitten stärken die Empfindlichkeit des Täters ebenso wie sie das Vergeltungsbedürfnis der Gesellschaft verringern, konstatieren Beccaria und Filangieri in ihren Lehren zur richtigen Gesetzgebung (Beccaria, § 27; Filangieri, 5 f., 205). Man entwickelt sogar Verlaufsmodelle des Strafrechts von einer durch Gesetzgebung lediglich gebremsten Rache über die Wiedervergeltung schließlich zur Präventionsorientierung im reifen Alter von Kulturen (Filangieri, 205). In dieser Kombination von Präventionstheorien und historischen Fortschrittsmodellen steht Hegel, wenn er von den gesellschaftlichen Notwendigkeiten her über die Erforderlichkeit von Zurechnung reflektiert und, über die Strafmilderungslehren noch hinausgehend, in gefestigten Staaten mangels Gefährlichkeit von Straftaten in bestimmten Fällen den Verzicht auf Zurechnung für angebracht hält.

2. Gerechtigkeit und Zurechnung

Aber noch an einer anderen Stelle in der „Sittlichkeit“, nämlich im „Staat“, behandelt Hegel diese Metaebene zur Zurechnungslehre als Thema. Anders als in der „bürgerlichen Gesellschaft“, wo Zurechnung zur Wirksamkeit von Normen in Beziehung gesetzt wurde, könnte man das Wiederaufgreifen der Problematik im „Staat“ in den Zusammenhang der Gerechtigkeitsfrage stellen. Hegel geht es in dem hier relevanten Zusammenhang um das Begnadigungsrecht des Monarchen, dem er die Aufgabe zuschreibt, „das Geschehene ungeschehen zu machen und im Vergeben und Vergessen das Verbrechen zu vernichten“ (Hegel GL, § 282). Aber warum sollte das Verbrechen „vergeben und vergessen“ werden?

Der Gedanke wird in der Rechtsphilosophie nicht weiter entfaltet und kann nur aus anderen, früheren Schriften Hegels verständlich werden. Die Überlegung führt auf Hegels theologische Jugendschriften zurück, in welchen er das strafende Gesetz der verzeihenden Liebe Christi gegenüberstellt (Hegel Geist des Christentums, 274 ff., 317 ff., 341 ff.). Ähnlich äußert er sich in der Religionsphilosophie (305): „Der Geist kann das Geschehene ungeschehen machen; die Handlung bleibt wohl in der Erinnerung, aber der Geist streift sie ab. Die Imputation reicht also nicht an diese Sphäre hinan". In der „Phänomenologie des Geistes", in der Hegel den Begriff des Rechts als einer „wechselseitigen Anerkennungsbeziehung" entwickelt, bezeichnet er das Verzeihen als die höchste Stufe der wechselseitigen Anerkennung (Hegel Phänomenologie, 493). Dieses Verzeihen aber, so wird aus der „Jenaer Realphilosophie" (203 ff., 260) deutlich, bedeutet für Hegel, das Böse „als sich selbst erkennen".
Damit geht Hegel auf etwas ein, was man heute als „Zurechnungsminderung durch Zurechnungsstreuung" bezeichnen könnte. Wenn bei genauerer Betrachtung einer üblicherweise einem Einzelnen zugerechneten Tat sehr viele, im Grenzfall sogar die ganze Gesellschaft, eine Verantwortung trägt, so kann dies das Ausmaß der Verantwortung eines Einzelnen limitieren, ja im äußersten Fall ganz aufheben (dazu Seelmann, 17 ff.). Es ist dann eine Frage der Gerechtigkeit, ob dem Einzelnen noch die Tat zugerechnet werden darf – was angesichts von deren Ubiquität einem Sonderopfer aus präventiven Gründen gleichkäme – oder ob die einzig akzeptable Art der sozialen Aufarbeitung einer solchen Tat die Verzeihung ist.
Somit zeigt sich auf der zweiten Ebene von Hegels Zurechnungslehre nicht nur prinzipiell sein Interesse daran, zu den Kriterien der Zurechnung auf der ersten Ebene Gründe und Grenzen der Notwendigkeit des Zurechnungsakts ihrerseits zu reflektieren. Er macht dabei vielmehr auch auf zweierlei Gründe für das Unterlassen dieses Zurechnungsakts aufmerksam: Die Zurechnung kann unterbleiben, wenn sie für die Wirksamkeit der Norm nicht notwendig ist, also aus Gründen sozialer Zweckmäßigkeit. Sie kann aber auch, ja sie muss aus Gerechtigkeitserwägungen beschränkt werden oder ganz unterbleiben, soweit andere, insbesondere die zurechnende Instanz selbst, eine überwiegende Mitverantwortung an der zur Last gelegten Tat tragen. Beides sind, das sei zum Schluss noch einmal hervorgehoben, durchaus moderne Überlegungen. Unter welchen Voraussetzungen die Tat aus funktionalen Erwägungen „am Täter vorbei" erklärt werden kann, interessiert die moderne Systemtheorie im Recht. Und Zurechnungsstreuung als Zurechnungsminderung hat als Gesichtspunkt auch in die Strafrechtswissenschaft in vielfältiger Weise Eingang gefunden: von der Viktimodogmatik bis hin zur rechtlichen Behandlung einer Provokation durch staatliche Lockspitzel.

Literatur:

Beccaria, C.: De delitti e delle pene (zuerst erschienen anonym 1764), dt. Übers. „Über Verbrechen und Strafen“, Frankfurt a.M. 1966.

Becchi, P.: Contributo ad uno studio delle filosofie del diritto di Hegel, Genova 1984.

Filangieri, G.: Scienza della legislazione, 1783, dt. Übers. „System der Gesetzgebung“ von C. Chr. Link, hg. von J. Chr. *Siebenkees*, Ansbach 1787.

Hegel, G.W.F.: Vorlesungen über die Philosophie der Religion, in: G.W.F. Hegel, Jubiläumsausgabe in zwanzig Bänden, 4. Aufl. Stuttgart-Bad Cannstadt 1965, Bd. 2, (Religionsphilosophie).

Hegel, G.W.F.: Der Geist des Christentums und sein Schicksal, in: G.W.F. Hegel, Werke in 20 Bänden, Frankfurt a.M. 1971, Bd. 1, S. 274 ff. (Geist des Christentums).

Hegel, G.W.F.: Phänomenologie des Geistes, in: G.W.F. Hegel, Werke in 20 Bänden, Frankfurt a.M. 1971, Bd. 3 (Phänomenologie).

Hegel, G.W.F.: Grundlinien der Philosophie des Rechts, 1820, erschienen mit der Jahresangabe 1821, in: Werke, hg. von K.-H. *Ilting*, Bd. 2: Die Rechtsphilosophie von 1820, Stuttgart–Bad Cannstadt 1974 (GL).

Hegel, G.W.F.: Nachschrift H.G. Hotho, in: Werke, hg. von K.-H. *Ilting*, Bd. 3, Stuttgart–Bad Cannstadt 1974.

Hegel, G.W.F.: Jenaer Realphilosophie. Die Vorlesungen von 1805/06. Philosophie des Geistes, in: G. *Göhler* (Hg.), Frühe politische Systeme, Frankfurt a.M. u.a. 1974, S. 203 ff. (Realphilosophie).

Hegel, G.W.F.: Nachschrift Wannemann, in: G.W.F. Hegel, Die Philosophie des Rechts. Die Mitschriften Wannemann (Heidelberg 1817/18) und Homeyer (Berlin 1818/19), hg. v. K.-H. *Ilting*, Stuttgart 1983.

Hruschka, J.: Über Schwierigkeiten mit dem Beweis des Vorsatzes, in: Festschrift für Theodor Kleinknecht zum 65. Geburtstag, München 1985, S. 191 ff.

Montesquieu, C. de.: De l'Esprit des Lois, 1747, Ausgabe Paris 1843.

Seelmann, K.: Kollektive Verantwortung im Strafrecht, Berlin 2002.

Vico, G.: De universi iuris uno principio et fine uno, 1720, Ausgabe Nicolini, Bari 1936.

Stanley L. Paulson

Die Zurechnung als apriorische Kategorie in der Rechtslehre *Hans Kelsens*

I. Einleitung

Selbst wenn es auch andere Kandidaten für die apriorische Kategorie der Rechtserkenntnis in der Rechtslehre Hans Kelsens geben sollte, erlaubt die Kategorie der Zurechnung die schlüssigste Rekonstruktion seiner Rechtslehre. Doch Kelsens Lehre von der Zurechnung ist trotz ihrer fundamentalen Bedeutung kaum je richtig verstanden worden. Mehrere Kommentatoren – auch einige der scharfsinnigsten, zum Beispiel Hans J. Wolff in seinem herausragenden Werk „Organschaft und juristische Person“ (Bd. 1, 146 f.) – haben Kelsens Lehre als Anwendungsfall der herkömmlichen Zurechnungslehre ausgelegt,[1] und zwar derjenigen Zurechnungslehre, die sowohl aus der philosophischen Tradition als auch aus dem positiven Recht bekannt ist.
Die Problemstellung stellt sich jedoch keineswegs als einfach dar, da in der Rechtslehre Kelsens tatsächlich zwischen *zwei* Lehren von der Zurechnung unterschieden werden muss. Die eine Lehre wird als die „zentrale Zurechnung“ bezeichnet, die andere als die „periphere“.[2] Vor allem die periphere Zurechnung muss radikal von derjenigen im Sinne der herkömmlichen Zurechnungslehre unterschieden werden, doch auch die zentrale Zurechnung lässt sich mit letzterer nicht gleichsetzen. Obwohl Kelsens Terminologie – dabei geht es um die Ausdrücke „zentral“ und „peripher“ – den Eindruck erweckt, die zentrale Zurechnung sei die grundlegendere der beiden Lehren, spiegelt seine Ausdrucksweise die Bewertung der beiden Lehren innerhalb seiner Rechtslehre

---

* Eine frühere Version des Aufsatzes habe ich nicht nur auf der Tagung in Halle vorgetragen, sondern auch in Wien. Bei Robert Alexy, Martin Borowski, Carsten Heidemann und Bonnie Litschewski Paulson in Kiel, Carlos Bernal Pulido in Bogotá, Stefan Hammer, Gerhard Luf und Theo Öhlinger in Wien, Joachim Hruschka in Erlangen, Matthias Kaufmann und Joachim Renzikowski in Halle, Alexander Somek in Iowa City und Peng-Hsiang Wang in Taipeh bedanke ich mich sehr für ihre Einladung bzw. für wertvolle Hinweise verschiedenster Art. Die Arbeit ist im Rahmen eines längeren Aufenthalts in Kiel entstanden, den die Alexander von Humboldt-Stiftung (Bonn - Bad Godesberg) mit der Verleihung des Humboldt-Preises großzügig gefördert hat.

[1] Beachtliche Ausnahmen in der neuesten Kelsen-Forschung schließen ein: Heidemann (im Erscheinen), Renzikowski.

[2] Vgl. Kelsen RR 1, §§ 25 (d) (S. 56 f.), 48 (a), (b) (S. 117-121), vgl. auch ebd., § 11 (b) (S. 21-24). In diesem Abschnitt findet sich eine zentrale Passage, in der sich Kelsen mit der peripheren Zurechnung als Kategorie befasst. Eine weitere zentrale Passage findet sich in Kelsen ASL, §§ 10 (c) (S. 48-51), 13 (d) (S. 65 f.).

nicht wider. Vor allem aufgrund einer angeblich konstituierenden Funktion – gerade deswegen sieht Kelsen die periphere Zurechnung als apriorische Kategorie an –, aber auch aufgrund der Tatsache, dass Kelsen Mitte der zwanziger Jahre einige Funktionen der zentralen Zurechnung durch ein völlig anderes Instrumentarium ersetzt hat,[3] handelt es sich bei der peripheren Zurechnung um die grundlegendere der beiden Lehren. Sie soll den Schwerpunkt dieser Untersuchung bilden.

In seiner wichtigen Erläuterung der Lehre von der peripheren Zurechnung in der 1934 erschienenen ersten Auflage der Reinen Rechtslehre beginnt Kelsen mit dem Begriff der Rechtsnorm, die er an dieser Stelle als rekonstruierte Rechtsnorm bzw. als hypothetisches Urteil[4] verstanden wissen will, nämlich als Urteil,

> „das die spezifische Verknüpfung eines bedingenden Tatbestandes mit einer bedingten Folge ausdrückt. Die Rechtsnorm wird zum Rechtssatz, der die Grundform des Gesetzes aufweist. So wie das Naturgesetz einen bestimmten Tatbestand als Ursache mit einem anderen als Wirkung verknüpft, so das Rechtsgesetz die Rechtsbedingung mit der Rechts- (d.h. mit der sogenannten Unrechts-)folge.“ (RR 1, § 11 (b) [S. 22])[5]

Ausgehend von diesem Leitmotiv – der rekonstruierten Rechtsnorm bzw. dem hypothetischen Urteil als der „Grundform des Gesetzes“ – führt Kelsen anhand einer Gegenüberstellung mit der zentralen Zurechnung die periphere ein. Es sei die zentrale Zurechnung eine ganz andere Operation als die periphere,

> „mit der ein Tatbestand nicht auf die Einheit der Ordnung, sondern innerhalb der Ordnung auf einen anderen Tatbestand bezogen [wird], das heißt zwei Tatbestände im Rechtssatz miteinander verknüpft werden.“ (RR 1, § 25 (d) [S. 57])

Als Kategorie habe die periphere Zurechnung etwas mit der Kategorie der Kausalität gemeinsam, beide bildeten eine Verknüpfung zweier Tatbestände:

> „Ist die Weise der Verknüpfung der Tatbestände in dem einen Falle die Kausalität, ist es in dem anderen die Zurechnung, die von der Reinen Rechtslehre als die besondere Gesetzlichkeit des Rechtes erkannt wird. So wie die Wirkung auf ihre Ursache, wird die Rechtsfolge auf ihre

[3] Vgl. Anm. 16 unten.

[4] Eine neukantianische Rekonstruktion der Rechtslehre Kelsens anhand seines Urteilsbegriffes bildet ein zentrales Thema der vorzüglichen Arbeit von Heidemann 1997.

[5] In der Rechtswissenschaft werden „Rechtsnorm“ und „Rechtssatz“ bekanntlich als Synonyme verwendet. Doch an dieser Stelle bezieht sich Kelsen mit „Rechtssatz“ auf die rekonstruierte Rechtsnorm, die, wie er schreibt, die Grundform des Gesetzes aufweise. Später – ab 1941 – verwendet Kelsen den „Rechtssatz“ als deontischen Satz, der als „Beschreibung“ der entsprechenden Rechtsnorm zu verstehen sei. Vgl. z.B. Kelsen RR 2, § 16 (S. 73-77); allgemein zu dieser Entwicklung Heidemann 1997, 122-124.

Rechtsbedingung zurückgeführt". (RR 1, § 11 (b) [S. 22]; vgl. auch Kelsen ASL, § 10 (c) [S. 49])

Doch diese könne von jener nicht als „ursächlich bewirkt" angesehen werden. Vielmehr werde

> „[d]ie Rechts- (Unrechts-)folge [...] der Rechtsbedingung zugerechnet. Das ist der Sinn der Aussage: Jemand werde ‚wegen' eines Deliktes bestraft, die Exekution gegen jemandes Vermögen erfolge ‚wegen' einer nicht bezahlten Schuld." (RR 1, § 11 (b) [S. 22]; vgl. auch Kelsen ASL, § 10 (c) [S. 50])

Tatsächlich behauptet Kelsen, der Sinn dieser beiden Aussagen setze die periphere Zurechnung als apriorische Kategorie voraus, vermöge derer eine Strafe bzw. eine Exekution überhaupt möglich sei. Dank dieser konstituierenden Funktion lasse sich der Stellenwert der peripheren Zurechnung kaum überschätzen:

> „Der Ausdruck dieser als ‚Zurechnung' bezeichneten Beziehung und damit der Ausdruck der spezifischen Existenz des Rechtes, seiner Geltung, das heißt des eigentümlichen Sinns, in dem die zum System ‚Recht' gehörigen Tatbestände in ihrer wechselseitigen Verbundenheit gesetzt sind – und nichts anderes – ist das Sollen, in dem die Reine Rechtslehre das positive Recht darstellt; so wie der Ausdruck der Kausalgesetzlichkeit das Müssen ist." (Kelsen RR 1, § 11 (b) [S. 22]; vgl. Kelsen HP, 2. Aufl., IX)

Diese „Kausalgesetzlichkeit" lasse sich auf die kausale Kategorie, die „besondere Gesetzlichkeit des Rechts" (Kelsen RR 1, § 11 (b) [S. 22]) auf die Kategorie der peripheren Zurechnung zurückführen.

Für beide Kategorien formuliert Kelsen parallel zu einander laufende Satz-Formen:[6]

> „Sagt das Naturgesetz: Wenn A ist, so muss B sein, so sagt das Rechtsgesetz: Wenn A ist, so soll B sein [...]. Das Sollen bleibt dabei als eine relativ[e] apriorische Kategorie zur Erfassung des empirischen Rechtsmaterials bestehen." (Kelsen RR 1, § 11 (b) [S. 23])[7]

Die Rede von einer *apriorischen Kategorie* kommt an dieser Stelle expressis verbis zum Ausdruck – allerdings eingeführt als eine „relative apriorische" Kategorie, die auf das Sollen bezogen ist. Auf beides wird zurückzukommen sein.

Zudem liegt auf der Hand – greift man auf einen frühen Text Kelsens zurück –, dass die Einführung der beiden Kategorien eine weitere Entwicklung der schon von Anfang an in seinen Arbeiten kaum zu verkennenden Sein/Sollen-Unterscheidung darstellt. Dazu hieß es bei Kelsen ursprünglich:

[6] Eine „Satz-Form" lässt sich von einem Satz unterscheiden, indem erstere Variablen enthält; sobald diese durch geeignete Werte ersetzt werden, wird die Satz-Form zum Satz.

[7] Vgl. auch Kelsen ARL, bes. 463, wo dieselbe Passage zu finden ist. Zur Frage der Vertretbarkeit des Adjektivs „relative" (statt des Adverbs „relativ") vgl. Anm. 26 unten.

„Ein vollkommener Gegensatz zwischen Naturgesetz und Norm ist nur möglich auf Grund einer vollkommenen Disparität von Sein und Sollen. Wie ich von etwas behaupte: es ist, so kann ich von eben demselben sagen: es soll sein, und habe in beiden Fällen etwas völlig Verschiedenes ausgesagt." (Kelsen HP, 7)[8]

Doch Kelsens Verständnis der Sein/Sollen-Unterscheidung geht wesentlich weiter als die Formulierung dieser Lehre, die wir etwa bei David Hume oder Georg Simmel finden, nämlich dass es ein Trugschluss sei, ein Sollen aus einem Sein abzuleiten.[9] Simmel folgend spricht Kelsen an dieser Stelle von Sein und Sollen als Denkformen (vgl. Kelsen HP, 7 f.).[10] Deren prinzipielle Verschiedenheit lasse laut Kelsen „Sein und Sollen als zwei getrennte *Welten* erscheinen" (HP, 8; Hervorhebung von mir). Kelsen führt die Zwei-Welten-Lehre ein, indem er sich auf die „unüberbrückbare Kluft" zwischen den beiden Welten, der äußeren und der normativen (oder geltenden), bezieht.

„Der Gegensatz von Sein und Sollen ist ein formallogischer und insolange man sich in den Grenzen formal-logischer Betrachtung hält, führt kein Weg von dem einen zum andern, stehen beide Welten durch eine unüberbrückbare Kluft getrennt einander gegenüber." (Kelsen HP, 8)[11]

Wenn es allein um Textstellen wie diese ginge, könnte man versucht sein, die Zwei-Welten-Lehre zusammen mit der Rede von einer „unüberbrückbare[n] Kluft" als bloße Metapher zu verstehen. Doch Kelsen nimmt die Implikationen der Zwei-Welten-Lehre sehr ernst. Auch hierauf wird zurückzukommen sein.

Mehrere Fragen werden durch die zitierten Textpassagen aufgeworfen. *Erstens*: Häufig weist Kelsen auf „Tatbestände" als die Relata der peripheren Zurechnung hin. Wie sind eigentlich Tatbestände qua Relata zu verstehen? Die Frage lässt sich präzisieren. Es geht bei der Rechtslehre Kelsens nicht zuletzt um die oben angedeutete, von den Badener Neukantianern übernommene Zwei-

---

[8] Man kann sich den Einwand vorstellen, dass diese und die darauf folgende, beide aus den „Hauptproblemen" entnommenen Passagen zu der oben skizzierten Darstellung des *Kelsenschen Neukantianismus* nicht passten, da – so lautet der Einwand weiter – die „Hauptprobleme" zur ersten Entwicklungsphase Kelsens gehörten, während der Neukantianismus eine Entwicklung der zweiten Phase darstelle. Dieser Einwand trifft jedoch nicht zu. Gegen die Unterscheidung von zwei Entwicklungsphasen ist nichts einzuwenden, doch daraus folgt nicht, dass ein von Kelsen während seiner ersten Phase eingeführtes neukantianisches Element keinen Platz in der zweiten Phase haben könne. Das Gegenteil ist der Fall. In der zweiten Phase vollendet sich die neukantianische Entwicklung bei Kelsen, die schon in der ersten Phase ihren Ausgang genommen hatte. Zur Periodisierung der Entwicklungsphasen Kelsens vgl. Heidemann 1997.

[9] Vgl. Hume 2000, Buch III, Teil 1, Abs. 1 (302); Simmel 1892/93, Bd. 1, 12; zitiert in: Kelsen, HP, 8 (Kelsens Hervorhebung im Zitat ausgelassen).

[10] Vgl. Simmel 1892/93, Bd. 1, 9.

[11] Vgl. auch Kelsen, Grenzen, 6; Kelsen, ASL, § 13 (b) (S. 62). Vgl. dazu Paulson 1999, bes. 640 f., 653.

Welten-Lehre, nach der sich von der äußeren Welt eine zweite, normativ oder rechtlich zu verstehende Welt scharf abgrenzen lasse. Der Rechtslehre Kelsens zufolge bestünden „Tatbestände" als die Relata der peripheren Zurechnung innerhalb dieser normativ (oder geltend) zu verstehenden zweiten Welt. Wie ist diese Auffassung zu verstehen? *Zweitens*: Auch wenn man davon ausgeht, dass sich der Begriff des als Relatum zu verstehenden Tatbestandes befriedigend klären lässt, stellt sich immer noch die Frage, wie sich die Kategorie der peripheren Zurechnung auf Tatbestände einer *bestimmten*, d.h. zeitlich und räumlich spezifizierten Rechtsordnung anwenden lässt. Die Frage ist von Bedeutung, da diese gleichsam „lokale Anwendung" einer Kategorie in schärfstem Gegensatz zur Kategorie der Kausalität steht, die ja auf empirische Begriffe universelle Anwendung findet. Bleibt etwas von der Kelsenschen Kategorie nach dieser Relativierung übrig? *Drittens*: Kelsen behauptet, die Grundform des Gesetzes werde im Rechtssatz erfasst. Dies ist ein Ausdruck seines schon in den 1911 erschienenen Hauptproblemen der Staatsrechtslehre angekündigten Programms, in dem er erklärt, er wolle die *„ideale* [...] Sprachform des Rechtssatzes" begründen (HP, 237, Hervorhebung im Original). Ist dieses Programm mit dem jetzigen Anliegen Kelsens, die periphere Zurechnung als „apriorische" Kategorie in seine Rechtslehre einzuführen, vereinbar? *Viertens*: Wie schon zu Beginn dieses Aufsatzes angedeutet, gibt es zumindest auf den ersten Blick mehrere Kandidaten für die Kelsensche Kategorie der Rechtserkenntnis, nämlich die periphere Zurechnung, die Grundnorm und schließlich das Sollen – wie dieses in dem fünften und sechsten der oben eingerückten Zitate zum Ausdruck kommt. Warum – wie ich behaupte – erlaubt die periphere Zurechnung als apriorische Kategorie die schlüssigste Rekonstruktion der Rechtslehre Kelsens? Geht man davon aus, dass diese Auffassung zutrifft, dann stellt sich eine weitere Frage: Wie lassen sich die beiden anderen Begriffe – das Sollen und die Grundnorm – verstehen?

Alle diese vier Fragen sollen im folgenden behandelt werden, doch ich beginne mit zwei einleitenden Abschnitten. In Abschnitt II wende ich mich der herkömmlichen Lehre der Zurechnung zu. Ein Blick darauf lohnt sich nicht nur, weil sie das, was allgemein unter „Zurechnung" verstanden wird, rekonstruiert, sondern auch, weil die herkömmliche Lehre einen Maßstab bietet, anhand dessen der Frage, wie sich die beiden Kelsenschen Zurechnungslehren zueinander verhalten, nachgegangen werden kann. In Abschnitt III – also dem zweiten der einleitenden Abschnitte – führe ich die Kelsensche Lehre der zentralen Zurechnung ein. Abschnitt IV – der zusammen mit Abschnitt V den Kern der vorliegenden Arbeit bildet – ist den Relata der durch die Anwendung der Kategorie der peripheren Zurechnung bestimmten Relation gewidmet, Abschnitt V, der Kategorie selbst, einschließlich ihrer Relativierung und der darauf bezogenen Rolle der Grundnorm, Abschnitt VI, der „Grundform des

Gesetzes“ und der Frage ihrer Vereinbarkeit mit der peripheren Zurechnung als Kategorie, und Abschnitt VII, der peripheren Zurechnung versus dem Sollen, den beiden als möglichen Kandidaten für Kelsens apriorische Kategorie. In Abschnitt VIII – dem Schluss – wende ich mich kurz den jeweiligen Rollen der beiden Zurechnungslehren als Werkzeuge Kelsens in seinem Kampf gegen den Naturalismus in der Rechtswissenschaft zu.
Was die herkömmliche Lehre von der Zurechnung angeht, greife ich auf die Lehre Kants zurück, die ich als repräsentativ verstehe. Dies betrifft sowohl die rechtliche Lehre von der Zurechnung als auch die moralische. Hier bin ich Joachim Hruschka für seine vielen detaillierten Arbeiten auf diesem Gebiet sehr verpflichtet.[12] In der Tat bildet meine recht kurze Skizze der herkömmlichen Lehre von der Zurechnung, die in Abschnitt II folgt, nichts anderes als eine Widedergabe einiger Aspekte Hruschkas, die sich in jeder Hinsicht als wesentlich ausführlicher darstellt.

II. Die herkömmliche Lehre von der Zurechung

In der Einleitung in die Metaphysik der Sitten, deren erster Teil auch unter der Bezeichnung „Rechtslehre“ bekannt ist, schreibt Kant:

> „*Zurechnung* (imputatio) in moralischer Bedeutung ist das *Urtheil*, wodurch jemand als Urheber (causa libera) einer Handlung, die alsdann *That* (factum) heißt und unter Gesetzen steht, angesehen wird; welches, wenn es zugleich die rechtlichen Folgen aus dieser Tat bei sich führt, eine rechtskräftige (imputatio iudiciaria, s. valida), sonst aber nur eine *beurtheilende* Zurechnung (imputatio diiudicatoria) sein würde.“ (Kant AA VI, 227, Hervorhebung im Original)

Die Phrase „Urheber (*causa libera*)“ bezeichnet eine Voraussetzung der Zurechnung, nämlich dass der Urheber frei gehandelt hat. Wie es bei Kant heißt: „[W]ir rechnen es (etwas) zu, wenn es simpliciter zugeeignet, d.i. als aus Freyheit entsprungen vorgestellt wird.“ (Kant AA XIX, 157, zitiert in: Hruschka 1986, 674)
Der nächste klärungsbedürftige Ausdruck ist „Handlung“. Obwohl dieser Ausdruck normalerweise als Vollzug eines menschlichen Handelns verstanden wird, sollte „Handlung“ an dieser Stelle als Ereignis interpretiert werden, denn Kant, wie Hruschka argumentiert (Hruschka 1986, 673), verwendet diesen Ausdruck genau in dem Sinne, in dem auch Christian Wolff „*actio*“ im gleichen Zusammenhang verwendet hat, wobei *actiones naturales vel necessariae* oder

[12] Vgl. Hruschka 1976, 1984, 1986, 1991a, 1991b, 1998, sowie die ausführliche Darstellung von Hruschka in diesem Band

bloße physische Ereignisse von *actiones liberae* oder Ereignissen als Begehen einer Handlung unterschieden wurden (vgl. Hruschka 1986, 672). Die Unterscheidung spiegelt die Intention sowohl Wolffs als auch Kants wider, nämlich die Identifizierung von etwas als Handlung daran zu knüpfen, dass sie einem Subjekt zugeschrieben wird.
Ebenso wie „Handlung" als „Ereignis" zu lesen ist, ist Kants „*factum*" nicht als „Tatsache" zu lesen, sondern als „Handlung" oder „Tat" – eine Lesart, die sich in Kants eigenem Text förmlich aufdrängt. Es ist nicht ohne Interesse, dass auch an dieser Stelle Gemeinsamkeiten zwischen den Texten von Wolff und Kant bestehen. Wie Hruschka zeigt, hat Wolff zwischen „*factum commissionis*" und „*factum omissionis*" unterschieden, d.h. zwischen einer Handlung und deren Unterlassung. Keiner der beiden Ausdrücke wäre sinnvoll, wenn „*factum*" als „Tatsache" zu verstehen wäre.[13]
Schließlich stellt sich die Frage: Wie ist die Phrase „unter Gesetzen steht", die sich am Ende der zweiten Zeile im Zitat aus der Metaphysik der Sitten befindet, zu verstehen? Noch einmal erweist sich ein Blick auf den Text Wolffs als hilfreich. Dieser schreibt: „Derjenige, der ein Gesetz auf eine bestimmte Handlung anwendet, fällt das Urteil darüber, ob die Handlung dem Gesetz entspricht."[14]
Der gleiche Punkt wird von Kant ausgearbeitet. In dem Absatz, der unmittelbar auf den schon zitierten folgt, schreibt er:

> „Was jemand [...] *mehr* thut, als wozu er nach dem Gesetze gezwungen werden kann, ist *verdienstlich* (meritum); was er nur gerade dem letzteren *angemessen* thut, ist *Schuldigkeit* (debitum); was er endlich *weniger* thut, als die letztere fordert, ist moralische *Verschuldung* (demeritum). Der *rechtliche* Effect einer Verschuldung ist die *Strafe* (poena); der einer verdienstlichen That *Belohnung* (praemium) [...]; die Angemessenheit des Verfahrens zur Schuldigkeit hat gar keinen rechtlichen Effect." (Kant AA VI, 227 f.; Hervorhebung im Original)

Tatsächlich behauptet Kant, die Anwendung eines Gesetzes auf eine bestimmte Handlung oder Tat werde immer zu einem der folgenden drei möglichen Schlüsse führen: entweder (1) geht die Handlung über das, was das Gesetz fordert, hinaus, oder (2) sie entspricht dem, was das Gesetz fordert, oder schließlich (3) sie entspricht dem Gesetz nicht (Hruschka 1986, 677 f.). Ebenfalls heißt die Handlung nach Kant entweder (1) verdienstlich, d.h. meritorisch, (2) angemessen, d.h. obligatorisch, oder (3) schuldig, d.h. demeritorisch (Hruschka 1986, 668). Also lassen sich die Beurteilungen in bezug auf Belohnung, Fehlen einer

[13] Hruschka verstärkt diese Interpretation (vgl. ebd.), indem er sich auf die ursprüngliche Bedeutung von „*factum*" als Partizip Perfekt von „*facere*", also „zu tun", bezieht.
[14] Christian Wolff 1738, sec. 598 scholium: „Qui … legem ad factum aliquod applicat, is de ejus convenientia vel disconvenientia cum lege judicat", zitiert in: Hruschka 1986, 673.

rechtlichen Folge oder Strafe ohne weiteres dem ursprünglichen Urteil über die Anwendung des Gesetzes auf die fragliche Handlung entnehmen.
Zusammenfassend: Erstens wird ein Ereignis einem Individuum, normalerweise seinem Urheber (vgl. Kelsen RR 1, §§ 13 [S. 26-28], 27 [S. 62 f.]), zugerechnet, und vermöge dieser Zurechnung ist das Ereignis eine Handlung oder Tat, für die das Individuum verantwortlich ist. Dieses Muster bildet das allgemeine Zurechnungsmuster Kants, und es stellt die Grundlage der moralischen Lehre von der Zurechnung dar. Zweitens lässt sich dieses Muster auch als Grundlage der rechtlichen Zurechnung verwenden. Die rechtliche Zurechnung wird relevant, wenn die fragliche Handlung oder Tat den einschlägigen Gesetzen unterworfen ist.

III. Kelsens Lehre von der zentralen Zurechnung

Bei einem Vergleich der Kelsenschen Lehre von der zentralen Zurechnung mit der herkömmlichen Lehre lässt sich ein grundlegender Unterschied kaum übersehen. Während nach der herkömmlichen Lehre einem Subjekt als natürlicher Person in sowohl rechtlichen als auch moralischen Zusammenhängen ein normativer Status zugeschrieben wird, lehnt Kelsen die natürliche Person als mögliche Kandidatin für das Rechtssubjekt grundlegend ab. Er geht sogar noch weiter, indem er auch die fingierte juristische Person als mögliche Kandidatin für das Rechtssubjekt ablehnt. Welche Möglichkeit bleibt? Laut Kelsen – um seine Position zugespitzt zum Ausdruck zu bringen – bezieht sich die Zurechnung gleichsam auf die Zurechnung selbst. Unter dieser versteht Kelsen den Gegenstand, auf den etwas bezogen wird, also den Zurechnungspunkt,[15] der wiederum als Teilrechtsordnung oder – in der Terminologie Hohfelds – als Bündel von *Rechtspositionen* anzusehen sei (vgl. Hohfeld und allgemein dazu Alexy, 185-194).

[15] Vgl. Kelsen HP, 71-84, 121-146, 183-188, 517-520, 707-709 et passim; Kelsen ASL, §§ 10 (c) (S. 48-51), 13 (d) (S. 65 f.), 15 (a), (b) (S. 71 f.), 38 (c) (S. 267 f.), 43 (a) (S. 310 f.); es verwundert nicht, dass Kelsens Ersetzung des herkömmlichen Begriffes der Zurechnung nicht in all seinen Arbeiten vorkommt. Nicht nur erweist es sich als sprachlich ausgesprochen schwierig, innerhalb der „normativen Welt" mit deren höchst abstrakten Rekonstruktionen zu bleiben, sondern Kelsen sieht sich vielfach auch innerhalb seiner normativen Welt gezwungen, auf eine personalisierte Version des fingierten Rechtssubjektes zurückzugreifen: „‚Physische' Person ist nicht – wie die traditionelle Lehre behauptet – der Mensch. Das ist kein juristischer, das ist ein biologisch-psychologischer Begriff. Er drückt keine für das Recht oder die Rechtserkenntnis gegebene Einheit aus. [...] [Die ‚physische' Person] ist der ‚Träger' all dieser Pflichten und Rechte, das heißt aber – wenn man diese den Gegenstand verdoppelnde Vorstellung ihres Substanzcharakters entkleidet – der gemeinsame Zurechnungspunkt für die als Pflichten und Rechte normierten Tatbestände menschlichen Verhaltens." (Kelsen RR 1, § 25 (a) [S. 52 f.])

Will man sich Kelsens Auffassung nähern, ist es aufschlussreich, sich zuerst an die bekannte Frage Carl Friedrich von Savignys zu erinnern: „Wer kann Träger oder Subject eines Rechtsverhältnisses seyn?“ (Savigny Bd. 2, 1). Die mit Savignys Frage verknüpften Probleme bereiteten den Weg, der schließlich in der deutschsprachigen Rechtswissenschaft des 19. und frühen 20. Jahrhunderts zur breit angelegten Debatte über den Status und die Rolle der juristischen Person führte (vgl. allgemein dazu Binder und Wieacker). Auch Hans Kelsen war daran beteiligt. Sein Ausgangspunkt bestand aus zweierlei: Einerseits war Kelsen darum bemüht, zu einer einheitlichen Auffassung des Begriffes des Rechtssubjekts bzw. der juristischen Person zu gelangen, andererseits wurde er mit dem seit Jahrzehnten anscheinend unlösbaren Problem konfrontiert, dass sich sowohl der Mensch als auch die künstliche oder fingierte juristische Person als Rechtssubjekt ansehen ließen.

Von dieser Problematik ausgehend war Kelsen aus zwei Gründen bereit, auf der in seinen frühen Arbeiten recht augenfälligen Lehre von der zentralen Zurechnung zu beharren.[16] Erstens lehnte er die natürliche Person – den Menschen – als Kandidat für das Rechtssubjekt als Teil seines Kampfes gegen den Naturalismus in der Rechtswissenschaft ab. Die Alternative – die künstliche bzw. fingierte juristische Person, rekonstruiert von Kelsen als Zurechnungspunkt – bildet eine einheitliche Auffassung. Zweitens: Allein eine einheitliche Auffassung lässt sich mit seiner damaligen Vorstellung, der Bezug auf Zurechnungspunkte stelle ein Mittel zur Identifizierung des Rechts bzw. das entscheidende Kriterium seiner Geltung dar, in Einklang bringen. Auf den ersten Grund wird im Schluss zurückzukommen sein. Der zweite Grund sei in diesen Abschnitt kurz aufgenommen.

Kelsen fragt, wie angeblich rechtliches Material als genuin rechtlich zu erkennen sein soll. Er beantwortet diese Frage, indem er das fragliche Material auf einen Referenzpunkt im Recht – also einen Zurechnungspunkt – bezieht (vgl. Hinweise bei Anm. 15 oben). Jeder Bezug auf einen Zurechnungspunkt, anhand dessen sich das betreffende Material (ein Rechtsakt, eine Teilrechtsordnung usw.) als Bestandteil des Rechts identifizieren lässt, wirft die gleiche Frage noch einmal auf, und zwar ob der entsprechende Zurechnungspunkt selbst als Be-

[16] In der Tat ersetzt Kelsen einige Funktionen der schon in die Hauptprobleme der Staatsrechtslehre eingeführten Lehre von der zentralen Zurechnung durch den Stufenbau, der eines der Merkmale der zentralisierten Rechtsordnung bildet. Zur Stufenbaulehre vgl. jetzt Borowski. Für die Übernahme der Stufenbaulehre vgl. Kelsen, Gewalten, bes. 381-400. Diese Darstellung der Stufenbaulehre bezog Kelsen ein Jahr später in die Allgemeine Staatslehre ein, vgl. ebd., §§ 32-36 (e) (S. 229-255), bes. §§ 33 (e) - 36 (a) (S. 233-250), vgl. auch S. 402. Doch die Lehre von der zentralen Zurechnung bleibt in der dezentralisierten Rechtsordnung unentbehrlich, indem sie u.a. einen Referenzpunkt begründet, vermöge dessen zurechenbare Zwangsakte als rechtlich zu deuten sind. Vgl. dazu vor allem Kelsen RR 1, § 48 (a) (S. 117-119); Kelsen Unrecht, bes. 495-504.

standteil des Rechts identifiziert werden kann. Diesem Schema folgend beziehen sich die Teilrechtsordnungen darstellenden Zurechnungspunkte auf andere, die ihrerseits – so lautet die Prämisse – auch Teilrechtsordnungen darstellen, obgleich diese auf einer fundamentaleren Ebene angesiedelt sind. Diese beziehen sich letzlich auf die Rechtsordnung als solche, die als Endpunkt des Zurechnungsbezugs gelte. Die Rechtsordnung bilde nicht nur die letzte Station des Zurechnungsbezuges, sondern sie stelle auch eine Einheit dar, die bei der Kette von Zurechnungsbezügen vorausgesetzt werde.
Leider liegt hier jedoch ein grundlegendes Problem. Wenn tatsächlich für jeden Zurechnungspunkt gefragt werden kann, ob sich dieser selbst als Bestandteil des Rechts identifizieren lässt, dann gilt diese Frage auch für die als Zurechnungspunkt betrachtete Rechtsordnung selbst. Was bildet die Zurechnungsbasis der Rechtsordnung als solcher? Um der letztendliche Bezugspunkt der Zurechnung aller Konstruktionen innerhalb des Rechts sein zu können, müsse die Rechtsordnung sich selbst voraussetzen. Auf diese Weise könnte man anhand der Argumentation von Edmund Bernatzik zur „Selbstvoraussetzung" gelangen.[17]
Dieses Ergebnis, das sich den 1911 erschienenen „Hauptproblemen der Staatsrechtslehre" entnehmen lässt,[18] ist höchst paradox. Später versucht Kelsen, seine Rechtslehre zu begründen, und zwar unter Berufung auf die apriorische Kategorie der peripheren Zurechnung. Damit kann die Einführung der peripheren Zurechnung tatsächlich als Mittel zur Lösung des Problems, das sich aus der Verwendung der zentralen Zurechnung ergeben hat, angesehen werden. Auf die Frage, ob es Kelsen gelingt, das Problem auf diese Art zu lösen, wird in Abschnitt V zurückzukommen sein.
Zuerst wenden wir uns jedoch der peripheren Zurechnung zu. In Abschnitt IV konzentriere ich mich auf die Relata der als Kategorie anzusehenden peripheren Zurechnung, in Abschnitt V auf die Kategorie als solche sowie ihre Relativierung und die sich daraus ergebenden Probleme.

IV. Kelsens Lehre von der peripheren Zurechnung. Die Relata der durch die Anwendung der Kategorie bestimmten Beziehung.

Wenn sich die Kelsensche Lehre von der zentralen Zurechnung von der herkömmlichen Lehre dadurch unterscheiden lässt, dass jene kein personalisiertes Subjekt manifestiert, unterscheidet sich die Kelsensche Lehre von der periphe-

[17] Vgl. Bernatzik, bes. 244 f. Bekanntlich war Kelsen mit den Arbeiten Bernatziks, einschließlich dessen „Kritischer Studien", bestens vertraut, vgl. Kelsen HP, 594-617.
[18] Kelsens eigene Andeutungen in diese Richtung finden sich in: HP, 91 f., 143-146; Kelsen Staatsbegriff, § 2 (S. 8 f.). Eine frühe, sich kritisch mit dieser Lehre von der sog. „Selbstvoraussetzung" befassende Untersuchung findet sich bei Schmitt, 53.

ren Zurechnung scharf von beiden anderen Lehren – seiner zentralen Zurechnung sowie der herkömmlichen Lehre – darin, dass die periphere Zurechnung im Grunde genommen überhaupt kein Subjekt verwendet, dem zugerechnet werden kann. Der Hinweis auf ein Subjekt in der Formulierung der peripheren Zurechnung würde bedeuten, die periphere Zurechnung als Unterfall der zentralen Zurechnung zu verstehen.

Vielmehr verbindet die periphere Zurechnung „Tatbestände". Wie Kelsen sich in der „Allgemeinen Staatslehre", einer seiner ersten Darlegungen dieser Lehre, dazu äußert: Die „periphere Zurechnung führt von einem Tatbestand immer *nur* zu einem anderen Tatbestand" (Kelsen ASL, § 12 (d) [S. 65], meine Hervorhebung).[19] Eine vergleichbare Darlegung findet sich in der 1. Auflage der „Reinen Rechtslehre". Bei der peripheren Zurechnung gehe es darum, dass ein Tatbestand auf einen anderen Tatbestand bezogen werde, „das heißt zwei Tatbestände im Rechtssatz miteinander verknüpft werden" (Kelsen RR 1, § 25 (d) [S. 57]).

Bezüglich der peripheren Zurechnung versteht man „Tatbestand" meines Erachtens am besten als Terminus technicus. Wie lassen sich eigentlich derartige „Tatbestände", die Relata der peripheren Zurechnung, näher präzisieren? Auf diese Frage dürfte Kelsen wohl mit einem Hinweis auf „Rechtsbedingung" und „Rechtsfolge" geantwortet haben:

> „Die Rechts- (Unrechts-)folge wird der Rechtsbedingung zugerechnet. Das ist der Sinn der Aussage: Jemand werde ‚wegen' eines Deliktes bestraft, die Exekution gegen jemandes Vermögen erfolge ‚wegen' einer nicht bezahlten Schuld." (Kelsen RR 1, § 11 (b) [S. 22])

Wenn man aber diese Beispiele Kelsens – vor allem seine Hinweise in diesen Beispielen auf „jemand" – als Fälle von „Tatbeständen" verstanden wissen will, scheint seine Antwort auf unsere Frage, wie „Tatbestände" in Verbindung mit der peripheren Zurechnung zu verstehen sind, alles andere als befriedigend zu sein. Denn Kelsen weist sowohl die These, ein Mensch lasse sich als „Tatbestand" betrachten, als auch die These, das Rechtssubjekt sei ein Fall eines „Tatbestandes", expressis verbis zurück:

> „Wenn von Zurechnung zu einem Menschen gesprochen wird, so ist zu beachten, dass von einem rechtstheoretischen Standpunkt nicht der Mensch als solcher, sondern einzelmenschliche Handlungen und Unterlassungen als Tatbestände in Betracht kommen: und dass daher Zurechnung zu einem Menschen nur Zurechnung zu einem Tatbestand, Verknüpfung zweier Tatbestände in dem früher entwickelten Sinne ist. Wenn die Frage nach dem *Subjekt* geht, dem zugerechnet wird, wenn mit dem Begriff eines Zurechnungssubjektes, einer durch die Zurechnung konstituierten Person operiert wird, handelt es sich stets um die zentrale Zurechnung im Sinne einer Beziehung auf die Ein-

[19] Dafür, dass er mich immer wieder an die Bedeutung dieser Einschränkung Kelsens erinnert hat, bin ich Carsten Heidemann zu Dank verpflichtet.

heit der Ordnung oder Teilordnung." (Kelsen ASL, § 13 (d) [S. 65], Hervorhebung im Original, vgl. auch Kelsen RR 1, § 25 (a) [S. 52 f.])

Die Zurechnung zu einem Rechtssubjekt bedeutet zweierlei, doch in keinem der beiden Fälle ist die periphere Zurechnung vorhanden: Unter „Rechtssubjekt" kann man zum einen ein künstliches Rechtssubjekt[20] verstehen, doch in diesem Falle gelangt man wieder zur zentralen Zurechnung, zum anderen kann man darunter – in Kelsens eigenen Worten – einen Menschen „der Biologie und Psychologie" verstehen. Diesen könne die Rechtswissenschaft jedoch überhaupt nicht erfassen (Kelsen ASL, § 13 (b) [S. 62]; vgl. auch Kelsen RR 1, § 25 (a) [S. 52 f.]). Diese Stellungnahme Kelsens ist konsequent, führt aber – wie er selbst zugesteht – zu einer Antinomie. Einerseits müsse der Rechtstheoretiker „die inhaltliche Beziehung zwischen [den beiden] Systemen", dem des Wertes und dem der Wirklichkeit, anerkennen (Kelsen ASL, § 5 (c) [S. 19]), andererseits müsse der Rechtstheoretiker, der laut Kelsen den neukantianischen Dualismus von Sein und Sollen, von Wirklichkeit und Wert, notwendigerweise voraussetzt (vgl. Paulson 2002a), auch einräumen, dass es zwischen diesen beiden Systemen überhaupt keine Beziehung geben könne (Kelsen ASL, § 13 (b) [S. 62 f.], vgl. auch Paulson 1999, 653). Nebenbei darf man hinzufügen, dass die Kelsensche Lehre von zwei hermetisch voneinander abgeriegelten Systemen auch bedeutet, dass sich „jemand" – man denkt an die Hinweise Kelsens im ersten der eingerückten Zitate in diesem Abschnitt – jenseits der zweiten, normativ zu verstehenden Welt befinde.

Abgesehen von den großen, anhand der Prämissen Kelsens unlösbaren Problemen,[21] die sich aus dieser Antinomie ergeben, bleibt festzuhalten: Bei der peripheren Zurechnung geht es weder um ein künstliches Rechtssubjekt noch um den Menschen. Also steht die Antwort auf unsere Frage noch immer aus: Wie sind „Tatbestände" als die Relata der peripheren Zurechnung näher zu präzisieren?

Bei den Oberbegriffen, unter welche die verschiedenen, von der peripheren Zurechnung als Kategorie zu ordnenden „Tatbestände" zu subsumieren sind, geht es um die Rechtsbedingung und die Rechtsfolge. Doch Kelsen beschäftigt sich allein mit dem ersten dieser beiden. Also weist er auf *eine* Teilmenge von „Tatbeständen" hin, nämlich die Tatbestände, die als Erfüllungen von Rechtsbedingungen zu deuten sind. Dabei geht es um „einzelmenschliche Handlungen und Unterlassungen als Tatbestände" (Kelsen ASL, § 13 (d) [S. 65]), vgl. das zweite der eingerückten Zitate in diesem Abschnitt). Innerhalb der von der peripheren

[20] Diesbezüglich spricht Kelsen ab und zu von der „physischen" Person, die kein biologisch-psychologischer Begriff sei, sondern ein juristischer. Vgl. dazu Anm. 15 oben.

[21] Während Rickert zumindest versucht, das Problem der Unüberbrückbarkeit der beiden Welten zu lösen, vgl. Rickert 1921, 233, 254 et passim, geht Kelsen davon aus, dass das Problem unlösbar sei. Vgl. dazu Paulson 2002a, 246-251.

Zurechnung als Kategorie bestimmten Beziehung wird gerade diesen Tatbeständen zugerechnet. Doch was bedeutet das? Präziser gesagt, was ändert sich anhand einer derartigen Zurechnung? Hier ist Kelsen nicht gerade aufschlussreich. Die Rechtsfolge – anders gesagt, die Identität und der Status dessen, dem peripher zugerechnet wird – bleibt dunkel. Auf diese Frage hat Kelsen keine andere als eine negative Antwort: Es werde weder dem künstlichen Rechtssubjekt noch dem Menschen peripher zugerechnet.

Wie lässt sich dieser zweite Oberbegriff, der der Rechtsfolge, näher präzisieren? Zuerst sollten sowohl eine Begrenzung als auch die Strategie skizziert werden, anhand derer die Antwort auf diese Frage gesucht wird. Die Schranke besagt, dass man Relata muss formulieren können, die innerhalb der zweiten, normativ zu verstehenden Welt Verwendung finden können. Begriffe wie etwa „derjenige, über den eine Sanktion verhängt wird, also den Menschen" sind ausgeschlossen. Die Strategie besagt, dass die Formulierung der Einfachkeit halber so wenig wie möglich voraussetzen muss. Dabei geht es allein um das Ziel, unter minimalen Voraussetzungen eine *nichtkausale Änderung* zu formulieren.

Also sucht man beim Versuch, den zweiten Oberbegriff, den der Rechtsfolge, näher zu präzisieren, eine subjektlose Formulierung der Handlung oder Unterlassung, der peripher zugerechnet wird, um dadurch anhand minimaler Voraussetzungen eine nichtkausale Änderung zu formulieren. Die gewünschte Formulierung könnte folgendermaßen lauten:

> Wenn eine Handlung des Typus *h* vollzogen wird, dann erwirbt diese Handlung die Eigenschaft, haftungsbegründend zu sein.[22]

Die Rede von einer „Handlung" scheint den Rahmen der zweiten, normativ zu verstehenden Welt im Sinne Kelsens zu sprengen. Eine Handlung wird ja von einem Menschen ausgeführt. Doch „Handlung" in der Formulierung muss verstanden werden als ein Kürzel für die Erfüllung einer Rechtsbedingung. Daraus ergibt sich ein „Tatbestand", dem peripher zugerechnet werden kann. Der erworbene haftungsbegründende Status der Handlung stellt eine Änderung in der Welt, in der Hohfeldschen Sprache eine neue Rechtsposition, dar – und die Änderung vollzieht sich, *ohne* dass man sich auf irgendeinen kausalen Mechanismus berufen muss oder kann. Gerade dadurch wird die periphere Zurechnung als apriorische Kategorie von der kausalen Kategorie unterschieden.

In dieser Formulierung erweist sich die periphere Zurechnung als eine recht karge Lehre, die jeden Hinweises auf das Rechtssubjekt, geschweige denn auf den Menschen „der Biologie und Psychologie", beraubt ist. Natürlich könnte diese Formulierung sprachlich zu Irritationen Anlass geben. Wenn von Haftung gesprochen wird, setzt man im allgemeinen Sprachgebrauch eine Bedeutung voraus, nach der *jemand* (das Haftungssubjekt) *für etwas* (die haftungsbegründende Handlung) haftet. In der vorgeschlagenen Formulierung wird aber vom

[22] Für Hinweise zu dieser Formulierung bin ich Martin Borowski dankbar.

Subjekt notwendigerweise abstrahiert. Zu unterscheiden ist nur zwischen der Klasse der Handlungen, die haftungsbegründend sind, und der Klasse derjenigen Handlungen, die dies nicht sind.

Die Formulierung erfasst, glaube ich, die Bedeutung der peripheren Zurechnung, wie Kelsen sie verstanden haben mag. Eine vertretbare Formulierung *muss* subjektlos sein, also ohne ein Subjekt, denn seiner Ansicht nach führt ein Dualismus von objektivem und subjektivem Recht – ebenso wie ein Dualismus von öffentlichem und privatem Recht oder einer von Staat und Recht (vgl. Kelsen RR 1, § 18 [S. 39 f.]) – zum Widerspruch.

> „Wenn die allgemeine Rechtslehre ihren Gegenstand, das Recht, nicht nur in einem objektiven, sondern auch in einem subjektiven Sinn als gegeben behauptet, so verlegt sie damit schon in die Grundlage ihres Systems – und das ist der Dualismus von objektivem und subjektivem Recht – einen prinzipiellen Widerspruch. Denn sie behauptet damit, dass das Recht – als objektives – Norm, Komplex von Normen, das heißt Ordnung, und zugleich, dass es – als subjektives – etwas davon völlig Verschiedenes, damit unter keinen gemeinsamen Oberbegriff zu Subsumierendes, nämlich: Interesse oder Wille sei." (Kelsen RR 1, § 19 [S. 40 f.], vgl. auch § 20 [S. 41 f.])

Darüberhinaus *kann* die Formulierung subjektlos sein. Die Subjektlosigkeit bei der Formulierung wird in der Tat von Kelsen unter Berufung auf sein Programm der Objektivierung des Rechts gefordert. Die Formulierung stelle eine „Rechtsrelation" dar, und die radikale Rekonstruktion des dogmatischen Rechts in „Rechtsrelationen" bilde den Kern des Kelsenschen Objektivierungsprogramms:

> „Durch [die] Reduktion auf Rechtsrelationen, auf die reinen durch Rechtssatz konstituierten Verhältnisse zwischen Tatbeständen einer möglichen Rechtsordnung wird die Fragestellung und Fragebeantwortung von allen Elementen losgelöst, die sich aus dem Bereich der Natur, d.i. der natürlichen Bedingungen der Staats- und Rechtsideologie, in die Darstellung ihrer eigengesetzlichen Sachgehalte einschleicht." (Kelsen ASL, § 18 [S. 96])[23]

Natürlich besagt diese Andeutung der Objektivierung des Rechts, welche die Wissenschaftslehre der südwestdeutschen Neukantianer widerspiegelt, nicht, dass das Rechtssubjekt auch in der juristischen Praxis umfassend eliminiert wird. Das wäre absurd und ist nicht gemeint. Vielmehr werden subjektive Ele-

[23] Zur „reifsten und radikalsten Form des Rechtsrelationismus" überhaupt, nämlich der der Rechtslehre Kelsens, vgl. allgemein Marck sowie Löwenstein. Vgl. auch Sander 1919, bes. 144. Obgleich eine vollständige begrifflich-historische Erklärung der Entwicklung, die hier unter der Rubrik „Rechtsrelationismus" eingeführt wird, ein großes Unterfangen wäre, spielte in jedem Falle dabei Jellinek eine zentrale Rolle. In seiner Allgemeinen Staatslehre liebäugelt er mit dem Relationsbegriff: „Die auf Grund von Rechtssätzen gewonnenen Urteile gewähren [...] nicht die Erkenntnis einer Substanz, sondern einer Relation [...]. Recht und Unrecht sind niemals den Dingen selbst anhaftende Prädikate, sie sind nicht Eigenschaften, sondern Beziehungen." Jellinek 1905, 132; 1914, 138.

mente in das objektive Recht einbezogen. *Aus* dem objektiven Recht lassen sich dann diese – rechtsdogmatisch gesehen – „subjektiven Elemente“ wieder ableiten. Kelsens Formulierungen lassen sich in diesem Sinne deuten,[24] damit lässt sein Vorgehen sich als rechtswissenschaftliches Analogon zur „Theorie-Reduktion“ in der Wissenschaftstheorie verstehen. Doch auf die Einzelheiten dieser Operation Kelsens einzugehen, würde den Rahmen dieser Arbeit bei weitem sprengen.[25]
Beim zweiten Teil der Befassung mit der Lehre von der peripheren Zurechnung geht es um die apriorische Kategorie selbst sowie deren Relativierung und die darauf bezogene Rolle der Grundnorm.

V. Kelsens Lehre von der peripheren Zurechnung, fortgesetzt. Die Kategorie selbst sowie ihre Relativierung und die darauf bezogene Rolle der Grundnorm

In seinen „Hauptproblemen der Staatsrechtslehre“ führt Kelsen ein breites Feld von Einzelwissenschaften ein – die Logik, Grammatik, Ästhetik, Ethik und Rechtswissenschaft –, deren Betrachtungsweise er als „normativ“ bezeichnet. Diesen Disziplinen stellt er die Naturwissenschaften gegenüber. Man verstehe vom „normativen Standpunkte“ aus jene Sätze,

> „die ein bestimmtes Geschehen vorschreiben, indem sie die Forderung eines gewissen Verhaltens aufstellen, ein Sein oder Nichtsein befehlen: ein Sollen statuieren. Die Logik, Grammatik, Ästhetik, Ethik und Rechtswissenschaft sind die Disziplinen, die sich mit solchen ‚Normen‘ befassen; ihre Betrachtungsweise wird darum als normative bezeichnet. Die Sitten- und Rechtsgesetze, die Normen der Logik, Grammatik und Ästhetik sind nicht, wie die Naturgesetze, Erklärungen des Seienden; sie behaupten nicht ein wirkliches Geschehen, sie fordern bloß ein solches; sie sagen nicht aus, daß etwas vor sich gegangen ist oder vor sich geht, weil es so vor sich gehen muß, sondern daß es vor sich gehen soll. Die Norm ist keine Anwendung des Kausalgesetzes, denn sie erfaßt das Geschehen nicht als notwendige Folge einer Ursache: als gemußt, sondern lediglich als gesollt.“ (Kelsen HP, 6)

Anhand dieser breit angelegten Konzeption des Normativen könnte man sich gut vorstellen, dass Kelsen, als er – etwa ein Jahrzehnt später – eine zur Kategorie

---

[24] Kelsen HP, 2. Aufl., VII-VIII: „Die von den ‚Hauptproblemen‘ unternommene Zurückführung des subjektiven Rechtes auf das objektive – von einer ‚Ableitung‘ des subjektiven aus dem objektiven Rechte wird noch etwas zaghaft gesprochen – bedeutet die Aufhebung eines innerhalb eines einheitlichen Erkenntnissystems unzulässigen Dualismus und gleich die Zurückführung der Rechtstheorie aus einer naturrechtlichen in die positivrechtliche Sphäre.“

[25] In Paulson (im Erscheinen) wird sich näher mit Problemen dieser Operation befasst.

der Kausalität parallel laufende Kategorie des Normativen einführte, diese so breit anlegen würde, wie die von ihm aufgezählten Einzelwissenschaften eigentlich voraussetzen. Doch entgegen dieser Erwartung beschränkte sich Kelsen bei seiner Einführung der Kategorie des Normativen sowohl in der Allgemeinen Staatslehre (1925) als auch in der 1. Auflage der Reinen Rechtslehre (1934) auf die Rechtswissenschaft:

> „Ist die Weise der Verknüpfung der Tatbestände in dem einen Falle die Kausalität, ist es in dem anderen die Zurechnung, die von der Reinen Rechtslehre als die besondere Gesetzlichkeit des Rechtes erkannt wird." (Kelsen RR 1, § 11 (b) [S. 22], vgl. auch ASL, §§ 10 (c) [S. 48-51], 13 (d) [S. 65 f.])

Berücksichtigt man diese Einschränkung, sieht es jedoch so aus, als wollte Kelsen seine Kategorie nicht nur rein formal, sondern – was ihre Anwendung innerhalb der Rechtswissenschaft angeht – auch universell verstanden wissen. Unter „formal" versteht Kelsen, dass die Gestaltung des Rechts seitens der Kategorie die „inhaltliche Gestaltung" des Rechts auf keinerlei Art und Weise berüht.

> „Diese Kategorie des Rechts hat [...] einen rein formalen Charakter. Sie bleibt anwendbar, welchen Inhalt immer die so verknüpften Tatbestände haben, welcher Art immer die als Recht zu begreifenden Akte sein mögen. Keiner gesellschaftlichen Wirklichkeit kann wegen ihrer inhaltlichen Gestaltung die Vereinbarkeit mit dieser Rechtskategorie bestritten werden. Sie ist im Sinne der Kantischen Philosophie erkenntnis-theoretisch-transzendental, nicht metaphysisch-transzendent." (Kelsen, RR 1, § 11 (b) [S. 24])

Das Formale als Eigenschaft der Kategorie lässt sich weiter explizieren. Nach Kant ist ein Begriff, egal welcher Art, „eine Verrichtung des Verstandes" (Kant KrV, B 135). Während empirische Begriffe die Funktion haben, „die Einheit der Handlung, verschiedene Vorstellungen unter einer gemeinschaftlichen zu ordnen" (Kant KrV, A 68/B 93), haben die reinen Verstandesbegriffe bzw. die apriorischen Kategorien die Funktion, verschiedenen Vorstellungen bzw. Begriffen „*in einem Urteil* Einheit" zu geben (Kant KrV, A 79/B 104, Hervorhebung im Original). Mit anderen Worten sind die apriorischen Kategorien anhand ihrer jeweiligen Einheitsfunktionen zu verstehen (Kant KrV, A 68/B 93). Zugleich unterstreichen diese Funktionen den formalen Charakter der Kategorien.

In der Tat findet sich die Rede von der „Kategorie als Form" bei den Badener Neukantianern häufiger. Beispielsweise schreibt Wilhelm Windelband, man verstehe „[u]nter *Kategorien* [...] die synthetischen Formen des Denkens" (Windelband 1900, 45, Hervorhebung im Original). Zumindest was die Terminologie anbelangt, geht Heinrich Rickert auf eine vergleichbare Art und Weise vor: Es seien „die wahrhaft ursprünglichen Formen [...] außer der Kategorie der Gegebenheit in jedem empirisch wissenschaftlichen Denken" zu finden (Rickert 1915, 410 f.; 1928, 406). Selbst wenn der formale Charakter der Kategorie Kelsens ohne Weiteres herausgestellt werden kann, gilt dies nicht für den angeblich universellen Charakter seiner apriorischen Kategorie. Denn obgleich unter „apriorisch" neben anderem „universell" verstanden wird, das heißt ohne Ausnahme (Kant, KrV, B 4), beschränkt sich Kelsen auf eine „relativ[e] apriorische" Kategorie (Kelsen RR 1, § 11 (b) [S. 23], vgl. Text bei Anm. 8 oben).[26] In der Tat lässt sich Kelsens Kategorie auf zweierlei Art und Weise relativieren. Zum einen fungiert die Grundnorm – wenn man anhand der Aufnahme der relativen apriorischen Kategorie eine unabhängige Funktion für die Grundnorm sucht – als Kelsens Mittel für eine zweite Art von Schematisierung. Zum anderen erweist sich die Kategorie Kelsens nicht als Widerspiegelung eines genuin transzendentalen Ansatzes. Auf beide Relativierungen lässt sich kurz eingehen.

Bei Kelsens Art von Schematisierung sieht es so aus, als hätte diese nichts mit der Schematisierung gemeinsamen, die uns aus der ersten Kritik Kants bekannt ist. Denn in der Schematisierung Kants wird die Kategorie schematisiert eingeführt, d.h. sie wird als Kategorie von Anfang an auf die reine Form des inneren Sinnes bezogen.[27] Im Gegensatz dazu geht es bei der Kelsenschen Schematisierung darum, den räumlichen und zeitlichen Geltungsbereich einer *bestimmten* Rechtsordnung zu spezifizieren – eine Aufgabe, die, wie mir scheint, scharf von der Schematisierung Kants unterschieden werden muss. Dass diese Aufgabe der Spezifizierung von der Grundnorm erfüllt wird, besagt zweierlei. Zum einen dass die Kelsensche Grundnorm rechtsordnungspezifisch ist, d.h. jede Rechtsordnung ihre eigene Grundnorm aufweist, und dass bei der Entstehung einer neuen Rechtsordnung, etwa nach einem echten Verfassungsbruch, von einer neuen Grundnorm auszugehen sei, nämlich derjenigen, die auf die neue Rechtsordnung bezogen ist (vgl. Kelsen ASL, § 36 [S. 249]). Zum anderen gibt die Grundnorm dieser Rechtsordnung deren räumlichen und zeitlichen Geltungsbereich an (vgl. RR 2, § 34 (c) [S. 202]), auch wenn die letztere Angabe während der Zeit der Geltung der Rechtsordnung natürlich nicht vollständig sein kann.

---

[26] Ich deute Kelsens „relativ" in dieser Passage als Adjektiv, denn mir scheint die angeblich adverbiale Konstruktion eher verworren zu sein (vgl. „relativ wahr"). Diese findet sich zuerst in einer Abhandlung Kelsens aus dem Jahre 1931 (Kelsen ARL), und die fragliche Passage als Teil eines größeren Textstückes wurde dann wörtlich in die 1. Auflage der Reinen Rechtslehre aufgenommen. An anderer Stelle verwendet Kelsen jedoch die adjektivische Konstruktion: „Nur unkritischer Dogmatismus kann vermeinen, ein System positiven Rechts sei voraussetzungslos möglich. Worauf es allein ankommt ist: sich des – relativen – a priori dieses Systems bewußt zu werden." Kelsen PS, Vorrede, V-IX (VIII). Auch in den Werken anderer Autoren findet sich die adjektivische Konstruktion: vgl. z.B. Somló, 127; Külpe, 69; Schnädelbach. Vgl. allgemein zur Frage des Apriorischen bei Kelsen: Alexy 2002.

[27] „[R]eine Begriffe a priori [müssen] noch formale Bedingungen der Sinnlichkeit (namentlich des inneren Sinnes) a priori enthalten [...]." Dabei gehe es um die allgemeine Bedingung, „unter der die Kategorie allein auf irgendeinen Gegenstand angewandt werden kann. Wir wollen diese formale und reine Bedingung der Sinnlichkeit, auf welche der Verstandesbegriff in seinem Gebrauch restringiert ist, das Schema dieses Verstandesbegriffs [...] nennen." Kant KrV, A 139 f./B 178 f. (Hervorhebung im Original).

Wie bereits erwähnt, liegt es jedenfalls auf den ersten Blick nahe, dass diese Spezifizierung der räumlichen und zeitlichen Geltungsbereiche einer bestimmten Rechtsordnung deutlich von der Schematisierung Kants unterscheiden werden muss. Der gleichsam „lokale" Charakter der Kelsenschen Schematisierung, bei der es um eine bestimmte Rechtsordnung und deren Geltungsbereiche geht, ist kaum zu übersehen. Wenn man aber versuchen will, die Analogie zwischen dem kantischen transzendentalen Ansatz und seinem Gegenstück bei Kelsen so weit wie möglich zu treiben, erweist sich die Schematisierung Kelsens vielleicht doch nicht als ganz so weit entfernt von der Idee der kantischen Schematisierung, wie man ursprünglich angenommen haben mag. Denn Kant hat betont, die Kategorien seien ohne Schematisierung nichts als mögliche Kategorien (vgl. z.B. Kant KrV, A 241 f.). Wie Alois Riehl mit Recht ausführt:

> „Um die Allgemeinheit des Begriffs mit der Individualität der Anschauung auszugleichen, bedarf es nach Kant einer Klasse von Zwischengebilden, die die Natur der begrifflichen Vorstellungen mit der der anschaulichen teilen: eben der ‚Schemata'. Irre ich nicht, so sind es gerade diese Schemata selbst, welche allein im eigentlichen Sinne Begriffe [bzw. Kategorien] sind." (Riehl 1907, 533)

Ähnlich stellt sich die Lage bei der Rechtslehre Kelsens dar: Die Kategorie der peripheren Zurechnung lässt sich nur dann anwenden, wenn der zeitliche und räumliche Geltungsbereich der in Frage kommenden Rechtsordnung spezifiziert ist. Denn Kants von Riehl wiedergegebenes Argument lässt sich, mutatis mutandis, auch im Fall der Kelsenschen Rechtslehre anführen: Erst dann, wenn die Kategorie schematisiert ist, könne sie sich vollziehen. In Riehls Worten: „Erst die schematisierte Kategorie ist Kategorie" (ebd.). Die Grundnorm stellt Kelsens Schema dar, und die ganze Grundnormtheorie entfaltet sich, sobald die Frage der Anwendbarkeit der normativen Kategorie gestellt wird.

Auf die Einzelheiten der Grundnormtheorie kann ich an dieser Stelle nicht näher eingehen.[28] Doch es ist von Interesse, dass Kelsen häufig die Grundnorm gerade dort einführt, wo ich von seiner relativen apriorischen Kategorie gesprochen habe. Selbst in der 1. Auflage der Reinen Rechtslehre, eine der beiden Hauptquellen für die normative Kategorie, schreibt Kelsen seiner Grundnorm die Ei-

[28] Eine systematische, auf die Grundnorm fokussierte Untersuchung müsste m.E. auf drei Ebenen durchgeführt werden. Dabei geht es, erstens, um die Formulierungen der Grundnorm, zweitens, um deren Funktionen und, drittens, um einen der hinter der Grundnorm stehenden theoretischen Ansätze. Historisch und textlich gesehen kommen vor allem drei Kandidaten in Betracht: der kantische bzw. transzendentale, der vaihingersche bzw. fingierte oder schließlich der neukantianische bzw. methodologische. Ohne einen angemessenen, hinter der Grundnorm stehenden theoretischen Ansatz schwebt diese gleichsam in der Luft; jede Anwendung käme dem Begehen einer petitio principii gleich. Mit der ersten Ebene habe ich mich befasst in: Paulson 1993. Mit der dritten Ebene, also den theoretischen Grundnorm-Ansätzen, befasse ich mich in: Paulson (im Erscheinen).

genschaften zu, die ich bei der Charakterisierung der peripheren Zurechnung schon eingeführt habe. Beispielsweise verleihe die Grundnorm

> „dem Akt des ersten Gesetzgebers und sohin allen anderen Akten der auf ihm beruhenden Rechtsordnung den Sinn des Sollens, jenen spezifischen Sinn, in dem die Rechtsbedingung mit der Rechtsfolge im Rechtssatz verbunden ist; und der Rechtssatz ist die typische Form, in der sich das ganze positivrechtliche Material darstellen lassen muß." (Kelsen RR 1, § 29 [S. 66])

Die Grundnorm verleihe dem Akt eines „ersten Gesetzgebers" in der „auf ihm beruhenden Rechtsordnung" seinen normativen Sinn. Damit meint Kelsen, dass ein Gesetzgeber existiert – man könnte auch von einem „Verfassungsvater" sprechen – , der sich innerhalb einer entweder historisch oder gegenwärtig zu verstehenden, also konkret bestimmbaren Rechtsordnung näher bezeichnen lässt. Dies kommt einer partiellen Umformulierung der Grundnorm in ein Schema gleich. Doch in anderen Hinsichten spiegeln sich in dieser Darlegung der Grundnorm gerade die Eigenschaften wider, die der normativen Kategorie zugeschrieben werden: Erstens verleihe die Grundnorm dem Recht seinen normativen Sinn, zweitens sei dieser gerade derjenige Sinn, der die Verbindung der Rechtsbedingung mit der Rechtsfolge knüpfe, drittens sei der Rechtssatz, in dem diese Verbindung geknüpft sei, die „typische Form" des rekonstruierten oder objektivierten Rechts und, viertens, müsse sich das ganze positivrechtliche Material in dieser Form darstellen lassen.

Zusammenfassend geht es bei dieser ersten Art von Relativierung um zweierlei: Erstens erweist sich die periphere Zurechnung qua relative apriorische Kategorie Kelsens als nicht vollständig ohne eine Schematisierung, die von der Grundnorm als Schema hervorgebracht wird; zweitens geht Kelsen an einigen Stellen vor, als stellte die Grundnorm selbst sowohl eine Kategorie als auch deren Schema dar.

Mit den durch diese Relativierung aufgeworfenen Problemen müssen wir uns nicht näher befassen, denn die Kategorie Kelsens wird auch auf eine zweite Art und Weise relativiert. Mit dieser zweiten Art von Relativierung erweist sich der tranzendentale Ansatz als unhaltbar.

Wie bereits mehrfach angedeutet, führt Kelsen die periphere Zurechnung als „relative apriorische" Kategorie ein. Dieser Abschwächung kann man entnehmen, dass die Kategorie im Grunde genommen nicht – in den Worten Kants – „streng allgemein" sein kann (Kant KrV, B 4). Vielmehr lässt sie sich nur dann anwenden, wenn bestimmte Bedingungen erfüllt sind, und zwar Bedingungen, die nicht als allgemein bzw. universell anzusehen sind. So geht Kelsen denn auch vor: Die als „Recht" bezeichnete, spezifisch normative Bedeutung gewisser Tatbestände sei das Ergebnis einer möglichen Grundvoraussetzung, doch diese normative Deutung des Materials sei keine notwendige (Kelsen RR 1, § 16 [S. 36]).

In anderen Worten: Wenn man „das rechtliche Spiel" spielt, dann – so Kelsen – erweise sich die Kategorie der peripheren Zurechnung als unentbehrlich. Doch – fügt Kelsen hinzu – man müsse dieses Spiel nicht spielen. Man könne die Existenz des Rechts nicht, wie die natürlicher Tatsachen und der sie beherrschenden Naturgesetze, beweisen. Also könne man mit zwingenden Argumenten eine Haltung nicht widerlegen, „wie etwa die des theoretischen Anarchismus, der es ablehnt, dort wo Juristen von Recht sprechen, etwas anderes zu sehen als nur nackte Gewalt" (ebd.).

Kelsens Stellungnahme führt unweigerlich dazu, dass sein transzendentaler Ansatz vollständig untergraben wird. Denn ein transzendentaler Ansatz erweist sich nur dann als schlüssig, wenn u.a. bewiesen werden kann, dass der anhand der transzendentalen Argumentation gestützte Weg auch der *einzige* Weg ist. Sobald Alternativen in den Blick kommen – Kelsen weist mit lobenswerter Offenheit darauf hin –, verschwindet jede Spur eines vertretbaren transzendentalen Ansatzes (vgl. Paulson 1990, bes. 168-179; Paulson 2002b). Das Ergebnis liegt auf der Hand: Ohne den transzendentalen Ansatz kann der normativen Kategorie Kelsens keine konstituierende Funktion zugeschrieben werden, sondern bloß – Rickert folgend – eine methodologische (Rickert 1915, 411 f. u. 411 Fn. 1; 1928, 407 f. u. 407 Fn. 1).

Es bleibt die Frage, ob sich das, was Kelsens Bemühungen zur „Grundform des Gesetzes" entnommen werden kann, als mit seinen Ausführungen zur Kategorie der peripheren Zurechnung vereinbar erweist. Diese Frage gilt es nunmehr in den Blick zu nehmen.

VI. „Die Grundform des Gesetzes"[29]

Kelsen beginnt, wie schon in meiner Einleitung angedeutet, mit dem Begriff der Rechtsnorm, die er an der fraglichen Stelle als rekonstruierte Rechtsnorm bzw. als hypothetisches Urteil gedeutet wissen will, nämlich als Urteil,

> „das die spezifische Verknüpfung eines bedingenden Tatbestandes mit einer bedingten Folge ausdrückt. Die Rechtsnorm wird zum Rechtssatz, der die Grundform des Gesetzes aufweist." (Kelsen RR 1, § 11 (b) [S. 22])

Also erfasst der Rechtssatz die „Grundform des Gesetzes", was ja nicht von Ungefähr kommt, da der Rechtssatz bzw. die rekonstruierte Rechtsnorm im Hinblick auf gerade diesen Zweck, nämlich die Erfassung der Grundform des Gesetzes, umformuliert wird.

Kelsens klassische Darlegung dieses Programms, das über die Frage der Grundform des Gesetzes hinausgeht, bis hin zur Frage der Objektivierung des Rechts

[29] Vgl. Kelsen HP, 237; RR 1, § 11 (b) (S. 21-24).

und zum Problem der Norm-Individuation,[30] kommt schon in seinen „Hauptproblemen“ zum Ausdruck:

> „Die Frage, ob der Rechtssatz als Imperativ oder als hypothetisches Urteil aufzufassen sei, ist die Frage nach der *idealen* Sprachform des Rechtssatzes oder auch nach dem Wesen des objektiven Rechts. Der praktische Wortlaut, dessen sich die konkreten Rechtsordnungen bedienen, ist für die Entscheidung des Problems irrelevant. Der Rechtssatz muss aus dem Inhalt der Gesetze herauskonstruiert werden und die Bestandteile, die zu seiner Konstruktion nötig sind, finden sich häufig nicht einmal in demselben Gesetze, sondern müssen aus mehreren zusammengestellt werden.“ (Kelsen HP, 237, Hervorhebung im Original)

Was ist eigentlich die ideale Sprachform des Rechtssatzes, die Grundform des Gesetzes? In Abschnitt IV habe ich argumentiert, dass es bei der rekonstruierten Rechtsnorm – angenommen, man bleibt innerhalb der zweiten, normativ zu verstehenden Welt – um eine haftungsbegründende Handlung gehe (vgl. Text bei Anm. 22 oben). Anders formuliert – nicht vom Subjekt abstrahiert – geht es dabei um das haftende Subjekt, also das Subjekt, dem die Sanktion auferlegt wird. Die korrelative Konstruktion ist die Ermächtigung. Genauer gesagt, geht es dabei um dasjenige Rechtsorgan, das ermächtigt ist, die in Betracht kommende Sanktion zu verhängen.

Kelsens Programm, das konditionale, an das Rechtsorgan gerichtete Gebot durch eine Ermächtigungsnorm zu ersetzen – eine Entwicklung der späten dreißiger Jahre (vgl. Paulson 2001, bes. 174-188) – setzte sich in den vierziger und fünfziger Jahren fort. In dem Werk „General Theory of Law and State“ (1945) sowie in späteren Werken führte er das Sollen als bloßen Platzhalter ein.[31] Das „Sollen“ manifestiere sich darin, dass eine Sanktion unter bestimmten Bedingungen verhängt werden kann, dass das Rechtsorgan m.a.W. bloß ermächtigt ist, eine Sanktion zu verhängen. Wenn darüberhinaus gesagt wird, dass ein Rechtsorgan, etwa *A*, tatsächlich *verpflichtet* sei, die Sanktion zu verhängen, besagt dies bloß, dass ein höheres Rechtsorgan ermächtigt ist, eine Sanktion über *A* zu verhängen, falls *A* es versäumt, die in Betracht kommende Sanktion über das Rechtssubjekt zu verhängen. Kelsen konstruiert also die uns als deontischen Begriff bekannte Rechtspflicht aus einer zweistufigen Konstruktion von Ermächtigungsnormen; einen von der Ermächtigung unabhängigen Pflichtbegriff kennt er – zumindest nach dieser Auslegung seiner Rechtslehre (siehe Paulson 2001, 180-182) – nicht.

[30] Vgl. allgemein zur Norm-Individuation Raz, der sich vor allem auf Bentham, 301, beruft.

[31] Für Kelsens spätere Aussagen, dass das „Sollen“ als Variable zu betrachten sei und dass es, so verstanden, sich über die verschiedenen Modalverben („müssen“, „dürfen“, „können“) erstrecke, vgl. Kelsen RR 2, §§ 4 (b), (bes. S. 4 f.), 18 (bes. S. 81), 28 (b) (bes. S. 124); ATN, Kap. 25, § ii (S. 77). Vgl. auch Hart, bes. 569 f.; Raz, 47.

Kelsens Vorhaben, die Grundform des Gesetzes zu begründen, ist nicht nur mit seinem Anliegen, die periphere Zurechnung als apriorische Kategorie in seine Rechtslehre einzuführen, vereinbar, die Kategorienlehre bildet vielmehr einen integralen Bestandteil dieses Programms. Doch Kelsen spricht auch vom Sollen als apriorische Kategorie (vgl. Kelsen RR 1, § 11 (b) [S. 23]). Dies wirft die Frage auf, wie sich die periphere Zurechnung und das Sollen – beide als apriorische Kategorie betrachtet – zueinander verhalten.

VII. Das rechtliche Sollen Kelsens versus periphere Zurechnung als dessen apriorische Kategorie

Bekanntlich verwendet Kelsen das Modalverb „Sollen“ auf verschiedene Art und Weise (vgl. Leiminger sowie Kelsens Erwiderung darauf in: Kelsen, Problematik). Von besonderem Interesse in diesem Zusammenhang ist, ob sich das Sollen als Kelsens „relative apriorische Kategorie“ betrachten lässt. In der 1. Auflage der Reinen Rechtslehre gewinnt man den Eindruck, als sei genau dies Kelsens Position. Beispielsweise lautet der Titel des elften Paragraphen: „Das Sollen als Kategorie des Rechts“. Vergleichbar ist der Titel des Abschnitts 11 (b): „Das Sollen als transzendentale Kategorie“. Darüberhinaus schreibt er im Text des Abschnitts 11 (b):

> „Das Sollen bleibt dabei als eine relativ[e] apriorische Kategorie zur Erfassung des empirischen Rechtsmaterials bestehen. In dieser Hinsicht ist es unentbehrlich, soll überhaupt die spezifische Art erfaßt und ausgedrückt werden, in der das positive Recht Tatbestände miteinander in Verbindung bringt.“ (Kelsen RR 1, § 11 (b) [S. 23])

Schließlich weist Kelsen im sechzehnten Paragraphen darauf hin, die normative Bedeutung des Rechts gehe auf eine Deutung zurück, die möglich, doch nicht notwendig sei.

> „Aber die Reine Rechtslehre glaubt daraus nicht die Konsequenz ziehen zu müssen, auf die Kategorie des Sollens überhaupt und damit auf eine normative Theorie des Rechts, das heißt aber auf eine erkenntnismäßige Durchdringung und systematische Bearbeitung der geistigen Gehalte zu verzichten, die, von natürlichen Akten getragen, solchen allererst den Sinn des Rechts geben.“ (Kelsen RR 1, § 16 [S. 36 f.])

Ohne Zweifel lassen sich diese Zitate als ein Argument für die Auffassung anführen, das Sollen zähle als Kelsens normative Kategorie. In einer Hinsicht bin ich gerne bereit, dieser These zuzustimmen. Denn wenn Kelsen das Sollen als bloße Bezeichnung seiner Kategorie ansieht, kann man kaum etwas dagegen einwenden. Wenn man aber nach einer näheren Erläuterung dieser Kategorie sucht, ist es nicht gerade aufschlussreich zu sagen, sie „sei“ das Sollen. Denn in

diesem Fall will man wissen, welche Funktion diese Kategorie besitzt und welche Schlüsse sie zulässt. Das von Kelsen auf verschiedene Art und Weise verwendete „Sollen“ beantwortet solche Fragen nicht. Die periphere Zurechnung erscheint in dieser Hinsicht wesentlich vielversprechender.
In einem anderen Werk, nämlich den „Hauptproblemen der Staatsrechtslehre“, bietet Kelsen in der Vorrede zur 2. Auflage eine Sichtweise an, derzufolge das Sollen bloß als Verb bzw. als grammatisches Element betrachtet wird:

> „Als die der Kausalgesetzlichkeit der Natur korrespondierende spezifische Gesetzlichkeit des Rechts habe ich in den ‚Hauptproblemen‘ die *Zurechnung* erkannt. Nach wie vor muß ich sie [...] als die Verbindung bezeichnen, die zwischen den innerhalb des Rechtssatzes zusammengefaßten Elementen besteht, jene Verbindung, die *grammatisch* durch das ‚Soll‘ hergestellt wird.“ (Kelsen HP, 2. Aufl., IX, erste Hervorhebung im Original, die zweite von mir)

Kelsen setzt die Darstellung fort, indem er erklärt, in den Hauptproblemen habe er den Fall der „Verknüpfung der beiden *Tatbestände* nicht von jenem anderen auch als Zurechnung bezeichneten Fall“ unterschieden, „in dem ein Tatbestand auf eine *Person* bezogen wird“ (ebd., Hervorhebung im Original). Also spricht Kelsen auch an der jetzt zitierten Stelle die periphere Zurechnung an, und zwar ohne sie als Sollen zu bezeichnen. Dies ist meines Erachtens der bessere Weg.

VIII. Schluss. Kelsens Kampf gegen den Naturalismus

In Abschnitt III geht es unter anderem um die Ablehnung der natürlichen Person als Kandidat für das Rechtssubjekt, und an dieser Stelle wird darauf hingewiesen, Kelsens Ablehnung der natürlichen Person sei Teil seines Kampfes gegen den Naturalismus in der damaligen Rechtswissenschaft (vgl. Text nach Anm. 16). Dem Naturalismus und Kelsens Kampf dagegen möchte ich mich zum Schluss kurz zuwenden. Denn der Antinaturalismus Kelsens führt unmittelbar zum Begriff der Zentralzurechnung.
Der Antinaturalismus in der Rechtslehre Kelsens ist als Widerspiegelung anderer, gleichzeitig verfolgter antinaturalistischer Programme zu betrachten, die alle – auch das Kelsensche – zur Zeit der Jahrhundertwende bis in die ersten Jahrzehnte des 20. Jahrhunderts zueinander parallel liefen. In diesem Zusammenhang ist vor allem an Gottlob Frege und Edmund Husserl zu denken, deren Arbeit zur Zeit der Jahrhundertwende als Inbegriff des Kampfes gegen den Psychologismus – eine Spezies des Naturalismus – angesehen werden kann. Doch das sind nur die prominentesten Fälle einer weit verbreiteten Richtung in der damaligen deutschsprachigen Philosophie, die sich als „Kampf gegen den Naturalismus“ bezeichnen lässt. Beispielsweise haben sich Heinrich Rickert und

Hugo Münsterberg darum bemüht, im Namen der Eigengesetzlichkeit der Geisteswissenschaften die Selbständigkeit dieser Disziplinen zu retten, als der Aufstieg der „neuen Psychologie" als empirische Disziplin absehbar wurde (vgl. Rickert 1902, Münsterberg 1900, Münsterberg 1908).
Ebenso wie Frege, Husserl, Rickert, Münsterberg und andere hat auch Kelsen engagiert und entschlossen gegen den Naturalismus gekämpft. Der Kampf durchzieht von Anfang an seine Schriften. In den „Hauptproblemen der Staatsrechtslehre" hat seine Überzeugung, die Reduktion normativen Materials auf faktische Sachverhalte sei grundfalsch, seine Rechtslehre bestimmt. Man erinnere sich an eine Stelle in diesem Werk, an der die Kritik Kelsens mit großem Schwung durchgeführt wurde. Während die Vertreter der herkömmlichen Willenstheorie im Recht – Kelsen verwies auf Bernhard Windscheid – diese Lehre so verstanden wissen wollten, dass etwas Gewolltes auch rechtlich gelte, stellte Kelsen deren Auffassung gleichsam auf den Kopf: Wenn etwas rechtlich gilt, dann ist es auch gewollt, wobei „der Wille" bzw. „das Gewollte" nur als ein von allen Konnotationen psychischer Art befreiter Begriff in der Rechtslehre Kelsens überlebt hat (vgl. Kelsen HP, 122-133; Kelsen PS, §§ 33 [S. 135], 48 [S. 218], 55 [S. 270 f.]; Paulson 1999, 641-644).[32]
Als zweites Beispiel für seinen Kampf gegen den Naturalismus lässt sich Kelsens Kritik an Georg Jellinek anführen. Zunächst mag es so aussehen, als wollte Jellinek im Namen seiner „Zwei-Seiten-Theorie" die juristische Seite als irreduzibel normativ aufgefasst sehen (vgl. Jellinek 1905a, 12-41; 1905b, 71 f., 130-134; 1914, 74, 136-140; allgemein dazu Koch). Doch völlig zu Recht behauptet Kelsen, der Auffassung Jellineks zufolge könnten Rechtsnormen letztlich „nichts anderes sein als *Seins*-Regeln, die sich – psychologisch – im subjektiven Bewußtsein des rechtsregelhaft Handelnden als Sollen spiegeln." Aufgrund „dieser durchaus psychologistischen Grundanschauung von dem Wesen der Rechtsnormen" (Kelsen, Staatsbegriff, § 20 [S. 119], Hervorhebung im Original) ist Jellineks Theorie als ein radikaler Empirismus entlarvt.
Doch der Sieg über den Naturalismus darf nicht mit der Schaffung einer nichtnaturalistischen Rechtslehre verwechselt werden. Kelsen entwickelte den Begriff der zentralen Zurechnung ursprünglich als Kern einer nichtnaturalistischen Rechtslehre, ist jedoch darüber hinausgegangen. Und sie, die weitere Entwicklung seiner Rechtslehre, im Namen einer „Reinen Rechtslehre", kann, wie wir gesehen haben, nicht ohne den Begriff der peripheren Zurechnung verstanden werden.

[32] Ernst v. Hippel schreibt zum Kelsenschen Begriff des Willens treffend: „Diese im Innern des Menschen gedachte, als Endpunkt der Zurechnung fungierende Konstruktion – und nichts anderes – ist es, was die Terminologie der Ethik und Jurisprudenz als ‚Wille' bezeichnet" (v. Hippel, 331, seine Hervorhebung ausgelassen).

Literatur:

Alexy, R.: Theorie der Grundrechte, Baden-Baden 1985, Taschenbuchausg.: Frankfurt a.M., 3. Aufl. 1996.

Alexy, R.: Hans Kelsens Begriff des relativen Apriori, in: Neukantianismus und Rechtsphilosophie, hg. v. Robert *Alexy* u.a., Baden-Baden 2002, S. 179-202.

Bentham, J.: An Introduction to the Principles of Morals and Legislation, hg. von *J.H. Burns/H.L.A. Hart*, London 1970.

Bernatzik, E.: Kritische Studien über den Begriff der juristischen Person und über die juristische Persönlichkeit der Behörden insbesondere, in: Archiv für öffentliches Recht 5 (1890), S. 169-318.

Binder, Julius: Das Problem der juristischen Persönlichkeit, Leipzig 1907,

Borowski, M.: Die Lehre vom Stufenbau des Rechts nach Adolf Julius Merkl, in: Hans Kelsen als Staatsrechtslehrer und Rechtsphilosoph, hg. von *Stanley L. Paulson* u.a., Frankfurt a.M. (im Erscheinen).

Hart, H.L.A.: Kelsen's Doctrine of the Unity of Law, in: Normativity and Norms. Critical Perspectives on Kelsenian Themes, hg. von *Stanley L. Paulson/Bonnie Litschewski Paulson*, Oxford 1998, S. 553-581.

Heidemann, C.: Die Norm als Tatsache. Zur Normentheorie Hans Kelsens, Baden-Baden 1997.

Heidemann, C.: Der Begriff der Zurechnung bei Hans Kelsen, in: Hans Kelsen als Staatsrechtslehrer und Rechtsphilosoph, hg. von *Stanley L. Paulson* u.a., Frankfurt a.M. (im Erscheinen).

Hippel, E. v.: Zur Kritik einiger Grundbegriffe in der „reinen Rechtslehre" Kelsens, in: Archiv des öffentlichen Rechts 44 (N.F. 5) (1923), S. 327-346.

Hohfeld, W. N.: Fundamental Legal Conceptions, hg. von *Walter Wheeler Cook*, New Haven/London 1919.

Hruschka, J.: Strukturen der Zurechnung, Berlin 1976.

Hruschka, J.: Ordentliche und außerordentliche Zurechnung bei Pufendorf, in: Zeitschrift für die gesamte Strafrechtswissenschaft 96 (1984), S. 661-702.

Hruschka, J.: Imputation, in: Brigham Young University Law Review 12 (1986), S. 669-710.

Hruschka, J.: Verhaltensregeln und Zurechnungsregeln, in: Rechtstheorie 22 (1991a), S. 449-460.

Hruschka, J.: Rechtfertigungs- und Entschuldigungsgründe: Das Brett des Karneades bei Gentz und bei Kant, in: Goltdammer's Archiv für Strafrecht 1991b, S. 1-10.

Hruschka, J.: Zurechnung und Notstand. Begriffsanalysen von Pufendorf bis Daries, in: Entwicklung der Methodenlehre in Rechtswissenschaft und Philosophie vom 16. bis zum 18. Jahrhundert, hg. von *Jan Schröder*, Stuttgart 1998, S. 163-176.

Hume, D.: A Treatise of Human Nature (zunächst veröffentlicht 1739/40), hg. von *D.F. Norton/M.J. Norton*, Oxford 2000.

Jellinek, G.: System der subjektiven öffentlichen Rechte, 2. Aufl., Tübingen 1905a.

Jellinek, G.: Allgemeine Staatslehre, 2. Aufl., Berlin 1905b, 3. Aufl., Berlin 1914.

Kant, I: Metaphysik der Sitten, Rechtslehre, in: Kants gesammelte Schriften, hg. von der Königlich Preußischen Akademie der Wissenschaften. Erste Abteilung, Bd. 6, Berlin 1907.

Kant, I: Kritik der reinen Vernunft, zuerst veröffentlicht: Riga 1781, 2. Aufl. 1787 [unten abgekürzt als: KrV], (der verbreiteten Konvention folgend gebe ich die Seitenzahlen der ersten [A] und zweiten [B] Auflage an).

Kant, I.: Reflexion 6775, Akademie-Ausgabe, Bd. 19, Berlin/Leipzig 1934.

Kelsen, H.: Über Grenzen zwischen juristischer und soziologischer Methode, Tübingen 1911 (abgekürzt als: Grenzen).

Kelsen, H.: Hauptprobleme der Staatsrechtslehre, Tübingen 1911; 2. Aufl. Tübingen 1923 (abgekürzt als: HP; HP, 2. Aufl.).

Kelsen, H.: Das Problem der Souveränität und die Theorie des Völkerrechts, Tübingen 1920 (abgekürzt als: PS).

Kelsen, H.: Der soziologische und der juristische Staatsbegriff, Tübingen 1922 (abgekürzt als: Staatsbegriff).

Kelsen, H.: Die Lehre von den drei Gewalten oder Funktionen des Staates, in: Archiv für Rechts- und Wirtschaftsphilosophie 17 (1923/24), S. 374-408 (abgekürzt als: Gewalten).

Kelsen, H.: Allgemeine Staatslehre, Berlin 1925 (abgekürzt als: ASL).

Kelsen, H.: Allgemeine Rechtslehre im Lichte materialistischer Geschichtsauffassung, in: Archiv für Sozialwissenschaft und Sozialpolitik 66 (1931), S. 449-521 (abgekürzt als: ARL).

Kelsen, H.: Unrecht und Unrechtsfolge im Völkerrecht, in: Zeitschrift für öffentliches Recht 12 (1932), S. 481-608 (abgekürzt als: Unrecht).

Kelsen, H.: Reine Rechtslehre, 1. Aufl., Leipzig/Wien 1934 (abgekürzt als: RR 1).

Kelsen, H.: Reine Rechtslehre, 2. Aufl., Wien 1960 (abgekürzt als: RR 2).

Kelsen, H.: Die Problematik der Reinen Rechtslehre, in: Österreichische Zeitschrift für öffentliches Recht (N.F.) 18 (1968), S. 143-184 (abgekürzt als: Problematik).

Kelsen, H.: Allgemeine Theorie der Normen, hg. von *Kurt Ringhofer* und *Robert Walter*, Wien 1979 (abgekürzt als: ATN).

Koch, H.-J.: Die staatsrechtliche Methode im Streit um die Zwei-Seiten-Theorie des Staates (Jellinek, Kelsen, Heller), in: Georg Jellinek. Beiträge zu Leben und Werk, hg. von *St. L. Paulson/M. Schulte*, Tübingen 2000, S. 371-389.

Külpe, O.: Zur Kategorienlehre (Sitzungsberichte der Königlich Bayerischen Akademie der Wissenschaften, philosophisch-philologische und historische Klasse, Jg. 1915, 5. Abh.), München 1915.

Leiminger, K.: Die Problematik der Reinen Rechtslehre, Wien/New York 1967.

Löwenstein, A.: Der Rechtsbegriff als Relationsbegriff, München 1915.

Marck, S.: Substanz- und Funktionsbegriff in der Rechtsphilosophie, Tübingen 1925.

Münsterberg, H.: Grundzüge der Psychologie, 1. Aufl., Leipzig 1900.

Münsterberg, H.: Philosophie der Werte. Grundzüge einer Weltanschauung, 1. Aufl., Leipzig 1908.

Paulson, S. L.: Läßt sich die Reine Rechtslehre transzendental begründen?, in: Rechtstheorie 21 (1990), S. 155-179.

Paulson, S. L.: Die unterschiedlichen Formulierungen der „Grundnorm“, in: Rechtsnorm und Wirklichkeit. Festschrift für Werner Krawietz zum 60. Geburtstag, hg. von *Aulis Aarnio* u.a., Berlin 1993, S. 53-74.

Paulson, S. L.: Konstruktivismus, Methodendualismus und Zurechnung im Frühwerk Hans Kelsens, in: Archiv des öffentlichen Rechts 124 (1999), S. 631-657.

Paulson, S. L.: Zwei Wiener Welten und ein Anknüpfungspunkt: Carnaps Aufbau, Kelsens Reine Rechtslehre und das Streben nach Objektivität, in: Logischer Empirismus und reine Rechtslehre, hg. von *Clemens Jabloner/Friedrich Stadler*, Wien/New York 2001, S. 137-190.

Paulson, S. L.: Faktum/Wert-Distinktion, Zwei-Welten-Lehre und immanenter Sinn. Hans Kelsen als Neukantianer, in: Neukantianismus und Rechtsphilosophie, hg. von *Robert Alexy* u.a., Baden-Baden 2002a, S. 223-251.

Paulson, S. L.: Kelsens Reine Rechtslehre und die Grenzen transzendentaler Argumentation, in: Gesellschaft Denken. Eine erkennthistheoretische Standortbestimmung der Sozialwissenschaften, hg. von *Leonhard Bauer/Klaus Hamberger*, Wien/New York 2002b, S. 295-307.

Paulson, S. L.: Ralf Dreiers Kelsen, in: Integretives Verstehen. Zur Rechtsphilosophie Ralf Dreiers, hg. von *Robert Alexy* (Tübingen) (im Erscheinen).

Raz, J.: The Concept of a Legal System, 2. Aufl., Oxford 1980.

Renzikowski, J.: Der Begriff der „Zurechnung“ in der Reinen Rechtslehre Hans Kelsens, in: Neukantianismus und Rechtsphilosophie, hg. von *Robert Alexy* u.a., Baden-Baden 2002, S. 253-282.

Rickert, H.: Die Grenzen der naturwissenschaftlichen Begriffsbildung, Tübingen 1902.

Rickert, H.: Gegenstand der Erkenntnis, 3. Aufl., Tübingen 1915, 6. Aufl., Tübingen 1928.

Rickert, H.: System der Philosophie, erster Teil: Allgemeine Grundlegung der Philosophie, Tübingen 1921.

Riehl, A.: Der philosophische Kritizismus, 2. Aufl., Bd. 1, Leipzig 1907.

Sander, F.: Das Faktum der Revolution und die Kontinuität der Rechtsordnung, in: Zeitschrift für öffentliches Recht 1 (1919), S. 132-164.

Savigny, F. C.: System des heutigen römischen Rechts, 8 Bde., Berlin 1840-49.

Schnädelbach, H.: Was ist eigentlich ein relatives Apriori?, in: Cognitio humana – Dynamik des Wissens und der Werte (XVII. Deutscher Kongreß für Philosophie, Leipzig, 23.-27. September 1996), hg. von *Christoph Hubig*, Berlin 1997, S. 491-502.

Schmitt, C.: Politische Theologie, 1. Aufl., München/Leipzig 1922.

Simmel, G.: Einleitung in die Moralwissenschaft, 2 Bde., Berlin 1892/93.

Somló, F.: Juristische Grundlehre, Leipzig 1917.

Wieacker, F.: Zur Theorie der Juristischen Person des Privatrechts, in: Festschrift für Ernst Rudolf Huber zum 70. Geburtstag, Göttingen 1973, S. 339-383.

Windelband, W.: Vom System der Kategorien, in: Philosophische Abhandlungen. Christoph Sigwart zu seinem siebzigsten Geburtstage, Tübingen 1900, S. 41-58.
Wolf, H. J.: Organschaft und juristische Person, 2 Bde., Berlin 1933.
Wolff, C.: Philosophia Practica Universalis Pars Prima, Frankfurt 1738.

II. Zurechnungsprobleme in der politischen Wirklichkeit

Georg Lohmann

Über die Zurechnung von Pflichten bei sozialen Grund- und Menschenrechten

I. Zurechnung von Handlungen und von Pflichten

Normalerweise verwenden wir den Zurechnungsbegriff, um die Autorschaft einer Handlung zu klären und die damit implizierte Verantwortung für eine Handlung oder Unterlassung bestimmen zu können. Unüblich ist die Verwendung des Zurechnungsbegriffs bei Pflichten und ich will daher zunächst klären, in welchem Kontext die Rede einer Zurechnung von Pflichten gleichwohl Sinn machen kann (I). Ich will dann kurz eine Konzeption von sozialen Menschenrechten skizzieren, um dann zu verdeutlichen, wo in diesem Kontext die Zurechnung von Pflichten und warum zum Problem wird (II). Abschließend will ich auf einen Vorschlag zur Lösung dieser Zurechnungsprobleme im Medium des Rechts am Beispiel von Sozialstaat und sozialen Grundrechten hinweisen (III).

In der Kantischen Tradition werden einer zu freiem Handeln fähigen Person Handlungen oder Unterlassungen, wenn man die Kenntnis entsprechender Regel unterstellen kann, als zu verantwortende Taten zugerechnet (Kant AA VI, 223). Die Zurechnung klärt, *wofür* jemand verantwortlich ist und unterstellt, *dass* er verantwortlich gemacht werden kann, weil er frei gehandelt hat. Etwas übertragen ausgedrückt: Zurechnungen überwinden einen durch Willkür gekennzeichneten Spielraum. Zurechnung nennt Kant ein „Urteil, wodurch jemand als Urheber ... einer Handlung, die als dann That (factum) heißt und unter Gesetzen steht, angesehen wird." (AA VI, 227). Wenn dieses Urteil auch die rechtlichen Folgen aus dieser Tat bei sich führt, spricht Kant von einer rechtskräftigen Zurechnung „(imputatio iudiciaria s. valida)", wenn diese Folgen nicht zugleich verhängt werden, spricht er von einer „nur ... beurteilende(n) Zurechnung (imputatio diiudicatoria)" (AA VI, 227). Man kann diese Differenz als die zwischen Recht und Moral verstehen.

Bei einer rechtlichen Zurechnung besteht außerdem ein Spielraum hinsichtlich der Festlegung der rechtlichen Folgen und deshalb muss Kant auch sagen, dass diese Zurechnung nur von einer dafür legitimierten Instanz vorgenommen werden darf: „Diejenige (physische oder moralische) Person, welche rechtskräftig zuzurechnen die Befugnis hat, heißt der Richter oder auch der Gerichtshof" (ebd.). Die nur beurteilende, moralische Zurechnung freilich unterstellt ebenfalls eine Befugnis der Instanz, die beurteilt: Das zurechnende Urteil muss den Anspruch erheben, unparteiisch zu sein und in diesem Sinne unterstellt es die Rolle eines moralischen Richters (zum Verhältnis von Unparteilichkeit und „Richter" s. Lohmann 2001, 434 ff.).

Wie immer muss man im Kontext von Verantwortung moralische und rechtliche (und ich würde noch ergänzen: ethische oder spezielle) Aspekte unterscheiden (s. hierzu Lohmann 2002, 366 ff.). Grundlegend ist die moralische Beurteilung, aber wie noch zu sehen ist, verlangen die besonderen Probleme der moralischen Zurechnung von Pflichten eine Lösung im Medium rechtlicher Zurechnungen. Die Bedeutung von Zurechnung bekommt nun einen neuen Akzent, wenn es nicht mehr, wie bisher ausgeführt, um die Zurechnung von freien Handlungen (oder Unterlassungen) geht, sondern wenn es um die Zurechnung von Pflichten gehen soll.

Normalerweise ist eine Pflicht durch eine, durch Vernunft, d.h. durch Gründe, bestimmte Notwendigkeit oder auch Verbindlichkeit bestimmt. Nach Kant bezieht sich diese Verbindlichkeit freilich auf die Maxime der Handlung, nicht auf eine konkrete Handlung. Bei einer nur beurteilenden Zurechnung kommt, außer der Feststellung, wer Urheber der Handlung ist, hinsichtlich der Pflicht nichts hinzu. Es erscheint als ein Pleonasmus, wenn man sagen würde, die Pflicht würde, außer dass sie begründet sei, auch noch zugerechnet. Was fehlt, ist der für Zurechnungen notwendige, durch eine gewisse Willkür bestimmte, zu überwindende Spielraum. Einen solchen Spielraum unterstellen wir auf den ersten Blick bei moralischen Pflichten nicht, da gewissermaßen intern, durch die Begründung, entschieden ist, zu was jemand verpflichtet ist und wer verpflichtet ist. So (angeblich) eindeutig ist aber die Sachlage nur im Fall von negativen Pflichten. Die Pflicht, etwas zu unterlassen, bedarf keiner weiteren Erläuterungen. Bekanntlich aber bestehen moralische Pflichten nicht nur aus negativen Pflichten, sondern auch aus positiven Pflichten. Bei ihnen besteht immer ein gewisser Spielraum, zu welchen Handlungen eine positive Pflicht in einer konkreten Situation führt. Kant dreht die Sache so, dass er sagt, immer sei die Maxime, die die Pflicht ausdrückt, klar bestimmt, ein Spielraum bestehe aber hinsichtlich der Frage, welche Handlungen hier zu tun sei. Kant nennt daher eine positive Pflicht auch eine „weite Pflicht; sie hat daher einen Spielraum, mehr oder weniger hierin zu thun, ohne daß sich die Gränzen davon bestimmt angeben lassen" (AA VI, 393).

Ohne auf Kants hilfreiche Unterscheidung von Maximen und Handlungen hier weiter einzugehen, haben wir es offenbar mit einem graduellen Spielraum zu tun, der durch drei Klassen von Handlungen charakterisiert ist: Gewissermaßen am unteren Ende stehen Handlungen, die der moralischen Pflicht nicht genügen, dann folgt ein mittlerer Bereich, in dem der moralischen Pflicht Genüge getan wird, und schließlich folgt ein dritter Bereich, in dem Handlungen über das der Pflicht geschuldete Maß hinausgehen, mit Kant kann man hier von verdienstlichen Handlungen sprechen (AA VI, 228).

Bei positiven Pflichten also haben wir einen Spielraum, weil es, obwohl die Verpflichtung prinzipiell gegeben ist, es gleichwohl unbestimmt ist, zu welcher Handlung in einer konkreten Situation jemand verpflichtet ist. Ich möchte in diesem Kontext von einer Zurechnung von Pflichten sprechen, geht es doch um die genauere Bestimmung der zunächst unbestimmten weiten moralischen positiven Pflicht. Dabei knüpfe ich an Kants Begriff einer „beurteilende(n) Zurechnung" an und verwende ihn so, dass damit auch beurteilt wird, was dem einzelnen in einer konkreten Situation zugemutet werden kann, zu was er genau positiv verpflichtet ist. Dafür muss die Beurteilung auch auf empirisches Wissen Bezug nehmen, muss pragmatische Überlegungen anstellen und Kosten und Nutzen gegeneinander abwägen. Ihr Maßstab ist dabei die Urteilsperspektive der Unparteilichkeit, wobei wie gesagt, die Pflicht überhaupt als begründet vorausgesetzt wird.

Meine These ist daher: Die Rede von „Zurechnungen von Pflichten" hat im Kontext von positiven Pflichten einen verständlichen Sinn: Hier geht es, bei prinzipiell begründeter moralischer Verpflichtung, um die beurteilende unparteiische Zurechnung der konkreten Handlungen, die in einer konkreten Situation von der verpflichteten Person ausgeführt werden sollen.

In alltäglichen Situationen ist diese moralische Zurechnung kein besonders gewichtiges Problem. In der Regel wissen wir oder können durch Vergleich mit paradigmatischen Situationen fast problemlos entscheiden, wozu wir in einer konkreten Situation, z.B. gegenüber einem in Not Geratenen und Hilfsbedürftigen, moralisch verpflichtet sind. Das ändert sich, wenn die Situationen neuartig sind, wenn sie komplexer und unübersichtlich werden oder wenn mehrere Personen zugleich verpflichtet sind.

Es wird noch zusätzlich problematischer, wenn wir die positiven Pflichten als Korrelate von (moralischen) Rechten verstehen. Pflichten, die jemand hat, weil eine andere Person Rechte hat, sind mit einer dringenderen Weise uns aufgegeben: Ein (auch moralisches) Recht haben bedeutet, die korrespondierende Verpflichtung mit einem gewissen berechtigten Zwang einfordern zu können. Deshalb sind unsere Reaktionen auf die Nichterfüllung von Pflichten, die moralischen Rechten korrespondieren, schärfer als unsere Reaktionen auf die Nichterfüllung von Pflichten, denen keine Rechte korrespondieren. Vielfach wird (wie ich finde, fälschlich) unterstellt, dass Rechte und Pflichten schlicht auf einer Ebene liegen und sich wechselseitig bestimmen. Ich kann hier auf dieses Problem nicht explizit eingehen, gehe aber von der, von der obigen Meinung abweichenden Annahme aus, dass es moralische Verpflichtungen ohne korrespondierende moralische Rechte gibt, und dass wenn Pflichten als Korrelat von Rechten aufgefasst werden, hier ein volitives und anerkennendes Moment mit hinein kommt, das eine bestimmte Macht zum Ausdruck bringt (vorerst hierzu Lohmann 1998, 62 ff.). Wer ein Recht hat, hat auch eine wie immer geartete, le-

gitime Macht, die korrespondierende Verpflichtung einzufordern. Pflichten, die Rechten korrespondieren, sind mit einer immer auch Machtaspekte mit implizierenden Einforderbarkeit charakterisiert. Im Falle von durch juridische Rechte bestimmten Pflichten handelt es sich um Einklagbarkeit.
Ganz besonders deutlich wird das an dem Beispiel, an dem ich mein Thema einer Zurechnung von Pflichten behandeln will: den sozialen Menschenrechten. Ich will nun zunächst nur kurz in Erinnerung rufen, was unter ihnen zu verstehen ist und wo hier das Problem der Zurechnung von Pflichten auftaucht.

II. Soziale Menschenrechte und Probleme einer Zurechnung konkreter Pflichten[1]

Menschenrechte sind komplexe Rechte; sie haben einmal eine moralische Dimension und sind insofern vorstaatliche, „moralische Rechte", sie sind aber andererseits ihrem vollen Begriff nach darauf angelegt, als legale Grundrechte institutionalisiert zu werden. Als Bestandteil des positiven Rechts sind sie auch von politischen Entscheidungen des jeweiligen Gesetzgebers abhängig. Zu einem vollen Verständnis der Menschenrechte gehören daher Überlegungen und Begründungen in den Dimensionen der Moral, des positiven Rechts und der Politik (s. Lohmann 1998). Moralisch begründbar sind die Menschenrechte im Rahmen einer universellen Moral der gleichen Achtung aller. Sie lassen sich verstehen als eine besondere Teilklasse von universell begründbaren, moralischen Rechten, die von einem (nationalen oder internationalen) politischen Gesetzgeber in bestimmte juridische, legale Rechte transformiert werden. Dieser politische Institutionalisierungsprozess gewichtet dabei bestimmte historische Unrechtserfahrungen, die in die Konkretisierung und Formulierungen der einzelnen Menschenrechte eingehen. Im Verständnis der universellen, egalitären und kategorischen Menschenrechte haben sich so historische Lernprozesse niedergeschlagen, die in den inhaltlich unterschiedlichen Klassen der Menschenrechte sich ausdrücken, wie sie im Katalog der *Allgemeinen Erklärung der Menschenrechte der Vereinten Nationen* von 1948 (abgedr. in Heidelmeyer, 271 ff.) unterschieden werden können.
Der Katalog der Menschenrechte kann inhaltlich nach drei Klassen untergliedert werden. Die erste Klasse betrifft *negative Freiheitsrechte.* Sie umfasst vornehmlich Abwehrrechte des Bürgers gegen Gewalteinwirkungen durch den Staat, dann auch Abwehrrechte gegen Freiheitseinschränkungen durch andere Menschen. In einer zweiten Klasse werden die *positiven Teilnahmerechte* zusammengefasst, die die politische und gesellschaftliche Meinungs-und Willensbildung und faire Teilnahme am Rechtssystem betreffen. Eine dritte Klasse ent-

[1] Ich stütze mich in den folgenden Abschnitten auf Lohmann 2000, 351 ff.

hält *soziale Teilhaberechte*, die die Gewährung von gleichen und angemessenen Lebensbedingungen für alle sichern sollen (s. hierzu und zu anderen Einteilungen Lohmann 2000a, 9 ff.).
Die auch historisch erst später (s. Marshall) formulierten sozialen Menschenrechte waren und sind sicherlich eine umstrittene Klasse von Menschenrechten. Im einzelnen handelt es sich, wenn man die sozialen Teilhaberechte der *Allgemeinen Erklärung* heranzieht, um eine Reihe von sogenannten Leistungsrechten, die als Rechte jedes einzelnen Rechte auf Fürsorge, Arbeit, Wohnung, Bildung und Kultur sind: Art. 23 (Recht auf Arbeit), Art. 24 (Recht auf Erholung, ... und periodisch bezahlten Urlaub), Art. 25 (Recht auf Lebenshaltung, Wohnung, Krankenversorgung ect.), Art. 26 (Recht auf Bildung), Art. 27 (Recht auf Kultur).
Den inhaltlich unterschiedlichen Menschenrechten korrespondieren, auch bei der Klasse der Freiheitsrechte, nicht nur negative Unterlassungspflichten, sondern immer auch positive (Hilfs- und Schutz-) Pflichten (dies hat besonders eindringlich gezeigt Shue 1980; s. auch Holmes/Sunstein). Die sozialen Teilhaberechte sind aber in besonderer Weise (wenn auch nicht ausschließlich) durch positive Pflichten charakterisiert. Wie alle positiven moralisch Pflichten verpflichten sie bedingt, d.h., sie lassen eine Verpflichtungsklausel zu, wann die positive Verpflichtung in aller Regel zumutbar, ab wann sie unzumutbar ist, und sie verpflichten in einen Handlungsspielraum hinein, der graduell von unangemessenen bis angemessenen und verdienstlichen Handlungen reicht. Die Festlegung dieses Maßstabes, wie weit die positive Verpflichtung reicht, ist von der moralischen Begründung der Verpflichtung nicht unabhängig, kann aber (außer in seltenen Fällen) durch moralische Argumente allein nicht festgelegt werden. An der prinzipiellen moralischen Begründbarkeit wird nicht gezweifelt, auch wenn gegenwärtig zumindest drei moralische Begründungsversuche von sozialen Leistungs- und Menschenrechten (zum folgenden Gosepath, 146 ff.) miteinander konkurrieren: einmal werden sie als notwendige Bedingungen der faktischen und gleichen Wahrnehmung von Freiheitsrechten begründet (so Alexy 1986, 458 ff.; Habermas, 485), dann werden sie zweitens als notwendiger Schutz von basalen Bedürfnissen oder Fähigkeiten, die allen Menschen gemein sein sollen (s. Nussbaum/Sen), gerechtfertigt und drittens schließlich werden sie als Folge sozialer Gerechtigkeit verstanden, die aus moralischen Gründen fordert, dass alle Ressourcen für alle Menschen gleichverteilt werden sollen (Shue 1980; Tugendhat; Gosepath). Alle drei moralischen Begründungsversuche kommen zu einer Bestimmung individueller, sozialer Rechte und begründen so, warum wir verpflichtet sind, allen anderen zu helfen oder ihnen einen angemessenen, gleichen Anteil unserer Lebensressourcen zu gewähren.

Gleichwohl aber ist die moralische Zurechnung von Pflichten bei sozialen Menschenrechten mit einer Reihe von Problemen belastet, die zunächst mehr oder weniger unlösbar erscheinen.

a) Die moralisch begründeten Verpflichtungen sozialer Menschenrechte zielen auf ein moralisches Optimum (Pfannkuche 2000), und es ist nun einer der Standardeinwände, dass eine solche optimale Moral die Menschen überlaste. Als unrealistisch oder mit der Gefahr einer Diktatur der Moral verbunden wird auch ein Verständnis von Gerechtigkeit angesehen, das eine strikte Gleichheit der Verteilung von Gütern fordert. Insbesondere gegen den letzten Punkt hat schon T.H. Marshall argumentiert. Die Forderung nach sozialer Gerechtigkeit ziele nicht auf eine absolute Gleichheit, sondern ihr Ziel sei die „Entfernung von Ungleichheiten, die nicht als legitim gelten können" (Marshall, 88). Für die nationalen sozialen Staatsbürgerrechte Marshalls ebenso wie für die globalen sozialen Menschenrechte bemisst sich diese Legitimität nach der Kombination zweier unterschiedlicher Maßstäbe: Es ist „soziale Gerechtigkeit kombiniert mit wirtschaftlicher Notwendigkeit" (ebd.). Um also eine zurechnende Beurteilung konkreter Handlungen, zu denen die sozialen Menschenrechte uns verpflichten, vorzunehmen, reichen moralische Gründe allein nicht aus, aber es sind nicht nur wirtschaftliche Gesichtspunkte zu beachten, erforderlich sind auch die unparteiliche Beachtung rechtlicher und politischer Umstände. Was daher die zurechnende Beurteilung charakterisiert, ist, dass sie eine *unparteiliche Abwägung* zwischen unterschiedlichen Arten von Hinsichten vorzunehmen hat. Innerhalb eines durch die moralische Begründung prinzipiell vorgegeben Spielraumes sind wirtschaftliche, politische und rechtliche Aspekte zu gewichten. Während es unter ökonomischen Gesichtspunkten um tatsächlich erwirtschaftbare Leistungen, um Fragen der Effektivität und um Fragen der ökonomischen Folgen geht, geht es in politischer Hinsicht um die Möglichkeiten, für bestimmte Leistungstransfers auch zustimmende Entscheidung der politischen Meinungsbildung zu bekommen, d.h., dass es entsprechende legitime Entscheidungen jeweils relevanter Entscheidungsträger gibt. Es würde dabei dem moralischen Verpflichtungsgedanken widersprechen, wenn hier schlicht jeweils Willkürentscheidungen möglich wären. Vielmehr unterliegt die Gestaltung der Abwägung der moralischen Forderung unparteilich (s. dazu Lohmann 2001, 434 ff.) zu sein. Der Raum, in dem diese unparteilichen Abwägungen der zurechnenden Beurteilung vonstatten gehen können, ist der öffentliche Raum praktischer Vernunft,[2] es geht um die öffentlich begründbare Zurechnung der konkreten Pflichten sozialer Rechte.

[2] In Anknüpfung an John Rawls formuliert Wilfried Hinsch (2002, 192), dass im Lichte sozialer Gerechtigkeit das Gewicht unterschiedlicher (bei Hinsch bedarfsbezogener) Ansprüche „vom öffentlichen Standpunkt aus auf der Grundlage von interpersonellen Vergleichen" beurteilt werden soll.

b) Probleme ergeben sich auch aus der bei der zurechnenden Beurteilung zu beantwortenden Frage, wer denn zu was durch die sozialen Menschenrechte verpflichtet ist. Wenn nach einen gängigem Verständnis der Moral geantwortet wird, dass moralische Rechte und moralische Pflichten wechselseitig bestimmte Rechte und Pflichten sind, so wäre jeder einzelne verpflichtet, die entsprechenden pflichtgemäßen Leistungen zu erbringen. Es ist evident, dass diese Zurechnungen entweder hoffnungslose und unmoralische Überlastungen für jeden einzelnen bedeuten würden oder aber so kompliziert geregelt werden müssten, dass auch hier entweder die Kosten für die Zurechnungsregelung höher sind als die zu erbringenden Leistungen oder aber, wegen der permanenten Änderungen der Relationen Ungerechtigkeiten nicht ausschließen könnten oder willküranfällig wären. Insgesamt also erscheint eine individuelle Zurechnung auf alle einzelnen, obwohl moralisch geboten, praktisch nicht sinnvoll oder durchführbar. Die Realisierung der sozialen Menschenrechte wäre undurchführbar, sie selbst als schlechter moralischer Idealismus zu kennzeichnen.
Deshalb ist es einleuchtend, dass diese Rechte sinnvollerweise sich nicht ausschließlich an alle einzeln wenden, sondern wie die anderen Menschenrechte auch moralisch so verstanden werden können, dass *zunächst alle einzeln*, und dann, wenn die entsprechenden Verpflichtungen von einzelnen allein sinnvoll nicht erfüllt werden können, von *allen gemeinsam durch gemeinsame Anstrengungen,* d.h. gemeinsam zu schaffende Institutionen, erfüllt werden müssen (vgl. Shue 1993; Tugendhat, 349). Bei den sozialen Menschenrechten der UN Erklärungen sind, moralisch gesehen, daher alle Menschen aufgerufen, Institutionen zu schaffen, die diese Verpflichtungen erfüllen können. Nach ihrer Transformation in einzelstaatliche Grundrechte ist verständlicherweise der jeweilige Staat Adressat der Verpflichtungen. Da die Menschenrechte aber universell verpflichten, sind darüber hinaus alle Menschen einzeln, alle Staaten zusammen und auch internationale Institutionen mögliche Adressaten. Wie aber sollen sie ihre konkreten Verpflichtungen aufeinander abstimmen? Was ist den einzelnen und den einzelnen Institutionen zuzurechnen?
c) Ein besonderes Problem ergibt sich aus den unterschiedlichen Graden, in denen Menschen miteinander in Beziehungen stehen, und die unterschiedliche spezielle Pflichten begründen. In der Regel wird man annehmen können, dass Familienmitglieder besondere Fürsorge -Verpflichtungen untereinander haben, oder dass Staatsbürger, gestützt auf besondere Gemeinschaftsbeziehungen untereinander, besondere Solidaritätspflichten voneinander wechselseitig fordern. Es ist eine vielfach diskutierte Frage, ob spezielle Verpflichtungen und universelle Verpflichtungen sich überlagern und verstärken, oder ob moralisch gesehen nur universelle Verpflichtungen bestehen und die speziellen so etwas wie verdienstliche superadita sind (s. zu dieser Diskussion Goodin, 663 ff.; Singer 1972, 229 ff.; 1994, 278 ff.). Soll hier allein die Maximierung der zweckmäßi-

gen Zurechnung der pflichtgemäßen Leistungen entscheiden, ganz unabhängig von den besonderen Beziehungsabhängigkeiten, oder aber sollen die moralischen Zurechnungsurteile beziehungsneutral sein und damit sich womöglich mit suboptimalen Ergebnissen zufrieden geben? (s. hierzu die Diskussion bei Koller, 104 ff.) Dieses Problem verlangt eine moralische Lösung, d.h. Bewertung des Verhältnisses von speziellen und allgemeinen Pflichten, aber wenn einmal entschieden, so ist auch hier der Regelungsbedarf der beurteilenden Zurechnungen so komplex, dass eine moralische Beurteilung allein keine zureichenden Kriterien bietet.

Mein Lösungsvorschlag für alle diese Probleme einer konkreten zurechnenden Beurteilung von Pflichten bei sozialen Menschenrechten ist, dem Rechtscharakter der Menschenrechte entsprechend auch hier eine rechtliche (juridisch geregelte) Zurechnung von Pflichten vorzunehmen. Natürlich bleibt auch eine rechtliche Regelung der möglichen Kritik öffentlicher Vernunft ausgesetzt, und ist selbst nicht ohne rechtstypische eigene Probleme, aber im Medium des Rechts erscheinen Zurechnungsprobleme besser, weil weniger willküranfällig, bearbeitbar und die moralische Forderung der Unparteilichkeit kann in rechtlichen Verfahren der Entscheidungsfindung konkretisiert werden. Das will ich abschließend an den sozialen Grundrechten im sozialen Rechtsstaat (der Bundesrepublik Deutschland) beleuchten.[3]

III. Rechtliche Abwägung als Lösung der zurechnenden Beurteilung sozialer Pflichten auf Grund sozialer Grundrechte

Ich erinnere zunächst kurz an die rechtliche Lage. Die Verfassung der Bundesrepublik Deutschland von 1949 hat erstmalig in der deutschen Verfassungsgeschichte eine Sozialstaatsbestimmung (Art. 20 Abs. 1 GG). Die Sozialstaatsklausel wird verfassungsrechtlich so verstanden, dass sie den Gesetzgeber zur „Gestaltung der gesellschaftlichen Ordnung“ und zum „Abbau sozialer Ungleichheit“ aufruft (s. Schnapp in: Münch/Kunig, Art 20 Rn. 17-20). Auch wenn aus ihr „keine unmittelbaren, judizierbaren Rechte und Pflichten resultieren“ (ebd.), führt die den Rechtsstaat verpflichtende soziale Staatszielbestimmung zu rechtlichen Regelung von „Hilfe gegen Not und Armut und ein menschenwürdiges Existenzminimum für jedermann; mehr Gleichheit durch den Abbau von Wohlstandsdifferenzen und Kontrolle von Abhängigkeitsverhältnissen; mehr Sicherheit gegenüber den ‚Wechselfällen des Lebens‘; und schließlich Hebung und Ausbreitung des Wohlstandes“ (s. Zacher, 1045 ff.). Die Versuche aber,

[3] Die Probleme, die mit der entgrenzenden Wirkung des Universalismus der Menschenrechte auftreten, habe ich unter dem Titel eines „internen“ und „externe Universalismus“ behandelt in: Lohmann 2000, 362 ff.

diese Staatszielbestimmung in eine vorsichtige und partielle Umstellung auf subjektive soziale (Grund-)Rechte jedes einzelnen Bürgers zu konkretisieren, sind heftig umstritten und haben zu einer Reihe von Gegeneinwänden geführt (vgl. z.B. Hesse, 427 ff.; Böckenförde/Jekewitz/Ramm; Bieback, 657 ff.; Alexy 1986, 454 ff.).

Im Grundrechtsteil des Grundgesetz der BRD, wo diese Rechte dann auch „soziale Grundrechte" heißen müssten, finden sich unmittelbar nur zwei kleine Ansätze subjektiver, sozialer Rechte: Art. 6 Abs. 4 GG, Recht der Mutter auf Schutz und Fürsorge durch die Gemeinschaft, und Art. 6 Abs. 5 GG, Gleichstellung der unehelichen Kinder. Allerdings werden eine Reihe von weiteren Formulierungen so verstanden, dass sich daraus soziale Grundrechte ergeben und ableiten lassen, etwa mit Hilfe von Art. 1 Abs. 1 GG (Menschenwürde) und eben mit Art. 20 Abs. 1 GG (vgl. Alexy 1986).

Die rechtlichen Einwände, die gegen soziale Leistungsrechte vorgebracht werden, sind im wesentlichen die folgenden: Ein formales und daher wichtiges Argument lautet: einklagbare soziale Rechte verlagern die Entscheidungshoheit in der Sozialpolitik vom Parlament auf das Verfassungsgericht. Soziale Rechte sind hinsichtlich der zu erbringenden positiven Leistungspflichten zunächst äußerst unbestimmt, z.B. beim Recht auf Wohnung: welche Art von Wohnung? mit elektrischer Beleuchtung? (Hernekamp, 215) Besonders umstritten ist ein, in der Bundesrepublik nicht etabliertes, in der UN-Erklärung aber formuliertes „Recht auf Arbeit". Sollte mit ihm gemeint sein, dass jeder die bezahlte Tätigkeit ausüben kann, die er will, oder meint es nur, dass jeder irgendeine Arbeit berechtigt ist zu verrichten? Wie sollte die Entlohnung geregelt werden? Oder ist schließlich nur gemeint, dass es die Kompensationsleistung der Arbeitslosenunterstützung geben soll? (vgl. zur wichtigen Diskussion eines Rechts auf Arbeit jetzt Pfannkuche 1996, 97 ff.; 2000; Schlothfeld) Die Regelung im einzelnen wird man schwerlich einem Gericht überlassen können, denn das Gericht müsste materiale Maßstäbe anlegen, die wegen der Kompliziertheit der Materie andauernd geändert werden müssten. Das Gericht müsste sich wieder auf den Gesetzgeber beziehen und das könnte zu einer Aufhebung der Gewaltenteilung führen. Soziale Leistungsrechte sind finanzwirksam und damit würden die Parlamente die Haushaltshoheit z.T. an das Verfassungsgericht abgeben, was ebenfalls einen schwerwiegenden Verstoß gegen das Prinzip der Gewaltenteilung darstellen würde. Als ein häufig gebrauchtes, inhaltliches Gegenargument gilt, dass soziale Grundrechte mit anderen Freiheitsrechten kollidieren können, insbesondere mit dem Recht der freien Verfügung über Privateigentum. Schließlich kann man sich fragen, ob die Lasten der sozialen Grundrechte auch durch korrespondierende Pflichten der Leistungsempfänger ausgeglichen werden können?

Diese und noch weitere Argumente scheinen gegen subjektive, judizierbare soziale Grundrechte zu sprechen. Einen Ausweg aus diesem Dilemma, dass einmal

die sozialen Grundrechte moralische gut begründet sind, zum anderen aber ihrer Positivierung eine Reihe von formalen und materialen Einwänden entgegenstehen, bietet der Vorschlag zwischen beiden Hinsichten eine Abwägung vorzunehmen. So schlägt Alexy vor, dass soziale Grundrechte dann vertretbar sind, wenn a) „das Prinzip der faktischen Freiheit sie sehr dringend fordert" (d.h., dass sie eine starke moralische Begründungen haben) und b) „das Gewaltenteilungs- und das Demokratieprinzip" sowie „gegenläufige materiale Prinzipien", z.B. die freie Verfügung über Privateigentum nur „in relativ geringem Maße beeinträchtigt werden" (Alexy 1986, 466). Diese Bedingungen sieht er „bei den minimalen sozialen Grundrechten erfüllt, also etwa bei den Rechten auf ein Existenzminimum, auf eine einfache Wohnung, auf eine Schulbildung, auf eine Berufsausbildung und auf einen Mindeststandard ärztlicher Versorgung" (ebd.).
Der Zurechnungsvorschlag stellt ein „Abwägungsmodell"[4] dar, in dem soziale Grundrechte als *prima facie* Rechte verstanden werden und zunächst immer mehr Pflichten zu implizieren scheinen, als sie dann realiter, nach einer zurechnenden Abwägung, beinhalten. Gleichwohl hat bei den Minimalrechten der Staat *prima facie* Pflichten, die grundrechtlich abgesichert und eingeklagt werden können. Das heißt: Wenn es „vom Standpunkt des Rechts" aus keine akzeptablen Gründe für die Nichterfüllung gibt, dann ist der Staat definitiv und einklagbar verpflichtet, die entsprechenden Leistungen bzw. Maßnahmen vorzunehmen. Auf diese Weise können soziale Rechte als subjektive Grundrechte etabliert werden und definitive Pflichten des Staates zur Gewährung von Sozialhilfe, Wohnungsgeld, Bereitstellung von Schulen und Unterricht, etc. können relativ zu diesen subjektiven Rechten begründet zugerechnet werden.
Als mögliches Lösungsverfahren der unparteilichen zurechnenden Beurteilung positiver Pflichten bei sozialen Grundrechten empfiehlt sich also das rechtliche Verfahren der Abwägung. Das Recht bietet so ein Zurechnungsverfahren an, mit dem ein Spielraum willkürlicher Gestaltung überwunden und in einem öffentlich kritisierbaren Verfahren konkrete Zurechnungen erfolgen können. Die institutionalisierten Entscheidungsverfahren im Recht bleiben so der zurechnenden Beurteilung einer öffentlichen Vernunft prinzipiell ausgesetzt. So notwendig daher und sinnvoll eine Verrechtlichung der Zurechnung von positiven Pflichten in diesem Kontext auch ist, so unersetzlich bleibt eine institutionell nicht eingebundene öffentliche Beurteilung, die dem Ideal der Unparteilichkeit verpflichtet ist.[5]

---

[4] Alexy (2003) hat inzwischen seine Konzeption der Abwägung weiter ausgeführt.

[5] Bei der Frage der Zurechnung von korrespondierenden Pflichten bei sozialen Menschenrechten im globalen Maßstab wird diese Differenz zwischen (nur mangelhaft bisher entwickelten) rechtlichen Entscheidungsverfahren der unparteilichen Abwägung und ungebundener öffentlicher Vernunft noch wichtiger (s. vorerst Lohmann 2000, 362 ff.).

Literatur:

Alexy, R.: Theorie der Grundrechte, Frankfurt/M. 1986.

Alexy, R.: Die Gewichtsformel, in: Gedächtnisschrift für Jürgen Sonnenschein, hg. von J. *Jickeli*, P. *Kreutz* und D. *Reuter*, Berlin 2003, S. 771-792.

Bieback, K.-J.: Sozialstaatsprinzip und Grundrechte, Europäische Grundrechte Zeitschrift 1985, S. 657-669.

Böckenförde, E.-W./Jekewitz, J./Ramm, T. (Hg.): Soziale Grundrechte, Heidelberg/Karlruhe, 1981.

Goodin, R.: What is so special about our fellow country-men?, Ethics 98 (July 1988), S. 663-686.

Gosepath, S.: Zur Begründung sozialer Menschenrechte, in: *Gosepath*, S./*Lohmann*, G. (Hg.), Philosophie der Menschenrechte, Frankfurt a.M. 1998, S. 146-187.

Habermas, J.: Faktizität und Geltung, Frankfurt a.M. 1992.

Heidelmeyer, W. (Hg.): Die Menschenrechte, Paderborn ua. 1982.

Hernekamp, K. (Hg.): Soziale Grundrechte. Arbeit, Bildung, Umweltschutz etc., Berlin, New York, 1979.

Hesse, K.: Bestand und Bedeutung der Grundrechte in der Bundesrepublik Deutschland, in: Europäische Grundrechte Zeitschrift 1978, S. 427-438.

Hinsch, W.: Gerechtfertigte Ungleichheiten. Grundsätze sozialer Gerechtigkeit, Berlin, New York 2002.

Holmes, S./Sunstein, C.R.: The Cost of Rights. Why Liberty Depends on Taxes, New York and London, 1999.

Kant, I.: Metaphysik der Sitten, 1797, in: Kants gesammelte Schriften, hg. von der Königlich Preußischen Akademie der Wissenschaften. Erste Abteilung, Band 6, Berlin 1907, S. 203-493.

Koller, P.: Der Geltungsbereich der Menschenrechte, in: *Gosepath*, S./*Lohmann*, G. (Hg.), Philosophie der Menschenrechte, Frankfurt a.M. 1998, S. 104-123.

Lohmann, G.: Menschenrechte zwischen Moral und Recht, in: S. *Gosepath*/G. *Lohmann* (Hg.), Philosophie der Menschenrechte, Frankfurt a.M. 1998, S. 62-95.

Lohmann, G.: Soziale Menschenrechte und die Grenzen des Sozialstaats, in: W. *Kersting* (Hg.), Politische Philosophie des Sozialstaats, Weilerwist 2000, S. 351-371.

Lohmann, G.: Die unterschiedlichen Menschenrechte, in: K.P. *Fritzsche*/G. *Lohmann* (Hg.), Menschenrechte zwischen Anspruch und Wirklichkeit, Würzburg 2000a, S. 9-23.

Lohmann, G.: Unparteilichkeit in der Moral, in: K. *Günther*/L. *Wingert* (Hg.), Die Öffentlichkeit der Vernunft und die Vernunft der Öffentlichkeit. Festschrift für Jürgen Habermas, Frankfurt a.M. 2001, S. 434-455.

Lohmann, G.: Zur moralischen, ethischen und rechtlichen Verantwortung in Wissenschaft und Technik, in: H. *Burckhart*, H. *Gronke* (Hg), Philosophieren aus dem Diskurs. Beiträge zur Diskurspragmatik, Würzburg 2002, S. 366-378.

Marshall, T.H.: Bürgerrechte und soziale Klassen, Frankfurt/M. 1992.

Münch, I. von/Kunig: Grundgesetzkommentar, Bd. 1, 4 Auflage München 1992.

Nussbaum, M.C./Sen, A. (Hg.): The Quality of Life, Oxford, 1993.

Pfannkuche, W.: Gibt es ein Recht auf Arbeit?, Rechtsphilosophische Hefte, 1996, S. 97 ff.

Pfannkuche, W.: Die Moral der Optimierung des Wohls, Freiburg, München 2000.

Schlothfeldt, S.: Erwerbsarbeit als sozialethisches Problem, Freiburg/ München 1999.

Shue, H.: Basic Rights. Subsistence, Affluence, and U.S.Foreign Policy, New Jersey 1980.

Shue, H.: Negative Duties Toward All, Positive Duties Toward Some, in: P. *Juviler* und B. *Gross* (Hg.), Human Rights for the 21st Century: Foundations for Responsible Hope, New York, London 1993.

Singer, P.: Famine, affluence and morality, in: Philosophy and Public Affairs 1972, S. 229-243.

Singer, P.: Praktische Ethik, 2. Aufl. Stuttgart 1994.

Tugendhat, E.: Vorlesungen über Ethik, Frankfurt a.M. 1993.

Zacher, H.F.: Das soziale Staatsziel, in: J. *Isensee*/P. *Kirchhof* (Hg.), Handbuch des Staatsrechts der Bundesrepublik Deutschland, Bd.1, Heidelberg 1987, S. 1045-1111.

Jan C. Joerden

Zurechnungsprobleme bei Gruppen und Kollektiven[1]

I. Kollateralschäden und Kollektivschuld

Moderne Kriege – wenn man sich überhaupt einmal auf diesen problematischen Begriff einlässt – werden zumindest de facto auch gegen die Zivilbevölkerung der verfeindeten Staaten geführt. Ein gezielter Angriff nur gegen die Zivilbevölkerung gilt zwar als Kriegsverbrechen, doch bleiben zumindest die allenthalben für legitim gehaltenen, wenn auch zu vermeidenden, sog. Kollateralschäden, deren Rechtfertigung sich häufig wie eine Wiederkehr jener alten duplex-effectus-Lehre ausnimmt, die bekanntlich auf Thomas von Aquin zurückgeführt wird (näher dazu vgl. etwa Bader 2002 m.w.N.). Die Rechtfertigung sog. Kollateralschäden folgt regelmäßig folgender Argumentationsstruktur: Zwar ist ihr Eintritt durchaus vorhersehbar, aber nicht gewollt, nicht beabsichtigt, sondern nur die Nebenwirkung einer durchaus legitimen Kriegshandlung, die eigentlich auf die Soldaten des Staates gezielt ist, mit dem Krieg geführt wird. Die Rechtfertigung erfolgt also strukturell ähnlich wie in den Fällen, in denen der Arzt seinem Patienten ein Medikament (häufig ist es Morphium) verabreicht, das primär der Linderung schwerer Schmerzen dienen soll, aber durchaus das naheliegende Risiko einer Verkürzung des Lebens jenes Patienten in sich birgt. Obwohl hier der aktiv bewirkten Lebenszeitverkürzung kaum der Charakter einer Tötungshandlung abgesprochen werden kann und diese Tötungshandlung bekanntlich auch nicht durch eine Einwilligung des Patienten zu rechtfertigen ist, weil zumindest nach positivem Recht selbst die Tötung auf ausdrückliches Verlangen einer Person verboten und strafbar ist (vgl. § 216 StGB); obwohl also eine prima facie rechtswidrige Tötung vorliegt, hält eine auf die duplex-effectus-Lehre gestützte Auffassung das Verhalten des Arztes für legitim. Dies deshalb, weil der Arzt etwas Gutes gewollt habe (nämlich die Schmerzlinderung) und die Tötung des Patienten nur eine nicht beabsichtigte Nebenfolge seines Handelns gewesen sei. Nun liegt die Sache bei den Kollateralschäden natürlich etwas anders, da man kaum wird behaupten können, dass für die Betroffenen etwas primär Gutes beabsichtigt war. Aber den Juristen ist natürlich schon länger – zumindest seit der *Constitutio Criminalis Carolina* von 1532 – die Konstellation präsent, in der jemand sich gegen einen Angreifer wehrt und dabei versehentlich – auch – einen

[1] Diesem Beitrag liegt ein Vortrag zugrunde, der bei der Tagung „Zurechnung als Operationalisierung von Verantwortung“ am 1. März 2002 an der Universität Halle-Wittenberg gehalten wurde. Die Vortragsform wurde weitgehend beibehalten.

unbeteiligten Dritten trifft.[2] Das Gesetzbuch von Kaiser *Karl V.* sah hier von Strafe für die – versehentliche – Tötung des Dritten ab, freilich ohne die duplex-effectus-Lehre ausdrücklich zu erwähnen; gleichwohl ist der strukturelle Zusammenhang mit ihr offensichtlich. Das wird schon dadurch deutlich, dass bereits *Thomas von Aquin* nicht den medizinethischen bzw. medizinrechtlichen Kontext im Auge hatte, als er jenes Argument verwendete, das als Quelle der Lehre von der Doppelwirkung gilt, sondern den Kontext der Notwehr (c.f. Summa theologica, II-II, q. 64, art. 7). Allerdings gleichsam noch weiter zentriert auf die eigentliche Situation der Verteidigung gegen den Angreifer selbst. Das von *Thomas* diskutierte Problem war: Wie kann es mit dem uneingeschränkten Tötungsverbot des Dekalogs vereinbar sein, den Angreifer gegebenfalls zu töten, wenn es denn nicht anders geht, um sich zu verteidigen? Wenn man hier zeigen kann, dass derjenige, der sich gegen einen Angriff verteidigt, eigentlich nur sein eigenes Leben retten will, und der Tod des Angreifers demgegenüber nur ein Nebeneffekt der Umsetzung dieser Absicht ist, dann wird der Nutzen der duplex-effectus-Lehre gerade für diesen Fall offenkundig. Die Tötung des Angreifers ist nunmehr erlaubt, weil sie nur ein gleichsam unbeabsichtigtes Nebenprodukt der grundsätzlich akzeptablen Absicht darstellt, sein eigenes Leben zu erhalten. In diesem Sinne erleidet also nicht nur der unbeteiligte Dritte, sondern sogar der Angreifer selbst bloß einen „Kollateralschaden", der als Nebenwirkung der beabsichtigten Selbstrettung des Angegriffenen interpretiert werden kann.

Man mag fragen, was das alles eigentlich mit dem Thema dieses Beitrags zu tun hat, der sich ja mit Zurechnungsproblemen bei Gruppen und Kollektiven befassen soll. Doch die Verbindung ist schnell hergestellt: Wenn man nämlich der Lehre von der Doppelwirkung nicht das Problemlösungspotential zuschreibt, das sie sich offenbar selbst zutraut, dann muss die Frage nach der Rechtfertigung von Kollateralschäden im Krieg anders gestellt werden. Rechtfertigen ließen sich diese nun allenfalls dann, wenn man zeigen könnte, dass auch die Zivilbevölkerung in gewisser Hinsicht eine Mitverantwortung, eventuell sogar Mitschuld, für das trifft, was das Land, dem sie angehört, im Rahmen eines von diesem Land geführten Krieges tut oder zu tun beabsichtigt. Es fragt sich m.a.W., ob, und wenn ja, wie weit die Zivilbevölkerung für das mithaftet, was in ihrem Namen das Kollektiv oder Repräsentanten dieses Kollektivs, also die Staatsorgane, anrichten. Eine positive Antwort auf die Ausgangsfrage hätte dabei zwei Dimensionen. Denn es könnte jetzt die übliche Redeweise von der „unschuldigen Zivilbevölkerung" zur Disposition stehen, zum einen mit der Konsequenz

[2] *So eyner inn rechter notweer eynen vnschuldigen wider seinen, des thätters willen entleibt* 145. Item so eyner inn eyner rechten bewisen notweer wider seinen willen eynen vnschuldigen mit stichen, streychen, würffen oder schiessen, so er den nöttiger meynt, treff vnd entleibt het, der ist auch von peinlicher straff entschuldigt. (Zit. nach Kaufmann 1980)

einer Rechtfertigung von Kollateralschäden mit dem Argument, die „unschuldige Zivilbevölkerung“ sei gar nicht so unschuldig, sondern habe vielmehr als „mitschuldig“ auch die Gegenschläge des Verteidigers zu ertragen; und zum anderen mit der Folge, dass auch die Zivilbevölkerung im Sinne einer Art von „Kollektivschuld“ für die Taten des Staates, dem sie angehört, verantwortlich wäre. Was dann natürlich nicht nur für die Zivilbevölkerung sog. Schurkenstaaten, sondern für die aller Staaten gelten würde. Damit ist die Problemstellung klar: Macht der Ausdruck „Kollektivschuld“ einen Sinn? Und, wenn ja, wieweit geht die Mithaftung des Einzelnen für die Taten des Kollektivs, etwa bei der Kriegsführung, und unter welchen Voraussetzungen ist eine solche Mithaftung plausibel zu machen? Nicht behandelt werden sollen dagegen die Fragen, ob das Führen von Kriegen überhaupt zu rechtfertigen ist, und – wenn man dies einmal voraussetzt – in welchen Fällen die Kriegsführung berechtigt ist und in welchen Fällen nicht. Insofern wird hier nur ein – allerdings zugegebenermaßen etwas naives – Verständnis vom verbotenen Angriffskrieg und vom grundsätzlich erlaubten Verteidigungskrieg vorausgesetzt, wohl wissend, dass alle modernen Kriege immer als Verteidigungskriege begonnen und geführt worden sind, und sei es eben zum angeblichen Zweck der Präventivverteidigung.

II. Zurechnung bei Kollektiven

Bevor jedoch auf die Zurechnungsstrukturen in größeren Kollektiven wie denen des Staates zurückzukommen sein wird, macht es Sinn, nach der Zurechnung von Verantwortung in kleineren, überschaubaren Kollektiven zu fragen. Die kleinste als Kollektiv in Betracht kommende Einheit besteht dabei aus zwei Personen, die sich – um die Fragestellung zunächst auf den strafrechtlichen Kontext zu beschränken – zur Begehung eines Delikts zusammengefunden haben. Wirken zwei Personen bei der Verwirklichung eines Deliktes zusammen, ist bekanntlich die strafrechtsdogmatische Figur der Mittäterschaft (§ 25 Abs. 2 StGB) einschlägig. Sinn und Zweck dieser Rechtsfigur ist es, die Zurechnung einzelner Tatbeiträge auch in Hinblick auf denjenigen der Mittäter zu ermöglichen, der sie selbst gar nicht vorgenommen hat. Dies aus der Erkenntnis heraus, dass das arbeitsteilige Zusammenwirken von zwei oder mehr Mittätern es diesen einerseits erleichtert, ein Delikt zu begehen, dies aber andererseits nicht dazu führen darf, dass die Mittäter sich gegenüber dem Alleintäter bei der Zurechnung besser stehen, weil ihnen nur der von ihnen selbst bewirkte Anteil an der Deliktsbegehung angelastet würde. Man kann diese wechselseitige Zurechnung von Tatbeiträgen wohl nur in der Weise begründen, dass man den Komplex der arbeitsteilig handelnden Mittäter als ein Kollektiv auffasst, das gleichsam als ein und dieselbe Person handelt, eben als „Kollektivperson“ (vgl. Joerden 1988,

78 ff.; kritisch dazu allerdings Kindhäuser 2001, 630 f.). Diese Kollektivperson lässt sich für alles das verantwortlich machen, was als Verhalten der Kollektivperson interpretiert werden kann; und das sind eben alle Tathandlungen der Einzelpersonen, die sich zu diesem Kollektiv verbunden haben. Die Verwendung der Zurechnungsfigur der Mittäterschaft hat dabei zumindest zwei Vorteile für den Rechtsanwender: Zum einen können Beweisschwierigkeiten überwunden werden, die zum Beispiel dann bestehen, wenn in einem Handgemenge, bei dem zwei Personen gemeinsam über das Opfer herfallen, nicht mehr aufklärbar ist, welche der beiden Personen letztlich das Opfer verletzt hat. Da ohnehin jeden der beiden Mittäter die volle Verantwortung für das trifft, was das Kollektiv ihrer Mittäterschaft angerichtet hat, bedarf es nur noch des Nachweises, dass die Verletzung des Opfers gleichsam aus der Mitte des Kollektives herrührt. Zum anderen ist mit der Figur der Mittäterschaft klar, dass auch Teilleistungen einer Person innerhalb des Kollektivs zur vollen Verantwortlichkeit für das gesamte Delikt führen, indem jedem Mittäter das Verhalten auch des anderen Mittäters wie eigenes Verhalten zugerechnet wird.

Wie so oft bei Rechtsfiguren ist indes deren Handhabbarkeit in der täglichen Rechtsanwendung erheblich einfacher als ihre theoretische Begründbarkeit. Denn es tauchen zumindest drei konstruktive Fragen auf: (1) Wie lässt es sich begründen, dass gleichsam jeder der Mittäter für den vollen Schaden haftbar gemacht wird, obwohl der Schaden doch nur einmal eingetreten ist? (2) Wie wird aus dem Einzelwillen der handelnden Personen das Wirken einer Kollektivperson, obwohl doch die Willensakte der Personen sich nicht miteinander vermischen, sondern letztlich vereinzelt bleiben? Und (3) welche Voraussetzungen müssen im einzelnen gegeben sein, damit man von dem Vorhandensein einer solchen Kollektivperson und damit von Mittäterschaft ausgehen kann? Wobei insbesondere fraglich ist, ob neben dem arbeitsteiligen Handeln auch eine Art von Vereinbarung, ein gemeinsamer Tatentschluss, der Mittäter gegeben sein muss, oder ob – wie Günther Jakobs dies formuliert hat – auch ein einseitiger „Einpassungsentschluss" ausreicht (Jakobs 1991, 618).

Diesen Fragen, die ohnehin nur einen Ausschnitt aus allen Problemstellungen der Mittäterschaft darstellen (vgl. etwa Lackner/Kühl 2001, § 25), kann hier nicht weiter nachgegangen werden. Das ist im vorliegenden Zusammenhang auch gar nicht erforderlich, weil klar geworden sein dürfte, dass jedenfalls die Zurechnungsfigur der Mittäterschaft erheblich zu eng ist, um die Frage zu lösen, die eingangs aufgeworfen wurde: Ob nämlich der Bürger eines Staates unter Umständen für das (mit-)verantwortlich ist, was von dem Staat auch im Namen seiner Bürger angerichtet wird. So kann schon von einem arbeitsteiligen Zusammenwirken des Bürgers mit seinem Staat kaum die Rede sein, geschweige denn von einem gemeinsamen Tatentschluss aller Bürger. Gleichwohl lässt sich aus der Zurechnungsfigur der Mittäterschaft eine Feststellung ableiten, die auch für die Frage einer möglichen Kollektivhaftung im staatlichen Kontext von Interesse ist: Offenbar bedarf es für die wechselseitige Zurechnung von Tathandlungen verschiedener Individuen des Konstrukts einer übergeordneten Einheit, die im Falle der Mittäterschaft als „Kollektivperson" bezeichnet wurde. Erst über diesen Umweg kann man nunmehr die in dieser Kollektivperson miteinander verbundenen Individuen für das Verhalten der Kollektivperson und damit zugleich jeden für das Verhalten des jeweils anderen Mittäters verantwortlich machen.

Allerdings gilt dies nur so weit, wie die Kollektivperson auch tatsächlich reicht. Das soll heißen, dass man nur insoweit von Mittäterschaft sprechen kann, als die individuellen Personen sich zu dieser Kollektivperson zusammen gefunden haben. Alles, was darüber hinausgeht, stellt einen Exzess dar, der nur dem Exzesstäter, aber nicht dem anderen Mittäter zuzurechnen ist. Haben also die Täter einen gemeinsam durchzuführenden Diebstahl verabredet, bei dessen Durchführung der eine der Mittäter plötzlich zusätzlich einen Mord begeht, so ist er dafür allein verantwortlich; die anderen Täter haften nur für den Diebstahl. Die Mithaftung reicht also immer nur so weit wie auch die Verabredung des Zusammenwirkens reicht.

III. Kausalitätsprobleme beim Handeln und Unterlassen von Einzelpersonen

Nun gibt es aber auch im Strafrecht Fälle, bei denen man geneigt ist, von dieser Voraussetzung Abstriche zu machen und die handelnden Personen gleichsam als ein Kollektiv anzusehen, *ohne* dass diese Personen im engeren Sinne mittäterschaftlich handeln würden. Es sind dies die Fälle der sog. alternativen Kausalität, von denen zunächst ein Fall aktiven Tuns herangezogen werden soll, um anschließend auf Fälle alternativer Kausalität bei Unterlassungsdelikten einzugehen, die dann auch den Zusammenhang mit dem Problem der Kollektivschuld im staatlichen Kontext ganz deutlich werden lassen. Doch zunächst ein Beispiel für Fälle alternativer Kausalität bei Begehungsdelikten, also bei aktivem Tun der Täter (vgl. Joerden 1986, 152).

Schrotthändler S steht unter einem von einem Elektromagneten gehaltenen schweren Gewicht. In der Stromversorgungsleitung des Magneten liegen zwei Schalter in Reihe, die an unterschiedlichen Stellen des Schrottplatzes angebracht sind. Zwei von einander unabhängige Personen P1 und P2 schalten gleichzeitig und ohne Wissen von einander die beiden Schalter auf „aus", um S zu töten. Sie haben Erfolg: S wird von dem schweren Gewicht erschlagen.

Das Zurechnungsproblem in diesem Fall liegt darin, dass man für eine vollständige Erklärung des Erfolgseintritts letztlich nur das Verhalten einer der beiden

Personen braucht, das Verhalten der jeweils anderen Person ist dafür überflüssig. Denn es genügte für die Tötung des Schrotthändlers völlig, dass durch die Betätigung eines der beiden Schalter die Stromzufuhr des Magneten unterbrochen wurde. Allerdings gilt dies natürlich auch vice versa im Hinblick auf die jeweils andere Person. Diese Fälle einer Überdeterminierung des Kausalverlaufs stellen deshalb ein Zurechnungsproblem dar, weil von der Verursachung eines Ereignisses durch das Verhalten einer Person grundsätzlich nur dann sinnvoll die Rede sein kann, wenn das Verhalten dieser Person *notwendige* Bedingung (condicio sine qua non) des Ereignisses ist. Ist ihr Verhalten zwar hinreichend zur Herbeiführung des Todes eines Opfers, nicht aber notwendig, macht es keinen Sinn, diese Person für den Tod des Opfers verantwortlich zu machen, wie etwa das folgende Beispiel zeigt:
A injiziert dem B eine tödliche Dosis eines langsam wirkenden Giftes. Bevor das Gift jedoch gewirkt hat, wird der anscheinend wenig beliebte B von dem X erschossen.
A hat hier zwar eine hinreichende, nicht aber eine notwendige Bedingung für den Tod von B gesetzt, weshalb er sich allenfalls im Modus des Versuchs, jedenfalls aber nicht im Modus der Vollendung wegen eines Tötungsdelikts schuldig gemacht hat. Damit zeigt sich, wie prekär die Zurechnungsproblematik in jenem „Schrottplatzfall" ist: Zwar ist der Schrotthändler tot, aber weder P1 noch P2 haben dafür eine notwendige Bedingung gesetzt, sofern man nur ihr je einzelnes Verhalten betrachtet. Die Konsequenz wäre, *beide* allenfalls wegen eines Totschlagsversuches bestrafen zu können.
Die herrschende Meinung im strafrechtlichen Schrifttum (vgl. Nachw. bei Lackner/Kühl 2001, Vor § 13 Rn. 11) sucht einen Ausweg aus dieser Lage, indem sie hervorhebt, dass zwar nicht das Verhalten jedes einzelnen der beiden Täter eine notwendige Bedingung für den Tod des Opfers S darstellte, aber durchaus der aus den Verhalten von P1 und P2 gebildete Bedingungskomplex für die Erklärung des Erfolgseintritts notwendig sei. Denn man kann aus einer vollständigen naturgesetzlichen Erklärung des Todes von O zwar *alternativ* das Verhalten jeder der beiden handelnden Personen weglassen, da ja dann jeweils auf das Verhalten der anderen Person zur Erklärung des Erfolgseintrittes zurückgegriffen werden kann; nicht aber lässt sich das Verhalten beider Personen *kumulativ* aus der Erklärung des Erfolgseintritts weglassen.
Leitet man nun aber aus diesem Befund die Konsequenz ab, dass beide Personen für den Tod des Opfers im Sinne einer Vollendung des Delikts verantwortlich sind, hat man die Zurechnung im Grunde von der individuellen Ebene auf eine kollektive Ebene gehoben, und das, ohne dass die Voraussetzungen von Mittäterschaft gegeben wären, da ja beide Personen vorausgesetztermaßen gerade nicht von einander wissen und daher auch völlig unabhängig von einander handeln. Dieser Sprung von einer auf die je einzelne Person bezogenen Zurech-

nungsebene auf die Ebene einer kollektiven Verantwortung, die dann anschließend wieder auf das Individuum gleichsam heruntergebrochen wird, macht diese Konstellation strukturell so interessant.
Noch interessanter – weil in mancher Hinsicht lebensnäher als der zugegebenermaßen etwas konstruiert wirkende „Schrottplatzfall" – ist die Lage dann, wenn man die Fälle alternativer Kausalität bei Unterlassungsdelikten in die Betrachtung einbezieht. Dazu möge die folgende schöne Fallschilderung dienen, die Jürgen Rödig ersonnen hat:

> „In einem Wald befinden sich ein Wilderer und, einige hundert Meter von diesem entfernt, ein Philosoph. Plötzlich hören beide einen Mann um Hilfe schreien. Ein Waldarbeiter nämlich gab beim Fallen eines Baumes nicht acht. Er liegt jetzt unter dem Baum begraben. Die Säge ist zerstört, und der Baum ist so schwer, daß es der Anstrengung wenigstens zweier Männer bedarf, ihn zu heben. Der Wilderer eilt nicht herbei, weil er befürchtet, es könnten auch andere Leute an die Unglücksstelle kommen. Aber auch der Philosoph geht seines Weges. Er sinnt gerade über das Gute im Menschen und möchte seine Überlegungen nicht unterbrechen. Der Waldarbeiter ist nach einer halben Stunde tot. – Zur Rechenschaft gezogen, verteidigt sich der Philosoph wie folgt. Wäre er dem Ruf des Waldarbeiters gefolgt, so wäre der Waldarbeiter gleichwohl gestorben. Denn er, der Philosoph, habe allein den Baum nicht heben können. Der Wilderer, ebenfalls zur Rechenschaft gezogen, schließt sich der Argumentation des Philosophen an." (vgl. Rödig 1969, 136).

Auch dies ist ein Fall sog. alternativer Kausalität, allerdings im Hinblick auf Unterlassungsdelikte, wobei man sich bekanntlich die Kausalitätsfrage bei Unterlassungsdelikten anders denken muss als beim aktiven Handeln bzw. beim Begehungsdelikt. Beim Unterlassen geht es jeweils um die Frage, ob der Pflichtadressat – hier der Adressat einer allgemeinen Hilfeleistungspflicht bei einem Unglücksfall (§ 323c StGB) – den Eintritt des schädigenden Erfolges – hier: Tod des Waldarbeiters – durch eine von ihm vorzunehmende Rettungshandlung mit an Sicherheit grenzender Wahrscheinlichkeit hätte verhindern können (sog. hypothetische Kausalität). Ist das der Fall, kann man sagen, der Täter habe den Eintritt des Erfolges durch sein Unterlassen gleichsam „verursacht".
Das Problem des vorliegenden Falles ist es nun aber, dass weder der Philosoph noch der Wilderer jeweils allein den Tod des unter dem Baum liegenden Waldarbeiters hätten verhindern können. Denn der Baum war einfach zu schwer, als dass man ihn *allein* hätte anheben können. Daher gilt das, was in allen Fällen alternativer Kausalität gilt: Für die Erklärung, weshalb es zu dem Tod des Waldarbeiters gekommen ist, genügt es völlig, das Unterlassen einer der beiden Personen (Philosoph bzw. Wilderer) in diese Erklärung aufzunehmen. Denn, wenn auch nur eine der beiden Personen die Vornahme der ihr möglichen Ret-

tungshandlung unterlässt, ist der Erfolgseintritt für die jeweils andere Person unvermeidlich; und das gilt auch wieder vice versa. Besonders deutlich wird dies, wenn man einmal davon ausgeht, dass der Wilderer sich definitiv entschieden hat, dem Waldarbeiter nicht zu helfen. Jetzt könnte der Philosoph noch so guten Willens sein, er könnte den Waldarbeiter – so wie der Fall ausgestaltet ist – gar nicht retten; und auch das gilt wieder umgekehrt.

Damit steht man vor dem Problem, wen man für den Tod des Waldarbeiters verantwortlich machen kann. Dass es ein starkes Motiv dafür gibt, überhaupt jemanden für den Tod des Waldarbeiters verantwortlich zu machen, ist klar, da ja vorausgesetztermaßen der Tod des Waldarbeiters durchaus vermeidbar gewesen wäre, wenn Philosoph und Wilderer zusammengearbeitet hätten. Wenn man demnach in diesem Fall Verantwortung zuschreiben will, dann ist taugliches Zuschreibungssubjekt letztlich nur das (gedanklich) aus Philosoph und Wilderer gebildete Kollektiv, dem man es anlasten kann, dass es den Waldarbeiter nicht gerettet hat. Auf die einzelne Person herunterrechnen lässt sich diese Verantwortungszuschreibung aber im Grunde nicht, da ihre Verantwortlichkeit von dem Willen der jeweils anderen Person, mitzuhelfen, abhängig ist, wobei man sie für den fehlenden Willen der jeweils anderen Person gerade nicht verantwortlich machen kann, da dies gar nicht in ihrer Entscheidungsmacht liegt.

Strukturell ist damit die Lage ähnlich wie in den Fällen des (einfachen) Gefangenendilemmas, in denen es bekanntlich aus der Perspektive der je einzelnen Person jeweils unter rein egoistisch-rationalen Kriterien sinnvoll ist, nicht mit der anderen Person zu kooperieren, während eine gleichsam überindividuelle (kollektive) Rationalität den Weg zur Kooperation weist. Im vorliegenden Fall gelingt die Zurechnung mit Blick allein auf das Individuum und seine Handlungsmöglichkeiten nicht, sondern nur, wenn man die gleichsam überindividuelle Perspektive auf die Handlungsmöglichkeiten des Kollektivs richtet. Dabei ist allerdings durchaus noch offen, ob dies auch dazu führen kann, von der Verantwortlichkeit des Kollektivs für den Tod des Waldarbeiters auf die Verantwortlichkeit auch der Mitglieder dieses Kollektivs für diesen Erfolg zu schließen. Dies scheint sogar sehr problematisch (vgl. Joerden 1986, 154), da anders als in den zuvor besprochenen Fällen einer Mittäterschaft im strafrechtlichen Sinn, für deren Vorliegen im Fall von Philosoph und Wilderer die Voraussetzungen einfach nicht gegeben sind, der Einzelne dem (gedachten) Kollektiv gerade nicht zurechenbar beigetreten ist und von ihm noch nicht einmal repräsentiert wird.

IV. Kausalitätsprobleme bei Gremienentscheidungen

Was mit einer solchen Repräsentation gemeint sein kann, wird deutlicher, wenn man auf eine weitere Fallgestaltung übergeht, die im strafrechtlichen Schrifttum auch immer wieder im Kontext von Gruppen- bzw. Kollektivverantwortlichkeit diskutiert wird (ausführlich z.B. Knauer 2001; Schaal 2001). Dabei geht es um die Zurechnung von Entscheidungen in Gremien, etwa in Gemeinderäten, die Beschlüsse gefasst haben, die nicht nur rechtswidrig sind, sondern auch (wirtschafts-)strafrechtliche Relevanz haben. Der Problemkreis ist vielgestaltig und es können hier nur einige wenige Aspekte herausgegriffen werden. Für den vorliegenden Zusammenhang insbesondere von Interesse sind die Zurechnungsprobleme, die bei Mehrheitsentscheidungen entstehen. Dabei ist der Fall der Ein-Stimmen-Mehrheit noch der einfachste. Denn wenn die Entscheidung gerade mit der entscheidenden Stimme zustande gekommen ist, wird man alle die Mitglieder des Gremiums, die dafür gestimmt haben, für die Entscheidung verantwortlich machen können; die, die dagegen gestimmt haben, indes nicht. Schwieriger ist es schon bei den Enthaltungen, wenn man einmal davon ausgeht, dass derjenige, der sich enthalten hat, durch seine Gegenstimme die Entscheidung hätte verhindern können. Allerdings wird man dann im Regelfall sagen können, dass er jedenfalls durch Unterlassen für das Ergebnis verantwortlich ist. Sehr problematisch wird es in den Fällen der Gremienentscheidung allerdings wieder in den Konstellationen der Überdeterminierung bzw. alternativen Kausalität, die hier zumindest in zwei Fallvarianten vorkommen kann. Zum einen ist der Fall relevant, in dem eine mehr als Ein-Stimmen-Mehrheit zustande gekommen ist, also etwa das Gremium sich mit deutlicher Mehrheit für eine Sache ausgesprochen hat, während die einfache Mehrheit genügt hätte. Betrachtet man hier nur das einzelne Gremiumsmitglied, das für den Beschluss gestimmt hat, so wird man ihm nicht vorhalten können, dass es das Zustandekommen des Beschlusses doch hätte verhindern können, indem es nicht mit „Ja" gestimmt hätte. Denn eine Ja-Stimme weniger hätte an dem Beschluss gerade nichts geändert. Das gilt nun aber im Hinblick auf alle Ja-Stimmen, sofern man sie je einzeln betrachtet. Nur gleichsam das Kollektiv der Ja-Stimmen ist verantwortlich für den Beschluss, aber das Herunterrechnen auf die einzelne Ja-Stimme ist wieder nicht ohne weiteres möglich. Auch wird man hier kaum mit der Zurechnungsfigur der Mittäterschaft weiterkommen, da es dafür im Regelfall an den erforderlichen Voraussetzungen fehlt. Allenfalls dann, wenn vorher eine Verabredung, z.B. innerhalb einer Fraktion, stattgefunden hat, gemeinsam mit „Ja" zu stimmen, mag das anders sein. Bei einer geheimen Abstimmung, in der es keine Vorabsprachen gibt, ist Mittäterschaft der mit „Ja" Stimmenden jedoch schwerlich gegeben.

Noch weniger ist dies bei denjenigen anzunehmen, die sich bei der Abstimmung der Stimme enthalten haben, es sei denn, dies wäre ausnahmsweise vorher verabredet worden. Nimmt man hier einmal eine Konstellation an, in der es für eine Abwendung des Abstimmungsergebnisses nicht ausgereicht hätte, wenn einer der Sich-Enthaltenden mit „Nein" gestimmt hätte, so entsteht wiederum eine Konstellation alternativer Kausalität. Denn hier kann man dem Einzelnen, der sich enthalten hat, nicht vorwerfen, dass er nicht durch eine „Nein"-Stimme das Abstimmungsergebnis verhindert habe. Denn ein geändertes Abstimmungsverhalten von ihm *allein* hätte an dem Abstimmungsergebnis gerade nichts geändert. Nur die Änderung des Abstimmungsverhaltens durch eine hinreichend große Zahl aus dem Kollektiv der Sich-Enthaltenden hätte ein anderes Abstimmungsergebnis bewirken können. Damit steht man wieder vor dem Problem, dass man zwar dem Kollektiv gleichsam einen kollektiven Vorwurf machen kann, nicht aber diesen Vorwurf ohne weiteres auf den einzelnen Abstimmenden herunterrechnen darf.

V. Noch einmal: Kollateralschäden und Kollektivschuld

Damit ist jetzt abschließend auf die Ausgangsfrage zurück zu kommen, indem die Problematik auf die staatliche Ebene zu erstrecken ist. In der Regel wird man der übergroßen Mehrheit der Bevölkerung eines Staates nicht vorwerfen können, was Staatsorgane in ihrem Namen anderen Staaten gegenüber an Unheil anrichten. Dies wohl selbst dann nicht, wenn sie einmal in einer Demokratie für die betreffende Regierung gestimmt haben. Allenfalls diejenigen, die aktiv mithelfen bei der Durchführung der Untaten des Regimes, sind direkt für den angerichteten Schaden verantwortlich und sind zu Recht mögliche Adressaten von Gegenmaßnahmen, wobei auch das nur vorbehaltlich eventuell eingreifender zusätzlicher Umstände gelten kann.

Was aber lässt sich den sog. Mitläufern eines Regimes oder auch der „unschuldigen" Zivilbevölkerung vorwerfen? Wobei einmal um des Arguments willen vorausgesetzt sei, dass es dabei nur um Personen geht, die für ihr Verhalten grundsätzlich voll verantwortlich sind (also gerade nicht um Kinder usw). Man könnte ihnen allenfalls vorwerfen, nichts gegen das Regime im eigenen Staat getan zu haben. Das aber ist nur plausibel im Hinblick auf mehrere, wenn nicht sogar viele: *Alleine* wird man gegen ein staatliches Regime kaum jemals etwas ausrichten können. Und schon ist man wieder in dem argumentativen Dilemma, dass man einerseits dem Kollektiv der Bevölkerung vorwerfen kann, nichts gegen das Regime und dessen Taten getan zu haben, und andererseits diese Schuld des Kollektivs nicht ohne weiteres auf den einzelnen Bürger herunterrechnen kann.

Es fragt sich deshalb, ob es gleichsam ein Maß dafür gibt, wann man eine Person für die dem Kollektiv zurechenbare Verantwortung auch individuell zur Verantwortung ziehen kann. Anscheinend ist dieses Maß in dem Grad der Freiwilligkeit zu sehen, mit dem das Individuum dem Kollektiv angehört. Je größer dieser Freiheitsgrad ist, desto eher oder desto stärker haftet das Individuum sekundär für das mit, was primär nur dem Kollektiv zugerechnet werden kann. Um es an den drei hier in erster Linie besprochenen Konstellationen zu zeigen: Der stärkste Grad von Freiwilligkeit einer Bindung an das Kollektiv ist offenbar in den Fällen der strafrechtlichen Zurechnungsfigur der Mittäterschaft gegeben. Hier sind es die Einzelpersonen selbst, die das Kollektiv wollen und es für ihre Zwecke einsetzen. Es macht deshalb Sinn, sie für alles das voll mithaften zu lassen, was das Kollektiv anrichtet. Dies hat seine klaren Grenzen – entgegen der herrschenden Meinung im strafrechtlichen Schrifttum auch in den Fällen alternativer Kausalität – dort, wo gerade kein gemeinsamer Tatentschluss das Kollektiv begründet hat.

Einen Grenzfall bildet demgegenüber die Konstellation der Entscheidung in Gremien. Denn dem Gremium insgesamt gehört das Mitglied in aller Regel freiwillig an. Es hat die jederzeitige Möglichkeit, sich einer Abstimmung zu entziehen, etwa indem es sein Amt niederlegt und aus dem Gremium ausscheidet. Auch in den Fällen, in denen man nicht sagen kann, dass zwischen den Abstimmenden eine mittäterschaftliche Verbindung besteht, begibt sich das Mitglied des Gremiums doch gewissermaßen freiwillig in die Gefahr der Mithaftung für die Beschlüsse des Gremiums und ist zumindest bei Abgabe einer Ja-Stimme, aber wohl auch einer Enthaltung, für die Beschlüsse des Gremiums und deren Folgen (mit-)verantwortlich.

Dies ist auf der Ebene des Staates anders. Einem Staat gehört man nicht in der Weise freiwillig an wie einem Beschlussgremium. Man wird zumindest in der Regel in die Staatsbürgerschaft hineingeboren und hat auch selten einen nur annähernd vergleichbaren Einfluss auf das staatliche Gebaren wie im Fall des Gremiums. Zudem sind die Möglichkeiten zum Ausstieg aus der staatlichen Gemeinschaft beschränkt. Es bleibt daher durchaus eine Schuld des Kollektivs der Bürger insgesamt bestehen, wenn sie sich nicht gegen das eigene staatliche Regime, sofern es Unrecht tut, zur Wehr setzen, doch lässt sich diese Kollektivschuld nicht auf den einzelnen Bürger herunterrechnen. Eine *Rechtfertigung* für die Herbeiführung vorhersehbarer Kollateralschäden gibt der Aspekt der Mithaftung der Bürger für das Verhalten ihres Staates also keinesfalls her. Ob man die Verursachung sog. Kollateralschäden im Hinblick auf andere Gesichtspunkte wenigstens entschuldigen kann, muss an dieser Stelle offenbleiben.

Literatur:

Bader, J.: Die Lehre von der Doppelwirkung und ihre Bedeutung für die Medizinethik, in: *Jan C. Joerden/Josef* N. *Neumann* (Hg.), Medizinethik 3, Studien zur Ethik in Ostmitteleuropa, Bd. 3, Frankfurt am Main 2002, S. 35 ff.

Jakobs, G.: Strafrecht Allgemeiner Teil, Die Grundlagen und die Zurechnungslehre, 2. Aufl., Berlin 1991.

Joerden, J. C.: Dyadische Fallsysteme im Strafrecht, Berlin 1986.

Joerden, J. C.: Strukturen des strafrechtlichen Verantwortlichkeitsbegriffs: Relationen und ihre Verkettungen, Berlin 1988.

Kaufmann, A. (Hg.): Die Peinliche Gerichtsordnung Kaiser Karls V. von 1532, 5. Aufl. des vormals von G. Radbruch herausgegebenen Werkes, Stuttgart 1980.

Kindhäuser, U.: Handlungs- und normtheoretische Grundfragen der Mittäterschaft, in: Joachim *Bohnert* et al., Verfassung–Philosophie–Kirche, Festschrift für Alexander Hollerbach zum 70. Geb., Berlin 2001, S. 627 ff.

Knauer, C.: Die Kollegialentscheidung im Strafrecht, 2001.

Lackner, K./Kühl, K.: StGB, Strafgesetzbuch mit Erläuterungen, 24. Aufl., München 2001.

Rödig, J.: Die Denkform der Alternative in der Jurisprudenz, Heidelberg 1969.

Schaal, A.: Strafrechtliche Verantwortlichkeit bei Gremienentscheidungen in Unternehmen, Berlin 2001.

Thomas von Aquin: Summa theologica, Pars Secunda Secundae.

Joachim Renzikowski

Verantwortlichkeit in Hierarchien

I. Einleitung

Am 12. Februar 2002 begann die Verhandlung gegen Slobodan Milosevics vor dem Internationalen Strafgerichtshof für Jugoslawien in Den Haag (Az: IT–02–54). Dem vormaligen Staatschef von Jugoslawien wird eine Mitverantwortung für die Greueltaten in Bosnien-Herzegowina und im Kosovo angelastet. An der Ermordung und Vertreibung von Zivilisten, den Folterungen von Gefangenen oder den Massenvergewaltigungen war Milosevics nicht unmittelbar beteiligt. Die Vorwürfe stützen sich deshalb darauf, dass Milosevics diese Taten befohlen haben oder zumindest nicht gegen sie eingeschritten sein soll. Das Problem der rechtlichen Beurteilung von „Schreibtischtätern" ist freilich nicht neu, man erinnere sich nur an die Nürnberger Kriegsverbrecherprozesse oder – aktueller – an die Strafverfahren gegen Krenz, Streletz, Keßler und andere Mitglieder des Nationalen Verteidigungsrates der DDR wegen des Schusswaffengebrauchs an der Mauer (BGHSt 40, 218 ff.; 45, 270 ff.). Dieselben Fragen stellen sich nicht nur bei der strafrechtlichen Aufarbeitung eines Unrechtsstaates. Unschwer kann man an die Stelle von Göring, Honecker oder Pinochet die Person eines Vorstandsmitglieds oder eines Aufsichtsratsvorsitzenden von Industrieunternehmen setzen, wenn es um Wirtschafts- oder Umweltkriminalität geht. Nicht zuletzt finden sich hierarchische Strukturen im Bereich der Organisierten Kriminalität.

Die Verantwortlichkeit des „Täters hinter dem Täter" (nach der gleichnamigen Arbeit von Schroeder) entspricht der landläufigen Intuition, die sich nicht damit abfinden will, dass man nur die Kleinen hängt und die Großen laufen lässt. So riefen etwa die strafrechtlichen Konsequenzen des Großbrandes bei der Firma Sandoz im November 1986 in Schweizerhalle bei Basel allgemeines Befremden hervor. Für schwerste Umweltschäden wurden lediglich zwei Mitglieder der Betriebsfeuerwehr verurteilt, weil durch ihre Fahrlässigkeit Löschmittel und andere Chemikalien in den Rhein gelangt waren. Der Fall Sandoz zeigt, dass es häufig immense praktische Probleme bereitet, überhaupt einen Verantwortlichen in einem Betrieb zu ermitteln. Die unter dem Stichwort „Organisierte Unverantwortlichkeit" diskutierten Fragen sollen im folgenden nicht behandelt werden (näher dazu Eidam, 41 ff., 229 ff.; Heine, 30 ff., 106 f., 129 ff., 146 f. et passim). Vielmehr soll das Hauptaugenmerk darauf gerichtet werden, ob und wie sich eine Verantwortung des Vorgesetzten begründen lässt. Dabei sind zwei Konstellationen zu unterscheiden: die Verantwortlichkeit des Vorgesetzten für die Ausführung seiner Befehle (dazu III.) und die Verantwortlichkeit für Straftaten Untergebener aufgrund unterlassener Aufsicht (dazu IV.). Zuvor sind die Prämissen zu klären, unter denen überhaupt verschiedene Formen der Verantwortlichkeit voneinander unterschieden werden können (dazu II.).

II. Die Grundlagen des restriktiven Täterbegriffs

Nach Kant ist „Zurechnung (imputatio) in moralischer Bedeutung (...) das Urteil, wodurch jemand als Urheber (causa libera) einer Handlung, die alsdann Tat (factum) heißt und unter Gesetzen steht, angesehen wird." (Kant AA VI, 227; vgl. auch den Beitrag von Aichele, in diesem Band) Zwei Ausdrücke dieser Definition bedürfen einer näheren Erläuterung: Gegenstand der Zurechnung ist nach dieser Definition eine „Handlung". Was ist damit gemeint? Kriterium der Zurechnung ist die „causa libera". Unter welchen Voraussetzungen kann man von einer solchen „causa libera" sprechen?
Die Deliktstatbestände beschreiben prima facie rechtswidrige Handlungen. Tatbestandsmäßig ist etwa nach § 212 StGB die Tötung eines anderen Menschen oder nach § 242 StGB die Wegnahme einer fremden beweglichen Sache. Bei der Bestimmung der Reichweite der einzelnen Deliktstatbestände konkurrieren bekanntlich zwei Modelle. Nach dem extensiven Täterbegriff beschreiben die Erfolgsdelikte das unrechte Verhalten als jegliche Art der Verursachung einer Rechtsgutsverletzung. Dagegen schränkt der restriktive Täterbegriff den Anwendungsbereich der Tatbestände ein: Täter ist, wer die Tat „begeht" – was immer das heißen mag –, und nicht, wer eine Rechtsgutsverletzung verursacht (Renzikowski, 11 f., 14 ff.). In Deutschland hat sich nach nahezu einhelliger Auffassung der restriktive Täterbegriff durchgesetzt. Sieht man genauer hin, so wird diese Feststellung allerdings zweifelhaft. So beginnt man bei der Prüfung, ob der objektive Tatbestand eines bestimmten Erfolgsdelikts verwirklicht ist, üblicherweise mit der Frage, ob eine willensgesteuerte Körperbewegung des Täters für den eingetretenen Erfolg kausal geworden ist. Dies ist nach der vorherrschenden Auffassung dann der Fall, wenn die Körperbewegung conditio sine qua non für den eingetretenen Erfolg ist. Die allgemein zugrundegelegte Äquivalenztheorie behandelt innerhalb einer Ursachenkette nicht nur jedes Glied als Ursache, wie sich aus der Bedingungsformel ergibt. Vielmehr wird jede Ursache auch rechtlich als gleichwertig, als „äquivalent" angesehen (Roxin 1997, § 11 Rn. 5; SK/Rudolphi, Vor § 1 Rn. 40). An die äquivalente Kausalität schließt sich ein zweiter Schritt, die sogenannte „objektive Zurechnung". Grundgedanke dieser Lehre ist die normative Einschränkung der als zu weit empfundenen Kausalität durch den Begriff des unerlaubten Risikos (vgl. SK/Rudolphi, Vor § 1 Rn. 57; Wessels/Beulke, Rn. 154, 178). Das Resultat ist banal und in höchstem Maße irreführend zugleich. Banal, weil sich die Aussonderung von allgemeinen Lebensrisiken von selbst versteht; irreführend, weil

entgegen dem beabsichtigten Ziel keine Eingrenzung der Kausalität erfolgt: Tatbestandsmäßig bleiben nämlich alle Beiträge, die sich als Setzung eines unerlaubten Risikos bezeichnen lassen, gleich an welcher Stelle der Kausalkette sie erbracht werden (s. Frisch, 302 f.; NK/Puppe, Vor § 13 Rn. 161 ff., 226 f.). Ein unerlaubtes Risiko für das Leben des Opfers schafft nicht nur der Killer durch seinen gezielten Schuss, sondern auch sein Auftraggeber, der ihn für den Anschlag bezahlt, und derjenige, der die Tatwaffe besorgt.

Unter dem Stichwort „Regressverbot" wird folgerichtig – entgegen der ursprünglichen Intention (vgl. dazu Frank, 14) – diskutiert, ob und inwieweit der Kreis der Verantwortlichen für eine Straftat begrenzt werden kann. Nach diesem Ansatz betrifft das Regressverbot nicht die Unterscheidung von Tätern und Teilnehmern, die lediglich als „Strafbarkeitsfiguren" erscheinen (Frisch, 215 Fn. 235, 302 f.; Jakobs 1991, 21/3). Vielmehr wird generell das unerlaubte Risiko eingeschränkt, etwa unter dem Hinweis auf soziale Rollenerwartungen, die es erlauben, sich von der Zuständigkeit für eine Rechtsgutsverletzung zu distanzieren (Jakobs 1991, 24/15 ff.; ders. 1996, 260 ff.).

Diese Vorgehensweise sprengt die Reichweite der Handlungsbeschreibung des jeweiligen Deliktstatbestands. Sie passt auch nicht zum Verständnis von Anstiftung und Beihilfe, die keine bloßen Privilegierungen, sondern eigenständige Beteiligungsformen sein sollen. Während die herrschende Lehre bei der objektiven Zurechnung ein Regressverbot im hier vertretenen Sinne ablehnt (s. Roxin 1997, § 24 Rn. 27; SK/Rudolphi, Vor § 1 Rn. 72), setzt jedenfalls das geltende Recht ein Regressverbot gerade voraus: Der Anstifter und der Gehilfe töten nicht – obwohl sie im Hinblick auf das durch die Haupttat beeinträchtigte Rechtsgut eine unerlaubte Gefahr geschaffen haben (Renzikowski, 70 ff., 119). Entgegen einem weit verbreiteten Missverständnis (zuletzt Kindhäuser, 645) dient ein derartiges Regressverbot nicht dazu, andere Beteiligte aus jeder Verantwortung für das vom Haupttäter angerichtete Unrecht zu entlassen. Was aber ist das maßgebliche Kriterium für einen „Abbruch" der unendlichen Kausalkette?

Die Formulierung „wer die Straftat selbst begeht" in § 25 Abs. 1 1. Alt. StGB knüpft an den alten „formal-objektiven" Täterbegriff an, der Täterschaft als die eigenhändige Tatbestandsverwirklichung definierte (vgl. Bruns, 70 ff.). Täter ist demnach nur derjenige, der durch eine gewillkürte Körperbewegung (zum Begriff der „Basishandlung" s. Danto) die zum Erfolg führende Kausalkette unmittelbar angestoßen hat. Begründen lässt sich dies mit der Trennung der Rechtssphären. Aus dieser Trennung folgt, dass jeder selbst für die Konsequenzen verantwortlich ist, die sich aus der Organisation seines Rechtskreises (m.a.W. der Wahrnehmung der ihm zugeteilten Freiheit) ergeben. In diesem Sinne ist jede Handlung Organisation (d.h. Ausübung der Handlungsfreiheit), auch wenn die Handlungsfolgen von Handelnden nicht vorhergesehen werden. So wie die Selbstverantwortung als Kehrseite der Handlungsfreiheit der Überwälzung von eingetretenen Schäden auf andere grundsätzlich entgegensteht („casum sentit dominus"), so bedarf auch die Überwälzung der Verantwortlichkeit auf andere einer besonderen Begründung (Renzikowski, 70 ff.). Die Zurechnungsregeln der mittelbaren Täterschaft (§ 25 Abs. 1 2. Alt. StGB) und der Mittäterschaft (§ 25 Abs. 2 StGB) sind demnach nicht nur deklaratorisch, sondern konstitutiv (SK/Hoyer, Vor § 25 Rn. 15; anders etwa Hruschka, 602). Während diese Begründung vom Rechtskreis des Täters her argumentiert, stellt ein anderer, damit kompatibler Ansatz auf die Seite des Opfers ab. So charakterisiert Haas die unmittelbare Täterschaft dadurch, dass die Tat in ihrer objektiven Dimension das durch die Verhaltensnorm geschützte subjektive Recht verletzt. Vorgelagerte Handlungen mögen aus vielen Gründen rechtswidrig sein. Sie sind es aber nicht als Verletzung des subjektiven Rechts auf Leben, Gesundheit, Eigentum oder andere Güter. Bezeichnenderweise operiert Haas dabei mit einem engen Kausalitätsbegriff des Bewirkens (Haas, 185 ff.; zu seiner Kritik der Lehre von der objektiven Zurechnung in diesem Band).

Wem ist die so bestimmte tatbestandsmäßige Handlung zuzurechnen? Die weit verbreitete Lehre von der Tatherrschaft unterscheidet zwischen dem Täter als „Zentralgestalt des deliktischen Geschehens", während Anstifter und Gehilfen nur die Stellung von Randfiguren einnehmen (LK/Roxin, § 25 Rn. 36). Diese Metapher wird durch die Formel: „Täter ist, wer das tatbestandsmäßige Geschehen final in den Händen hält" (s. Schönke/Schröder/Cramer/Heine, Vorbem §§ 25 ff. Rn. 63; Wessels/Beulke, Rn. 512) kaum konkreter. Kein Wunder, dass angesichts der Mannigfaltigkeit der Lebensgestaltungen die abschließende Angabe deskriptiver Merkmale als verfehlte „schematisierende Abstraktion" kritisiert wird (Roxin 2000, 119 ff., 533). Dass sich auf diese Weise eine scharfe Grenze zwischen Täterschaft und Teilnahme ziehen lässt, wird man kaum behaupten können. Vielmehr läuft ein „Begriff der Täterschaft, [der] aber auch insofern dialektischer Art [ist], als er sich durch Gegensätze hindurch entfaltet" (Roxin 2000, 529) auf eine von der Tatherrschaftslehre bekämpfte Ganzheitsbetrachtung hinaus, die aus verschiedenen topoi mal den einen, mal den anderen Gesichtspunkt als maßgeblich herausgreift (vgl. Schmidhäuser, 343 ff.). Was bleibt dann vom Begriff des Täters und von seiner materialen Grundlegung?

Die bereits angesprochene Definition der Zurechnung von Kant verdeutlicht, dass es um Freiheit geht, um die „causa libera". Zweck der Operation „Zurechnung" ist es, bestimmte Handlungen bestimmten Urhebern zuzuordnen. Maßgebliches Zurechnungskriterium ist demnach die Autonomie, und zwar aus drei Gründen: Erstens erscheint der Mensch nach der Vorstellung unserer Verfassung als eine auf Freiheit und Selbstverantwortung angelegte Person. Zweitens wird nach der personalen Rechtsgutslehre jedem Individuum ein Bereich rechtlich garantierter Freiheit zugewiesen, in dem es sich entfalten und externe Zugriffe ausschließen kann. Kehrseite dieser Freiheit zur Selbstbestimmung ist – wie bereits erwähnt – die Verantwortung des Rechtsgutsinhabers für die Folgen, die sich aus der Wahrnehmung seiner Freiheit ergeben. Wenn drittens der Rechtsgutsinhaber nur für den Bereich der ihm rechtlich garantierten Freiheit verantwortlich ist, können sich die Verhaltensnormen auch nur auf die Ausübung dieser Verantwortung richten (Renzikowski, 67 ff.).

III. Die Verantwortlichkeit des Vorgesetzten für die Ausführung seiner Befehle

a) Mittelbare Täterschaft bei unfrei handelndem Werkzeug

Nach den vorstehenden Prämissen kann das Verhalten des Untergebenen dem anweisenden Vorgesetzten als eigene Tat zugerechnet werden, wenn der Vordermann als „causa non libera" bewertet werden kann, d.h. wenn er unfrei gehandelt hat. § 25 Abs. 1 2. Alt. StGB beruht auf diesem Zurechnungsprinzip. Mittelbare Täterschaft des Vorgesetzten kommt demnach in folgenden Konstellationen in Betracht:

Fehlender Vorsatz des Vordermannes kann eine mittelbare Täterschaft des Hintermannes begründen. Wer unvorsätzlich handelt, der handelt nicht frei. Da er die negativen Folgen seiner Handlung für andere Rechtsgüter nicht vorhersieht, fehlt ihm insoweit eine Verhaltensalternative. Er hat gerade keinen Anlass, sein Verhalten entsprechend auszurichten, um die drohende Rechtsgutsverletzung zu vermeiden (Joerden, 32 f.). Ein Untergebener handelt in der Regel nicht einmal fahrlässig, wenn er die Anweisung eines Vorgesetzten ausführt. Es würde gerade dem Sinn des bestehenden hierarchischen Verhältnisses widersprechen, wenn der Untergebene die Richtigkeit der Anweisung zu überprüfen hätte. Verantwortlich für die Folgen der Ausführung seiner Weisung ist vielmehr der Befehlsgeber. Ihn trifft allein eine Prüfungspflicht. Deshalb muss er sich vergewissern, dass der Weisungsempfänger die Anweisung auch richtig verstanden hat.

Für den Verbotsirrtum gilt dies entsprechend. Wem die Einsicht in die relevanten rechtlichen Maßstäbe fehlt, der kann sich nicht frei für ihre Befolgung entscheiden (Joerden, 33; vgl. auch BGHSt 35, 347 ff.). Der Untergebene darf sich grundsätzlich auf die Rechtmäßigkeit einer dienstlichen Weisung verlassen. Eine Prüfungspflicht ergibt sich auch nicht aus den beamtenrechtlichen Regeln der Remonstrationspflicht in § 56 Abs. 2 BBG. Der Untergebene wird aber nicht entlastet, wenn die Rechtswidrigkeit des Befehls für jedermann in der fraglichen Position ohne weiteres erkennbar war (vgl. § 5 Abs. 1 WStG). Daran wird deutlich, dass die Kriterien für die „causa libera" normativ sind. In den Mauerschützenfällen hat der Bundesgerichtshof den unmittelbar handelnden Grenzsoldaten zwar einen Verbotsirrtum zugestanden. Ungeachtet ihrer systematischen Indoktrination hielt er diesen Irrtum jedoch für vermeidbar, da die Rechtswidrigkeit des tödli-

chen Schusswaffeneinsatzes offensichtlich gewesen sei (BGHSt 39, 1, 32 ff.; 168, 190 ff.; krit. Eser, 339 ff.; einschränkend auch BVerfGE 95, 96, 142). Vor dem Hintergrund der an der Radbruchschen Formel orientierten Bewertung des Grenzregimes erscheint dies konsequent, werden doch die einschlägigen Regelungen der ehemaligen DDR deshalb als nichtig – und damit im Hinblick auf das Rückwirkungsverbot (Art. 103 Abs. 2 GG) unbeachtlich – angesehen, weil sie evident gegen allgemein anerkannte Menschenrechtsprinzipien verstoßen hätten (s. BGHSt 39, 14 ff.; 40, 241, 244 ff.; 41, 101, 106 ff.). Auf die damit verbundenen Probleme soll hier nicht näher eingegangen werden (krit. etwa Ebert, 501 ff.; weitere Nachweise bei Schönke/Schröder/Eser, Vorbem §§ 3-7 Rn. 99). Festzuhalten bleibt indes, dass auch ein vermeidbarer Verbotsirrtum grundsätzlich mittelbare Täterschaft begründen kann, denn in actu handelt der Vordermann ohne Unrechtsbewusstsein und damit unfrei. Bei den Mauerschützenfällen hätte die Rechtsprechung deshalb nicht auf die Konstruktion einer „Organisationsherrschaft" zurückgreifen müssen, um den Schusswaffengebrauch den Mitgliedern der Kommandoebene zuzurechnen.
Sieht der Ausführende die schlechten Folgen seines Handelns voraus und erkennt er seine Rechtswidrigkeit, so kann seine Verantwortung gleichwohl dann ausgeschlossen sein, wenn er sich in einer Zwangslage befunden hat. Der Entschuldigung im „Nötigungsnotstand" sind allerdings enge Grenzen gesetzt. Die Verweigerung des Gehorsams muss das Leben, die körperliche Unversehrtheit oder die persönliche Freiheit des Befehlsempfängers oder ihm nahestehender Personen in Gefahr bringen. Hier ist insbesondere an Sanktionen zu denken, die im konkreten Fall bei Befehlsverweigerung angedroht sind. Ob entsprechende Strafen auch tatsächlich verhängt werden, ist ohne Bedeutung. Da es maßgeblich auf die psychische Zwangslage des Betreffenden ankommt (s. § 35 Abs. 2 StGB), kann wirkungsvoller Druck auch durch nebulöse Andeutungen erzeugt werden, die bei den Adressaten – möglicherweise unbegründete – Furcht auslösen sollen. Allerdings muss die Ausführung des Befehls zusätzlich – auch aus der Sicht des Befehlsempfängers – das einzige Mittel darstellen, um diese Gefahr abzuwenden. Immer wieder finden sich jedoch Beispiele dafür, dass auch unter autoritären Regimes passiver Widerstand ohne erhebliche Gefahren für die eigene Person möglich war (vgl. Gauck, 25 ff.). Die Rechtsprechung hat sich schon bei der Beurteilung des NS-Unrechts mit der Annahme eines Befehlsnotstandes äußerst zurückgehalten (vgl. OGHSt 2, 225, 228 f.; BGHSt 3, 271, 275 ff.; BGH, NJW 1972, 832, 834). In den Mauerschützenfällen spricht gegen eine entsprechende Entschuldigung der unmittelbar handelnden Grenzsoldaten, dass sie immer noch hätten daneben schießen können.

b) Die „Organisationsherrschaft“

Umstritten ist, ob die befohlenen Straftaten den Hinterleuten auch dann zugerechnet werden können, wenn die Untergebenen voll verantwortlich gehandelt haben. Hier kommt nach dem Autonomieprinzip ein Regressverbot in Betracht: Der Hintermann ist nicht mittelbarer Täter nach § 25 Abs. 1 2. Alt. StGB, sondern Anstifter nach § 26 StGB (vgl. Herzberg, 49 ff.).

Die überwiegende Ansicht verfährt anders. Sie beurteilt den Hintermann als mittelbaren Täter, da er einen Machtapparat beherrscht, dessen Organisationsstrukturen den Vollzug krimineller Befehle unabhängig von der Individualität des Ausführenden gewährleisten. Während der unmittelbar Handelnde lediglich als „auswechselbares Rädchen im Getriebe“ – also als Randfigur – erscheint, hält der „Schreibtischtäter“ in der Zentrale das deliktische Geschehen in der Hand, wobei ihm die Person des Ausführenden regelmäßig gleichgültig sein wird (Roxin 1999, 550 f., 555; 2000, 242 ff.). Die Autonomie des Vordermannes wird durch das Kriterium der Fungibilität überwunden. Der Bundesgerichtshof hat die sogenannte „Organisationsherrschaft“ zum ersten Mal im Keßler-Streletz-Fall angewendet, während das Landgericht Berlin als Vorinstanz die Angeklagten noch wegen Anstiftung verurteilt hatte. Daran kritisiert der Bundesgerichtshof: „Den Hintermann in solchen Fällen nicht als Täter zu bestrafen, würde dem objektiven Gewicht seines Tatbeitrags nicht gerecht, zumal häufig die Verantwortlichkeit mit größerem Abstand zum Tatort nicht ab-, sondern zunimmt.“ (BGHSt 40, 237) Die Bedeutung der Organisationsherrschaft beschränkt sich nicht auf diese besondere Konstellation, da die Richter erwägen, sie künftig auch zur Beurteilung der Verantwortlichkeit beim Betrieb wirtschaftlicher Unternehmen heranzuziehen (BGHSt 40, 236 f.; 42, 65 ff.).

Das Fungibilitätskriterium vermag aus mehreren Gründen nicht zu überzeugen. Zunächst ist seine Tragweite geringer, als seine Verfechter annehmen. Übersehen wird dabei nämlich, dass nicht immer Ersatzleute bereitstehen, um den Befehl bei Verweigerung zu vollziehen. Wenn der Grenzsoldat A überhaupt nicht oder daneben schießt und der Flüchtling entkommt, wird *dieser* „Grenzdurchbruch“ nicht verhindert (Rotsch, 528 f.). Ferner vernachlässigt das Fungibilitätskriterium, dass es immer noch vom Untergebenen selbst abhängt, ob und wie er den Befehl ausführt. So schreibt etwa der Publizist Henryk M. Broder: „Die Mitläufer sind nicht die Verführten eines Systems, sie sind seine Grundlage. Ohne die Mitläufer wären die Mächtigen machtlos, es wäre einfach niemand da, der ihren Befehlen gehorchen, ihre Anordnungen ausführen würde. Ein System, dem sich die Mitläufer versagen, bricht zusammen, wie sehr sich auch die Angehörigen der Eliten darum bemühen, an der Macht zu bleiben. Ein Gewaltsystem ist keine One-Man-Show.“ (Broder, 46) Das Individuum lässt sich niemals restlos mit irgendeiner kollektiven Zwangsanstalt verrechnen, da es prinzipiell in der Lage ist, die kollektive Moral mit seiner individuellen Moralität zu konfrontieren – und anders zu entscheiden. Tatsächlich stellt sich die Zurechnungsfrage ja erst, weil sich im konkreten Fall der Vordermann dem Befehl des Hintermannes untergeordnet hat. Dagegen spielt es keine Rolle, dass der Hintermann bei einer Weigerung auf andere willigere Vollstrecker zurückgreifen könnte. Hypothetische Erwägungen über künftige Möglichkeiten sind nicht geeignet, die Beherrschung eines Werkzeugs hic et nunc zu begründen (s. auch Herzberg, 36 ff.).

Die Beschwörung der dominierenden Stellung der Hinterleute als den wahren Entscheidungsträgern enthält gleichwohl einen diskutablen Kern. Der unmittelbar Ausführende macht nämlich seine Tat von den Befehlen der Vorgesetzten abhängig. Er stellt sich gewissermaßen in den Dienst des Hintermannes. Diese Selbstbindung wird zu Recht von der sogenannten Lehre vom Unrechtspakt (Puppe, 112 ff.; ähnlich Joerden, 122 f.) als Charakteristikum der nach § 26 StGB tätergleichen Anstiftung angesehen (üblicherweise wird jedoch ein weiterer Begriff der Anstiftung vertreten, vgl. Schönke/Schröder/Cramer/Heine, § 26 Rn. 4). Eine Zurechnung der Tat des Vordermannes zum Hintermann scheint folgendermaßen plausibel begründbar zu sein: Zwar ändert die Selbstbindung an den Willen des Hintermannes nichts daran, dass der Vordermann sich eigenverantwortlich für die Tat und damit für die Unterwerfung unter einen fremden Willen entschieden hat. Im Verhältnis zum Hintermann tritt die Autonomie des Vordermannes jedoch in den Hintergrund. Beide kommunizieren nicht mehr auf einer Ebene von gleich zu gleich, sondern in einer Beziehung von Herr zu Diener. Deshalb begründet derjenige, der sich freiwillig in den Dienst eines Hintermannes stellt, dessen Verantwortlichkeit für alle Taten, die im Auftrag des Hintermannes begangen werden. Dieser Vorschlag ermöglicht eine differenzierte Beurteilung der Personen, die innerhalb einer Befehlskette tätig werden. Diese Personen sind dann keine mittelbaren Täter, sondern nur Gehilfen, wenn sie als Erklärungsboten den Befehl lediglich weitergeben, da sie nicht als Quasi-Vertragspartner eines Unrechtspakts in Erscheinung treten (vgl. BGHSt 47, 100 ff.; anders für die Stellung eines Regimentskommandeurs BGHSt 42, 65, 68 ff.).

De lege lata lässt sich diese Lösung mit dem deutschen Strafrecht nicht vereinbaren. In anderen europäischen Ländern sind dagegen entsprechende Zurechnungsregeln bekannt. So ist nach Art. 26 CCP (Portugal) Täter, „wer vorsätzlich einen anderen zur Begehung der Straftat bestimmt (determinar), sofern die Tat vollzogen oder eingeleitet worden ist“. Nachdem das portugiesische Strafrecht die Anstiftung (Instigação) früher als eigenständige Beteiligungsform behandelte, deutet man sie heute als eine erweiterte Form der mittelbaren Täterschaft (vgl. Acórdão do Supremo Tribunal de Justiça v. 26. 10. 2000, Proç.n^0 1653/00 – 5.ª Secção <www.stj.pt>; Acórdão do Tribunal da Relação do Porto v. 8. 10. 1997, Proç.n^0 9740859 <www.dgsi.pt>). Art 28 CP (Spanien) sieht als Täter (in einem weiteren Sinne?) an, „wer einen anderen oder andere unmittelbar zur Ausführung anstif-

tet". Das polnische Strafrecht regelt in Art. 18 § 1 StGB eine Täterschaft durch Beauftragung. Täter ist demnach, wer unter Missbrauch der Abhängigkeit einer anderen Person diese anhält, die Tat zu begehen. Schließlich erkennt Art. 25 Abs. 3 a des Römischen Statuts für den künftigen Internationalen Strafgerichtshof in Den Haag (IStGH-Statut) ausdrücklich die mittelbare Täterschaft in Gestalt des „Täters hinter dem Täter" (commit through another person, regardless of wether that other person is criminally responsible, 3. Alt.) an. Deshalb spricht viel dafür, dass die Teilnahmehandlung des Befehlens in Art. 25 Abs. 3 b IStGH-Statut in Wahrheit ein Unterfall des Begehens durch eine andere Person darstellt (s. Triffterer/Ambos, Art. 25 Rn. 12). Ähnliche Ansätze finden sich in der deutschen Strafrechtswissenschaft zu Beginn des 19. Jahrhunderts. So sahen etwa Feuerbach, Grolman und Klein – mit gewissen, hier nicht interessierenden Unterschieden – auch die intellektuellen Urheber, d.h. „diejenigen, in deren Willen das Verbrechen vorzüglich gegründet ist", als Täter an (Grolman, § 33; Feuerbach, § 44; Klein, 104) – eine Vorwegnahme der späteren subjektiven Theorie des Reichsgerichts, wonach Täter war, wer die Tatbegehung als eigene wollte (RGSt 3, 181; 74, 84 ff.; BGHSt 16, 12, 14).
Schließlich führt diese Überlegung zu einer befriedigenden Erklärung der Mittäterschaft. § 25 Abs. 2 StGB wird zu Recht als eine besondere Zurechnungsregel angesehen. Zurechnungssubjekt ist nach herkömmlichem Verständnis zunächst nicht der einzelne Beteiligte mit seinem individuellen Tatbeitrag, sondern die Mittäter als Kollektiv. Dieser Personengesamtheit wird das gemeinsame Werk als Ganzes zugerechnet. Wer sich an dieser Personengemeinschaft beteiligt, haftet für das Werk des Kollektivs und nicht nur für seinen eigenen Tatanteil (Joerden, 78 ff.; Renzikowski, 100 f.). Unklar bleibt bei dieser Konstruktion, weshalb ein Komplize für die eigenverantwortlichen Tatbeiträge der anderen mitverantwortlich sein soll. Die Bildung einer Kollektivperson erscheint als Irrweg, weil sie nur eine kollektive Verantwortlichkeit (zur gesamten Hand, vgl. § 31 BGB) begründen kann (Kindhäuser, 630 ff.). Die Lösung liegt in der wechselseitigen vertragsähnlichen Bindung der Mittäter. Wie die Anstiftung kennzeichnet die Mittäterschaft ein Unrechtspakt, nur dass sich die Quasi-Vertragspartner gegenseitig in Dienst nehmen (Haas, 222; Kindhäuser, 645 f.). In diesem Sinne bezeichnete bereits Binding (298) die Mittäterschaft als „freie Stellvertretung bei der deliktischen Handlung". Somit können im Rahmen eines Betriebes oder einer anderen Herrschaftsorganisation die strafbare Handlungen der Untergebenen demjenigen zugerechnet werden, der sie durch seine Anweisung veranlasst hat. Zurechnungsgrund ist die Selbstbindung des Täters gegenüber dem Anstifter im Rahmen eines Unrechtspakts.
Dieser Vorschlag muss mit zwei Einwänden rechnen. Der erste Einwand bezieht sich auf den Begriff der Kausalität. Man könne nicht einen starken Ursachenbegriff, der lediglich die letzte freie menschliche Handlung als Ursache bezeichne,

und einen weiten Kausalbegriff, der auch die Bedingung einer freien menschlichen Handlung als Ursache erfasse, nebeneinander anwenden, ohne sich in einen Widerspruch zu verstricken (Hruschka, 586 ff.). Fraglich ist jedoch, ob man psychische Interaktionen überhaupt kausal erklären kann (vgl. NK/Puppe, Vor § 13 Rn. 111 f., 115 ff.). So handelt das vorsatzlose oder über die Unrechtmäßigkeit seines Tuns irrende Werkzeug nicht frei im kantischen Sinne. Gleichwohl liegt es allein an seiner Entscheidung, ob es den Einflüsterungen des Hintermannes Folge leistet oder nicht. Damit wird die kausale Erklärung der mittelbaren Täterschaft überhaupt zweifelhaft. Ein zweiter Einwand könnte monieren, dass der Begriff des Täters seine Konturen verliert, wenn man hinter die freie Handlung (causa libera) zurückgreift (vgl. Hruschka, 602). Konsequenterweise müsste dann aber auch die Mittäterschaft als Zurechnungskonstruktion aufgegeben werden.
Wie auch immer man die „Organisationsherrschaft" strafrechtlich beurteilt, ihre Grenze findet diese Figur dort, wo das Strafrecht auf Dezentralisierung und funktionelle Differenzierung der Kompetenzen in Wirtschaftsunternehmen trifft. Hier fehlt es an einer hierarchischen Kette. An die Stelle der Steuerungsautomatik tritt die Koordination. Werden aus dem Betrieb heraus Straftaten begangen, stellt sich die Frage nach der strafrechtlichen Verantwortlichkeit für die fehlerhafte Betriebsorganisation. Die Haftung für Unterlassen ist Thema des nächsten Abschnitts.

IV. Die Unterlassenshaftung des Vorgesetzten

Im folgenden soll es nicht um das Versäumnis gehen, die entsprechenden Betriebsstrukturen zur Verhinderung von Straftaten zu schaffen. Vielmehr soll untersucht werden, inwieweit sich eine Supervisionsverantwortlichkeit innerhalb einer vorhandenen Hierarchie begründen lässt. Eine derartige Aufsichtsverantwortung über andere Personen bereitet angesichts des Prinzips der Eigenverantwortlichkeit, der Grundlage des restriktiven Täterbegriffs, besondere Schwierigkeiten.
Das deutsche Recht regelt an verschiedenen Stellen die Verantwortlichkeit des Vorgesetzten für unterlassene Aufsicht. Beispielhaft genannt seien an erster Stelle § 357 StGB, die sogenannte „Konivenz", und § 41 WStG. Hier begründet die mangelhafte Dienstaufsicht des vorgesetzten zivilen oder militärischen Amtsträgers eine strafrechtliche Haftung für Straftaten Untergebener. Weitere Beispiele sind etwa §§ 4 Abs. 2, 15 Abs. 2 UWG (Haftung des Betriebsinhabers oder -leiters für strafbare Werbung bzw. geschäftliche Verleumdung durch einen Angestellten) und § 20 Abs. 2 LPresseG-Baden-Württemberg (Aufsichtspflichtverletzung des verantwortlichen Redakteurs). Im Völkerstrafrecht ist die Vorgesetztenverantwortlichkeit schon lange gewohnheitsrechtlich anerkannt. Art. 28 IStGH-

Statut geht über die genannten deutschen Regelungen weit hinaus. So sollen zivile oder militärische Befehlshaber selbst dann als Täter der von Untergebenen begangenen Taten bestraft werden, wenn ihnen selbst nur Fahrlässigkeit vorzuwerfen ist. Die Bestrafung als Täter ist darüber hinaus vorgesehen, wenn der Vorgesetzte es unterlässt, eine bereits begangene Tat zu bestrafen oder den Täter der Strafverfolgung zuzuführen (näher dazu Vogel, 428 ff.). Die Vorstellung einer Beteiligung nach der Tat, die eine Verantwortlichkeit für das bereits Geschehene begründet, ist freilich nicht neu. Entsprechende Ansätze finden sich bereits im Mittelalter und setzen sich über Pufendorf (lib. I cap. I, § XXVII) bis zum Preußischen Allgemeinen Landrecht (2. Teil, 20. Titel, §§ 83, 84) fort (ausführlich dazu Altenhain, 9 ff., 16 ff.). Mit dem Schuldprinzip ist eine derart weitreichende Zurechnung aufgrund nachträglichen Fehlverhaltens unvereinbar. Der deutsche Gesetzgeber war jedenfalls gut beraten, das weitreichende Konzept der Vorgesetztenverantwortlichkeit nach § 28 IStGH-Statut insoweit nicht in das neue Völkerstrafgesetzbuch (BGBl. 2002 I, 2254 ff.) zu übernehmen, sondern für nachfolgendes Unterlassen gesonderte Regelungen vorzusehen (krit. dagegen Vogel, 435 f.).
In der Praxis dient die Supervisionsverantwortlichkeit des Vorgesetzten häufig als Auffangtatbestand. Zu vermuten ist nämlich, dass in den Fällen der Vorgesetztenverantwortlichkeit regelmäßig bestimmte Anordnungen zur Verbrechensbegehung vorliegen. Das Klima der verbreiteten Terrorisierung der Zivilbevölkerung im Bosnien- und im Kosovokrieg dürfte sich kaum gleichsam von selbst, von der Basis her, entwickelt haben. Dagegen spricht schon, daß es sich nicht nur um vereinzelte Übergriffe weniger Täter gehandelt hat. Da solche Befehle jedoch gerade im Hinblick auf den konkreten Einzelfall nicht immer nachgewiesen werden können, kann die Supervisionsverantwortlichkeit als subsidiäre Haftungsgrundlage herangezogen werden.

a) Die Begründung einer Aufsichtspflicht

Angesichts der verschiedenen gesetzlichen Regelungen einer Aufsichtspflicht des Vorgesetzten zur Verhinderung von Straftaten stellt sich die Frage nach der Begründung derartiger Interventionspflichten, zumal es angesichts des Autonomieprinzips alles andere als klar ist, weshalb jemand der „Hüter seines Bruders“ sein sollte.
Vor dem Hintergrund der Ausführungen zur Organisationsherrschaft lässt sich eine Interventionspflicht zunächst unschwer auf den Gedanken der Ingerenz stützen. Wer durch ein rechtswidriges Vorverhalten, etwa durch unklare Anweisungen, die Gefahr schafft, dass ein Untergebener eine Straftat begeht, muss dagegen einschreiten. Wenn man schon dazu verpflichtet ist, den Befehl zur Begehung einer Straftat zu unterlassen, dann muss man auch verpflichtet sein, die Gefahr der

Begehung der Straftat abzuwenden, wenn man diese Gefahr der Unterlassungspflicht zuwider selbst geschaffen hat (vgl. Renzikowski, 140 f.). Diese Argumentation gilt jedoch nur für den Sonderfall missverstandener Anweisungen und erfasst nicht das dringlichere Problem der stillschweigenden Duldung von Exzessen Untergebener.

Über diesen Sonderfall hinaus wird eine allgemeine Aufsichtsgarantenpflicht aus der Weisungsbefugnis des Vorgesetzten abgeleitet. Die innerbetriebliche Machtverteilung verschaffe dem Vorgesetzten eine Herrschaft über die „partiell unmündigen" Untergebenen (Schünemann, 102 f.). Versteht man den Begriff der „Herrschaft" in einem faktischen Sinn, dann ist damit jedoch noch nicht viel gewonnen. Aus der Möglichkeit, eine Straftat zu verhindern, folgt nämlich noch lange keine Pflicht dazu. Es ist vielmehr umgekehrt: „ultra posse nemo obligatur"! Zu Recht verlangt deshalb etwa Art. 28 IGH-Statut, dass der Vorgesetzte entweder militärische Befehlsgewalt („command") oder sonst Führungsgewalt („authority") besitzt. Maßgeblich ist dabei nicht der formale Dienstgrad in einer Hierarchie, sondern es kommt auf die faktische Kontrolle („effective control") an. Die Supervisionsverantwortlichkeit beschränkt sich nicht auf die höchste Führungsebene, sondern betrifft den unmittelbaren Befehlsbereich jedes Vorgesetzten. Beim Militär ergeben sich daraus keine wesentliche Haftungsbeschränkungen, da nahezu alle Tätigkeiten der Untergebenen erfasst sind. Bei zivilen Behörden beschränkt sich dagegen der Befehlsbereich auf dienstliche Tätigkeiten der Untergebenen, so dass außerdienstliches Verhalten nicht unter die (Mit-)Verantwortung des Vorgesetzten fällt. Keine Pflicht zum Einschreiten besteht dort, wo die Untergebenen völlig außer Kontrolle geraten sind. Pendant der Aufsichtsgarantenpflicht ist auf Seiten der Untergebenen, dass sie sich selbst noch dem Subordinationsverhältnis verpflichtet fühlen.

Die Gehorsamspflicht von Untergebenen in öffentlich-rechtlichen Hierarchien ist rechtlich abgesichert: Ungehorsam kann als Dienstvergehen (vgl. §§ 77 BBG; 23 SG) oder gar als Straftat (§ 20 Abs. 1 Nr. 2 WStG) geahndet werden. Eine derartige Absicherung gibt es in privaten Hierarchien nicht. Aus diesem Grund wird verschiedentlich eine Pflicht des Geschäftsherrn zur Aufsicht über seine Angestellten und Arbeiter abgelehnt. Stattdessen müsse der Betriebsinhaber verhindern, dass die seiner Verfügungsmacht unterstehenden Sachen unbefugt zu betriebsbezogenen Straftaten benutzt würden (Eidam, 170; SK/Rudolphi, § 13 Rn. 35a). Die Eigenverantwortlichkeit der Untergebenen kennzeichnet jedoch nicht den entscheidenden Unterschied zwischen öffentlich-rechtlichen und privaten Weisungsverhältnissen. Ein dienstlicher Befehl mag den Untergebenen in einem weiteren Umfang binden und damit auch entlasten (s.o.) als die arbeitsrechtliche Weisung des Vorgesetzten. An der prinzipiellen Möglichkeit eigenverantwortlichen Handelns der Untergebenen ändert sich jedoch nichts. Im übrigen verfügen Betriebsinhaber und sonstige Vorgesetzte aufgrund ihrer arbeitsrechtlichen

Weisungsbefugnisse, deren Missachtung ebenfalls Sanktionen nach sich ziehen kann, über ausreichende Machtmittel zur Willensbeeinflussung Untergebener. An der fehlenden Weisungsbefugnis scheitert etwa eine Aufsichtsgarantenpflicht des Betriebsbeauftragten für den Gewässerschutz (vgl. § 21 Abs. 1 Nr. 1 WHG). Seine Pflicht bezieht sich darauf, die Betriebsleitung über die Verletzung der Gewässerschutzvorschriften zu informieren, die dann ihrerseits die geeigneten Maßnahmen anweisen muss (näher zu den verschiedenen Betriebsbeauftragten Eidam, 53 ff.).
Eine wie auch immer geartete tatsächliche „Herrschaft" ist also notwendige Voraussetzung für jede Pflicht zum Eingreifen. Aus der faktischen Verhinderungsmöglichkeit folgt aber noch keine rechtliche Verbindlichkeit. Versteht man die „Herrschaft" in einem normativen Sinn, so wird deutlich, dass dieser Begriff erst noch normativ aufgeladen werden muss. Bei der Begründung einer Aufsichtsgarantenpflicht des Vorgesetzten muss zwischen öffentlich-rechtlichen und privaten Hierarchien differenziert werden. Der Zweck jeder Obrigkeit besteht darin, Schaden von den Bürgern abzuwenden (Hobbes, chap. XVII). Das gilt im übrigen auch für die fremde Besatzungsmacht im Rahmen einer kriegerischen Auseinandersetzung (s. IV. Genfer Abkommen vom 12. 8. 1949 zum Schutz von Zivilpersonen in Kriegszeiten). Der Zweck, Schaden abzuwenden, trägt auch eine Aufsichtsgarantenpflicht der vorgesetzten Amtsträger, die durch ihre Untätigkeit sehenden Auges gegenüber rechtswidrigem dienstlichem Verhalten der Untergebenen die Legitimation staatlicher Macht verraten. Dieser zweite Aspekt, die Verantwortlichkeit des Vorgesetzten im Innenverhältnis gegenüber dem Staat – was auch immer darunter zu verstehen ist – mag den Grund dafür abgeben, weshalb Straftaten im Amt ein höherer Unwert zukommt als Straftaten von Nichtamtsträgern (vgl. Hoyer, 30 ff.). Das aber darf den Blick nicht dafür trüben, dass alle Staatsorgane dem hinter dem Gemeinwohl stehenden Wohl des einzelnen Bürgers verpflichtet sind.
Bei Unternehmen verhält es sich anders. Sie handeln nicht gemeinwohlorientiert, sondern sind egoistisch bestrebt, ihren Gewinn zu maximieren. Ihr Zweck ist nicht die praktische Verwirklichung des Rechts, welches das Gemeinwohl konkretisiert, die Rechtsordnung bestimmt nur den Rahmen, in dem das Unternehmen seinen Zweck verfolgen darf. Gewinnerzielung und Rechtlichkeit können miteinander kollidieren. Daher besteht grundsätzlich die Gefahr, dass ein Unternehmen seine Ziele auf Kosten des Rechts verfolgt. Eine Aufsichtsgarantenpflicht des Geschäftsherrn lässt sich deshalb nach der Maxime begründen: Wer zu privatem Nutzen eine Gefahrenquelle eröffnet, haftet als Garant dafür, dass die Gefahr nicht in einen Schaden umschlägt (vgl. Bottke, 25 ff.; krit. Heine, 119 f.). Die Aufsichtsgarantenpflicht bezieht sich nur auf die Verhinderung betriebsbezogener Straftaten. Hier kommen insbesondere Umweltdelikte (§§ 324 ff. StGB) oder das weite Feld der Wirtschaftskriminalität in Betracht. Sofern das Unternehmen ge-

fährliche Gegenstände produziert (z.B. Waffen, Chemikalien), muss es dafür Sorge tragen, dass die Produkte nicht illegal an die falschen Abnehmer verkauft werden. Nicht betriebsbezogene Straftaten fallen dagegen nicht unter die Aufsichtspflicht, auch wenn sie durch bestimmte Weisungen indirekt verhindert werden könnten. Denn insofern begründet die Betriebszugehörigkeit der Täter kein Risiko, welches das allgemeine Risiko der Begehung von Straftaten übersteigt (Bottke, 68 f.; Jakobs 1991, 29/36).
Die Supervisionsverantwortlichkeit von Vorgesetzten ist somit prinzipiell begründbar. Ob wegen der grundlegenden Bedeutung des Autonomieprinzips freilich eine entsprechende Bestrafung wegen Unterlassens nur dort anerkannt werden kann, wo der Gesetzgeber dies ausdrücklich geregelt hat (so Heine, 116; gegen diesen Schluss NK/Seelmann, § 13 Rn. 131), steht auf einem anderen Blatt.

b) Täterschaft durch Unterlassen?

Es bleibt die Frage, wie weit die Folgen der Verletzung einer Aufsichtsgarantenpflicht zugerechnet werden können. Das Gesetz stellt in § 13 Abs. 1 StGB den Garanten, der die gebotene Rettung unterlässt, demjenigen gleich, der die Verletzung verursacht hat. Wird aber auch derjenige zum Täter, dessen Bezug zur Rechtsgutsverletzung allein darin besteht, dass er eine eigenverantwortliche Straftat eines Untergebenen nicht verhindert hat?
Die Autonomie des eigenverantwortlich handelnden Untergebenen spricht gegen Täterschaft, zumal sich dieser in den entsprechenden Fallkonstellationen gerade keinem fremden Willen unterwirft. Insofern besteht zwischen einer Aufsichtspflichtverletzung und einer Beihilfe durch aktives Tun kein Unterschied. In beiden Fällen werden lediglich die praktischen Voraussetzungen für die Tat eines anderen geschaffen (Renzikowski, 145 f.). Der unterlassenen Aufsicht kommt eine andere Unrechtsqualität zu als der Rechtsgutsverletzung selbst, mag auch ein Klima des bewussten Wegsehens derartige Taten begünstigen, seien es Ausschreitungen gegen die Zivilbevölkerung im Rahmen eines bewaffneten Konflikts, seien es fortgesetzte Verstöße gegen Umweltschutzauflagen durch ein Industrieunternehmen. Aber daran zeigt sich nur, dass sich der Vorwurf, der dem Vorgesetzten zu machen ist, nicht mehr auf die einzelne unmittelbare Tat – bei der die Möglichkeit einer Verhinderung zweifelhaft sein kann –, sondern auf seine Beteiligung an einem Unrechtssystem bezieht. Diese Verantwortung wird besser durch eigenständige Tatbestände (vgl. etwa § 130 OWiG) erfasst, die dann schon an die bloße Möglichkeit anknüpfen können, Zuwiderhandlungen der Untergebenen durch die gehörige Aufsicht zu erschweren.

Literatur:

Altenhain, K.: Das Anschlußdelikt, Tübingen 2002.

Amelung, K. (Hg.): Individuelle Verantwortung und Beteiligungsverhältnisse bei Straftaten in bürokratischen Organisationen des Staates, der Wirtschaft und der Gesellschaft, Sinzheim 2000.

Binding, K.: Die drei Grundformen des verbrecherischen Subjekts: der Täter, der Verursacher (Urheber), der Gehilfe, in: Strafrechtliche und strafprozessuale Abhandlungen. Erster Band, 1915, S. 251-401.

Bottke, W.: Haftung aus Nichtverhütung von Straftaten Untergebener in Wirtschaftsunternehmen de lege lata, Berlin 1994.

Broder, H. M.: Erbarmen mit den Deutschen, 2. Aufl., Hamburg 1993.

Bruns, H.: Kritik der Lehre vom Tatbestand, Bonn u.a. 1932.

Danto, A. C.: Basic Actions, in: American Philosophical Quarterly, 2 (1965), S. 141-148.

Ebert, U.: Strafrechtliche Bewältigung des SED-Unrechts zwischen Politik, Strafrecht und Verfassungsrecht, in: Festschrift für Ernst-Walter Hanack zum 70. Geburtstag, Berlin 1999, S. 501-538.

Eidam, G.: Unternehmen und Strafe, 2. Aufl., Köln u.a. 2001.

Eser, A.: Schuld und Entschuldbarkeit von Mauerschützen und ihren Befehlsgebern, in: Festschrift für Walter Odersky zum 65. Geburtstag, Berlin 1996, S. 337-349.

Feuerbach, P.J.A.: Lehrbuch des gemeinen in Deutschland gültigen Peinlichen Rechts, Gießen 1801.

Frank, R.: Das Strafgesetzbuch für das Deutsche Reich, 18. Aufl., Tübingen 1931.

Frisch, W.: Tatbestandsmäßiges Verhalten und Zurechnung des Erfolgs, Heidelberg 1988.

Gauck, J.: Wahrnehmen – Aushalten – Widerstehen, Tübinger Universitätsreden, NF. Bd. 15, Tübingen 1995.

von Grolman, K.: Grundsätze der Criminalrechtswissenschaft, 2. Aufl., Gießen 1805.

Haas, V.: Kausalität und Rechtsverletzung, Berlin 2002.

Heine, G.: Die strafrechtliche Verantwortlichkeit von Unternehmen, Baden-Baden 1995.

Herzberg, R. D.: Mittelbare Täterschaft und Anstiftung in formalen Organisationen, in: *Amelung*, S. 33-53.

Hobbes, Th.: Leviathan or the Matter, Forme & Power of a Common-Wealth, Ecclesiasticall and Civill, London 1651.

Hoyer, A.: Die strafrechtliche Verantwortlichkeit innerhalb von Weisungsverhältnissen, 1998.

Hruschka, J.: Regreßverbot, Anstiftungsbegriff und die Konsequenzen, in: Zeitschrift für die gesamte Strafrechtswissenschaft 110 (1998), S. 581-610.

Jakobs, G.: Strafrecht. Allgemeiner Teil, 2. Aufl. Berlin u.a. 1991

Jakobs, G.: Akzessorietät. Zu den Voraussetzungen gemeinsamer Organisation, in: Goltdammers Archiv für Strafrecht 1996, S. 253-268.

Joerden, J. C.: Strukturen des strafrechtlichen Verantwortlichkeitsbegriffs: Relationen und ihre Verkettungen, Berlin 1988.

Kant, I.: Metaphysik der Sitten, 1797, in: Kants gesammelte Schriften, hg. von der Königlich Preußischen Akademie der Wissenschaften. Erste Abteilung, Band 6, Berlin 1907, S. 203-493.

Kindhäuser, U.: Handlungs- und normtheoretische Grundlage der Mittäterschaft, in: Verfassung – Philosophie – Kirche. Festschrift für Alexander Hollerbach zum 70. Geburtstag, Berlin 2001, S. 627-653.

Klein, E. F.: Grundsätze des gemeinen deutschen und preussischen peinlichen Rechts, 2. Aufl., Halle 1799.

Leipziger Kommentar: Strafgesetzbuch, 11. Aufl., Berlin u.a. ab 1992, hg. von B. *Jähnke*, H. W. *Laufhütte* und W. *Odersky* (LK/Bearbeiter).

Nomos Kommentar zum Strafgesetzbuch, Gesamtred.: U. *Neumann* und W. *Schild*, Baden-Baden 11. Lieferung, Stand Februar 2002 (NK/Bearbeiter).

Pufendorf, S.: De officio hominis et civis juxta legem naturalem libri duo, Basel 1739.

Puppe, I.: Der objektive Tatbestand der Anstiftung, in: Goltdammers Archiv für Strafrecht 1984, S. 101-123.

Renzikowski, J.: Restriktiver Täterbegriff und fahrlässige Beteiligung, Tübingen 1997.

Rotsch, T.: Tatherrschaft kraft Organisationsherrschaft? in: Zeitschrift für die gesamte Strafrechtswissenschaft 112 (2000), S. 518-562.

Roxin, C.: Strafrecht. Allgemeiner Teil. Band 1. Grundlagen, der Aufbau der Verbrechenslehre, 3. Aufl., München 1997.

Roxin, C.: Probleme von Täterschaft und Teilnahme bei der organisierten Kriminalität, in: Festschrift für Gerald Grünwald zum 70. Geburtstag, Baden-Baden 1999, S. 549-561.

Roxin, C.: Täterschaft und Tatherrschaft, 7. Aufl., Berlin u.a. 2000.

Schmidhäuser, E.: „Tatherrschaft“ als Deckname der ganzheitlichen Abgrenzung von Täterschaft und Teilnahme im Strafrecht, in: Beiträge zur Rechtswissenschaft. Festschrift für Walter Stree und Johannes Wessels zum 70. Geburtstag, Heidelberg 1993, S. 343-363.

Schönke, A./Schröder, H.: Strafgesetzbuch, Kommentar, begründet von A. *Schönke*, fortgeführt von H. *Schröder*, 26. Aufl., München 2001, bearbeitet von T. *Lenckner*, A. *Eser*, P. *Cramer*, W. *Stree*, G. *Heine*, W. *Perron* und D. *Sternberg-Lieben* (Schönke/Schröder/Bearbeiter).

Schroeder, F.-C.: Der Täter hinter dem Täter, Berlin 1965.

Schünemann, B.: Unternehmenskriminalität und Strafrecht, Köln u.a. 1979.

Systematischer Kommentar zum Strafgesetzbuch, von Hans-Joachim *Rudolphi*, Eckhard *Horn*, Erich *Samson*, Hans-Ludwig *Günther*, Andreas *Hoyer* und Gereon *Wolters*, Band I, Allgemeiner Teil, 8. Aufl., Neuwied/Kriftel, 36. Lieferung, Stand April 2001 (SK/Bearbeiter).

Triffterer, O. (Hg.): Commentary on the Rome Statute of the International Criminal Court, Baden-Baden 1999 (Triffterer/Bearbeiter).

Vogel, J.: Individuelle Verantwortlichkeit im Völkerstrafrecht, in: Zeitschrift für die gesamte Strafrechtswissenschaft 114 (2002), S. 403-436.

Wessels, J./Beulke, W.: Strafrecht. Allgemeiner Teil, 33. Aufl., Heidelberg 2004.

Agostino Carrino

Die Demokratie nach der Verfassung. Zurechnung und Verantwortung im Verfassungsrecht

I. Demokratische Zurechnung und Verantwortung.

Der Terminus „imputazione" („Zurechnung") kommt durch das spätlateinische „imputatio" in die romanischen Sprachen. Diese Vokabel ihrerseits entsteht aus „in" und „putare", was im Grunde „in Rechnung stellen", „zur Last legen", „berechnen", „zuschreiben" bedeutet. Im Reich des Rechtes findet die Zurechnung bekanntlich verschiedene Anwendungen in diversen Gebieten des *jus*, besonders jedoch im Bereich des Strafrechts, obwohl auch das bürgerliche Recht und das Finanzrecht einschlägige Beispiele des Gebrauchs der Zurechnung kennen.

Im Bereich des öffentlichen Rechtes erlangt die Zurechnung besondere Relevanz, insofern sie die Zukunft der Demokratie in unseren rechtsstaatlich begründeten politischen Systemen betrifft. Die Möglichkeit, die Konsequenzen einer Entscheidung einem Subjekt oder einer Gruppe von Subjekten „zuzurechnen" oder „in Rechnung zu stellen", ist grundlegend für eine lebendige Demokratie. Wo die Bürger nicht wissen, wem die Verantwortung für eine Situation zuzurechnen ist, verfällt und stirbt die Demokratie.

Die folgenden Betrachtungen nehmen Bezug auf eine für die letzten Jahre spezifische Situation, auf das Sich-Verflechten von Instanzen und entscheidenden Momenten, gegenüber denen es für die Bürger schwierig wird, den „Zurechnungsprozess" bis zu einem letzten „Entscheidenden" verfolgen zu müssen, der in diesen Fällen (anscheinend) fehlt, mit der Folge, dass die demokratische Dialektik blockiert wird und die Demokratie als Fähigkeit, von Seiten der Bürger die politischen Entscheidungen mitzubestimmen, in eine Phase des Rückschrittes und des Verfalls eintritt.

Die spezifische Situation, auf die ich Bezug genommen habe, wird durch den Globalisierungsprozess und insbesondere durch die europäische Integration bestimmt. In welchem Sinn droht die Europäische Union eine tödliche Krise der Demokratie herbeizuführen? Gehen wir von dem aus, was als „Demokratiedefizit" der juristischen Realität Europas bezeichnet wird. Der Vertrag der Europäischen Union hat ein sehr komplexes und präzises Modell der juristischen Ordnung errichtet, das ein Unikum unter den in der politischen Theorie bekannten institutionellen Modellen darstellt. In dem Moment jedoch, in dem man dieser einzigartigen politischen Realität eine im Vergleich zu den Entscheidungsverfahren der letzten Jahrhunderte (im Besonderen dem Gebilde des Nationalstaates, das sich auf die Unabhängigkeit und die anonymen Apparate der Bürokratie gründet) fortschrittlichere Lösung anbietet, fällt sie in eine Situation zurück, die man mit Fug und Recht prämodernen Absolutismus nennen kann. Ich meine hier nicht die Tatsache, dass die Europäische Union laut der diesbezüglichen einschlägigen Kritik kein selbständiges, von den Bürgern direkt gewähltes Parlament besitzt, sondern vielmehr den Umstand, dass die Europäische Union eine Maschine normativer Hyperproduktion geworden ist, bei welcher der Bürger nicht versteht, wer in letzter Instanz für welche Entscheidungen (Direktiven, Regeln) verantwortlich zeichnet. Wer gibt Antwort? Niemand. Wem ist die Verantwortung für eine Handlung zuzuschreiben? Der nationalen Regierung oder der Europäischen Kommission? Oft ist es nicht einfach, dies zu wissen.

Und doch wächst trotz dieses Fehlens von „Verantwortung" und „Zurechnung" die Menge der gültigen europäischen Normen in potenzierter Weise. Just in dem Moment, wo von immer mehr Seiten – auf der Grundlage des Subsidiaritätsprinzips – gefordert wird, dass die Entscheidungen auf dem Niveau getroffen werden, das den Menschen am nächsten ist (Länder, Regionen, Kommunen), verschiebt sich der Ort der effektiven Entscheidung immer weiter nach oben.

Das Prinzip der Verantwortung scheint im Bild des europäischen Rechts missverstanden zu sein; es fehlt, mit negativen Folgen aus Sicht der Demokratie, das Subjekt, dem die Verantwortung für die Entscheidung zuzurechnen ist. Nach Lage der Fakten ist die Europäische Union ein bürokratischer, kein demokratischer Apparat, aber nicht weil es an „einem vom Volk gewählten Parlament" fehlt – „existiert ein europäisches Volk?", fragen sich viele, besonders deutsche Juristen wie Dieter Grimm –, sondern weil die Bürger der verschiedenen Staaten, die die EU bilden nicht wissen, „wer was entschieden hat" und wer in letzter Instanz für Entscheidungen verantwortlich ist, die das Leben der Bürger betreffen. Die Situation wird noch gravierender, wenn man bedenkt, dass die nationalen Regierungen sich oft und gern der Verantwortung entziehen, indem sie die Schuld an Entscheidungen Brüssel zuweisen (in der Regel auf finanziellem Gebiet), die oftmals eigentlich in ihren Kompetenzbereich fallen.

Es geht hier nicht darum, sich in die Kasuistik einzumischen. Hier ist es wichtig, einige Überlegungen zum Thema der Demokratie und der Gefahren anzustellen, denen sie sich aussetzt, indem sie ihren Ansatz im europäischen Integrationsprozess sucht, was zwar einerseits eine einzigartige Möglichkeit darstellt, über die Veränderungen der Konzepte und traditionellen Kategorien der juristischen und politischen Wissenschaft seit mindestens der Französischen Revolution nachzudenken, andererseits einen Beitrag dazu geleistet hat, die schwerste Krise der europäischen Demokratie, die an die Form des Nationalstaates gebunden ist, regelrecht explodieren zu lassen.

Ich möchte sogleich meine These erläutern: Die Zukunft der Demokratie ist nicht weiter an parlamentarische Repräsentanz gebunden, sondern eher an eine starke „exekutive" Macht, welche diesem Parlament direkt verpflichtet ist, das wiederum befähigt werden muss, jener Exekutive die Konsequenzen getroffener Entscheidungen direkt anzulasten. *Tatsächlich ist die Regierung das einzige Subjekt, dem man heute – in bestimmten Grenzen – eine politische Entscheidung zurechnen kann.* Mit anderen Worten: Der Parlamentarismus, auf den man sich seit Ende des Zweiten Weltkrieges verlässt, ist angesichts der Veränderungen, die in der politischen und sozialen Wirklichkeit Europas in den letzten Jahrzehnten stattgefunden haben, keine angemessene Ideologie mehr; die Wissenschaft des Verfassungsrechtes hat heute die Aufgabe, die geeignetsten Methoden und Vorgehensweisen zu reflektieren, um das Wesen der Demokratie gegen das bloße Überleben überholter Formen zu schützen. Was sich aufdrängt, ist eine Neubildung und damit eine Überwindung überlieferter Konzepte des juristischen Positivismus mit dem Ziel, eine gewisse Dimension der realen Demokratie zu erhalten, welche sich auf das Prinzip der Zurechnung und der Verantwortung stützt, jenen einzigen möglichen Formen der Idee der wirklichen *Teilhabe* an der sozialen Demokratie.

II. Parlament und Regierung

Unter den gegebenen Bedingungen werden vor allem die Beziehungen zwischen der parlamentarischen Repräsentation und der Regierung definiert, oder wie ich sie bevorzugt nenne „Regierungspräsentation“, da die Regierung nicht lediglich als Exekutive der Versammlung angesehen werden kann, sondern vielmehr als ein Organ, das über eigenständige Autorität und eine eigene Legitimation verfügt (es ist übrigens kein Zufall, dass auf der einen Seite die legislative Arbeit sich in bedeutendem Ausmaß praktisch vom Parlament zur Regierung verschoben hat, auf der anderen zu den sogenannten „unabhängigen administrativen Autoritäten“).

Der Kern der Frage liegt hier wie immer in der Definition der Souveränität und in der realistischen Sicht auf das Problem. Der moderne Staat gründet sich von Beginn an auf eine erklärte Aufhebung der persönlichen und konkreten Souveränität, da man davon ausging, dass der Fortschritt die Idee einer „nationalen“ (oder Volks-) Souveränität anstelle einer personalen voraussetze, und in der Konsequenz die Souveränität schrittweise auf das universelle Wahlrecht selbst zurückführte, oder auf die „una tantum“-Ausübung der Souveränität von Seiten ihres Inhabers (des Volkes), eine Ausübung, die nur im Moment der Wahl möglich ist. Was aber ist das universelle Wahlrecht anderes als die offizielle Anerkennung der wesentlichen Machtlosigkeit der Millionen von Personen, unter welche die Souveränität des Einen verteilt und zerstreut ist? Diese „zerstreuten Souveräne“, wie Benoist (Benoist, 10) sie definiert, sind natürlich fingierte Souveräne, hinter denen eine nicht personengebundene Souveränität all dessen agiert, was nicht dem Volk und der Nation angehört, da letztere in eine Unzahl von separierten Entitäten aufgeteilt ist, die logischerweise nicht wo auch immer und von wem auch immer „repräsentiert" werden können (außer durch sich selbst). Das universelle Wahlrecht, das Maximum an Demokratie, das man glaubte, realisieren zu können, verwirklicht in seiner unvermeidbar anorganischen Struktur eine substantielle Anarchie, vor der die Demokratie Schutz sucht, indem sie auf die Fiktion der Universalität verzichtet und sich mit tatsächlicher Macht zufrieden gibt, wobei sie die bloße Kontingenz legitimiert.

In dieser realistischen Sicht auf die Demokratie muss das Misstrauen gegenüber der Regierung aufgegeben werden, das in verschiedener Weise zu katastrophalen Konsequenzen führte, auch weil dadurch eine Art *a contrario* Legitimierung für den Mangel an Verantwortung seitens der Regierungsmitglieder zustande kam, deren Entscheidungsspielraum der einzigen formal legitimen Entscheidungsinstanz untergeordnet und von ihr *bestimmt* wird, nämlich von der Macht des Parlamentes. Wenn Kelsen dem Übergewicht der Bürokratie die – mit der Einführung des proportionalen Wahlsystems verbundene – Notwendigkeit einer gewissen Rigidität der politischen Partei als Kontrollstelle des Parlamentariers gegenüberstellt (Kelsen 1968, 1668 ff.), schlägt er damit die Ersetzung des Schlechten durch das Schlechtere vor, weil er im Grunde eine Bürokratie (die der Berufsfunktionäre) durch eine andere ersetzt, durch die der Parteifunktionäre. Mit anderen Worten setzt die indirekte Demokratie (die einzig mögliche in der modernen Welt) ein komplexes System voraus, das sich tatsächlich weder auf die parlamentarische Repräsentanz noch auf eine politische Partei als einzig möglichen Ort der Organisation der Demokratie beschränkt. Es gilt als ausgemacht, dass wenn das Volk den, der es regieren soll, direkt wählt, die Formen und Grenzen der gegebenen politischen Führung seien, wie sie wollen, am Ende irgendeine Art autoritärer und antidemokratischer Herrschaft stehen müsse. In Wahrheit ist es nicht so, wie die Erfahrung der amerikanischen Verfassung zeigt, und im übrigen haben schon Machiavelli und Montesquieu die Fähigkeit des Volkes hervorgehoben, auf weise Art zu wählen, wenn es sich um spezielle Dinge handelte, im Besonderen bei der Wahl der Autoritäten. Des weiteren hat eine realistisch ausgerichtete historische Analyse stets gezeigt, dass das Parlament seine vermeintliche Funktion, die Entscheidung des Volkes zu repräsentieren, nicht erst seit heute verloren hat. Besonders dort, wo die parlamentarische Regierungsform nach allgemeinem Dafürhalten entstanden ist und sich entwickelt hat, in England nämlich, spielte die Regierung keine dem Parlament untergeordnete Rolle, sondern stellte, insbesondere durch die Befugnis des *Premiers*, das Unterhaus aufzulösen, in gewisser Weise das leitende Komitee der parlamentarischen Mehrheit dar (vgl. Mortati 1973, Ceccanti 1997).

Die Parlamente waren aus historischer Sicht Kontrollorgane der Regierung, haben somit ihre Hauptaufgabe damit erfüllt, ein Gegengewicht zur Exekutive zu bilden und diese zu kontrollieren. Heute hingegen ist die Situation schizophren: während sich das Parlament aus formaler Sicht als Herr der Regierung darstellt (und in Italien beanspruchen gewisse Richter ihrerseits Herren über das Parlament zu sein), ist es aus Sicht der tatsächlichen Praxis immer öfter die Regierung, die entscheidet, die sich, indem sie die Verfassung „umdreht", mit immer mehr Befugnissen versieht, die formal dem Parlament eigen sind. Ich halte dafür, dass ein gewisses Übergewicht der Regierung auf dem vorgegebenen und rationellen Wege zur Strukturierung der staatlichen Machtverhältnisse akzeptiert werden muss. Denn kein Parlament ist fähig zu regieren, da es, wenn es wie so oft zwischen Stillstand und reiner Diskussion oszilliert, das Handeln unvermeidlich der Regierung zuweist, welches auch den vorgegebenen verfassungsrechtlichen Rahmen überschreiten könnte. Es handelt sich um ein Phänomen, das schon im 19. Jh. der liberale schweizerische Verfassungsrechtler J. C. Bluntschli erklärt hat (vgl. Bluntschli 1857, 361 ff.).

III. Demokratie, Verfassung, Legitimität

Unter diesen neuen politischen Bedingungen entschwindet die Idee der geschriebenen Verfassung selbst und, unter bestimmten Gesichtspunkten, entschwindet ein anderer wesentlicher Aspekt des Verfassungsstaates, die Notwendigkeit eines Verfassungsgerichts als garantierendes Organ. Es stimmt, dass die verfassungsmäßige Rechtsprechung eine Rolle erfüllt hat, die das Konzept der starren Verfassung in sich offensichtlich nicht besitzt, diejenige nämlich – unter Mithilfe einiger allgemeiner Prinzipien, besonders dessen der „Vernünftigkeit" – wandelbar zu sein, wodurch in der Praxis die aufklärerische und rationalistische Härte der Idee der Verfassung gemildert wird. Im Hinblick auf eine Form *post-konstitutionellen* Zusammenlebens käme der Verfassungsgerichtsbarkeit jedoch eine andere Rolle und Bedeutung zu: Nicht mehr die des pseudopolitischen Hüters der Verfassung, sondern die des rein juridischen Garanten des Rechts (des *jus*), einer existenziellen, historischen, lebendigen Verfassung des Volkes, welcher die Aufgabe der Kontrolle der guten Führung der Institutionen durch die Neubewertung des Prinzips der demokratischen Kommunikation zukommt, auf der Grundlage vieler Demokratietheorien von Durkheim zu Kelsen, von Dewey zu Benjamin Barber. Doch geht es nicht darum, sich bloßem „Geschwätz" anzuvertrauen, sondern dem produktiven „Dialog" zwischen freien und gleichen Menschen. Diese dem Volk gegebene Kontrollfunktion tritt jedoch nicht an die Stelle der Idee des Konstitutionalismus, der in der „*judicial review*" seinen höchsten Ausdruck findet, sondern versucht die beiden Risiken zu modulieren (die Tyrannei der Mehrheit und die Tyrannei der Justiz), mittels der Fähigkeit einer Demokratie zum Zuhören und zur Konsensbildung als Punkt des Zusammentreffens von „oben" und „unten", von kultureller Aristokratie und Volk, beide eingebunden in eine gemeinsame Geschichte und ein gemeinsames Schicksal.

Hat es noch Sinn, die zentrale Rolle des Parlamentes zu verteidigen, wenn es inzwischen deutlich ist, dass die Bequemlichkeit des letzteren angeboren und unüberwindlich ist? Kann man weiterhin die Fiktion aufrecht erhalten, das Parlament repräsentiere das souveräne Volk (eben eine Fiktion, wie schon Hans Kelsen zugestanden hat), wenn es doch vor aller Augen liegt, dass die Unabhängigkeit stets anderswo ist, als da, wo wir sie auszumachen glaubten? Ist es möglich, dass man noch immer nicht verstanden hat, dass die Rolle der Regierung notwendigerweise derjenigen der parlamentarischen Repräsentation *vorausgehen* muss, wenn diese ihre demokratische Verantwortung bewahren soll? Es hätte ein vorurteilsfreier Blick auf die Geschichte der amerikanischen Verfassung (auch auf die englische, wo einige Urteile von Sumner Maine schon im vergangenen Jahrhundert die tatsächliche Wirklichkeit der Dinge klärten, vgl. Maine 1887, 330 ff.; Rensi 1995, 129 ff.) genügt, um zu bemerken, dass auch dort der Präsident immer mehr gezwungen wurde, die Grenze zu einer Tätigkeit zu überschreiten, die alles andere, als „exekutiv", sondern vielmehr kreativ war, wie vor inzwischen vielen Jahren E. S. Corwin unterstrich, der daraus schließen konnte, „dass die Aufgabe des Präsidenten, ‚dafür zu sorgen, dass die Gesetze überwacht werden', sich oft in die Macht des Gesetzgebers verwandelt hatte." (vgl. Corwin 1958, 157) Oder auch auf den Lauf der Dinge in der Dritten Republik im Frankreich der 30-er Jahre des vorigen Jahrhunderts, als die Machtübertragungen vom Parlament auf die Regierung außergewöhnliche Ausmaße und Intensität annahmen (vgl. Dubief 1985).

Die Konsequenz all dessen ist, dass der demokratische Konstitutionalismus heute nur *postkonstitutionell* sein kann; es gilt also, einen Konstitutionalismus zu denken, der ein „Grundgesetz" hütet, das in einem anderen Sinne verstanden werden soll, als es sich in den vergangenen zwei Jahrhunderten entwickelt hat. Es geht, heißt dies, darum, für das moderne Denken die alte Idee des mittelalterlichen Konstitutionalismus zurück zu gewinnen, einer Suprematie des Rechtes, verstanden als etwas, das nicht (nur) erschaffen, sondern auch „entdeckt" wird. Der Verfassungsstaat, der sich auf das Primat der Verfassung als schriftlichen Vertrag gründet (der sich anfangs auch gegen die Willkür der „Parlamente" stellen wollte), in welchem sich in reziproker Weise die grundlegenden Werte der Gesellschaft anerkennen, ist schon längst überholt von einer Demokratieauffassung, welche die Verfassung, die Konstitution des sozialen Bandes nicht mehr als ein für alle Mal gegebene Synthese sieht, sondern als Prozess, und im Prozess, in der Bewegung der Konstituierung des sozialen Bandes innerhalb und außerhalb des Konfliktes erkennt sie die Grundlage der eigenen geschichtlichen Legitimität. Aus diesem Blickwinkel kann man von einer Rückkehr zum

„Rechtsstaat" sprechen, jedoch nicht im Sinne eines Gesetzesstaates, sondern als sozioökonomische und historisch-spirituelle Bedingung, unter welcher das Recht, sofern es verschieden vom Gesetz ist und aufgrund einer anderen, nicht willkürlichen Legitimation über dem Gesetz steht, im Prozess der Konstitution der Einheit des Volkes dominiert, einer Einheit, die jedoch völlig verschieden ist von dem Konzept, das von der Moderne im Moment ihrer Selbstlegitimation erfunden wurde. Diese Demokratie ist demnach nicht mehr die „Macht des Volkes", sondern das Recht des Volkes, gut regiert zu werden, ein Recht, das einhergeht damit, dass das Volk selbst eine ihm gegenüber verantwortliche Macht zu kontrollieren hat.
Es geht um eine realistische Vorstellung von Demokratie, bei der sie als eine Regierungsform und nicht als ein Ideal ohne Geschichte und Sachgehalt gilt. Das Problem ist, den angemessensten Weg zu finden, um Freiheit und Autorität zu verbinden, oder besser gesagt um Freiheit und Autorität in reziproker Weise zu funktionalisieren. Deshalb kommt es zu einer neuen politisch-juristischen Theorie, die sich mit Entschiedenheit und ohne Reue nunmehr unbrauchbarer Instrumente und Konzepte entledigt: Der Idee der (guten) Regierung der Gesetze, die der (schlechten) Regierung der Menschen gegenübersteht, der geschriebenen, rigiden und langen Verfassungen als der Omnipotenz und Wissenschaft Gottes am nächsten Stehendes, der falschen Gegenüberstellungen etc. etc.

IV. Die Demokratie nach der Verfassung.

Die Theorie der Demokratie hat eine Zukunft, wenn sie die Freiheit der Person mit der Existenz offener kultureller Gemeinschaften, die in einem dialektischen Verhältnis zu ihren eigenen Mitgliedern stehen, zu verbinden versteht, wenn sie es also versteht, die Freiheit des Volkes mit der *auctoritas* einer Art „Senat" und der *potestas* einer Art Kommissar zu einer friedlichen Koexistenz zu bringen. Das moderne politische Denken muss über die Fiktion der Repräsentanz hinausgehen, ohne jedoch die Risiken einzugehen, die Carl Schmitts Konzept der Identität innewohnen. Die politische Repräsentanz in modernem Sinne war funktional in einer marktwirtschaftlichen, kapitalistischen Gesellschaft, in der die Bürger sich hauptsächlich darum kümmern, Profite zu vergrößern oder Gehälter zu erhalten, wobei sie die Aufgabe zu regieren irgendeinem anderen überlassen (vgl. Pasquino 1987); die Trennung von Staat und bürgerlicher Gesellschaft war der formelle Ausdruck dieser zugrundeliegenden Wirklichkeit, ob sie nun in der Theorie positiv oder negativ dargestellt wurde. Heute erhält das Desinteresse des privaten Menschen für alles Öffentliche eine andere Konnotation, um vieles tragischer als die des unglücklichen Bewusstseins hegelschen Angedenkens. Die Krise der Repräsentation ist also Ausdruck einer doppelten

Krise: Der eigenen einerseits und dessen, wofür sie Ausdruck war, andererseits. Man kann in der Synthese sagen, dass all dies eine wachsende Schwierigkeit der sozialen Demokratie und der individuellen Freiheit darstellt, weit schwerwiegender, als sie noch vor wenigen Jahrzehnten vorstellbar war. Die Herrschaft des Finanzkapitals wurde eben so globalisiert und hat sich während dieses Globalisierungsprozesses von den Orten, an denen der Reichtum produziert wird, entfernt: Es gibt nicht mehr den „Privatmann", der seinen eigenen Interessen ausgeliefert ist, denn diese Interessen sind stets nur die Interessen eines anderen, von etwas anderem; es ist eine Illusion und ein sehr schwerer intellektueller Fehler zu glauben, dass das Ende des Staates das Ende der Unterordnung des Einzelnen unter eine über ihm stehende Entität sei, weil in Wirklichkeit, das was sich verändert, die Art der Unterordnung, von politisch zu ökonomisch ist, nicht die Unterordnung an sich. Es ist nicht zu verstehen, worin der Fortschritt von einer Unterordnung mit einer demokratischen Form der Kontrolle zu einer unkontrollierten Herrschaft bestehen soll, in der der Einzelne jeder Möglichkeit zu wählen beraubt wird. Die Vermarktung der Welt bringt die Akzeptanz einer im Verhältnis zu jener der Moderne umgekehrten Dialektik mit sich, denn nur in dieser Verkehrung (welche nicht notwendigerweise „reaktionär" oder „konservativ" ist) kann man Verbindungen und Beziehungen gegenseitiger Anerkennung und Legitimierung wiederherstellen. Der reale Kommunismus war aus dieser Sicht eher eine, wie ich sagen würde, metaphysische denn historische Tragödie. Er hat nämlich verhindert, dass die inhumanen Auswirkungen des ungebremsten Kapitalismus in realistischer Weise zum Gewissen vordrangen.

Dieser Kapitalismus war verknüpft mit einem Anspruch auf abstrakte Freiheit, die sich gerade in ihr Gegenteil verkehrt, in eine ursprüngliche und vollständige allgemeine Abhängigkeit der Einzelnen von anonymen Entitäten, oder auch in eine Versklavung an einen Kodex, der auf dem Konsumprinzip oder auf der Suche der Befriedigung der vom neuen Kodex des Marktes ohne Regeln gesteuerten Wünschen basiert. Dieser Markt bewirkt eine völlige Auflösung der alten Dialektiken *à la* Hegel, wobei er Modelle autoreferentieller Bereicherung einführt, die von einander abhängen, oder auch zu Situationen wachsenden Verlustes an Verantwortung auf diffusem Niveau führen. Die Möglichkeit zuzurechnen wird in nächster Zukunft somit der Lackmustest dafür, mit welcher Aussicht auf Erfolg eine demokratische Gesellschaft eine Antwort auf die tiefe Krise zu geben vermag, in welcher die demokratischen Systeme sich seit Jahrzehnten befinden, u.a. aufgrund der Desillusionierungen,[1] die aus der Schwierigkeit

[1] Diesbezüglich hält P. Rosenvallon fest: „Ein tiefliegender Grund für alle Desillusionierung gegenüber der Demokratie besteht darin, dass man die Schwierigkeiten bemerkt, welche die Bestimmung der Verantwortlichen in komplexen Gesellschaften bereitet. Wir können diese Schwierigkeit als Defizit an Zurechnung definieren: Eine zunehmende Schwierigkeit, schuldhaftes Handeln Gruppen oder einzelnen Subjekten zuzuschreiben." (Rosenvallon, 9)

entsprangen, in komplexen Systemen zuzurechnen, d.h. Verantwortlichkeit und Schuld für Handlungen bestimmten und bestimmbaren Subjekten zuzuschreiben.

Übersetzung von Marianne Hanson, durchgesehen von Matthias Kaufmann

Literatur:

Benoist, C. : La crise de l'Etat moderne. De l'organisation du suffrage universel, Paris s.d.

Bluntschli, J. C.: Allgemeines Staatsrecht, Bd. I, München 1857.

Ceccanti, S.: La forma di governo parlamentare in trasformazione, Bologna 1997.

Corwin, E. S.: La Costituzione degli Stati Uniti nella realtà odierna, ital. Übers., ed. R. *Oriani*, Pisa 1958.

Dubief, H. : Le déclin de la III République, 5. Aufl., Paris 1985.

Kelsen, H.: Das Problem des Parlamentarismus, 1925, in: Die Wiener rechtstheoretische Schule, Wien 1968.

Maine, H. S. : Essai sur le gouvernement populaire, franz. Übersetzung, Paris 1887.

Mortati, C.: Le forme di governo, Padova 1973.

Pasquino, P. : Emmanuel Sieyès, Benjamin Constant et le Gouvernement des Modernes, Rev. fr. de science polit., 37 (1987), S. 214-228.

Rensi, G.: La democrazia diretta, Milano, Adelphi, 1995.

Rosenvallon, P.: Prefazione a una teoria della disillusione verso la democrazia, ital. Übers. von A. *Michler*, Milano 1994.

Joachim Lege

Die Zurechnung neuer Risiken im Technik- und Umweltrecht

I. Verantwortung und Zurechnung

Von einem der Gründerväter der Umweltethik in den Vereinigten Staaten stammt der Satz: „Verantwortung ist immer ein etwas unklares *quid pro quo*" (Hardin 1970, 30). Das Thema unserer Tagung – „Zurechnung als Operationalisierung von Verantwortung" – verstehe ich deshalb zumindest *auch* als einen Beitrag zur Klärung des Begriffs Verantwortung. „Zurechnung" ist insofern nun gewiss die zentrale Kategorie,[1] aber doch nur ein Teil des Ganzen. Wenn man von „Verantwortung" spricht, meint man zumindest (zum folgenden Voßkuhle, 53 ff. m.w.N.), dass (1) *jemandem* (2) *etwas* in der Weise (3) *zugerechnet* wird, dass er dafür (4) *gegenüber* einem anderen (5) *einzustehen* hat (er muss oder darf bestimmte Konsequenzen tragen [so etwa Lübbe-Wolff, 13], sei es Lob oder Tadel, Strafe oder Belohnung). Dies ist gewissermaßen der deskriptive Teil des Begriffs Verantwortung (oder auch Zurechnung, wenn man ihn weit fasst). Der normative Teil besteht darin, dass es (6) einen *Grund* für diese Zurechnung bzw. Verantwortung gibt, sei es ein Vorwurf oder sei es Anerkennung.[2] Dass es schließlich (7) auch ein *Maß* der Verantwortung gibt – sehr deutlich etwa bei der Gefährdungshaftung – hat mit „Zurechnung" wohl am wenigsten zu tun.

Im Umwelt- und Technikrecht ist die Frage, *wem* etwas zugerechnet wird oder werden sollte, gewiss nicht uninteressant – man denke an die Strafbarkeit von juristischen Personen bei Umweltdelikten[3] oder daran, ob bei sogenannten Altlasten der Handlungsstörer oder der Zustandsstörer in Anspruch zu nehmen ist, mit anderen Worten: ob derjenige haftet, der das Grundstück verseucht hat, oder derjenige, dem es gehört.[4] Das letzte Beispiel lässt jedoch bereits ahnen, dass es

[1] Durchaus im Sinne Kants, vgl. Kelsen, 79 ff., und den Beitrag von Stanley Paulson in diesem Band.

[2] Nur am Rande: Voraussetzung für Vorwurf und Anerkennung ist nach unserem Verständnis die Freiheit des Verantwortungssubjekts. Deshalb werden z.B. heutzutage keine Tiere mehr hingerichtet.

[3] Da das deutsche Strafrecht individuelle Schuld voraussetzt, können Unternehmen oder juristische Personen selbst nicht strafbar sein, wohl aber die handelnden natürlichen Personen (s. nur Wolf, Rn. 273). Allgemein zur Zurechnung von Verantwortung bei Gruppen und Kollektiven sowie in Hierarchien: Jan C. Joerden und Joachim Renzikowski, beide in diesem Band.

[4] Allgemein zu Verantwortlichkeit und Störerauswahl im Bodenschutzrecht etwa Bender/Sparwasser/Engel, Kap. 7 Rn. 189 ff., 227 ff.; zur Begrenzung der Zustandshaftung des Eigentümers wegen seines Grundrechts aus Art. 14 GG siehe BVerfGE 102, 1.

entscheidend darauf ankommen wird, *was* im Umwelt- und Technikrecht zugerechnet wird, was das „Objekt" der Zurechnung ist. Nach dem Thema, zu dem ich heute referiere – Joachim Renzikowski und ich sind uns nicht darüber einig, wem seine Formulierung zuzurechnen ist – sind „Risiken" dieses Objekt. „Risiko" ist freilich ein schillernder Begriff.

II. Der Begriff „Risiko"

Wenn „Zurechnung" die Operationalisierung von Verantwortung ist, dann ist „Risiko" vielleicht die Operationalisierung von Schicksal – Schicksal verstanden als das, was nicht dem Menschen zugerechnet wird, sondern seiner Umwelt, insbesondere höheren Mächten.[5] Der Begriff „Risiko" taucht erstmals im 15. Jahrhundert bei Glücksspielen, nämlich Wetten, in Spanien auf (vgl. Hawkes, 1 ff.). Bald darauf wird er im Zusammenhang mit Schiffsversicherungen verwendet, und bezeichnenderweise ist bei der Gefährdungshaftung, etwa nach dem Straßenverkehrsgesetz, noch heute neben dem haftungsbegründenden und zu versichernden Risiko, ein Kraftfahrzeug zu betreiben (§ 7 Abs. 1 StVG), die haftungsbefreiende „höhere Gewalt" ein Grundbegriff (§ 7 Abs. 2 StVG; vgl. auch etwa § 1 Abs. 2 HaftPflG, § 4 UmweltHG, ferner § 651j BGB zum Reisevertragsrecht). Was aber ist nun, genau betrachtet, ein Risiko?

1. Risiko im technisch-naturwissenschaftlichen und im juristischen Sinn

Zieht man zunächst die technisch-naturwissenschaftliche Literatur zu Rate, so findet man für den Begriff „Risiko" folgende Definition:[6] das mathematische Produkt aus Eintrittswahrscheinlichkeit und Ausmaß eines Schadens, z.B. eines Unfalls oder einer Havarie. Das ist eine für Juristen erstaunliche Definition: Das Definiens „Höhe mal Wahrscheinlichkeit eines Schadens" ist im *juristischen* Sprachgebrauch nämlich Bestandteil einer anderen Definition, und zwar derjenigen des Begriffs „Gefahr" im Sinne des Polizeirechts: „eine Lage, in der bei ungehindertem Ablauf des Geschehens ein Zustand oder ein Verhalten mit hinreichender Wahrscheinlichkeit zu einem Schaden für die Schutzgüter der öffentlichen Sicherheit oder öffentlichen Ordnung führen würde" (klassisch Drews/Wacke/Vogel/Martens, 220; ferner etwa Knemeyer, Rn. 87 ff.; Friauf,

[5] Siehe auch den Beitrag von Vanna Gessa-Kurotschka, in diesem Band, zur Entgegensetzung von Risiko und Unglück.

[6] Hauptmanns/Herttrich/Werner; Peters/Meyna. Daran anknüpfend, aber am Ende doch beim juristischen Risikobegriff endend: Bender/Sparwasser/Engel, Kap. 1 Rn. 82, insb. mit Fn. 144; Wolf, Rn. 108, der zudem darauf hinweist, dass „Risiko" im technischen Sicherheitsrecht auch „Zurechenbarkeit" (!) genannt werde.

Rn. 44 ff.). Im *juristischen* Sprachgebrauch wird dann aber der Begriff „Risiko" geradezu als Gegenbegriff zur „Gefahr" verstanden – sei es als ein *minus* oder als ein *aliud.*[7] Insbesondere im Umwelt- und Technikrecht sind nach herrschender Doktrin „Gefahrenabwehr" und „Risikovorsorge" voneinander zu unterscheiden – mit der wichtigen praktischen Konsequenz, dass gesetzliche Vorschriften, die „nur" der Risikovorsorge dienen, dem Bürger grundsätzlich kein Abwehrrecht vermitteln (Kloepfer, § 8 Rn. 21; Schulte, 94 f.). In diesem Zusammenhang wird „Risiko" etwa im Umweltrechts-Lehrbuch von Kloepfer definiert als „ein theoretisch möglicher Schadenseintritt, der jedoch so unwahrscheinlich ist, dass die Gefahrenschwelle nicht erreicht wird" (Kloepfer, § 3 Rn. 17). Im Sprachgebrauch der Techniker wird eben dies hingegen als Restrisiko bezeichnet (z.B. Gräf, 15 f.; Neudörfer, 63).

Im folgenden soll nun nicht versucht werden, die Bedeutung des Begriffs „Risiko" im deutschen Umwelt- und Technikrecht endgültig zu klären – das haben bereits andere erfolglos versucht.[8] Angemerkt sei nur, dass Risiko als *Gesetzes*begriff erstmals im Gentechnikgesetz von 1990 an prominenter Stelle erscheint.[9] Hier, aber auch bereits zuvor, wurde der Begriff Risiko wohl auch strategisch eingesetzt: einerseits beschwichtigend, um zu kennzeichnen, dass gewisse Techniken zwar (erlaubte) Risiken, aber noch keine Gefahren bergen; andererseits ermächtigend, um zu kennzeichnen, dass auch unterhalb einer erkennbaren Gefahrenschwelle keine vollständige Entwarnung angebracht sei, so dass der Staat das Recht haben müsse, gewisse Techniken – vor allem neue Techniken – „vorsorglich" zu kontrollieren, d.h., gewissermaßen auf Verdacht oder, wenn man will, aus Misstrauen (vgl. Schulz, insb. 212 ff.).

---

[7] Vgl. Wolf, Rn. 109: „Die Diskussion über diese Frage ist noch ungeklärt"; Bender/Sparwasser/Engel, Kap. 1 Rn. 82, schwanken zwischen Aliud und Minus: „Risiko ist die Gefahr der *Fehleinschätzung* eines nicht hinreichend geklärten oder klärbaren Sachverhalts und erfasst den Bereich unterhalb der Gefahrenschwelle". Skeptisch zur Möglichkeit der Abgrenzung von Gefahr und Risiko zumindest im Immissionsschutzrecht Schulte, 54 ff.; s. auch Lege 2003, 693 f.

[8] Zusammenfassend Wolf, Rn. 108 ff., 111: „Bedeutsam ist der Risikobegriff im Umweltrecht durch Eröffnung einer rechtlichen Vorstufe zur Gefahrenabwehr, ob man diese Vorstufe nun als lineare Vorverlagerung oder als aliud erklärt"; vgl. auch Bender/Sparwasser/Engel, Kap. 1 Rn. 82 ff. m.w.N.

[9] Insbesondere § 6 GenTG (Pflicht zur Risikobewertung durch den Betreiber) und § 7 Abs. 1 GenTG (Sicherheitsstufen); zuvor findet sich der Begriff Risiko zwar gelegentlich, aber doch eher versteckt, so etwa in §§ 110, 113 BBergG vom 13. 8. 1980 (BGBl. I, 1310).

2. Risiko als (Wert einer) Handlung angesichts einer Gefahr

Die bisherigen Überlegungen dürften – damit komme ich zu der Definition von „Risiko", die ich im folgenden zu Grunde legen möchte – zweierlei gezeigt haben: Erstens ist Risiko kein deskriptiver Begriff, sondern ein Wertbegriff, denn einer der Faktoren, welche die Höhe des Risikos bestimmen, ist die Höhe des erwarteten Schadens – ein Wert, der z.B. in Geld beziffert oder sonst relational bestimmt werden kann (z.B. hinsichtlich des Grades an drohenden Verletzungen, wenn ich beim Klettern abstürze). Zweitens kommt der eigentliche *Gegenstand* der Bewertung, wie mir scheint, nur am Rande ins Blickfeld – vielleicht, weil er so selbstverständlich ist (insbesondere den Technikern!). Gegenstand einer Risikobewertung und damit *Substrat* des Risikos ist nämlich menschliches *Handeln* – „wer nicht setzt, riskiert nichts" (Murswiek 1985, 81) – Handeln, das heißt ein Tun oder Unterlassen,[10] das jemandem zugerechnet wird, weil es auf seiner Entscheidung beruht.

Ich muss nun gestehen, dass ich mir über den endgültigen Begriff des Risikos nach wie vor nicht im klaren bin, ich habe vielmehr zwei Definitionen im Angebot. Angesichts des Themas unserer Tagung habe ich zunächst versucht, Risiko wie folgt zu definieren:

> Ein Risiko ist eine *Handlung* im Angesicht einer Gefahr, Risiko ist m.a.W. ein Wagnis.[11]

Mit dieser Definition hätte ich keine Schwierigkeit, bei der „Zurechnung von Risiken" an die Definition *Kants* anzuschließen (die wir mehrfach gehört haben[12]): Zurechnung ist „das Urteil, wodurch jemand als Urheber (causa libera) einer *Handlung*, die alsdann Tat (factum) heißt ... , angesehen wird" (Kant AA VI, 227 – Hervorhebung von mir). Allerdings schien es mir dann zunächst schwierig, die Zurechnung von Risiken im Bereich des Umwelt- und Technikrechts zum Problem zu machen: *Wer* das Kraftwerk betreibt, *wer* die Altlast verursacht und *wer* Gene manipuliert, ist meist recht schnell festgestellt. Von daher hat sich in einem nächsten Schritt eine andere Definition aufgedrängt, und zwar die folgende:

> Risiko ist der *Wert* einer Handlung im Hinblick auf eine Gefahr (diese verstanden als das Produkt aus Wahrscheinlichkeit und Höhe eines Schadens).

[10] Nicht notwendig: ein *pflichtwidriges* Unterlassen, siehe dazu den Beitrag von Kurt Seelmann in diesem Band. In den Wirtschaftswissenschaften bezeichnet man die einem jeden Tun korrespondierenden *unterlassenen* Tätigkeiten bekanntlich als „Opportunitätskosten".

[11] Es gibt eine recht betagte Vorschrift, die „Risiko" genau in diesem Sinn definiert: „Wagnis (Risiko) ist die Verlustgefahr, die sich aus der Natur des Unternehmens und seiner betrieblichen Tätigkeit ergibt" (Nr. 47 der Leitsätze für die Preisermittlung auf Grund von Selbstkosten (Anlage zur Verordnung PR Nr. 30/53 vom 21. November 1953) – PreisLS – vom 21. November 1953 (BAnz 1953, Nr. 244).

[12] Vgl. insbesondere den Beitrag von Alexander Aichele, in diesem Band.

Bei der „Zurechnung von Risiken“ ginge es bei Zugrundelegung dieser Definition darum, wem der *Wert* einer riskanten Handlung zugeschrieben wird – wer gewissermaßen ihre Kosten trägt, wem es „auf die Rechnung zu schreiben“ ist (*Thomasius*),[13] wenn die Gefahr sich verwirklicht. Dabei besteht übrigens die Möglichkeit, Risiken auf mehrere Schultern zu verteilen, insbesondere durch Versicherungen, oder sie auch gänzlich abzuwälzen, also jemand anderen die Kosten des Wagnisses tragen zu lassen – gern nimmt man hierfür den Staat.
Ich bin mir, wie gesagt, nicht sicher, welcher der beiden Risikobegriffe – Risiko als *Handlung* oder als *Wert* einer Handlung im Angesicht einer Gefahr – der bessere ist, wenn man über Zurechnung nachdenkt. Ich will deshalb die Begriffe gleichsam auf die Probe stellen, indem ich einen Streifzug durch das Umwelt- und Technikrecht unternehme – unter der leitenden Fragestellung, wie und wem in diesem Bereich *neue* Risiken zugerechnet werden.

III. Neue Risiken im Umwelt- und Technikrecht

Bei „neuen Risiken“ im Umwelt- und Technikrecht wird man zunächst an *neue Technologien* denken, sei es an die Atomkraft oder, aktuell, an die Bio- und Gentechnik. Wenn man sich jedoch daran erinnert, dass Risiko ein Wertbegriff ist, können sich neue Risiken auch daraus ergeben, dass ein bestimmtes Handeln im Hinblick auf die Gefahren, die es mit sich bringt, *neu bewertet* wird. Wenn man will, beruht das gesamte Umweltrecht auf einer solchen Neubewertung, einer Neubewertung vor allem des *technischen* Handelns (s. Kloepfer, § 2 Rn. 71 ff., insb. 74, 77: seit 1969 gezielte Schaffung von „Umweltbewusstsein“ in der Bevölkerung durch die regierende sozialliberale Koalition).

1. Neubewertung herkömmlicher Technologien: „Risikovorsorge“ nach dem BImSchG

Als Beispiel drängt sich das sogenannte Immissionsschutzrecht auf. Im Bundesimmissionsschutzgesetz (BImSchG) vom 15. 3. 1974 sind eine Reihe von Sachgebieten zusammengefasst, die auf den ersten Blick wenig gemeinsam haben: Vorschriften über „Anlagen“ (von der Industrieanlage bis zum Bolzplatz, §§ 4 ff., 22 ff.), über die Beschaffenheit von Brennstoffen (§ 34), über Fahrzeuge, Straßen und Schienenwege (§§ 38 ff.), über Planungen (§ 50) et cetera (vgl. Kloepfer, § 14 Rn. 36 f.: „Sammelsurium“ zumindest im Sechsten Teil des Gesetzes). Die Gemeinsamkeit all dieser Bereiche wird erst durch eine neue *Wer-*

[13] Vgl. im Beitrag von Joachim Hruschka, in diesem Band, unter II.

tung hergestellt,[14] die § 1 BImSchG als *Zweck* des Gesetzes formuliert: Es geht um den Schutz vor „schädlichen Umwelteinwirkungen“, die sodann in § 3 Abs. 1 und 2 BImSchG näher definiert werden als „Immissionen“, die nachteilig auf den Menschen oder seine Umwelt einwirken: „Luftverunreinigungen, Geräusche, Erschütterungen, Licht, Wärme, Strahlen“ etc.

Der wichtigste Teil des Immissionsschutzrechts ist das Recht der genehmigungsbedürftigen Anlagen (§§ 4 bis 21 BImSchG) – man denke an ein Elektrizitätswerk, einen großen Steinbruch oder auch an eine „Anlage zur Herstellung von Sauerkraut mit einer Produktionsleistung von 300 Tonnen Sauerkraut oder mehr je Tag als Vierteljahresdurchschnittswert“.[15] Die Vorschriften über solche genehmigungsbedürftigen Anlagen hatten ihren Platz ursprünglich in der Gewerbeordnung von 1869, und sie dienten – nur – der Abwehr von Gefahren und erheblichen Belästigungen für die Nachbarn und für die Allgemeinheit.[16] Erst als man bemerkte, dass hohe Schornsteine den Schmutz zwar gut verteilen, aber dennoch die Umwelt empfindlich schädigen können, m.a.W.: erst als man das, was bisher getan wurde, als ein *neues Risiko* wahrnahm, kam es zur Neuregelung der Materie – wobei der Umstand, dass sie auch in einem neuen (Aller[um]welts-) *Gesetz* erfolgte, mehr symbolischen als praktischen Wert hatte (vgl. nochmals Kloepfer, § 14 Rn. 37). In der *Sache* bestand die Neuerung des BImSchG vor allem in der Einführung des sog. *Vorsorgeprinzips*: Nach § 6 Abs. 1 Nr. 1 i.V.m. § 5 BImSchG setzt die Genehmigung einer Anlage nicht mehr nur voraus, dass von ihr keine Gefahren oder erhebliche Belästigungen drohen (§ 5 Abs. 1 Nr. 1 BImSchG), es muss vielmehr auch „Vorsorge gegen schädliche Umwelteinwirkungen getroffen“ werden, „insbesondere durch die dem Stand der Technik entsprechenden Maßnahmen zur Emissionsbegrenzung“ (§ 5 Abs. 1 Nr. 2 BImSchG). Dabei hat „Vorsorge“ mehrere Komponenten: sie soll u.a. eine Sicherheitszone vor der Gefahrenschwelle schaffen und Freiräume für künftige Belastungen erhalten (Näheres bei Jarass, § 1 Rn. 7, § 5 Rn. 47).

[14] Vgl. Kloepfer, § 2 Rn. 76: Das BImSchG von 1974 gehörte neben dem Abfallbeseitigungsgesetz von 1972, dem Bundeswaldgesetz von 1975 und dem Bundesnaturschutzgesetz von 1976 zu den großen umfassenden Neuregelungen im neuen Politikbereich „Umweltschutz“ (zu diesem Begriff ebd. Rn. 73).

[15] Siehe die Nrn. 1.3, 2.1 und 7.19 des Anhangs der Vierten Verordnung zur Durchführung des Bundes-Immissionsschutzgesetzes (Verordnung über genehmigungsbedürftige Anlagen – 4. BImSchV) vom 24. 7. 1985 in der Fassung der Bekanntmachung vom 14. 3. 1997 (BGBl. I, 504), zuletzt geändert durch Art. 2 der Verordnung zur Änderung immissionsrechtlicher Vorschriften vom 6. 5. 2002 (BGBl. I, 1566).

[16] Vgl. den Wortlaut des § 16 Abs. 1 Satz 1 GewO a.F., abgedruckt bei Jarass, § 67 Rn. 4: „Zur Errichtung von Anlagen, welche durch die örtliche Lage oder Beschaffenheit der Betriebsstätte für die Besitzer oder Bewohner der benachbarten Grundstücke oder für das Publikum überhaupt erhebliche Nachteile, Gefahren oder Belästigungen herbeiführen können, ist die Genehmigung der zuständigen Behörde erforderlich.“ Zur historischen Entwicklung des Immissionsschutzrechts etwa Kloepfer, § 2 Rn. 26 ff., 66 f., § 14 Rn. 30 ff.

Was hat sich nun durch die Verpflichtung des Betreibers zur *Vorsorge* im Hinblick auf die Kategorie „Zurechnung" geändert, die, wie wir gesehen haben, im Zentrum dessen steht, was man Verantwortung nennt? Auf den ersten Blick bleibt *Subjekt* der Zurechnung der Anlagenbetreiber, und *Objekt* der Zurechnung bleibt sein technisches Handeln. Geändert hat sich allerdings der *Grund* der Zurechnung: Vorgeworfen wird dem Betreiber nicht mehr, dass sein Handeln gefährlich ist, sondern dass es gefährlich sein *könnte* – sei es wegen unserer mangelnden Kenntnis oder sei es wegen unvorhersehbarer Änderungen im Tatsächlichen (man denke an kumulative Kausalbeiträge). M.a.W.: Es wird dem Betreiber ein neuer Wert seines Handelns negativ zugeschrieben, und er muss diesen Wert durch besondere Anstrengungen ausgleichen, wobei die Lösung allerdings einer gewissen Paradoxie nicht entbehrt: Das Misstrauen, das die Gesellschaft der *Technik* aufgrund einer Neubewertung entgegenbringt, muss der Betreiber dadurch wettmachen, dass er alles tut, was nach dem „Stand der *Technik*" zur Vermeidung dieser Risiken möglich erscheint. (Man kann es vielleicht auch wie folgt formulieren: Für den Kredit, den die Gesellschaft dem Betreiber für sein technisches *Handeln* einräumt, ist Sicherheit der Kredit, den sie dem technischen *Wissen* gewährt.)

Der Vollständigkeit halber sei noch erwähnt: Die *Instanz*, der gegenüber die neue Verantwortung begründet wird, ist im wesentlichen allein der Staat. Der Nachbar hat, wie bereits erwähnt, grundsätzlich *keinen* Anspruch darauf, dass der Betreiber seine Pflicht zur Vorsorge erfüllt (anders als bei der Schutz- und Abwehrpflicht); folglich kann der Nachbar eine Anlagengenehmigung auch nicht allein mit dieser Behauptung anfechten.[17]

2. Gefahren einer neuen Technologie: Risiko und Restrisiko im Atomrecht

Am offensichtlichsten entstehen neue Risiken im Umwelt- und Technikrecht, wenn eine neue Technologie ohne Zweifel neue Gefahren mit sich bringt. Dies können qualitativ neue Gefahren sein, z.B. Strahlung, oder quantitativ neue Gefahren, z.B. ein neues Maß an Zerstörungskraft – die Atomtechnik (dazu Rodi) ist ein Beispiel für beides.

Was die Gefahren und Risiken dieser neuen Technik angeht, so hat das Bundesverfassungsgericht in der Kalkarentscheidung, so wie sie meist interpretiert wird, eine klassische Dreiteilung vorgenommen: Gefahr, Risiko, Restrisiko.[18]

[17] So die h.M., die allerdings mit guten Gründen bestritten wird; s. Jarass, § 5 Rn. 121, mit rechtspolitischer Kritik in Rn. 122 f. – Der Nachbar kann, nebenbei gesagt, auch zivilrechtlich nur wesentliche Beeinträchtigungen abwehren, vgl. § 14 BImSchG, § 906 BGB.

[18] BVerfGE 49, 89 (124 ff., 140 ff.). Genau besehen, wird diese Trias in der Entscheidung noch eher entwickelt als zu Grunde gelegt (s. auch unten Fn. 20), unterschieden wird nämlich

Was die *Gefahren* angeht, so folgt aus der Schutzpflicht des Staates für seine Bürger,[19] dass er Grundrechts*verletzungen* verhindern muss; gefährliche Reaktoren dürfen daher nicht genehmigt werden. Hinsichtlich des *Risikos* unterhalb der Gefahrenschwelle reicht es dagegen aus, wenn das Gesetz die nötige Vorsorge vorschreibt (vgl. § 7 Abs. 2 Nr. 3 AtomG) – „wie auch immer" der Begriff „Vorsorge" genau zu verstehen sein mag.[20] Als *Restrisiko* schließlich bezeichnet das Gericht denjenigen Bereich technischen Handelns, in dem sich zwar nicht mit letzter Sicherheit ausschließen lässt, dass es zu einem Schaden kommt, in dem dies jedoch nach dem gegenwärtigen Stand von Wissenschaft und Technik „*praktisch* ausgeschlossen erscheint (...). Ungewißheiten jenseits dieser Schwelle praktischer Vernunft haben ihre Ursache in den Grenzen des menschlichen Erkenntnisvermögens; sie sind unentrinnbar und insofern als sozial adäquate Lasten von allen Bürgern zu tragen". Wollte man hingegen vom Gesetzgeber absolute Sicherheit verlangen, so hieße das „weithin jede staatliche Zulassung der Nutzung von Technik verbannen".[21]
Was bedeutet dies nun für die Zurechnung des Risikos der Kerntechnik? Nun, wenn „Risiko" der *Wert* der Atomtechnik im Hinblick auf Gefahren ist, so lässt sich dieser Wert offenbar einigermaßen verlässlich berechnen (wie weit die Berechnungen „praktische" Wahrscheinlichkeiten ausdrücken, mag man freilich seit dem Reaktorunfall von Tschernobyl im Jahre 1986 bezweifeln). Diesem (negativen) Wert steht aber ebenso offenbar ein (positiver) Wert gegenüber, es gibt m.a.W. Vorteile der Kerntechnik, die das Bundesverfassungsgericht mehr voraussetzt als benennt. Vorteil ist zum einen der privatwirtschaftliche Nutzen der Kerntechnik für den Betreiber, er rechtfertigt es offenbar, ihm die Kosten für Gefahrenabwehr und Risikovorsorge aufzuerlegen – wobei auch eine Versicherungspflicht besteht, die sog. Deckungsvorsorge (§ 7 Abs. 2 Nr. 4, §§ 13 – 15 AtomG; sie ist mittlerweile durch § 19 UmweltHG auf weitere Bereiche ausgedehnt worden). Zum andern sieht das Bundesverfassungsgericht in der Atomtechnik aber auch Vorteile für die Allgemeinheit – Vorteile, die nicht näher

vorrangig zwischen einerseits Grundrechts*verletzung* und Grundrechts*gefährdung* bzw. Gefahrenabwehr und Risikovorsorge, andererseits dem „Restrisiko". Zur Interpretation der Entscheidung z.B. Kloepfer, § 3 Rn. 17, § 15 Rn. 19 ff.; Wolf, Rn. 105 ff.; Schulte, 162 ff.

[19] Entwickelt wurde diese Schutzpflicht in ganz anderem Zusammenhang, nämlich bei der Frage, ob der Staat den Schwangerschaftsabbruch unter Strafe stellen müsse, s. BVerfGE 39, 1.

[20] BVerfGE 49, 89, 140 f.; die Stelle lautet vollständig: „Wie auch immer die Begriffe der Vorsorge, des Schadens und – damit im Zusammenhang – der Gefahr oder des Restrisikos bei Auslegung dieser Vorschrift zu bestimmen sind, aus verfassungsrechtlicher Sicht schließt das Gesetz die Genehmigung dann aus, wenn die Errichtung oder der Betrieb der Anlage zu Schäden führt, die sich als Grundrechtsverletzungen darstellen." – Der Begriff Schadensvorsorge ist dann durch BVerwGE 72, 300 (Wyhl) näher konkretisiert worden; s. auch Bender/Sparwasser/Engel, Kap. 9 Rn. 116 ff.; Kloepfer, § 15 Rn. 36.

[21] BVerfGE 49, 89, 141 ff., 143; krit. zum Topos der praktischen Vernunft etwa Kastendieck.

konkretisiert werden und wohl schon in den Verheißungen des technischen Fortschritts als solchen bestehen. Jedenfalls rechtfertigen diese Vorteile es offenbar, „der“ Gesellschaft das sog. Restrisiko zuzurechnen. Oder, um die an *Kant* angelehnte Definition des Risikos zu wählen: In gewisser Weise begreift sich „die Gesellschaft“ selbst als *Urheber* der Atomtechnik, nämlich hinsichtlich des „Restrisikos“ dieses Handelns. (Praktisch heißt das vor allem auch, dass der Bund am Haftungssystem beteiligt ist, §§ 34 ff. AtomG.)

3. Unsicherheit der Bewertung neuer Technologien: „Basisrisiko“ der Gentechnik?

Das letzte Beispiel für „neue Risiken“ im Umweltrecht hebt die gerade getroffenen Unterscheidungen in gewisser Weise wieder auf. Hinsichtlich des Schutzzwecks des *Gentechnikgesetzes* ist nämlich anerkannt, dass die Gefahrenabwehr i.S.d. § 1 GenTG auch die sog. Risikovorsorge umfasst („mögliche Gefahren“) – ohne dass der Begriff Risikovorsorge im Gentechnikrecht abschließend geklärt wäre (Hirsch/Schmidt-Didczuhn, § 1 Rn. 12; Nöthlichs, Nr. 7013 [§ 1 GenTG], 2 f.; Herdegen, in: Eberbach/Lange/Ronellenfitsch, § 1 GenTG Rn. 15 ff.; Lege 2003, 693 f.). *Praktisch* bedeutet die Einheit von Gefahrenabwehr und Risikovorsorge zweierlei: Erstens vermitteln auch Vorschriften, die allein der Risikovorsorge dienen, einem betroffenen Dritten in aller Regel ein Abwehr- und Anfechtungsrecht (Lege 2003, 742 m. Hinweis auch auf die Ausnahmen). Und zweitens beginnt die präventive staatliche Kontrolle der Gentechnik auf einem Niveau möglicher Gefährdung, das bei Technikern, gelinde gesagt, Unverständnis hervorruft: Warum, so ihre Argumentation, sollen gentechnische Anlagen der Sicherheitsstufe 1 einer behördlichen Anmeldung bedürfen, wenn nach dem Gesetzeswortlaut auf dieser Stufe „nach dem Stand der Wissenschaft *nicht* von einem Risiko für die menschliche Gesundheit und die Umwelt auszugehen ist“ (vgl. §§ 8 Abs. 2, 7 Abs. 1 Nr. 1 GenTG)?
Die Antwort liegt wohl darin, dass es anfangs auch in der Welt der Technik höchst umstritten war, ob der Gentechnik ein technikspezifisches „Basisrisiko“ zukommt – so wie unstreitig der Kerntechnik – oder nicht (zum Begriff Basisrisiko eingehend Wahl, in: Landmann/Rohmer/Hansmann, Nr. 10 ff., Rn 17 f.). Die h.M. in den *Naturwissenschaften* folgt mittlerweile zwar dem sog. additiven Modell, nach ihm birgt die Gentechnik kein Risikopotential, das über die addierten „Risiken“[22] der verwendeten Komponenten (Organismen, Vektoren etc.) hinausgeht. Demgegenüber ist nach einer Mindermeinung, dem sog. synergetischen Modell, von einem *weiteren* Risiko auszugehen, das gerade auf den nicht a priori absehbaren Effekten der Gentechnik, m.a.W. auf dem *Nichtwissen* oder

[22] Hier natürlich im Sinne der technischen Terminologie verwendet!

ungenügenden Wissen über sie beruht (zur Diskussion Winter, 39 f.; s. auch Breuer, 158). Diese Meinung betont u.a., dass sich gentechnisch veränderte Organismen, einmal in die Natur entwichen oder freigesetzt, weder kontrollieren noch zurückholen lassen – Stichwort Irreversibilität.[23]

Wie soll sich nun aber das *Recht* dazu verhalten, wenn die Naturwissenschaften darüber uneins sind, ob Gentechnik als solche bereits ein Risiko ist (sog. gentechnikspezifisches Risiko, s. Lege 2003, 693 f.)? Nun, es wird die Unsicherheit des Wissens über den Gefahrenwert der Gentechnik – also über *deren* Risiko – als *Gefahr* wahrnehmen („eine Sachlage, die zu einem Schaden führen kann", s.o.) und sein *eigenes* Handeln, nämlich die rechtliche Billigung oder Missbilligung gentechnischen Handelns, als ein *Risiko*. Es besteht also das rechtliche Risiko, ein technisches Risiko falsch einzuschätzen, weil die *Seriosität* der Bewertungen, die von seiten der Technik und der Wissenschaft im Hinblick auf die Gefahren der Gentechnik vorgelegt werden, zweifelhaft ist (vgl. Lege 2003, 693 f.). Das Recht bewältigt diese Situation nun, wie mir scheint, durchaus mit Hilfe der Kategorie „Zurechnung": Zwar rechnet es auch hier, wie im Atomrecht, gleichsam „der" Gesellschaft das „Restrisiko" der Gentechnik zu. Weil es „der" Gesellschaft jedoch – anders als im Atomrecht – an nachvollziehbarem *Wissen* über gentechnische Risiken fehlt,[24] weigert sich das Recht, bei der *Definition* dessen, was sozialadäquates „Restrisiko" ist, dem angeblichen Wissen der Techniker zu folgen. Vielmehr geht die Rechtsprechung nach wie vor mit Recht von einem „Basisrisiko" der Gentechnik[25, 26] aus und rechnet das Risiko des *Nicht-Wissens* denjenigen zu, die trotz des Nicht-Wissens gentechnisch handeln wollen. (Anders gewendet: Die Rechtsprechung sieht ein Basisrisiko, wo Naturwissenschaft und Techniker nur noch ein Restrisiko zu sehen vermögen.)

Gelegentlich liest man, diese Risikoscheu sei eine deutsche Eigenheit, in den USA etwa herrsche eine größere Risikobereitschaft. Das dürfte indessen nur die halbe Wahrheit sein, oder vielleicht besser: Es ist richtig, aber in doppelter Hinsicht. Denn zwar trifft es zu, dass sich die Regelungsansätze in Deutschland und in den USA grundlegend unterscheiden (Dederer 1998; Steines 2002): Deutschland (und überhaupt das europäische Gemeinschaftsrecht) folgt dem sog. horizontalen Ansatz oder „process approach", ihm gemäß unterliegt im Grundsatz

[23] Zu den Besonderheiten der Gentechnik, die eine Risikobewertung erschweren: Lege 2003, 695 f.

[24] Von daher wäre die Gentechnik ein besonders ergiebiges Feld für Untersuchungen zur Rolle des Rechts in der „Wissensgesellschaft".

[25] Z.B. OVG Münster, NVwZ 2001, 110, 111; in der Literatur wird ein solches Basisrisiko allerdings zunehmend bestritten, s. z.B. Dederer 2001, 68 f. m.w.N.

[26] Vgl. zur Kritik insbesondere van den Daele, 110 ff.; s. ferner Hirsch/Schmidt-Didczuhn, § 6 Rn. 18 f.: Nach h.M. ist im Gentechnikrecht auch gegen „hypothetische Gefahren" vorzusorgen, allein bloß „spekulative Gefahren" bleiben außer Betracht

jedes gentechnische Handeln einer präventiven hoheitlichen Kontrolle (Lege 2003, 682 f., 688 f.). In den USA bestehen dagegen nur produktspezifische Regelungen („product approach“, vertikaler Ansatz), also etwa Anforderungen an gentechnisch veränderte Arzneimittel, Lebensmittel oder Saatgut (in aller Kürze dazu Lege 2003, 682 m. Fn. 70). Übersehen wird freilich häufig eines: Auch in den USA ist für das Vertrauen, das die Gentechniker in Anspruch nehmen, ein Preis zu zahlen, ein hoher Preis sogar. Er besteht in dem Risiko strenger zivilrechtlicher Haftung, die den Herstellern gentechnischer Produkte droht,[27] einer Haftung, die sogar einen strafrechtlichen Beigeschmack haben kann: Sog. „punitive damages“ können unglaubliche Höhen erreichen.[28] In Deutschland gibt es ein derart hohes Haftungsrisiko nicht, hier ist vielmehr die Haftung nach dem Gentechnikgesetz nicht höher als nach dem normalen Produkthaftungsgesetz, und auch die Produzentenhaftung im Rahmen des § 823 Abs. 1 BGB (mit Beweislastumkehr zu Gunsten des Geschädigten) ist jedenfalls durch die Höhe des Schadens begrenzt. Wer das große Ausmaß an staatlicher Kontrolle beklagt, das in Deutschland der Preis für das Vertrauen der Gesellschaft in die Gentechnik ist, sollte diese andere Seite im System der Verantwortung für die Risiken der Technik nicht übersehen.

4. Exkurs: Die Zurechnung neuer Chancen

Wenigstens am Rande sei angemerkt: Neue Techniken bergen nicht nur neue Risiken, sondern auch neue Chancen, und natürlich besteht auch hinsichtlich von Chancen ein Problem der Zurechnung[29] – wem gebühren die Gewinne? –, zumal Erfolge meist viele Väter haben (m.a.W. Zurechnungssubjekte). Insofern ist nun eine neuere Entwicklung bemerkenswert:

Die Zurechnung der Erfolge technischen Wissens geschieht traditionell dadurch, dass dem Erfinder ein Monopolrecht an der Verwertung seines Wissens – der

[27] Einzelheiten: Schumacher, 168 ff., insb. 214 ff., 228 ff.; Wildhaber, 220 ff., insb. 284 f. (bezogen auf Deutschland, die USA und die Schweiz). Als Haftungsgrundlagen kommen vor allem in Betracht: die strict liability (verschuldensunabhängige Haftung, insbesondere für „abnormally dangerous activities“, von der neueren Literatur für die Gentechnik grundsätzlich verneint), die strict product liability oder die Haftung für negligence only. Gerichtlich entschieden sind Haftungsfälle im Bereich der Gentechnik allerdings noch nicht, so dass schwierig zu prognostizieren ist, welche Grundlage angewendet würde.

[28] Allgemein dazu Hay, Rn. 152, 419 ff., der die Bedeutung der punitive damages gerade bei Verletzung von Umweltschutzauflagen hervorhebt. Zur Höhe des „Strafschadensersatzes“ s. Rn. 421 Fn. 274: z.B. $ 1 Mio. wegen Rassendiskriminierung, $ 20 Mio. wegen Patentrechtsverletzung.

[29] Siehe Lege 2002, 67 ff., mit der These, dass sich im Recht der Bio- und Gentechnik ein Wechsel vom Management der Angst zum Management der Gier beobachten lasse.

Erfindung – eingeräumt wird: ein *Patent* (eingehend dazu Götting, 209 ff.). Im Gegensatz dazu sind *Entdeckungen*, also das, was herkömmlich die Wissenschaftler produzieren, nicht patentfähig. In den letzten Jahren sind die Naturwissenschaftler nun immer mehr dazu gedrängt worden, ihre Forschung in der Weise auszugestalten, dass Patente erworben werden können. Ärgerlich für die Universitäten war daran allerdings, dass das Patent allein dem Wissenschaftler zustand, so dass nur er die Früchte des Risikos Forschung genoss. Kürzlich ist nun das Arbeitnehmererfindungsgesetz in der Weise geändert worden, dass sich die Universitäten ganz ebenso wie normale Arbeitgeber die Erfolge ihrer Wissenschaftler als Patent zurechnen lassen können ... (grundsätzlich zustimmend und nur zu den Folgeproblemen kritisch Bartenbach/Hellebrand, 165; Bartenbach/Volz, 743).

IV. Schlussfolgerungen

1. Zum Begriff „Zurechnung" im Umwelt- und Technikrecht

Nach diesem Streifzug durch das Umwelt- und Technikrecht wäre ich froh, wenn man mir zugute halten wollte, dass ich den Begriff „Zurechnung" im Hinblick auf neue technische Risiken redlich angestrengt habe. Ich wäre nicht böse, wenn man zu dem Ergebnis käme, dass es *nicht* gelungen ist, die Probleme dieses Rechtsgebiets mit dem Begriff „Zurechnung" auf den *richtigen* Begriff zu bringen. Nach allem nämlich, was ich auf dieser Konferenz gelernt habe, muss ich dieses Versagen nicht *mir* zurechnen, ich kann es vielmehr dem Begriff „in Rechnung stellen": Er ist für die Probleme, die es zu lösen gilt, offenbar nicht komplex genug, er ist unterkomplex,[30] weil die Probleme des Umwelt- und Technikrechts nicht durch individuelle Zurechnung von Risiken gelöst werden können, sondern nur durch vernünftige, gerechte Institutionen.[31] Kurt Seelmann hat dies in seinem Beitrag zur Zurechnung bei Hegel (in diesem Band) eindrucksvoll gezeigt, ebenso vor einiger Zeit Gertrude Lübbe-Wolff im Hinblick auf das Umweltrecht – auch sie nicht zuletzt unter Hinweis auf Hegels Konzept der Sittlichkeit (Lübbe-Wolff 1999).

---

[30] Siehe auch den Beitrag von Matthias Kaufmann, in diesem Band.

[31] Solche Institutionen sind vor allem Markt und Staat, und für ihre Vernünftigkeit kommt es vor allem auf die gegenseitige Abstimmung an.

2. Zum Konzept „Verantwortung" im Umwelt- und Technikrecht

Es ist somit wohl kein Wunder, sondern sachlich berechtigt, wenn man im Hinblick auf Umwelt und Technik lieber von „Verantwortung" als von „Zurechnung" spricht (klassisch etwa Murswiek 1985): „Verantwortung" ist der komplexere, dadurch auf den ersten Blick unklarere, aber letztlich angemessenere Begriff. Gehen wir zum Abschluss noch einmal seine Elemente durch.

(1) Subjekt oder besser *Träger* der Verantwortung sind in der Regel die Techniker. Subjekt kann freilich auch ein dritter Privater sein – dieses Problem habe ich ausgelassen –, etwa jemand, der ein mit Altlasten verseuchtes Grundstück erwirbt und nun als „Zustandsstörer" haftet (das Bundesverfassungsgericht hat über die Grenzen dieser Verantwortung vor nicht allzu langer Zeit entschieden, s. BVerfGE 102, 1ff.). Subjekt kann aber auch die Allgemeinheit sein; nach Karlsruher Erkenntnis (BVerfGE 49, 89 ff.) ist sie es jedenfalls hinsichtlich des Restrisikos.

(2) *Objekt* der Verantwortung ist das Risiko, das die Techniker eingehen. Ob Risiko dann als *Handlung* im Angesicht einer Gefahr oder als *Wert* einer Handlung angesichts einer Gefahr definiert wird, dürfte keinen praktischen Unterschied machen, sondern davon abhängen, welchen Begriff von Zurechnung man hat: Die Zurechnung des Risikos als *Handlung* entspricht wohl der *imputatio facti*, die Zurechnung des *Wertes* der Handlung entspricht wohl der *imputatio legis* (s. den Beitrag von Hruschka in diesem Band).

(3) Der Begriff *Zurechnung* bleibt somit schillernd.

(4) Zum *Einstehenmüssen*: Die Sanktionen, die dem Träger der Verantwortung zugerechnet werden – „Zurechnung" jetzt im Sinne Kelsens bzw. der applicatio legis ad factum (vgl. Hruschka und Paulson, in diesem Band) – sind letztlich das Hauptinstrument der Gestaltung des Umwelt- und Technikrechts. Im wesentlichen haben wir in unseren Beispielen kennengelernt: Anzeige- und Genehmigungspflichten (also bürokratische Lasten) und zivilrechtliche Haftung, unter Umständen ergänzt durch eine Versicherungspflicht. Denkbar sind aber auch weitere Instrumente, etwa Abgaben oder Verschmutzungslizenzen.

(5) Das *Gegenüber* (die Instanz), vor dem sich die Urheber der Umweltrisiken zu verantworten haben, können die öffentliche Gewalt sein oder Private. Im deutschen Umwelt- und Technikrecht besteht die Verantwortung in der Regel allein gegenüber der öffentlichen Gewalt. Öffentlich-rechtlicher „Drittschutz" besteht grundsätzlich nicht – mit der bezeichnenden Ausnahme des Gentechnikrechts. Zivilrechtliche Haftung spielt praktisch keine große Rolle. Privatrechtliche Abwehransprüche sind zudem meist (um das nachzutragen) ausgeschlossen, wenn derjenige, der die umweltlichen und technischen Risiken eingeht, eine unanfechtbare hoheitliche Genehmigung vorweisen kann (vgl. z.B. § 14 BImSchG).

(6) Was den *Grund* der Verantwortung für neue Risiken im Umwelt- und Technikrecht angeht – wenn man will den Vorwurf, der es rechtfertigt, jemanden als Urheber solcher Risiko zu qualifizieren –, so muss ich etwas ausholen (verantwortlich dafür ist Volker Haas, s. seinen Beitrag in diesem Band):
Im *Polizeirecht* ist Grund für die Verantwortung des sog. „Störers" – sei er nun Störer aufgrund seines Verhaltens („Handlungsstörer") oder aufgrund des Zustandes einer Sache, die in seinen Verantwortungsbereich gehört („Zustandsstörer" – zu den Begriffen etwa Friauf, Rn. 69 ff.) – wohl eine kantisch-liberale Vorstellung: Derjenige, der durch riskantes Handeln eine Gefahr für andere oder für die Allgemeinheit verursacht, verlässt seinen eigenen Rechtskreis und „stört" die Rechtskreise anderer (vgl. dazu auch Renzikowski, 195 f.). Das Recht weist ihn daher nur wieder in die Schranken – Schranken, die seine Freiheit von der Freiheit der anderen abgrenzen[32] –, wenn es ihm aufgibt, sein riskantes Handeln zu unterlassen oder bereits erfolgte Störungen zu beseitigen. Diese Vorstellung setzt, wie wir gestern gesehen haben,[33] eine gerechte Verteilung der Freiheit voraus (oder unterstellt dies sogar, wenn sie naiv ist), sie hält von daher jegliche Einschränkung der Freiheit für rechtfertigungsbedürftig, und sie sieht diese Rechtfertigung im Fall der Gefahrenabwehr in dem Übergriff in fremde Rechtskreise.[34]
Hinsichtlich der speziellen Risiken des *Umwelt- und Technikrechts* ist es nun durchaus umstritten, wie weit dieses liberale Modell der Gefahrenabwehr angemessen ist. Insbesondere Dietrich Murswiek hat mit Recht bezweifelt (Murswiek 1994, 77; im Ansatz bereits 1988, 985), dass es im Umwelt- und Technikrecht primär um *Freiheit* ginge, also um die (Berufs-, Eigentums- oder Gewerbe-) Freiheit von z.B. Industrieanlagenbetreibern oder Atom- und Gentechnikern. Vielmehr gehe es um den Anspruch auf *Teilhabe an knappen* (Umwelt-) *Gütern* wie sauberer Luft oder Ruhe vor Lärm. Ich vermute, dass man nur von diesem Standpunkt aus schlüssig eine „Risikovorsorge" unterhalb der Gefahrenabwehr begründen kann (die h.M., die den Standpunkt nicht teilt, wird deshalb niemals wirklich verstehen, was Risikovorsorge ist, oder, wenn sie es verstanden hat, wird sie niemals zugeben, was es ist, nämlich folgendes): Die entsprechenden Genehmigungen, z.B. nach § 4 BImSchG, werden letztlich mit einem *Bewirtschaftungsermessen* erteilt, so wie es im Wasserrecht, als dem für die Verwaltung knapper Ressourcen paradigmatischen Rechtsgebiet, immer schon üblich war (vgl. nur Kloepfer, § 13 Rn. 91, sowie §§ 2, 6, 7 und 8 WHG). Apropos Wasserrecht: Murswiek hat immerhin das Bundesverfassungsgericht davon

---

[32] Siehe die berühmte Formulierung von Kant, Einleitung in die Rechtslehre, § B: „Das Recht ist also der Inbegriff der Bedingungen, unter denen die Willkür des einen mit der Willkür des andern nach einem allgemeinen Gesetze der Freiheit zusammen vereinigt werden kann."

[33] Siehe die Beiträge von Georg Mohr und Georg Lohmann, in diesem Band.

[34] Zur Problematik dieser Vorstellung in komplexeren Situationen Lege 1998, 78 ff.: „Kriterien der Zurechnung von Gefahrverursachungsbeiträgen".

überzeugen können, dass die Verantwortung für die knappe Ressource Wasser es rechtfertigt, von den Nutzern in Gestalt des „Wasserpfennigs" eine Ressourcennutzungsgebühr zu erheben (s. BVerfGE 93, 319).
Was sind also die *Gründe* für die Zurechnung „neuer Risiken" – bzw. für die Verantwortung für diese Risiken – im Technik- und Umweltrecht? Ein *erster Grund* ist der, den wir eben herausgearbeitet haben: die Gefährdung knapper Ressourcen, die „Tragik der Allmende" (wenn jeder auf individuell-rationale Weise seinen Viehbestand zu maximieren sucht, ist der Dorfanger bald überweidet, s. Hardin). Einen *zweiten Grund* haben wir im Gentechnikrecht gefunden, nämlich im Misstrauen gegenüber dem Wissen der Techniker. Weitere Gründe erscheinen möglich,[35] aber damit mag es sein Bewenden haben.
(7) Zur letzten Komponente der Verantwortung, nämlich zu ihrem *Maß*, sei nur kurz erwähnt: Im Atomrecht besteht grundsätzlich eine unbegrenzte Haftung des Betreibers (§ 31 AtomG), von welcher er allerdings u.U. freizustellen ist (§ 34 AtomG). Im Gentechnikrecht besteht eine im Höchstbetrag beschränkte Gefährdungshaftung, daneben allerdings auch die normale, unbegrenzte Verschuldenshaftung des § 823 BGB. Einzelheiten dürften entbehrlich sein.

3. Zum „quid pro quo" von (Zurechnung und) Verantwortung

Ich möchte zum Abschluss noch einmal auf den Vorwurf zurückkommen, Verantwortung sei ein unklares *quid pro quo*. Vielleicht hat das Gentechnikrecht am deutlichsten gezeigt, *wofür* Verantwortung gut ist („quo"): zur Erzeugung von *Vertrauen* (auch im Beitrag von Giuseppe Cacciatore in diesem Band ist dieser Gedanke mehrfach angeklungen; s. auch Lege 1998, 88 ff.). Die Gegenleistung für dieses Vertrauen („quid"), sein Preis gewissermaßen, ist in der Regel Kontrolle oder Haftung, weitere Instrumente sind freilich nicht ausgeschlossen. Was schließlich das „pro" betrifft, so wird man eine gewisse Äquivalenz zwischen „quid" und „quo" verlangen müssen. Als Grundsatz bietet sich in unserem Bereich an: Demjenigen, dem ein Risiko (eine Gefahr, ein Verlust) zugerechnet wird, sollten auch die Chancen zugerechnet werden (der Erfolg, der Gewinn), und umgekehrt. Es ist dies vielleicht nichts anderes als eine Präzisierung des Pufendorfschen Gedankens: Auf den Urheber der Handlung sollten *alle* ihre Wirkungen zurückfallen („quod in ipsum redundant effectūs qui ex istis [actionibus] proveniunt" – s. dazu den Beitrag von Hruschka in diesem Band).

[35] Zu den gelegentlich abstrusen Zurechnungskriterien im *Umwelt*recht siehe den Biergartenfall, den Numberger, 1065, mitteilt und in dem es um den Lärm des dazugehörigen Parkplatzes ging.

Literatur:

Bartenbach, K./Hellebrand, O.: Zur Abschaffung des Hochschullehrerprivilegs (§ 42 ArbEG) – Auswirkungen auf den Abschluss von Forschungsaufträgen, Mitteilungen der deutschen Patentanwälte 2002, S. 165 ff..

Bartenbach, K./Volz, F.-E.: Erfindungen an Hochschulen. Zur Neufassung des § 42 ArbEG, in: Gewerblicher Rechtsschutz und Urheberrecht 2002, S. 743 ff..

Bender, B. /Sparwasser, R./Engel, R.: Umweltrecht, 4. Aufl. 2000.

Breuer, R.: Probabilistische Risikoanalysen und Gentechnikrecht, in: Natur und Recht 1994, S. 157 ff..

van den Daele, W.: Zur Reichweite des Vorsorgeprinzips – rechtliche und politische Perspektiven, in: *Lege* (Hg.), Gentechnik im nicht – menschlichen Bereich, 2001, S. 101 ff..

Dederer, H.-G.: Gentechnikrecht im Wettbewerb der Systeme. Freisetzung im deutschen und US-amerikanischen Recht, 1998.

Dederer, H.-G.: GVO-Spuren unter Genehmigungsvorbehalt?, in: Natur und Recht 2001, S. 64ff..

Drews, B./Wacke, G./Vogel, K./Martens, W.: Gefahrenabwehr. Allgemeines Polizeirecht (Ordnungsrecht) des Bundes und der Länder, 9. Aufl. 1986.

Eberbach,.W./Lange, P./Ronellenfitsch, M., Recht der Gentechnik und Biomedizin (GenTR/BioMedR), Loseblatt (Stand Dezember 2002).

Friauf, K.H.: Polizei- und Ordnungsrecht, in: *E. Schmidt-Aßmann* (Hg.), Besonderes Verwaltungsrecht, 11. Aufl. 1999, S. 105 ff..

Götting, H.-P.: Grundlagen des Patentrechts, in: *Schulte* (Hg.), Handbuch des Technikrechts, 2003, S. 209 ff.

Gräf, W.: Maschinensicherheit, 1997.

Hardin, G.: The Tragedy of the Commons, Science 1968, S. 1243 ff.; dt. in: *Lohmann*, Gefährdete Zukunft, 1970, S. 30 ff..

Hauptmanns, U./Herttrich, M./Werner, W.: Technische Risiken, 1987.

Hawkes, D.: Der Faktor Mensch im Gentechnikrecht, 1995.

Hay, P.: US-Amerikanisches Recht, 2002.

Hirsch, G./Schmidt-Didczuhn, A.: Gentechnikgesetz (GenTG), 1991.

Jarass, H.D.: Bundesimmissionsschutzgesetz, 5. Aufl. 2002.

Kant, I.: Metaphysik der Sitten, 1797, in: Kants gesammelte Schriften, hg. von der Königlich Preußischen Akademie der Wissenschaften. Erste Abteilung, Band 6, Berlin 1907, S. 627-653.

Kastendieck, K.: Der Begriff der praktischen Vernunft in der juristischen Argumentation. Zugleich ein Beitrag zur Rationalisierung und ethischen Legitimation von rechtlichen Entscheidungen unter Unsicherheitsbedingungen, 2000.

Kelsen, H.: Reine Rechtslehre, 2. Aufl. 1960.

Kloepfer, M.: Umweltrecht, 2. Aufl. 1998.

Knemeyer, F.-L.: Polizei- und Ordnungsrecht, 9. Aufl. 2002.

Landmann/Rohmer/Hansmann.: Umweltrecht III, Loseblatt (Stand: Oktober 2001).

Lege, J.: Polizeieinsätze bei Fußball-Bundesligaspielen, in: Verwaltungsarchiv 87 (1998), S. 71 ff..

Lege, J.: Die Steuerung der Gentechnik durch das Recht. Zum Erfordernis und zu den Möglichkeiten der rechtlichen Steuerung neuer Technologien, in: *Kloepfer* (Hg.), Technikumsteuerung als Rechtsproblem, 2002, S. 67 ff..

Lege, J.: Das Recht der Bio- und Gentechnik, in: *Schulte* (Hg.), Handbuch des Technikrechts, 2003, S. 669 ff..

Lübbe-Wolff, G.: Recht und Moral im Umweltschutz, 1999.

Murswiek, D.: Die staatliche Verantwortung für die Risiken der Technik, 1985.

Murswiek, D.: Freiheit und Freiwilligkeit im Umweltrecht, in: Juristenzeitung 1988, S. 985ff..

Murswiek, D.: Privater Nutzen und Gemeinwohl im Umweltrecht, in: Deutsches Verwaltungsblatt 1994, S. 77 ff..

Neudörfer, A.: Konstruieren sicherheitsgerechter Produkte, 2. Aufl. 2002.

Nöthlichs, M.: Bio- und Gentechnik, Loseblatt (Stand August 2002).

Numberger, U.: Probleme des Freizeitlärms, in: Neue Zeitschrift für Verwaltungsrecht 2002, S. 1064 ff..

Peters, O.H./Meyna, A.: Handbuch der Sicherheitstechnik, 1985.

Renzikowski, J.: Notstand und Notwehr, 1994.

Rodi, M.: Grundlagen und Entwicklungslinien des Atomrechts, in: Neue Juristische Wochenschrift 2000, S. 7 ff.

Schulte, H.: Umweltrecht, 1999.

Schulz, L.: Normiertes Mißtrauen. Der Verdacht im Strafverfahren, 2001.

Schumacher, K.: Haftung für Mikroorganismen in Deutschland und in den Vereinigten Staaten von Amerika, 1995.

Steines, J.C.: Widerstreitende Verfahrensansätze für Freisetzung und Inverkehrbringen gentechnisch veränderter Organismen im deutschen und US-amerikanischen Gentechnikrecht, 2002.

Voßkuhle, A.: Gesetzgeberische Regelungsstrategien der Verantwortungsteilung zwischen öffentlichem und privatem Sektor, in: *Schuppert* (Hg.), Jenseits von Privatisierung und „schlankem“ Staat. Verantwortungsteilung als Schlüsselbegriff eines sich verändernden Verhältnisses von öffentlichem und privatem Sektor, 1999, S. 47 ff.

Wildhaber, I.: Produkthaftung im Gentechnikrecht. Eine rechtsvergleichende Studie, 2000.

Winter, G.: Grundprobleme des Gentechnikrechts, 1993.

Wolf, J.: Umweltrecht, 2002.

III. Rechtliche und philosophische Aspekte des Zurechnungsbegriffs

Volker Haas

Die strafrechtliche Lehre von der objektiven Zurechnung - eine Grundsatzkritik

I. Einleitung

Zurechnung ist eine Tätigkeit des Rechtsstabs, durch die ein bestimmtes Rechtssubjekt für ein bestimmtes Geschehen verantwortlich, das heißt haftbar, gemacht wird. So könnte das Resultat einer rechtstheoretischen Analyse des Zurechnungsbegriffs lauten. Der nachfolgende Beitrag beschäftigt sich jedoch nicht mit einer derartigen der rechtstheoretischen Metaebene zugehörigen Analyse des Zurechnungsbegriffs, sondern mit der der Objektebene unserer Rechtsordnung zugehörigen Beurteilung der handlungsleitenden inhaltlichen Kriterien des Rechtsstabs, anhand derer dieser einem bestimmten Rechtssubjekt ein Geschehen zurechnet. Im Zentrum des Interesses soll dabei die Theorie der heutzutage in der deutschen Strafrechtsdogmatik ganz herrschenden, vielfach auch im Ausland vertretenen sogenannten *objektiven* Zurechnungslehre stehen.
Die Abhandlung gliedert sich wie folgt: Zunächst soll in einer tour d`horizon die historische Entwicklung und der heutige Stand der objektiven Zurechnungslehre in Deutschland nachgezeichnet werden. In einem zweiten Schritt setzt sich der Beitrag mit ihrer Strategie der Haftungsbegründung kritisch auseinander, um dann abschließend einen eigenen Ansatz schemenhaft zu umreißen.

II. Historische Vorläufer und heutige Ausgestaltung der objektiven Zurechnungslehre

1. Die Ableitung des objektiven Zurechnungsbegriffs aus Hegels Handlungslehre durch den Zivilrechtler Larenz

Den Begriff der objektiven Zurechnung verdanken wir Larenz. In bewusster Anknüpfung an die bis ins 18. Jahrhundert geläufige Unterscheidung zwischen imputatio facti und imputatio iuris einerseits und an die Handlungslehre Hegels andererseits bezeichnet er als objektive Zurechnung das Urteil über die Frage, ob ein Geschehen die Tat eines Subjekts sei. „Wenn ich jemand als den Urheber eines Geschehens bezeichne, so will ich damit sagen, dass dies Geschehen seine eigene Tat ist, dass es für ihn nicht Werk des Zufalls, sondern das seines eigenen Willens ist“ (Larenz 1927, 61). Die von einem bloß zufälligen Geschehen abzugrenzende Tat kann daher nach Ansicht von Larenz nicht mit einem Urteil über einen Kausalzusammenhang gleichgesetzt werden. Zwar walte in der Aufeinanderfolge der Ursachen eine strenge Notwendigkeit, jedoch sei ihr Zusammentreffen vom Standpunkt jeder Einzelnen aus von gerade jenem Zufall geprägt, um dessen Ausschaltung der objektiven Zurechnung zu tun sei (Larenz 1927, 61 ff., 67, 70).

Da Larenz zufolge auf der Kausalitätsebene das Äquivalenzprinzip gilt – jede Ursache ist als Glied der uferlosen Kausalkette gleichwertig –, kann die Überwindung dieser Kontingenz nicht gelingen, wenn man wie die sogenannten individualisierenden Kausalitätstheorien nach einer objektiv irgendwie ausgezeichneten zureichenden Ursache sucht. Vielmehr müsse man fragen, was alles Wirkung einer Willensbetätigung sein könne, das heißt, man müsse die Kausalität des Willens in ihrer teleologischen Eigenart zum Ausgangspunkt nehmen. „Nur der Wille beherrscht den Kausalverlauf, nur für ihn gibt es daher die Möglichkeit, die zufällige Aufeinanderfolge in die eigene Tat zu verwandeln. Zurechnung zur Tat ist Beziehung eines Geschehens auf den Willen. Nur einem Willensträger, der Person, kann etwas zugerechnet werden. [...]. Nur die Person kann zum Urheber, zum Täter werden.“ Sofern ein selbstbewusster Wille nicht ohne Freiheit denkbar ist, hat für Larenz mithin nicht erst die Zurechnung zur Schuld, sondern schon die objektive Zurechnung den Begriff der Person als freies, sich selbst bestimmenden Subjekts zu ihrer Voraussetzung (Larenz 1927, 63 ff.).

Larenz stützt die Kategorie der objektive Zurechnung auf eine Theorie der Handlung. Dabei ist nicht zu verkennen, welche Affinität seine der Philosophie Hegels entlehnte Handlungstheorie mit der wenig später von Welzel formulierten finalen Handlungslehre aufweist. „Durch die Fähigkeit, Zwecke zu setzen und zu realisieren, dem Kausalverlauf die Richtung auf ein vielleicht fernes, aber gewusstes und gewolltes Ziel zu geben, sich ihm dienstbar zu machen, beherrscht der Wille das Naturgeschehen und verwandelt es in die eigene Tat.“ (Larenz 1927, 67 f.). Und deutlicher noch: „Zwei Momente sind es, die die ‚Kausalität des Willens‘ möglich machen: Die Fähigkeit des Subjekts, einen Kausalverlauf vorauszusehen, die Wirkung bestimmter Ursachen zu verkennen: das Moment des Wissens, der Voraussicht; und die Fähigkeit, auf Grund solcher Erkenntnis selbst in den Kausalverlauf einzugreifen, selbst Ursache zu werden, um dadurch den dem Kausalverlaufe die gewünschte Richtung zu geben: das Moment der Ursächlichkeit des Willens. Beide Momente zusammen ergeben den Begriff des Urhebers, [...].“ (Larenz 1927, 75 f.).

Die Pointe seiner Theorie ist, dass im Rahmen der objektiven Zurechnung zur Tat der Zweckbegriff objektiv und nicht subjektiv gefasst wird. Entscheidend sei dasjenige, was hätte gewusst und vom Willen hätte umfasst werden können. Obwohl damit die Zurechnung zur Tat nur eine Aussage über eine Möglichkeit trifft, soll das objektive Zurechnungsurteil ein teleologisches Urteil sein (Larenz

1927, 63, 68). Wie die Vorläuferlehre der Adäquanztheorie stellt Larenz bei der Ermittlung der Wahrscheinlichkeitsprognose auf den Standpunkt und die Kenntnisse eines ex-ante Beurteilers ab. Zu Grunde zu legen sei das gesamte Erfahrungswissen unter Berücksichtigung sämtlicher dem einsichtigen Menschen zum Handlungszeitpunkt erkennbaren sowie die dem Täter bekannten Umstände (objektiv-nachträgliche Prognose aus der Perspektive des Richters). Erforderlich sei, dass der eingetretene Erfolg unter diesen Voraussetzungen mit einiger Wahrscheinlichkeit zu erwarten sei (Larenz 1927, 82 f.). Damit fällt aber seine Kritik an der Adäquanztheorie, nicht angeben zu können, bis zu welchem Wahrscheinlichkeitsgrad ein Ereignis als generell begünstigender Umstand für einen Erfolg einzuschätzen ist, und sich deshalb mit der Berufung auf das bloße Rechtsgefühl bescheiden zu müssen, angesichts der Vagheit seiner eigenen Formel auf ihn selbst zurück. Dies gilt um so mehr, als nach Ansicht von Larenz die objektive Zurechnung keine Bewertung der Tat impliziert (Larenz 1927, 51). Sie stellt lediglich das vornormative Substrat für Werturteile zur Verfügung. Das teleologische Urteil über die Tat und das normative Urteil über den Wert der Tat werden von Larenz strikt geschieden.

In rechtlicher Hinsicht soll das objektive Rechtswidrigkeitsurteil die objektive Zweckhaftigkeit des Verhaltens in Bezug auf den Erfolg voraussetzen. Larenz folgert dies unter anderem aus der rechtsphilosophischen Einsicht, dass das Recht als „Dasein der Freiheit" nur menschliches Verhalten rechtlich zu beurteilen vermag. „Alle rechtliche Beurteilung hat es daher mit dem Willen und seinen Äußerungen zu tun, die auf das Subjekt und seine Freiheit bezogen sind. Nur für den Willen gelten die Normen, und nur der Wille, sei es als subjektiver, als die innerliche Bestimmtheit des Subjekts, sei es als objektiver, als der ausgeführte, verwirklichte Wille kann nach der Norm gewertet werden." Er lehnt in diesem Zusammenhang die seinerzeit im Strafrecht herrschende kausale Handlungslehre ab, die Handlung als willkürliche Körperbewegung definiert hat, und brandmarkt ihre vermeintlich positivistische Verkürzung des Handlungsbegriffs als blutleeres Gespenst (Larenz 1927, 72 f., 91).

Man könnte allerdings erwägen, ob nicht auch die Kategorie der objektiven Zurechnung diesen Einwänden ausgesetzt ist, abstrahiert sie doch von der Individualität des je besonderen Willens. Larenz gesteht dies zu: Die objektive Zurechnung bedeute zwar nicht das Absehen von jeder Beziehung auf den Willen, das Subjekt werde aber in dieser Beziehung nur „an sich" betrachtet. Seine individuelle Besonderheit und seine individuellen Fähigkeiten würden hingegen nicht berücksichtigt. Das Subjekt des Zurechnungsurteils sei nicht der besondere konkrete Mensch, sondern der abstrakte Begriff eines Menschen von normaler Fähigkeit. Er rechtfertigt diese Abstraktion damit, dass beispielsweise auch das Verhalten eines unzurechnungsfähigen Menschen diesem als Tat zugerechnet und als objektiv rechtswidrig bezeichnet werden könne, obwohl dieser vielleicht überhaupt nicht in der Lage gewesen sei, einen vernünftigen Willen zu betätigen, einen Kausalverlauf mit Überlegung zu beherrschen und die Norm als Richtmaß für sein Handeln in sein Bewusstsein aufzunehmen. Gleichwohl sei der Unzurechnungsfähige Person und als Person Träger von Rechten und Pflichten. Die Position Hold von Fernecks, dass nur die subjektiv zurechenbare Pflichtverletzung rechtswidrig genannt werden dürfe, lehnt Larenz dezidiert ab (Larenz 1927, 92 ff.). Die Antwort auf eine entscheidende Frage bleibt er jedoch schuldig: Wenn von der konkreten Totalität der Handlung abstrahiert werden muss, warum gerade auf dem von ihm vorgeschlagenen Abstraktionsniveau? Der philosophische Handlungsbegriff kann die Antwort nicht leisten und damit auch den kausalen Handlungsbegriff nicht widerlegen.

2. Die Ansätze Honigs einer Normativierung der objektiven Zurechnungskategorie aus den Grundsätzen der allgemeinen Rechtslehre

In Abweichung zu Larenz ist es das erklärte Ziel von Honig gewesen, „den Begriff der objektiven Zurechnung unabhängig von jeder philosophischen Einstellung aus den allgemein anerkannten Grundsätzen der allgemeinen Rechtslehre abzuleiten." (Honig 1930, 181 f.). Inhaltlich herrscht gleichwohl zunächst weitestgehend Übereinstimmung. Auch Honig vertritt die Auffassung, dass das Zurechnungsurteil als Beziehungspunkt eines Erfolges menschliches Verhalten im Sinne einer Willensäußerung voraussetzt und dass es seine Grundlage in der Fähigkeit des menschlichen Willens findet, in die Naturvorgänge einzugreifen, um dadurch seine von ihm selbst gesetzten Zwecke zu verwirklichen: Soweit der Mensch fähig sei, die Wirkungen eines bestimmten Verhaltens vorauszusehen und diese Wirkung durch entsprechendes Verhalten herbeizuführen beziehungsweise durch entgegengesetztes Verhalten zu verhindern, soweit reiche die Möglichkeit seiner Urheberschaft. Objekt zurechenbar soll demgemäß derjenige Erfolg sein, welcher als zweckhaft gesetzt gedacht werden könne (Honig 1930, 182 ff., 188). Prämisse Honigs ist wie bei Larenz die These, dass sich das Recht ausschließlich an den Willen als geistige Grundlage des Verhaltens wendet. „Das Recht ist doch nur deshalb und insoweit Ordnung des menschlichen Zusammenlebens, als es das menschliche Verhalten zu bestimmen vermag. Diese Aufgabe ist den Ge- und Verboten gestellt, sie wenden sich an den menschlichen Willen, weil nur dieser durch sie beeinflusst werden kann [...]. Erwartet werden aber kann nur dasjenige Verhalten, welches im menschlichen Machtbereich liegt, welches zu beobachten ihm möglich ist. Infolgedessen können Gebote die Bewirkung eines dem Gesetzgeber erwünschten, Verbote die Vermeidung eines dem Gesetzgeber unerwünschten Erfolges nur insoweit fordern, als deren Bewirkung bzw. Vermeidung dem in der vom Gesetzgeber vorausgesetz-

ten Situation Stehenden möglich ist, den er also voraussehen und dann auch bewirken bzw. vermeiden kann“ (Honig 1930, 187 f.).
Erst bei der straftatsystematischen Einordnung des objektiven Zurechnungsbegriffs und bei seinem methodischen Zugang zeigt sich ein divergierende Ausgangspunkt. Die Notwendigkeit, mittels der Kategorie der objektiven Zweckhaftigkeit schon auf der Ebene der objektiven Rechtswidrigkeit den Zusammenhang zwischen dem Verhalten und dem Erfolg einzuschränken, begründet Honig genuin juristisch. Er beruft sich nicht nur auf die erfolgsqualifizierten Delikte, sondern auch darauf, dass seiner Auffassung nach bei den reinen Erfolgsdelikten die haftungsbeschränkende Wirkung der subjektiven Verschuldung den nach der Bedingungstheorie gegebenen Kausalzusammenhang nicht in rechtspolitisch befriedigender Weise korrigieren könne. Anlass für diese Einschätzung ist die Judikatur des Reichsgerichts, die es für die Vorwerfbarkeit des Verhaltens hat genügen lassen, dass der Täter die Möglichkeit der Verletzung des betroffenen Rechtsguts *überhaupt* zu erkennen vermochte, und es für irrelevant gehalten hat, ob der Täter auch die konkreten Besonderheiten des Ursachenverlaufs kannte oder vorhersehen konnte. Es bedarf daher nach Honig schon einer Begrenzung der Haftungsgrundlage durch eine *Wertung* innerhalb der den Erfolg bewirkenden Bedingungen (Honig 1930, 174, 177, 179 f.).
Honig umschreibt daher die Funktion der objektiven Zurechnungskategorie dahingehend, sie habe die *axiologische* Frage zu prüfen, ob der Kausalzusammenhang für die Rechtsordnung – gemessen an den *von der Rechtsordnung selbst gegebenen Maßstäben* – rechtlich bedeutsam sei. Der Theorie der adäquaten Kausalität wirft Honig bezeichnenderweise vor, die Erkenntnis missachtet zu haben, dass jegliche Wertung innerhalb der den Erfolg bewirkenden Bedingungen außerhalb der ausschließlich *ontologischen* Dimension des Kausalitätsbegriffs liege (Honig, 1930, 178 ff.). Honig behauptet infolgedessen nicht wie Larenz, dass die objektive Zurechnung unabhängig vom Wert der Handlung festgestellt werden kann, sondern beschränkt sich auf den Hinweis, dass die objektive Zurechnung noch kein Werturteil *über den Täter* als solchen ausspreche, das heißt über seine Verantwortlichkeit für sein Verhalten. Im Ergebnis bedeutet dieser Standpunkt eine Absage an einen vorrechtlichen Handlungsbegriff. Dem entspricht die Aussage Honigs, dass die Tatbestandsmäßigkeit nicht die Haftung beschränke, sondern überhaupt erst das Beurteilungsobjekt und damit die Grundlage der Haftung konstituiere. „Sie ist das Fundament, nicht aber das Korrektiv des Handlungsbegriffs. Ist die Willensbetätigung nicht tatbestandsmäßig, dann ist überhaupt keine Handlung im strafrechtlich interessierenden Sinne gegeben.“ Konsequenterweise hat daher für Honig schon auf dieser Ebene - und nicht erst auf den nachfolgenden Ebenen der objektiven Rechtswidrigkeit und der Schuld – die normative und nicht die naturalistische Betrachtungsweise das Wort (Honig 1930, 185, 195 f.).

3. Die Ausgestaltung der heute herrschenden, maßgeblich von Roxin beeinflussten objektiven Zurechnungslehre

Roxin hat die sich schon bei Honig artikulierende methodische Normativierung des objektiven Zurechnungsbegriffs konsequent zu Ende geführt: „Die eigentliche juristische Grundfrage liegt nicht in der Ermittlung irgendwelcher Gegebenheiten, sondern in der Festsetzung der Maßstäbe, nach denen wir bestimmte Erfolge einer Person zurechnen wollen. [...]. Ob man einen Erfolg einem Menschen als sein Werk zurechnen kann, ist danach von allem Anfang an eine Frage der Beurteilungskriterien, denen wir empirische Daten unterwerfen.“ (Roxin, 1970, 133). Diese Kennzeichnung der Position Honigs durch Roxin ist vor allem zunächst eine Beschreibung seines eigenen Standpunkts. Sie charakterisiert das methodische Grundverständnis seiner Lehre.
Ebenso ist nach Ansicht von Rudolphi mit der Feststellung, ob ein konkretes Geschehen noch im Rahmen der Lebenserfahrung liege, das heißt mehr oder weniger wahrscheinlich sei, die entscheidende Frage nach der Berechtigung der objektiven Erfolgszurechnung noch überhaupt nicht gestellt, geschweige denn beantwortet. Bei ihr gehe es nämlich gerade nicht um bestimmte Wahrscheinlichkeitsaussagen, sondern allein um die *normative* Frage, ob der Täter rechtlich verpflichtet sei, die durch sein Verhalten eröffnete Möglichkeit des konkreten erfolgsverursachenden Geschehens *in Rechnung zu stellen* und um der Vermeidung dieser Möglichkeit willen sein Verhalten notfalls zu unterlassen. Die strafrechtlichen Verhaltensnormen richteten sich nämlich nur gegen solche Gefährdungen, die nicht mehr dem Bereich des rechtlich erlaubten Risikos angehörten (Rudolphi 1997, Vor § 1 Rn. 55). Das entscheidende Manko der Adäquanztheorie besteht für Rudolphi darin, dass man mit dem Maßstab der Lebenserfahrung nicht zwischen erlaubten und unerlaubten Gefahrschaffungen unterscheiden kann.
Die Grundformel der heute noch ganz herrschenden objektiven Zurechnungslehre lautet, dass ein durch menschliches Verhalten im Sinne der Äquivalenztheorie (Lehre von der conditio-sine-qua-non oder von der gesetzmäßigen Bedingung) verursachter Unrechtserfolg genau dann objektiv zurechenbar ist, wenn der Täter durch sein Verhalten ein unerlaubtes Risiko geschaffen und sich dieses Risiko im Erfolg verwirklicht hat (Kühl 2002, § 4 Rn. 43). Als Urteilsbasis für die Risikoprognose werden – wie schon teilweise von den Anhängern der Adäquanztheorie – aus einer objektiven ex-ante Perspektive sämtliche vom Täter erkannten oder erkennbaren Umstände herangezogen. Man formuliert auch in Anschluss an Larenz, dass die Prognose eines einsichtigen Täters zu Grunde gelegt werden müsse (Roxin 1997, § 11 Rn. 50). Die Notwendigkeit, bei der Risikoprognose einen perspektivischen ex-ante Standpunkt einzunehmen, ist innerhalb der Anhänger der normativen Zurechnungslehre nunmehr nahezu un-

bestritten. Sie wird damit erklärt, dass von einem objektiven ex-post Standpunkt aus jede Handlung, die eine Verletzung herbeiführe, missbilligt werden müsse, auch wenn sie aus der Sicht des Täters als absolut ungeeignet erscheine, die Verletzung zu verursachen (Mir Puig 1996, 766). Ebenso Jakobs: „Auf die Sicht ex post kann es nicht ankommen; denn ist der genaue Verlauf bekannt, kann er immer auch beherrscht werden; neben der Kenntnis von der konkreten Kausalität ist für eine Beherrschbarkeitsprüfung kein Raum mehr. Soll es nicht um ex-post bestimmte Kausalität, aber doch um eine Beherrschbarkeit gehen, deren Vorliegen schon zum objektiven Tatbestand konstatiert werden kann [...], so muss die Prüfung der Beherrschbarkeit für eine objektiv ausgestattete Maßstabsperson vorgeschaltet, also die objektive Zurechnung ausgestaltet werden.“ (Jakobs 1999, 55). Es herrscht also Einigkeit, dass bei Wahl einer ex-post Perspektive die Kategorie der objektiven Zurechnung ihre eigentliche und ursprüngliche Aufgabe, den *ontologischen* Kausalzusammenhang zwischen Täterverhalten und Erfolg nach *normativen* Maßstäben auf das haftungsadäquate Maß zu reduzieren, verfehlen würde, weil man bei dieser Sicht der Dinge immer in der Lage sein würde, von der Verletzung auf eine vorangegangene Gefährdung zurückzuschließen (ebenso aus kritischer Distanz Struensee 1987b, 97ff., 101). Dass aber die Notwendigkeit einer Restriktion des aufgrund der Äquivalenztheorie unabgrenzbaren Kausalzusammenhangs besteht, soll heute zum gesicherten Bestand der Strafrechtsdogmatik gehören (Schünemann 1999, 207, 209). Normtheoretisch wird diese These wie folgt formuliert: Die von der Rechtsordnung zum Schutz von Rechtsgütern aufgestellten Verhaltensnormen dürften wegen der uferlosen Weite der Kausalzusammenhänge nicht als bloße Verursachungsverbote, sondern müssten vielmehr als Verbote der Setzung unerlaubter Gefahren begriffen werden (Frisch 1997, 188).

Im Einzelnen wird das objektive Zurechnungsurteil, dessen Voraussetzung im objektiven Tatbestand zu prüfen sind, nach herrschender Meinung in folgende Unterkategorien untergliedert: Es setzt nach Auffassung seiner Anhänger zum einen die Schaffung oder Steigerung eines rechtlich missbilligten Risikos voraus. In Fällen, in denen der Täter das tatbestandliche Risiko verringert oder minimiert, soll diesem daher der Erfolg trotz der Existenz eines Kausalzusammenhangs nicht zugerechnet werden können. Gleiches soll für Fälle gelten, in denen das vom Täter gesetzte Risiko sozialadäquat ist. Hat der Täter hingegen ein unerlaubtes Risiko geschaffen, muss sich dieses Risiko der objektiven Zurechnungslehre zufolge in der Rechtsgutsschädigung realisiert haben. Im Rahmen dieses sogenannten Risikozusammenhangs wird ein Abgleich zwischen der ex-ante definierten Risikoschaffung und dem ex-post definierten Geschehensablauf vorgenommen. Des Weiteren wird von der herrschenden Meinung gefordert, dass der Erfolg bei einem rechtmäßigen Alternativverhalten des Täters mit an Sicherheit grenzender Wahrscheinlichkeit ausgeblieben wäre, während die nicht

selten vertretene Risikoerhöhungslehre sich damit begnügt, dass der Täter das Risiko nicht nur aus der ex-ante Perspektive, sondern auch aus der ex-post Perspektive erhöht hat (zum Streitstand siehe Kühl 2002, § 4 Rn. 46 ff.).
Umstritten ist, ob und inwieweit der sogenannte Schutzzweckzusammenhang im Strafrecht eine eigene Unterkategorie der objektiven Zurechnung bildet. Die Lehre vom Schutzzweck der Norm ist zivilrechtlicher Provinienz und soll die auch dort vielfach für unzulänglich gehaltene Adäquanztheorie nach vorherrschender Meinung ersetzen (von Caemmerer 1968, 395 ff.), nach ebenfalls vertretener Auffassung lediglich ergänzen (Deutsch/Ahrens 2002, § 5 Rn. 56). Dogmatischer Hintergrund der im Zivilrecht insbesondere durch von Caemmerer verbreiteten Schutzzwecklehre sind die schon vom Reichsgericht vor allem richterrechtlich in Geltung gesetzten Verkehrssicherungspflichten. Diese formulieren generalisierte Verhaltensstandards *gegenüber der Allgemeinheit*, die an die Eröffnung oder Unterhaltung bestimmter abstrakter Gefahrenquellen anknüpfen. Eine zivilrechtliche Haftung gemäß § 823 Abs. 1 BGB setzt somit voraus, dass die eingetretene Rechtsgutsschädigung in den Bereich der Gefahren fällt, um derentwillen die Schutzvorschrift aufgestellt worden ist. Zweck der Verhaltensnorm muss es sein, den Eintritt gerade *dieser* Rechtsgutsschädigung zu verhindern. Das heißt: Das rechtsgutschädigende Geschehen muss vom persönlichen und sachlichen Schutzbereich der Verhaltensnorm umfasst sein.
Rudolphi ist der Erste gewesen, der im Bereich des Fahrlässigkeitsdelikts die zivilrechtliche Schutzzwecklehre für das Strafrecht adaptiert hat. Eine Trennung zwischen dem Risikozusammenhang und dem Schutzzweckzusammenhang lässt seine Lehre jedoch vermissen (Rudolphi 1969, 549 ff.). Wenig später hat auch Roxin die zivilrechtliche Schutzzwecklehre aufgegriffen. Um der Kategorie eine spezifische Funktion zu sichern und nicht nur mit ihr ein neues Etikett für die objektive Bezweckbarkeit zu benutzen, begrenzt er die Anwendung der Kategorie des Schutzzwecks der Norm auf Fälle, in denen der Täter zwar ein Risiko für ein Rechtsgut gesetzt oder erhöht hat, sich dieses Risiko im Erfolg auch verwirklicht hat, der Täter jedoch gleichwohl nicht für die Rechtsgutsschädigung strafrechtlich haften soll. Die zurechnungslogische Besonderheit des Schutzbereichsprinzip erlaubt es nach Roxin, im Straf- und Zivilrecht unterschiedliche Maßstäbe anzuwenden. „Der Schutzbereich der Norm [...] ist [...] als ‚leitende Hinsicht' in beiden Rechtsgebieten verwendbar und insoweit aus dem Gebiete des Zivilrechts in das Strafrecht übertragbar; aber seine jeweiligen Inhalte müssen der Natur der Sache nach überall dort verschieden sein, wo die divergierenden Ziele gerechten Schadensausgleichs auf der einen und kriminalpolitisch sachgemäßer Reaktion auf der anderen Seite abweichende Lösungen fordern." (Roxin 1970, 133, 143). Bezugspunkt der spezifisch strafrechtlichen Schutzzwecküberlegungen sollen die Straftatbestände beziehungsweise die ihnen zu Grunde liegenden strafrechtliche Verhaltensnormen sein. In seinem Lehrbuch

ordnet Roxin neuerdings diese Erwägungen der Kategorie „Reichweite des Tatbestandes" zu (Roxin 1973, 241 ff.; 1997, § 11 Rn. 90 ff.).
Der These, dass der Schutzzweckzusammenhang genuin strafrechtlich ausgestaltet ist, haben Rudolphi und Schünemann zugestimmt. So wird nach Ansicht von Rudolphi der Inhalt der strafrechtlichen Verhaltensnormen auch von den Zielen und Zwecken des Strafrechts her bestimmt. Infolgedessen soll sich Aufschluss über den Inhalt der strafrechtlichen Verbote und Gebote auch aus der Tatsache gewinnen lassen, dass sich der Staat zu ihrer Stabilisierung und Durchsetzung der general- und spezialpräventiven Wirkungsmöglichkeiten der Strafe bedient (Rudolphi 1984, 69 f., 75). Ebenso knüpft Schünemann an die unterschiedlichen Funktionen der Rechtsgebiete an: die Ausgleichsfunktion des Zivilrechts im Sinne einer gerechten Verteilung von entstandenen Schäden und die Präventionsfunktion des Strafrechts zur Verhütung von Schäden durch die generalpräventive Wirkung von Verbotsnormen. Die objektive Erfolgszurechnung ist für ihn daher eine Resultante kriminalpolitischer Funktionalität (Schünemann 1999, 207, 214 f.). Weder Rudolphi noch Schünemann differenzieren jedoch explizit zwischen strafrechtlichen Verhaltensnormen und Sorgfaltspflichten. Anders Roxin: Neben dem Schutzzweck der *strafrechtlichen* Verletzungsverbote kennt er als weiteres – allem Anschein nach nicht rechtsgebietsspezifisch ausgestaltetes – Zurechnungskriterium den Schutzzweck von Sorgfaltspflichten, der ebenfalls aber nur dann eingreifen soll, wenn der Risikozusammenhang verwirklicht worden ist (Roxin 1997, § 11 Rn. 72 ff.). Es ist allerdings fraglich, ob diesem Zurechnungskriterium neben dem Risikozusammenhang noch ein eigener Anwendungsbereich verbleibt. Wie Burgstaller zutreffend analysiert hat, dient der Topos des Schutzzwecks der Norm gerade dazu, das Vorliegen eines Risikoszusammenhangs zu überprüfen: Als Erstes müsse festgestellt werden, welche spezifische Gefahr die vom Handelnden übertretene Sorgfaltsnorm im Einzelnen abzuwenden bezwecke, und als Zweites, ob sich diese Gefahr im Erfolg realisiert habe (Burgstaller 1974, 94). Der Topos des Schutzzwecks der Norm will also dem Rechtsanwender die Entscheidung ermöglichen, ob er von der Übertretung einer abstrakten Verkehrssicherungspflicht auf die Setzung einer konkreten, unerlaubten Gefahr schließen darf. Teilweise wird daher der Schutzzweckzusammenhang als autarke Kategorie für entbehrlich gehalten.

III. Einwände gegenüber der Struktur der objektiven Zurechnungslehre und ihre Berechtigung

1. Die Unterscheidung zwischen tatbestandsmäßigem Verhalten und eigentlicher Erfolgszurechnung durch Frisch

Frisch hat moniert, dass es sich bei der objektiven Erfolgszurechnung um eine alles vereinnahmende „Superkategorie" handele, und demgegenüber vorgeschlagen, zwischen dem tatbestandlichen Verhalten einerseits und der Erfolgszurechnung im engeren Sinne des Wortes andererseits kategorial zu unterscheiden (Frisch 1988, 7, 50 f., 71; 1997, 175 ff.; 2003, 732 f.). Da aber auch nach der Konzeption von Frisch das tatbestandliche Verhalten in nichts anderem als in der Schaffung eines ex-ante definierten unerlaubten Risikos besteht, entpuppt sich die Kontroverse, ob primär auf das tatbestandliche Verhalten oder primär auf die Erfolgszurechnung abzustellen ist, als bloßes Scheinproblem. Diese Einschätzung bestätigt sich, wenn man den Zusammenhang zwischen dem ex-ante definierten Gefahrenurteil und der ex-post definierten Erfolgszurechnung durchdenkt: Bei der ex-ante Bewertung des Verhaltens nimmt der Betrachter – wie Renzikowski zutreffend analysiert hat – einen fiktiven Standpunkt ein, indem er sich die Folgen seines Verhaltens als eingetreten vorstellt. Sein Blickwinkel ist der einer antizipierten Retrospektive. Aus diesem Grund müssen zwingend alle Gesichtspunkte, die ex-post der objektiven Erfolgszurechnung entgegenstehen, prinzipiell in den Inhalt des zu ermittelnden, rechtlich missbilligten Risikos einfließen. Renzikowski bezweifelt daher mit Fug und Recht, ob aus der Differenzierung zwischen tatbestandsmäßigen Verhalten und objektiver Erfolgszurechnung Gewinn für die Entwicklung von Zurechnungskriterien gezogen werden könne (Renzikowski 1997, 120 f.). Ein struktureller Paradigmenwechsel ist mit dieser Modifikation daher nicht verbunden, so dass auch die damit verfolgte Intention von Frisch, die seines Erachtens vom Erkenntnisinteresse her zu unterscheidenden Fragestellungen der aus der ex-ante Perspektive definierten Verteilung von Freiheit zwischen den Rechtssubjekten auf der einen Seite und der Vermeidbarkeit des aus der ex-post Perspektive festgestellten Schadenverlaufs auf der anderen Seite dogmatisch an jeweils eigener Stelle zu verankern, nicht umsetzbar ist (Frisch 2003, 734).

2. Die etatistische Rechtskonstitution der objektiven Zurechnungslehre und die daraus resultierende Verkürzung subjektiver Rechtspositionen

Eine grundlegende Kritik hat an ganz anderer Stelle anzusetzen: Die Theoriebildung der objektiven Zurechnungslehre stellt eine Synthese des im Strafrecht herrschenden Rechtsgüterschutzdogmas einerseits und der Imperativentheorie andererseits dar. Rechtsgüter werden überwiegend als rechtlich geschützte Interessen definiert, wobei teilweise als Bezugspunkt der Interessen insbesondere die Aufrechterhaltung bestimmter für die verfassungsgemäße Gesellschaft und die Stellung und Freiheit des einzelnen Bürgers unverzichtbarer Funktionen hervorgehoben wird (Rudolphi 1970, 163; Otto 1971, 8). In seiner methodischen, systemimmanenten Funktion obliegt dem Rechtsgutsbegriff die für die teleologische Auslegung erforderliche Kennzeichnung des tatbestandlich geschützten Interesses (Jescheck/Weigend 1996, § 26 I 1; Zipf 1980, 106). Nach sprachlogischer Diktion stellt der Rechtsgutsbegriff eine zweistellige Relation („hat Interesse an") zwischen einem bestimmten Rechtssubjekt und einem bestimmten Zustand oder Vorgang dar. Infolgedessen verfügt der strafrechtliche Schutzgegenstand noch über keinen eigenständigen deontischen Status, so dass aus ihm auch nicht zu entnehmen ist, inwieweit und wovor er rechtlichen Schutz genießt. Kurz: Ein Interessenwiderspruch impliziert noch keine Verletzung der rechtlich gewollten Ordnung (vgl. Jakobs 1993, 2/23; Lenckner 2001, Vorbem §§ 13 ff. Rn. 9, 11).

Zu *rechtlichen* Gebilden erstarken die Rechtsgüter erst durch die schon oben erwähnten, von den Sanktionsnormen zu unterscheidenden Verhaltensnormen, öffentlich-rechtlichen Imperative, deren Aufgabe nach herrschender Meinung darin besteht, ex-ante die Normunterworfenen zu inhaltlich richtigem Verhalten anzuleiten und zu motivieren (Bestimmungsfunktion) und ex-post das vollzogene Verhalten einschließlich seiner Folgen zu bewerten (Bewertungsfunktion). Die Verhaltensnormen sollen ihre Existenz einer umfassenden Interessenabwägung verdanken, wobei auf der einen Seite die Integritätsinteressen des potentiell Betroffenen und auf der anderen Seite die allgemeine Handlungsfreiheit des potentiellen Delinquenten berücksichtigt werden soll. Im Einzelnen wird hinsichtlich der Integritätsinteressen der Wert des Rechtsguts, die Höhe der Erfolgswahrscheinlichkeit und der Umfang des zu erwartenden Schadenseintritts in Rechnung gestellt, hinsichtlich der allgemeinen Handlungsfreiheit unter anderem der soziale Nutzen einer bestimmten Verhaltensweise (Rudolphi 1969, 549, 552; Frisch 1988, 70 ff.; Schünemann 1975, 575 f.). Methodisch wird damit das vielfach in § 34 StGB verankerte Prinzip des überwiegenden Interesses auf die Begründung der Verhaltensnormen übertragen (Freund 1992, 52 Fn. 6). Die Interessenabwägung entscheidet darüber, ob ein Risiko als erlaubt oder unerlaubt bewertet werden soll. Dies ist die materielle Pointe der oben dargestellten Normativierung des Gefahrbegriffs durch die objektive Zurechnungslehre.

Das vorgestellte Modell der Rechtsgenese ist zweifelsohne methodisch betrachtet Ausdruck einer *etatistisch-utilitaristischen Rechtsfindungsmaxime*. Wie Neumann zutreffend analysiert hat, beruht die Interessenabwägungsdoktrin gerade auf der Leugnung einer normativ vorstrukturierten Welt (Neumann 1991,

255 ff.). Das maßgebliche Prinzip der Rechtsfindung ist das Prinzip des überwiegendes Interesses selbst mit der Konsequenz, dass die individuelle Integrität potentiell Betroffener zu einem bloßen Verrechnungsposten in einem umfassenden Präferenzkalkül denaturiert. Normentheoretisch bedeutet dies, dass erst auf der Ebene der öffentlich-rechtlichen Verhaltensnormen sich das Strafrecht als Recht konstituiert. Die staatlichen Imperative verfolgen als Regelungen der Allgemeinheit öffentliche Interessen; sie dienen der Wahrung oder Mehrung des *allgemeinen* Nutzens und sind somit a priori gemeinwohlorientiert. Diese Diagnose gilt unbeschadet der heute natürlich ganz vorherrschenden personalen Rechtsgutslehre, der zufolge die Rechtsgüter ihren Trägern die freie Entfaltung der Persönlichkeit ermöglichen sollen, und der Forderung, im Rahmen der Interessenabwägung individualrechtliche Aspekte wie zum Beispiel eine Sonderverantwortlichkeit einzubeziehen. Letzteres ist allerdings methodisch nur um den Preis möglich, Rechtsprinzipien wie die Sonderverantwortlichkeit und die Autonomie mit den Interessen auf eine Stufe zu stellen. Aus dieser Gleichstellung von Interessen mit normativen Maßstäben, die selbst die Anerkennung von Interessen regeln, resultiert jedoch ein infiniter Regress (vgl. Renzikowski 1994, 38 f.).

Auch die Historie der Rechtsgutslehre und die der Imperativentheorie belegen diese These. Der sich im 19. Jahrhundert unter dem Einfluss seitens von Liszt und Binding durchsetzende Rechtsgutsbegriff steht von vornherein in Opposition zu der aus der philosophischen Theorie des Gesellschaftsvertrags abgeleiteten Rechtsverletzungstheorie Feuerbachs, die das Verbrechen als Verletzung subjektiver Rechte begriffen hat. Der im deutschen Strafrecht erstmals durch von Liszt gebrauchte Begriff des rechtlich geschützten Interesses ist der Rechtslehre *Jherings* entlehnt, der ihn an die Stelle der Definition des subjektiven Rechts als einer Willensherrschaft setzt. Hintergrund dieser Abkehr ist die Ansicht Jherings, dass die Substanz des Rechts nicht der selbstherrliche Wille des Einzelnen ist, sondern der gesellschaftliche Nutzen. Folglich erschöpft sich nach Jhering seine Neudefinition des subjektiven Rechts nicht in einer bloßen Formulierungsabweichung. Sie ist vielmehr – wie er betont – Konsequenz eines Gegensatzes ganz fundamentaler Art – nämlich seiner Ablehnung der liberal-naturrechtlichen Gesellschaftstheorien des 18. und Anfang des 19. Jahrhunderts. Jhering hält diesem Gesellschaftsmodell die Identität des Sittlichen mit dem gesellschaftlich Nützlichen entgegen. Das einzelne Individuum wird bei ihm daher zum bloßen Destinatär von Rechtspositionen. Es vollstreckt nur den in seiner Person lebendig gewordenen Staatswillen. Zwecksubjekt der Rechtssätze ist die Gesellschaft selbst, als dessen Teil der Bürger rechtlich ausschließlich in Erscheinung tritt (Jhering 1865, 315 f.; 1904, IV, 415, 419; 1905, 127 ff.).

Für von Liszt sind die Interessen aus soziologischer Perspektive identifizierbar Lebensinteressen, die von der Rechtsordnung vorgefunden werden. „Nicht die

Rechtsordnung erzeugt das Interesse, sondern das Leben; [...].“ (von Liszt 1899, 60) Zum Rechtsgut werden die Lebensinteressen erst durch den Rechtsschutz erhoben, den die staatlichen Normen gewähren. Sie grenzen zur Befriedung der Gesellschaft die einzelnen Machtkreise voneinander ab. „Diese Aufgabe übernimmt der über den einzelnen stehende allgemeine Wille; er löst sie in der Rechtsordnung: in der Scheidung der berechtigten von den unberechtigten Interessen. Die Rechtsordnung grenzt die Machtgebiete voneinander ab; sie bestimmt, wieweit der Wille sich frei betätigen, wieweit er insbesondere fordernd oder versagend in die Willenskreise anderer Rechtssubjekte übergreifen darf: sie gewährleistet die Freiheit, das Wollen-Dürfen und verbietet die Willkür; sie erhebt die Lebensbeziehungen zu Rechtsbeziehungen; die Lebensinteressen zu Rechtsgütern; sie schafft, Rechte und Pflichten an bestimmte Voraussetzungen knüpfend, aus dem Lebensverhältnis das Rechtsverhältnis. Gebietend und verbietend [...] sind die Normen der Rechtsordnung der Schutzwall der Rechtsgüter. Der Rechtsschutz, den die Rechtsordnung den Lebensinteressen gewährt, ist Normenschutz“ (von Liszt 1899, 60 f.). Der Begriff des Rechtsguts wird durch von Listz von dem Begriff des subjektiven Rechts abgekoppelt und ins Strafrecht transformiert. Das Rechtsverhältnis, von dem von Liszt spricht, besteht nicht unabhängig von den staatlichen Instanzen, sondern wird rein hoheitlich konstituiert. Insoweit bleibt von Liszt ganz dem Geist des etatistischen Positivismus verhaftet.

Angesichts der berühmten Kontroverse zwischen Binding und von Liszt über den richtigen Rechtsgutsbegriff ist leicht zu verkennen, wie sehr sich im Grunde beide Konzeptionen ähneln. Gewiss: Während von Liszt sein System auf einen vorjuristisch soziologischen Interessenbegriff aufbaut, bezieht Binding eine eher formal-positivistische Position, indem er das Interesse mit dem Werturteil des Gesetzgebers in eins setzt; ansonsten aber zeigen sich keine signifikanten Abweichungen. Ähnlich wie Jhering kritisiert Binding die Überschätzung des Willens des Einzelnen durch die individualistische Rechtsauffassung des Naturrechts und wendet sich gegen eine scharfe Trennung zwischen Rechtsgütern des Einzelnen und denen der Gesellschaft: Nur als soziale Rechtsgüter sollen die individuellen Güter Rechtsschutz genießen (Binding 1916, 341, 353 ff., 360). Und wie bei von Liszt sind es die öffentlich-rechtlichen Verhaltensnormen, durch die die Rechtsgüter ihren rechtlichen Schutz erfahren. Als Urheber der Verhaltensnormen ist der Staat auch der Berechtigte: Sie sind ihm gegenüber einzuhalten. Der Staat ist insoweit Inhaber eines Anspruchs auf Botmäßigkeit (Binding 1916, 63, 96 ff.). Binding setzt zwar nicht die subjektiven Rechte privater Rechtssubjekte mit den Verhaltensnormen gleich, er leugnet jedoch jegliche Bedeutung der subjektiven Rechte für die Festlegung der Reichweite des Normenschutzes, weil die kriminellen Angriffe die subjektiven Rechte nicht als Rechte, sondern nur in ihren tatsächlichen Voraussetzungen als Rechtsgüter beträfen. Die Position Bindings gipfelt in seiner Behauptung, dass die Rechtsgüter keine subjektiven Rechte seien. Für die Begründung strafrechtlicher Haftung misst er den subjektiven Rechte keinerlei Bedeutung bei (Binding 1916, 338, 353). Die strafrechtliche Rechtsgenese vollzieht sich somit im Ergebnis wiederum rein hoheitlich.

In der in der zweiten Hälfte des 19. Jahrhunderts aufkommenden Imperativentheorie kulminieren diese etatistisch-positivistischen Tendenzen. Das Recht der Gemeinschaft wird zunächst von Thon rechtstheoretisch ausschließlich als Komplex von Imperativen gedeutet, die sich an den Willen der Rechtsunterworfenen richten. In Abweichung von der Lehre Bindings werden die subjektiven Rechte des Einzelnen als Kehrseite der von staatlicher Seite erlassenen Verhaltensbefehle erfasst. Das Privatrecht wird von Thon in Abgrenzung zum öffentlichen Recht dadurch definiert, dass dem Geschützten im Falle der Normübertretung ein Mittel zur Beseitigung der Normwidrigkeit *überlassen* werde (Thon 1878, 6 ff.). Zugespitzt: Die Privatautonomie erschöpft sich darin, die Einhaltung des öffentlich-rechtlichen Befehls zu sichern. Bei Thon korrespondiert mit dieser Normentheorie eine kongeniale Gesellschaftsauffassung, die dem Einzelnen die Güter nur zum Wohle der Allgemeinheit zuweist (Thon 1878, 110). Bei Larenz und Honig, den Urvätern der objektiven Zurechnungslehre, ist – wie der obigen Darstellung zu entnehmen – der Einfluss der Imperativentheorie unverkennbar.

Die heute vorherrschende, schon oben vorgestellte strafrechtliche Normentheorie fußt auf diesen Prämissen, wie sich unter anderem bei Jescheck als dem Repräsentanten des strafrechtlichen common sense der Nachkriegszeit zeigt, der sich ausdrücklich in seinem Lehrbuch auf Thon beruft (Jescheck/Weigend 1996, § 24 II 1). Den öffentlich-rechtlichen Bestimmungsnormen, deren Verletzung das sogenannte personale Unrecht begründen soll, wird zugleich eine *Distributionsfunktion* zugebilligt, das heißt, sie übernehmen die Aufgabe, die Freiheitssphären der Normadressaten von einander abzugrenzen. Damit übereinstimmend heißt es etwa bei Frisch, dass sich „[...] die Freiheitsbeschreibung und Freiheitsbegrenzung prinzipiell auf zurechenbares Verhalten von Personen bezieht“ (Frisch 2001, 236; vgl. auch dens. 2003, 734). Zwar führt Frisch weiter aus, dass die Anerkennung und Begrenzung der Rechte und Freiheiten und damit auch die prinzipielle Missbilligung bestimmten Verhaltens den Prinzipien folge, dass die Freiheit des einen und die Freiheit des anderen nach einem allgemeinen Gesetz in ein für alle Beteiligten wechselseitig akzeptables Verhältnis zu bringen sei. Im Rahmen der Rechtsgenese sollen jedoch vor allem Gesichtspunkte eingehen, „wie sie seit langem in Rahmen sogenannter Interessenabwägungen praktiziert werden, [...]“ (Frisch 2001, 236 f.). Gemeint sind damit jene Interessenabwägungen, die dem Erlass der Verhaltensnormen vorausgehen. Es ist daher nur zu konsequent, dass die herrschende Lehre die objektive Rechtswidrigkeit mit der (objektiven) Pflichtwidrigkeit identifiziert (Jescheck/Weigend 1996, § 24 III 6; Roxin 1997, § 15 Rn. 14 ff.; Mir Puig 1996, 759, 775). Nicht zu zweifeln ist zwar daran, dass sich diese Sichtweise der *personalen Unrechtslehre* historisch betrachtet vor allem auch der finalen Handlungslehre verdankt. Ein Widerspruch ist dies freilich nicht. Denn Ziel der finalen Handlungslehre ist es seit jeher gewesen, die ontologische Struktur der Handlung als Gegenstand der staatlichen Verhaltensnormen zu erfassen (Hirsch 1992, 47, 52).

Eine derartige monistische Normentheorie gerät jedoch – wie an dieser Stelle nur angedeutet werden kann – in ein auswegloses Dilemma: Entweder sie trägt der Funktion der Verhaltensnormen Rechnung, das Handeln der Normadressaten zu steuern, indem sie die Normverletzung von der Fähigkeit des Normadressaten abhängig macht, das von ihnen Abverlangte zu erfüllen, dann jedoch würde daraus aufgrund der daraus resultierenden Verkürzung der negatorischen Ansprüche des Opfers dessen legitime Integritätsinteressen missachtet werden. Oder aber sie orientiert sich im Rahmen ihrer Distributionsfunktion an der allein angemessenen Garantiereichweite der Integritätsinteressen des Gefährdeten, dann jedoch würde sie den Rechtsgrundsatz „impossibilium nulla obligatio est" außer Kraft setzen. Ausdruck dieses Dilemmas ist nicht nur das berühmte Adressatenproblem der früher vertretenen, reinen Imperativentheorie, sondern auch der Streit um die adäquate kategoriale Einordnung der Sorgfaltspflichten, der von der heute herrschenden gemäßigten Imperativentheorie, die auch Schuldunfähige als Adressaten der Verhaltensnormen anerkennt, ausgefochten wird. Nach der dualistischen Theorie ist beim Fahrlässigkeitsdelikt die objektive Sorgfaltswidrigkeit auf der Rechtswidrigkeitsebene zu prüfen, die subjektive Sorgfaltswidrigkeit auf der Schuldebene (Schünemann 1975, S. 790; Roxin 1997, § 24 Rn. 46 ff.). Die Lehre von der individuellen Sorgfaltswidrigkeit vertritt hingegen unter Hinweis auf den Rechtsgrundsatz „Impossibilium nulla obligatio est" einen einheitlichen Sorgfaltswidrigkeitsbegriff, der ausschließlich dem Unrechtstatbestand angehört (Renzikowski 1997, 239 ff.).

Der eigentliche teleologische Hintergrund dieses Streits erschließt sich erst im Hinblick auf die Notwehrbefugnis. Nach der ganz überwiegenden Meinung verlangt der Begriff der Rechtswidrigkeit in § 32 StGB Handlungsunrecht des Angreifenden. Dies ist auch nach der ganz herrschenden Notwehrdoktrin schlüssig: Die Notwehrbefugnis dient in ihrem *individuellen* Aspekt *faktisch* dem Schutz der gefährdeten Rechtsgüter. In ihrem *überindividuellen* Aspekt hingegen bewährt die Notwehrbefugnis *normativ* die Rechtsordnung. Das heißt, der Notwehrübende beendet durch die Verteidigung den in der Verletzung der öffentlich-rechtlichen Verhaltensnorm bestehenden Rechtsbruch: Das Recht braucht dem Unrecht zu weichen. Notwehr ist also normativ eine überindividuelle Rechtsverteidigung, die dem Einzelnen faktisch zum Schutz seiner individuellen Rechtsgüter überlassen wird (Roxin 1997, § 15 Rn. 1 ff.). Die imperati-

ventheoretische und etatistische Tradition dieser Notwehrkonzeption ist evident. Und es erschließt sich die Notwendigkeit einer Aufspaltung der Kategorie der Sorgfaltswidrigkeit, wenn man die Rechtsposition des Angegriffenen nicht noch von einer Übernahmefahrlässigkeit des Angreifenden abhängig machen möchte: Der Begriff der Rechtswidrigkeit in § 32 StGB wird daher überwiegend mit dem Begriff der objektiven Pflichtwidrigkeit gleichgesetzt (Roxin 1997, § 15 Rn. 14 ff.). Voraussetzung der dargestellten Friktionen ist, dass der strafrechtliche Rechtswidrigkeitsbegriff und derjenige der Notwehrbefugnis sich begrifflich decken. Dies ist aber unter der Prämisse der Imperativentheorie und ebenfalls des von Binding vertretenen Standpunkts überhaupt nicht anders möglich, so dass jede Theorie über die strafrechtliche Abgrenzung von Unrecht und Schuld zugleich eine Theorie über die Reichweite individueller Abwehransprüche der von einer Verhaltensweise potentiell Betroffenen ist. Daraus erhellt im Übrigen, dass die Frage, inwieweit auf der Unrechtsebene von der individuellen Fähigkeit des Normadressaten zur Normerfüllung abstrahiert werden muss, keine Frage ist, die aus einer philosophischen Handlungstheorie beantwortet werden kann.
Die Problematik einer Verkürzung der subjektiven Rechtspositionen des von einer Verhaltensweise potentiell Betroffenen betrifft jedoch nicht nur Fragen der Erfüllbarkeit der staatlichen Imperative. Sie betrifft darüber hinaus vor allem auch die Festlegung der Anforderungen, die der Normadressat zu erfüllen hat, um Rechtsgutsschädigungen Dritter zu vermeiden, weil individuellen Rechtspositionen infolge der auf dem Prinzip des überwiegenden Interesses beruhenden Rechtsfindungsmaxime der herrschenden Lehre erst die Resultante des Abwägungsprozesses sein können. Hält beispielsweise ein Verkehrsteilnehmer die öffentlich-rechtlichen Verkehrspflichten ein, und kommt es gleichwohl zu einer unvermeidbaren Einwirkung auf ein Rechtsgut eines Unbeteiligten, wäre dessen Recht von vornherein nicht tangiert und damit eine Rechtsverletzung zu verneinen. Allenfalls käme ihm ein viel restriktiveres Notstandsrecht zugute, dessen *Rechtsgrund* jedoch seinerseits fraglich wäre (s. dazu Haas 2002, 95 ff.). Dass diese Analyse nicht eine verzerrende, einseitig von außen herangetragene Rekonstruktion der Position der herrschenden Meinung darstellt, zeigt nicht nur das aufgeführte Beispiel der Notwehr; es kann ebenso an Küpers normtheoretischer Erklärung der Zurechnungsfigur des rechtmäßigen (!) Alternativverhaltens gezeigt werden. Seines Erachtens entspricht der Begrenzung der Sorgfaltspflichten eine Beschränkung der Gewährleistungsfunktion. Die Geltung der Gewährleistungsnormen ende gerade dort, wo das erlaubte Risiko beginne (Küper 1987, 272, 275 f.). Im Klartext: Die sich in der Notwehrbefugnis konkretisierende Garantiefunktion individueller Rechtspositionen steht unter dem Vorbehalt der Vermeidbarkeit der Rechtsgutsschädigung durch Einhaltung der öffentlich-rechtlichen Verhaltensnormen.

Es kann folgendes Fazit dieses Abschnitts gezogen werden: Die sich aus den Prämissen der herrschenden Lehre ableitende utilitaristisch-etatistische Rechtsfindungsmaxime ist mit den Grundsätzen unserer Rechtsordnung unvereinbar, die – wie insbesondere die Grundrechte und das Demokratieprinzip beweisen – die Ausübung staatlicher Macht durch Verfolgung öffentlicher Interessen als einen gegenüber dem Individuum legitimationsbedürftigen Vorgang begreifen. Der Einzelne wird also von vornherein als Rechtssubjekt aufgefasst, das mit Rechten ausgestattet ist, die schon unabhängig von materiellen allgemeinwohlorientierten Interessenabwägungen über einen definiten Achtungsanspruch verfügen.

3. Der Vorwurf eines Vorgriffs auf subjektive Tataspekte durch Vertreter der finalen Handlungslehre

Der nächste Kritikpunkt betrifft weniger die normen- oder gesellschaftstheoretischen Implikationen der objektiven Zurechnungslehre als vielmehr ihre Struktur der Haftungsbegründung. Vor allem Anhänger der finalen Handlungslehre haben den Einwand erhoben, dass mit der Wahl einer perspektivischen Prognosebasis schon im objektiven Tatbestand auf subjektive Tataspekte vorgegriffen werde und dass dieser Vorgriff Folge der Entlehnung der Kategorie des unerlaubten Risikos aus dem Fahrlässigkeitsdelikt sei (Armin Kaufmann 1985, 251, 258; Hirsch 1998, 119, 125 ff.; Burkhardt 1997, 113 ff.; Struensee 1987a, 541 ff.). Zu Recht hat Struensee darauf aufmerksam gemacht, dass dieser Vorgriff nicht nur die Wahrscheinlichkeitsprognose betrifft, sondern ebenso die Kategorie des rechtmäßigen Alternativverhalten. Hätte der LKW-Fahrer im berühmten Radfahrerfall von der Trunkenheit des Opfers gewusst, hätte er um den Radfahrer einen weiteren als den normalerweise gesetzlich vorgeschriebenen Bogen ziehen müssen (Struensee 1987b, 98 f.). Selbst darin erschöpft sich jedoch nicht der beklagte Vorgriff: Seitens der Anhänger der objektiven Zurechnungslehre wird in Erwägung gezogen, bei einem vorsätzlich agierenden Täter strengere Maßstäbe für die Konturierung des unerlaubten Risikos anzulegen als bei einem unvorsätzlich handelnden Delinquenten. Schünemann zufolge soll sich der mit Absicht handelnde Täter auf das erlaubte Risiko nicht berufen dürfen, weil dieser keinen beachtenswerten Grund für sein Handeln habe und die vorsätzliche Auslösung selbst geringster Risiken unterbunden werden müsse, solange das Opfer sich dagegen nicht selbst schützen könne (Schünemann 1999, 207, 220).

Allerdings wird von den Anhängern der objektiven Zurechnungslehre diese Diagnose einhellig geteilt; die Strukturidentität des unerlaubten Risikos mit der Sorgfaltswidrigkeit als Definiens des Fahrlässigkeitsdelikts wird keineswegs geleugnet. Mit dem Begriff des unerlaubten Risikos soll gerade kenntlich gemacht werden, dass die Sorgfaltswidrigkeit Tatbestandsmerkmal aller Erfolgsdelikte ist (Roxin 1997, § 11 Rn. 44; Jakobs 1999, 47, 53; Schünemann 1999, 207, 219 f.). Den Vorwurf einer systemwidrigen Vorwegnahme des subjektiven Tatbestandes versucht man mit dem Hinweis zu entkräften, dass beim unerlaubten Risiko anders als beim subjektiven Tatbestand die maßgeblichen Umstände tatsächlich auch vorhanden sein müssten. Ziel des Vorgriffs sei nur, aus der Fülle der *gegebenen* Umstände die für die missbilligte Gefahrschaffung relevanten Faktoren auszusondern. Zudem seien auch die Umstände beachtlich, die der Normadressat nicht kannte, aber hätte kennen müssen (Frisch 2001, 213, 230 f.; 2003, 732). Schließlich halten sich die Anhänger der objektiven Zurechnungslehre vor allem aus normtheoretischen Überlegungen für berechtigt, in der vorgeschlagenen Weise die strafrechtliche Haftung zu begrenzen: Da die an den Täter adressierten Verhaltensnormen primär als *Bestimmungsnormen* aufgefasst werden, deren Funktion darin besteht, das Verhalten der Normunterworfenen zu steuern, wird geschlossen, dass die Verhaltensnormen nur an die Daten anknüpfen dürften, die dem Täter im Zeitpunkt seines Handelns zugänglich seien. Andernfalls sei für den Normadressaten nicht *entscheidbar*, ob er gegen die Verhaltensnorm verstoße oder nicht, mit der Folge, dass die Verhaltensnormen ihre Funktion, die Normadressaten zu rechtskonformen Handeln zu motivieren, nicht erfüllen könnten (Frisch 1997, 175, 196; Freund 1991, 390 ff.). „Weil kein Mensch von etwas anderem als von seinem eigenen Wissen und seinen eigenen Erkenntniskräften Gebrauch machen kann, wäre es generalpräventiv sinnlos, die Verhaltensnormen ab ovo von der Wissensbasis irgendeines gedachten Beobachters aus zu konstruieren.“ (Schünemann 1999, 207, 216 f.). Das heißt genau genommen: Schon der objektive Tatbestand der Erfolgsdelikte wird durch die Eigenschaften der Verhaltensnormen geprägt.

Zu untersuchen ist, ob diese Replik der objektiven Zurechnungslehre im Ergebnis durchgreift und die Bedenken zu zerstreuen vermag. Die Analyse hat bei dem Umstand anzusetzen, dass das von der objektiven Zurechnungslehre formulierte System mit dem Begriff des unerlaubten, rechtlich missbilligten oder sozial inadäquaten Risikos operiert ohne anzugeben, worin eigentlich das maßgebliche Risiko bestehen soll! Da Risiken ohne Inhalt schon aus rein begrifflichen Gründen ausgeschlossen sind, muss die objektive Zurechnungslehre benennen, welchen Inhalt das jeweilige Risiko besitzt (vgl. Puppe 1994, 297, 312 f.). Als einzig plausible Möglichkeit kommt in Betracht, die Äquivalenztheorie zur begrifflichen Fixierung des Risikoinhalts heranzuziehen, weil die objektive Zurechnungslehre auf dieser Theorie fußt und ihre Vertreter dementsprechend individualisierenden Kausalitätstheorien, die zwischen Ursachen und Bedingungen unterscheiden, übereinstimmend eine Absage erteilen (Roxin 1997, § 11 Rn. 6). Das vom Täter verwirklichte objektive Handlungsunrecht bestünde

folglich darin, das Risiko gesetzt zu haben, eine Rechtsgutsschädigung durch sein Verhalten zu *bedingen*.
Fraglich ist jedoch, ob die objektive Zurechnungslehre mit dieser Konkretisierung des unerlaubten Risikos ihr Ziel einer Haftungsbegrenzung tatsächlich erreicht. Dies wäre nur dann zu bejahen, wenn der daraus resultierende Haftungszusammenhang enger wäre als bei rein objektiv gefassten Verursachungsverboten, die sie gerade wegen ihrer unabgrenzbaren Weite ablehnt. Die Antwort fällt allerdings verneinend aus. Zwar ist zuzugeben, dass ein objektiv gefasstes Verursachungsverbot auch dann übertreten wird, wenn ein ex-ante definiertes Risikos seitens des Täters nicht in die Welt gesetzt wurde und daher dem Täter ein Verstoß gegen das Verbot nicht zur Last gelegt werden kann. Zu berücksichtigen ist aber, dass das von der objektiven Zurechnungslehre postulierte Verbot schon Handlungsunrecht impliziert, während das bei einem rein objektiv gefassten Verursachungsverbot nicht der Fall ist. Bei diesem sind die Zurechnungskriterien wie zum Beispiel die Sorgfaltswidrigkeit als externe Regeln ausgegliedert und nicht wie bei der objektiven Zurechnungslehre partiell in das Verbot selbst integriert.
Sollen der *Zurechnungsgegenstand* (das Zuvermeidende oder Zuverhindernde als Erfolgsunwert im Sinne der herrschenden Lehre) und das *Zurechnungskriterium* (das Vermeidende oder Verhindernde als Handlungsunrecht im Sinne der herrschenden Lehre) begrifflich klar geschieden sein, müsste sich die objektive Zurechnungslehre daher eingestehen, dass sich auch unter Zugrundelegung ihrer Strategie der Haftungsbegrenzung in der ex-post Perspektive – das heißt unter Berücksichtigung sämtlicher Tatsachen im Zeitpunkt der Rechtsgutsschädigung – der objektive Erfolgsunwert in der Realisierung des bloßen Bedingungszusammenhangs erschöpfen würde. Nicht jede Bedingung wird aber retrospektiv schon allein deswegen rechtlich missbilligt, weil sie Teil des für uferlos gehaltenen Kausalzusammenhangs ist. Davon geht insbesondere auch die objektive Zurechnungslehre aus. Bestes Beispiel dafür bietet die proklamierte Abgrenzung verschiedener Verantwortungsbereiche als Teilaspekt der objektiven Erfolgszurechnung, insbesondere hier die Konstellation der Teilnahme an der freiverantwortlichen Selbstschädigung: Selbst wenn der Entschluss zur Selbstschädigung ex-ante schon feststeht und es somit im Rahmen der objektiv-nachträglichen Prognose höchst wahrscheinlich ist, dass durch die Teilnahme der Erfolgseintritt ermöglicht wird, wird ex-post die Förderung der selbstschädigenden Handlung keineswegs von rechts wegen missbilligt. Ein weiteres Beispiel bietet die Produktion eines Kraftfahrzeugs. Selbst wenn man unterstellt, dass mit dem betreffenden Wagen ein Unfall mit drittschädigender Wirkung geschehen wird, würde die Herstellung des Kraftfahrzeugs nicht als sozialinadäquate Risikoschaffung bewertet werden.

Folglich würde die Interpretation der objektiven Zurechnungslehre, dass der Begriff des unerlaubten Risikos die essentielle Funktion habe, die einzelnen Bedingungen eines Kausalzusammenhangs zu selektieren und zu entscheiden, ob eine konkrete Bedingung überhaupt vermieden werden soll, eher Rechnung tragen. Erst kraft der Kategorie des unerlaubten Risikos würde aus einer infiniten, für sich betrachtet wertindifferenten Bedingungsrelation ein rechtlich missbilligter und damit rechtswidriger Kausalzusammenhang konstituiert. Diese Strategie der Haftungsbegrenzung würde jedoch einen regressus ad infinitum auslösen, weil damit das unerlaubte Risiko sich auf sich selbst beziehen und zum Inhalt seiner selbst würde: Einerseits würde die Kategorie des unerlaubten Risikos der Kategorie des Zurechnungsgegenstandes, zugleich jedoch der Kategorie des Zurechnungsgrundes angehören. Materiell betrachtet stellt sich somit die objektive Zurechnungslehre als Versuch dar, den Zurechnungsgegenstand – also das, was vermieden werden soll – unter Rückgriff auf den Zurechnungsgrund – als das, was vermeiden soll – zu begrenzen. Der somit von Teilen der Literatur zu Recht kritisierte, antizipierende Bezugnahme auf subjektive Tataspekte erschöpft sich somit keinesfalls in einem bloß formalen Systembruch. Die logische Aporie betrifft vielmehr die innere Substanz und Strategie des von der objektiven Zurechnungslehre postulierten Rechtsfindungsprozesses.
Da im Ergebnis die Äquivalenz der Ursachen durch den selbstbezüglichen Risikobegriff partiell einer Revision unterzogen wird, drängt sich natürlich der Verdacht auf, dass die objektive Zurechnungslehre heimlich – gewissermaßen unter der Hand – eine individualisierende Kausalitätsbetrachtung etabliert (so schon Puppe 1994, 297, 312), obwohl dies ihrem offiziellen begrifflichen Selbstverständnis diametral widersprechen würde. In der Tat: Die bisher aufgedeckten Friktionen könnten dann umgangen werden, wenn man die Begriffe des rechtlich Unerlaubten oder Missbilligten nicht als Prädikate des Risikos, sondern des Risiko*inhalts* einordnen würde. Die ex-ante definierte Risiken wären infolgedessen unter anderem deshalb unerlaubt oder rechtlich missbilligt, weil die jeweiligen Bedingungen aus der ex-post Perspektive rechtlich unerlaubt oder rechtlich missbilligt wären. Diese Konstruktion würde aber nicht nur in einen ausweglosen Konflikt mit den Prämissen der Imperativentheorie, sondern auch mit der Äquivalenztheorie geraten, weil die einzelnen Bedingungen nicht mehr als gleichwertig gelten könnten – und zwar unabhängig davon, ob man schon aus ontologischen Gründen sämtliche Bedingungen in ihrer Ursacheneigenschaft für ununterscheidbar erachtet oder ob man die einzelnen Bedingungen aus spezifisch rechtlichen Gründen für gleichwertig hält. Wollte die Strafrechtsdogmatik nicht in einem begriffslosen und damit letztlich dezisionistischen Normativismus verharren, müsste sie angeben, wodurch sich die verschiedenen Bedingungen hinsichtlich ihrer sozialen Adäquanz qualitativ unterscheiden. Im Ergebnis

würde dies zwangsläufig – den Verdacht von Puppe bestätigend – eine Rückkehr zu einer individualisierenden Kausalitätstheorie bedeuten.
Dies wäre allerdings der Preis, den die objektive Zurechnungslehre zu bezahlen hätte, wenn sie dem von Hirsch geäußerten Vorwurf normativer Zirkularität entgehen wollte (Hirsch 1998, 136). Hirsch hält den Begriff des unerlaubten Risikos deshalb zirkulär, weil die Frage, ob das Täterverhalten in Bezug auf den tatbestandlichen Erfolg verbotswidrig sei, gerade die Frage sei, deren Beantwortung gesucht werde. Das Verbotensein könne nicht Voraussetzung seiner selbst sein. Natürlich vertreten die Anhänger der objektiven Zurechnungslehre nicht explizit die Position, dass der Begriff des Unerlaubten als Prädikat des Risikos ein eigenes Tatbestandsmerkmal darstellt. Sie entgehen allerdings dem Vorwurf nur, wenn man den Begriff des Unerlaubten als abkürzende Redeweise für all jene deskriptiven Merkmale verstehen darf, durch die die vom Recht als sozialinadäquat bewerteten Risiken individualisiert werden. Lässt man sich auf dieses Programm der Individualisierung ein, zeigen sich freilich die hier näher dargelegten Friktionen. Im Ergebnis sieht sich die objektive Zurechnungslehre somit einem „Trilemma" ausgesetzt: Entweder die objektive Zurechnungslehre erreicht ihr Ziel nicht, den Haftungsgegenstand zu begrenzen oder sie definiert den Haftungsgegenstand selbstbezüglich. Will sie dies vermeiden, muss sie zwischen den verschiedenen Erfolgsbedingungen selbst unterscheiden. Dies aber widerstreitet der Äquivalenztheorie, ob man nun eine ontologische Gleich*artigkeit* oder eine rechtliche Gleich*wertigkeit* aller Erfolgsbedingungen postuliert (vgl. zum Ganzen Haas 2002, 284 ff.). Dass es in der Tat gute Gründe für einen Abschied von der Äquivalenztheorie gibt, wird sogleich unten gezeigt werden.

4. Die Metamorphose der individualrechtsgutsschützenden Erfolgsdelikte zu offenen Tatbeständen

Ein weiterer Einwand betrifft eine spezifisch strafrechtliche Problematik. Die objektive Zurechnungslehre interpretiert die Strafnormen der Erfolgsdelikte – insbesondere die §§ 222, 229 StGB – als *offene* Tatbestände (vgl. Roxin 1973, 241; Jescheck/Weigend 1996, § 54 I 3). Die durch die Äquivalenztheorie formulierte Kausalrelation wird allein ontologisch verankert und damit außerhalb der Sphäre des Normativen angesiedelt. Ein ähnliches Schicksal teilt der Erfolgsbegriff, der als Beeinträchtigung eines rein faktischen Integritätsinteresses noch keine normativen Implikationen aufweist. Normativ ist allein der wertausfüllungsbedürftige Begriff des unerlaubten Risikos beziehungsweise der Fahrlässigkeit, dessen Maßstäbe im Gesetz allerdings nicht konkretisiert werden. Der gesetzlich-abstrakte Rechtssatz hat folglich lediglich den Status einer begrifflich nicht fixierten Generalklausel. Ein ähnliches Schicksal teilt im Zivilrecht die

Haftungsnorm des § 823 Abs. 1 BGB, wobei jedoch nur im Strafrecht die Bindung an das Bestimmtheitsgebot „nulla poena sine lege stricta“ zu beachten ist. Angesichts der unbestrittenen Reichweite der Äquivalenztheorie als Basisbegriff der objektiven Zurechnungslehre würde daher ein derartiges Tatbestandsverständnis dem Rechtsanwender einerseits die Möglichkeit nehmen, sich darüber zu informieren, was überhaupt durch sorgfältiges Verhalten zu vermeiden ist, andererseits dem Rechtsanwender angesichts der vielfach erst richterrechtlich durch Interessenabwägung konturierten Sorgfaltspflichten die Orientierungspunkte versagen, die er benötigt, um sich über die Anforderungen an sorgfaltsgemäßes Verhalten in Kenntnis zu setzen. Abgesehen von der grundsätzlichen, hier nicht näher zu erörternden Problematik materieller richterrechtlicher Rechtsfortbildung erweckt somit die tatbestandsausweitende Renormativierung der strafrechtlichen Erfolgsdelikte durch die objektive Zurechnungslehre starke verfassungsrechtliche Bedenken im Hinblick auf Art. 103 Abs. 2 GG.

5. Die Kritik am genuin strafrechtlichen Schutzzweck der Verhaltens- und Sorgfaltsnormen

Kritisch muss schließlich noch die (teilweise) von der objektiven Zurechnungslehre vertretene These beleuchtet werden, dass die Zurechnung spezifisch strafrechtlich erfolgt, das heißt, dass der Schutzzweck der Sorgfalts- beziehungsweise Verhaltensnormen spezifisch strafrechtlich ausgestaltet ist. Hiergegen ist einzuwenden, dass die Verhaltens- beziehungsweise die Sorgfaltsnormen keine strafrechtlichen Entitäten sind. Sie üben auch im Zivilrecht eine haftungsbegründende Funktion aus und können daher keinen genuin strafrechtlichen Schutzzweck besitzen. Erst die Sanktionsnormen haben einen ausschließlich strafrechtlichen Bezug. Insoweit ist es begrüßenswert, dass Roxin strafrechtliche Schutzzweckerwägungen der Kategorie „Reichweite des Tatbestandes“ zuordnet. Da er jedoch zwischen den Sanktionsnormen und den strafrechtlichen Verhaltensnormen nicht genau trennt, droht auch seine Systematik, den vorgetragenen Bedenken ausgesetzt zu sein. Überdies erschöpften sich die Sanktionsnormen in einer bloßen negativen Selektionsfunktion. Eine qualitative Begründung von Folgenverantwortlichkeit kann auf ihrer Ebene nicht geleistet werden.

IV. Grundlagen und Konsequenzen einer individualrechtlichen Theorie strafrechtlicher Haftungsbegründung

1. Die Notwendigkeit einer Unterscheidung zwischen öffentlich-rechtlichen Verhaltenspflichten und subjektiven Privatrechten

Will man den dargestellten Friktionen entgehen, so muss man in dem hier interessierenden Bereich der individualrechtsgutsschützenden Delikte strikt zwischen subjektiven Privatrechten einerseits und öffentlich-rechtlichen Verhaltensnormen andererseits unterscheiden. Die Privatrechtsordnung ist eine Rechtszuweisungsordnung und als solche ein System subjektiver Rechte. Subjektive Rechte werden vom Staat nicht materiell geschaffen, sondern der Idee nach rechtlich *anerkannt*. Ihr Fundament ist das moralische Postulat, dass der Einzelne mehr ist als das Ensemble gesellschaftlicher Verhältnisse, dass der Einzelne vielmehr ein autonomes Wesen ist, dem gegenüber sich staatliche Machtausübung zu legitimieren hat. Sittlich gründet das subjektive Recht somit in der wechselseitigen Anerkennung der Individuen als selbstbestimmte Personen. Subjektive Rechte können, wie schon von Savigny vorgeschlagen hat, dogmatisch als Willensmacht oder Willensherrschaft definiert werden. Sie stellen eine durch eine Rechtsregel konstituierte Beziehung zwischen Personen dar, kraft derer dem einem Rechtssubjekt ein Gebiet zugeordnet wird, in welchem es unabhängig von dem Willen eines anderen Rechtssubjekts herrschen kann (von Savigny 1840, 332 f.). Im Gegensatz zu dem Begriff des Rechtsguts, der logisch als zweistellige Relation charakterisiert werden kann, handelt es sich bei dem Begriff des subjektiven Rechts um eine dreistellige Relation. Es ist diese Eigenschaft, die das subjektive Recht seinem Begriff nach als normatives und nicht bloß faktisches Gebilde befähigt, die für unsere Privatrechtsordnung unumgängliche Distributionsfunktion auszuüben.

Gemäß § 903 BGB ist das subjektive Recht des Eigentums durch eine doppelte Befugnis gekennzeichnet: Es ist zum einen Befugnis, mit der Sache nach Belieben zu verfahren (Nutzungsfunktion), zum anderen die korrespondierende Befugnis, andere von jeder Einwirkung auszuschließen (Ausschlussfunktion). Die Befugnis zum Ausschluss anderer ist von Bucher – allerdings in Anlehnung an Kelsens Lehre vom Stufenbau der Rechtsordnung – als Befugnis privater Normsetzung begriffen worden (Bucher 1965, 55 ff.). Diese normtheoretisch interessante Rekonstruktion ist unbedenklich, wenn die Befugnis nicht mit einer materiellen staatlichen Ermächtigung gleichgesetzt wird – der Private würde ansonsten zu einer Art Beliehenem – und die Privatnorm nicht wiederum als Imperativ aufgefasst wird, der sich nur an den Willen anderer Kosubjekte wendet. Vielmehr ist die Privatnorm der als Norm genommene Wille des Einzelnen, *ungestört* über seinen Herrschaftsbereich disponieren zu können. Kraft dieser Befugnis privater Normsetzung wird die das subjektive Recht prägende Garantie, rechtlich ungehindert und unabhängig von dem Willen anderer Rechtsinhaber über den eigenen Herrschaftsbereich bestimmen zu können, dem Willen des zuständigen Rechtssubjekts überantwortet.

Als subjektives Herrschaftsrecht ist nicht nur das Eigentum zu nennen, auch Rechtsgüter wie Körper, Leben, das Recht auf Fortbewegungsfreiheit oder die Ehre stellen – wenn auch nicht in einem derart umfassenden Sinne wie das Eigentum – in dem dargelegten Sinne subjektive Rechtspositionen dar. Die teilweise im zivilrechtlichen Schrifttum vertretene Gegenauffassung, die zum Beispiel das Leben oder die körperliche Integrität nicht als Herrschaftsrechte qualifiziert, ist nicht nachvollziehbar und möglicherweise ein Nachwehen der im 19. Jahrhundert gängigen Verkürzung des Bürgers auf einen bloßen Bourgeois. Zwar kann das Individuum nicht über die Zuständigkeit an der eigenen körperlichen Sphäre verfügen – der Einzelne kann sich beispielsweise nicht verkaufen –, er kann aber über sich selbst in genau derselben Weise disponieren wie der Eigentümer über seine Sache – sowohl, was die Nutzungsfunktion als auch, was die Ausschlussfunktion anbetrifft. Gerade in diesem Bereich verwirklicht sich die menschliche Autonomie in ihrer ursprünglichsten Form. Ebenso wird bestritten, dass Forderungen wie beispielsweise der in § 170 StGB geschützte Unterhaltsanspruch als relatives Recht von der vorab vorgestellten Definition erfasst wird. Richtiger Ansicht nach kann jedoch die Obligation als Herrschaft über das Verhalten des Schuldners beschrieben werden.

Eine die negatorische Haftung nach § 1004 BGB auslösende rechtswidrige Störung eines subjektiven Rechts liegt dann vor, wenn sich eine Rechtssphäre auf Kosten einer fremden Rechtssphäre ausdehnt und damit aufgrund des Ausschlussrechts den Inhaber der gestörten Rechtsphäre rechtlich daran hindert, den seinem Willen widersprechenden Zustand zu unterbinden oder aufzuheben. Die Störung besteht also nicht in der Veränderung des Gegenstandes, die dem Gestörten zugeordnet ist – in der Terminologie der heute herrschenden strafrechtlichen Lehre in dem sogenannten Erfolgsunwert –, sondern, wie Picker in grundlegender Weise im Rahmen des § 1004 BGB herausgearbeitet hat, in der Beeinträchtigung der *rechtlichen* Integrität des fremden subjektiven Rechts *als Recht*: nämlich in dem rechtlichen Können, über den eigenen durch das subjektive Recht zugewiesenen Gegenstand disponieren zu können (Picker 1972, 51).

Ein Beispiel: Durch eine unvorhersehbare Windböe wird ein Ball auf ein fremdes Grundstück geweht. Die rechtliche Störung des Grundstücksinhabers besteht darin, dass er, um einen seinem Willen entsprechenden Zustand seiner Rechtssphäre herzustellen, das Ausschlussrecht des Eigentümers des Balls verletzen würde. Nicht dagegen besteht sie in dem Zustand des auf dem Grundstück liegenden Balls selbst. Dieser Zustand stellt ein bloßer Schaden dar, zu dessen Restitution der Eigentümers des Balls nur dann verpflichtet ist, wenn er ihn verschuldet hat. Das von der Imperativentheorie beschworene Gespenst der widerrechtlich waltenden Natur verfehlt also von vornherein den maßgebenden Anknüpfungspunkt: Für die objektive zivilrechtliche Rechtswidrigkeit ist nicht entscheidend, ob ein Vorgang Natur oder Handlung ist, sondern ob er einer Rechtssphäre zugeordnet werden kann, die ihren eigenen Zuweisungsgehalt überschreitet. Die implizite Behauptung der Imperativentheorie, dass die Rechtszuweisung von vornherein verhaltensbezogen zu denken ist, ist folglich sachlich unzutreffend. Die Imperativentheorie leidet daran, dass sie die Schutzfunktion von Verhaltensnormen mit der Garantiefunktion subjektiver Rechte verwechselt: Objektive Rechtswidrigkeit im Sinne der Verletzung subjektiver Rechte und personale Pflichtwidrigkeit im Sinne der Übertretung von öffentlich-rechtlichen Verhaltensnormen fallen nicht zusammen. Es sei abschließend bemerkt, dass im Rahmen der Notwehr das private Ausschlussrecht und nicht – wie die dualistische Notwehrdoktrin postuliert – der Achtungsanspruch öffentlich-rechtlicher Verhaltensnormen durchgesetzt wird.

Daraus folgt: Da das Strafrecht schon aus Gründen der Verhältnismäßigkeit ein limitiert akzessorisches Rechtsgebiet ist, ist die Privatrechtsordnung mittelbar auch für die strafrechtliche Begriffsbildung von Interesse. Die in den individualrechtsgutsschützenden Straftatbeständen enthaltenen Merkmale, die ihre materielle Berechtigung aus den privatrechtlichen Rechtsverhältnissen herleiten, sind so zu definieren, dass sie das den strafrechtlichen Rechtssätzen vorgelagerte privatrechtliche Rechtsverhältnis (zumindest selektiv) abbilden. Normtheoretisch heißt dies, dass die den strafrechtlichen Sanktionsnormen zu Grunde liegenden Verhaltensnormen sich teleologisch aus den privatrechtlichen Rechtsverhältnissen ableiten und legitimieren: Bei den Individualrechtsgutsdelikten dienen die strafrechtlich bewehrten öffentlich-rechtlichen Verhaltensnormen dazu, die Existenz (bestimmter) objektiv rechtswidrige Zustände der Privatrechtsordnung durch die Statuierung normativen Zwangs seitens der Allgemeinheit zu einem Handeln oder Unterlassen zu verhindern oder zu vermeiden (Haas 2002, 54 ff., 76 ff., 98 ff.).

Erst auf der Ebene der öffentlich-rechtlichen Verhaltensnormen wird im Interesse des Allgemeinwohls nach Maßstäben distributiver Gerechtigkeit durch eine materielle Interessenabwägung ermittelt, wie die Aspekte der Ermöglichung von Handlungsfreiheit auf der einen Seite und des Schutzes der Integrität von Rechten auf der anderen Seite miteinander auszutarieren sind! Damit wird zugleich deutlich, dass den subjektiven Rechtspositionen in ihrer Ursprünglichkeit weder eine rechtliche Gewähr absoluter Vermeidbarkeit von Rechtsverletzungen, noch eine rechtliche Gewähr absoluter Freiheit der Rechtsausübung innewohnt. Ein derartiges Postulat wäre evident antagonistisch, weil jede Form der Rechtsausübung – wenn auch in unterschiedlicher Intensität – die Fähigkeit zur Vermeidung der Verletzung Rechte anderer mindert. Die potentiell betroffenen Rechtspositionen vermitteln daher nur einen guten Grund einer distributiv gerechten, gleichrangigen Berücksichtigung der widerstreitenden rechtlichen Aspekte im Entstehungsprozess der öffentlichen Rechtsordnung (vgl. dazu Kindhäuser 1994, 218).

2. Der individualisierende Kausalitätsbegriff des Bewirkens als Ausweg aus den Friktionen der objektiven Zurechnungslehre

Die soeben dargelegte Grundposition hat Auswirkungen auf die strafrechtliche Kausallehre: Will man der postulierten limitierten Akzessorietät des Strafrechts Rechnung tragen, muss ein Begriff gefunden werden, der die Reichweite subjektiver Rechte wie körperliche Integrität, Leben oder Eigentum zu definieren vermag. Der Kausalbegriff ist folglich methodisch betrachtet als Rechtsbegriff mit normativer Funktion zu begreifen. Da die Ausschlussfunktion subjektiver Rechte nur die Kehrseite ihrer Nutzungsfunktion ist, muss die notwendige begriffliche Ableitung bei dem positiven Zuweisungsgehalt der jeweiligen Rechtspositionen ansetzen. Dieser positive Zuweisungsgehalt umfasst nun nicht nur die Befugnis zur Disposition über Ereignisse und Zustände, die in sich selbst schon eine Eigenschaftsänderung innerhalb des räumlich abgegrenzten Rechtskreises darstellen wie beispielsweise das Betreten eines Grundstücks oder das Bewegen eines Körpergliedes, sondern auch die Befugnis, durch eine *determinierende Einwirkung* den Zustand des betroffenen Rechtssphäre zu modifizieren. Durch eine derartige determinierende Einwirkung, die wissenschaftstheoretisch als physikalischer oder chemischer Prozess der Energieübertragung beschrieben werden kann, wird der Zustand der betroffenen Rechtssphäre genauso festgelegt wie durch ein Ereignis, das in sich selbst schon eine Zustandsänderung des involvierten subjektiven Rechts bedeutet. Seine Nutzungsfunktion deckt auch diese Umgangsweise mit dem zugeordneten Sachsubstrat. Allerdings vermittelt das in Frage stehende subjektive Recht eine hinreichende Rechtsmacht nur relativ in Bezug auf die bewirkten Folgen innerhalb seiner eigenen räumlichen Sphäre, nicht jedoch im Verhältnis zu dem externen Bereich, in dem sich der Kausalverlauf zunächst vollzieht. Man könnte daher insoweit von einer *relativen* raum-zeitlich über das eigentliche räumliche Substrat hinausreichenden Ausdehnung der jeweiligen Rechtskreise wie Eigentum, Leib oder Leben sprechen.
Für die der Nutzfunktion korrespondierende Ausschlussfunktion hat dies in Übereinstimmung mit dem Wortlaut des § 903 BGB die Konsequenz, dass sich die dem Rechtsinhaber zustehende Rechtsmacht negativ auch auf fremde Rechtssphären erstreckt, sofern sich dort ein Prozess der Einwirkung vollzieht, der eine Zustandsveränderung gegen oder ohne den Willen des Rechtsinhabers des betroffenen subjektiven Rechts verursachen wird. Die Verursachung stellt,

solange sie sich in der fremden Rechtssphäre abspielt, de facto eine Rechtsanmaßung im Sinn einer faktischen Usurpation des betroffenen subjektiven Rechts dar. Akzeptiert man die oben formulierte These, dass die Rechtssphäre über das eigentliche räumliche Substrat hinaus eine relative Ausdehnung erfährt, überschneiden sich die betroffenen Rechtskreise unmittelbar. Die negative Rechtsmacht des Gestörten kollidiert mit der rechtlichen Grenze, die das subjektive Recht des Störenden ihm gegenüber zieht: Der Gestörte müsste zur Durchsetzung des status negativus die privatrechtliche Ausschlussnorm des Störenden verletzen (Haas 2002, 184 ff.).
Die heute im Strafrecht vertretene Äquivalenztheorie – sei es in Gestalt der Lehre von der conditio-sine-qua-non, sei es in Gestalt der Lehre von der gesetzmäßigen Bedingung – ist demgegenüber nicht geeignet, die Reichweite der involvierten Rechtspositionen zu definieren. Es gibt unübersehbar viele Bedingungen eines eingetretenen rechtlich missbilligten Erfolges, deren Setzung keineswegs eine Missachtung der Rechte des Geschädigten involviert. Von dem Bedingungsbegriff sollte daher als Merkmal des objektiven Tatbestandes zumindest der individualrechtsgutsschützenden Delikte Abschied genommen werden. Sie hat überdies den Nachteil, Umstände, die der Rechtswidrigkeitsebene angehören, und Umstände, die erst der Pflichtwidrigkeitsebene angehören, unterschiedslos auf eine Stufe zu stellen, weil alle diese Umstände als Erfolgsbedingungen qualifiziert werden können. Die Äquivalenztheorie wäre nur dann eine angemessene Theorie, wenn unsere Rechtsordnung die Lebenswelt nicht in unterschiedliche Rechtssphären einteilen, sondern statt dessen in utilitaristischer Manier die gesamte Lebenswelt als einer Rechtssphäre – nämlich der des Leviathan „Staat“ – zugehörig betrachten würde. Kein Zweifel: Für den Inhaber ein und derselben Rechtssphäre zählt jede Folge gleich. Die dargestellten logischen und axiologischen Friktionen sind denn auch die Konsequenz davon, dass man sich einerseits der theoretischen Requisiten einer utilitaristischen Rechtskonstitution bedient, zugleich jedoch – wie beispielsweise auch der Topos der Abgrenzung von Verantwortungsbereichen zeigt – in der Zielsetzung durchaus billigenswert rechtliche Zuständigkeiten individualisieren möchte.

3. Andeutungen einiger dogmatischer Konsequenzen der hier entwickelten Lehre

Teilt man den vorgestellten rechtlichen Ansatz, dann ist im objektiven Tatbestand für den Begriff des unerlaubten Risikos kein Raum mehr. Folglich entfallen als Merkmale des objektiven Tatbestandes auch der Risikozusammenhang, das rechtmäßige Alternativverhalten und der Schutzzweckzusammenhang. Materiellrechtlich gehören die von diesen Kriterien betroffenen Rechtsfragen der

Kategorie der Fahrlässigkeit an, die bei einer unmittelbaren Einwirkung ein Substitut für den Mangel an Vorsatz darstellt. Die Abgrenzung der verschiedenen Rechtssphären erfolgt also nicht erst auf der Ebene der Zurechnung, wie es die heute herrschende Doktrin vertritt, sondern schon auf objektiv-rechtlicher Ebene – nämlich als Bezugspunkt des Selbstbestimmungsrechts des jeweiligen Rechtsinhabers! Die unmittelbare Täterschaft ist sowohl beim Vorsatz-, als auch beim Fahrlässigkeitsdelikt dadurch charakterisiert, dass die Tat in ihrer objektiven Dimension die durch die Verhaltensnorm geschützte Rechtsposition verletzt. Anders gesagt: Es handelt sich um Verhaltensweisen, bei denen die Rechtsmacht des beeinträchtigten Rechts hinreichend ist, dem Täter den Vollzug der Handlung zu untersagen. Bei den individualrechtsgutsschützenden Erfolgsdelikten heißt dies: Der Täter muss durch seine Handlung auf die Rechtssphäre durch einen physikalischen und chemischen Prozess der Energieübertragung einwirken. Während der Vorsatztäter diese Eigenschaft seiner Handlung beabsichtigt, kennt oder zumindest in Kauf nimmt, wird dem Fahrlässigkeitstäter zum Vorwurf gemacht, dass er diese Eigenschaft seiner Handlung hätte erkennen können, wenn er seiner sekundären öffentlich-rechtlichen Verhaltenspflicht nachgekommen wäre, auf die Gefahr möglicher Schädigungen Dritter zu achten.
Der hier vertretene individualisierende Kausalitätsbegriff des Bewirkens formuliert keineswegs die Grenze der strafrechtlichen Haftung. Er konstituiert zwar einen auch für das Fahrlässigkeitsdelikt geltenden restriktiven Tatbegriff (nicht Täterbegriff!), weil Tat nur das unmittelbar rechtsverletzende Geschehen ist; er darf aber gleichwohl nicht mit einem Regressverbot identifiziert werden. Zu Recht würde er sich sonst dem Vorwurf ausgesetzt sehen, nur archaische Formen von Kriminalität zu erfassen. Ein Gutteil der Fälle, die von der objektiven Zurechnungslehre abgehandelt werden, betrifft genau genommen Konstellationen mittelbarer Täterschaft. Darin liegt übrigens der Ursprung eines Teils der Konfusionen, die die Struktur des Fahrlässigkeitsbegriffs betreffen. Gegenstand der mittelbaren Täterschaft sind Lebenssachverhalte, in denen nicht der Täter in persona die Ursache im Sinne der obigen Definition gesetzt hat, in denen der Täter aber *aufgrund eines zusätzlichen Rechtsgrundes* so behandelt werden kann, als hätte er unmittelbar in die betroffene Rechtssphäre eingegriffen.
Ein Beispiel: Der verantwortliche Bauleiter einer Autobahnbaustelle lässt diese entgegen den öffentlich-rechtlichen Verkehrssicherungspflichten nur unzureichend beleuchten. Ein Kraftfahrer erkennt deshalb zu spät die Absperrungen und prallt schließlich gegen einen nahe der Autobahn stehenden Baum mit tödlichen Folgen. Der Akt des Autofahrers ist objektiv ein Akt der Selbstschädigung. Der Kraftfahrer durfte im Rahmen der Rechtsausübung aufgrund der öffentlich-rechtlichen Bestimmungen darauf vertrauen, dass eine Baustelle ausreichend beleuchtet ist. Für seinen Irrtum über die akute Selbstgefährdung ist der Bauleiter infolge seiner Verletzung der Verkehrssicherungspflichten verantwortlich.

Diese Verantwortlichkeit ist der Rechtsgrund dafür, ihm die Selbstschädigung des Kraftfahrers wie eine Fremdschädigung *außerordentlich zuzurechnen* – wobei der Begriff der außerordentlichen Zurechnung nicht zu tun hat mit dem Begriff der objektiven Zurechnung im Sinne einer objektivierten personalen Zurechnung. Der Begriff der außerordentlichen Zurechnung hat vielmehr zum Inhalt, dass der Täter für ein bestimmtes Geschehen personal verantwortlich ist und dass diese Verantwortlichkeit dem Täter die Berufung darauf, ein bestimmtes Straftatmerkmal nicht erfüllt zu haben, abschneidet. Dies ist auch der Grund, warum in Fällen wie diesem sich die Fahrlässigkeit ersichtlich nicht in der zurechenbaren Missachtung einer Erkenntnispflicht erschöpft.

Es ist nicht nur eine Frage dogmatischer Ästhetik (im Sinne einer Abstufung unterschiedlicher normativer Ebenen), diese Fälle der Rechtsfigur der mittelbaren Täterschaft zuzuschlagen. Denn erstens stellt nur bei einer unmittelbaren Täterschaft das rein objektive Geschehen einen rechtswidrigen Eingriff in das betroffene subjektive Recht dar. Bei einer mittelbaren Täterschaft hingegen ist das Verhalten des Täters erst kraft einer weiteren vorsätzlichen oder fahrlässigen Pflichtverletzung rechtswidrig im Verhältnis zum Geschädigten – ein Gesichtspunkt, der für negatorische Ansprüche der potentiell Betroffenen bedeutsam ist. Zweitens – dies kann hier nur angedeutet werden – bietet die Einordnung als mittelbare Täterschaft den Ansatzpunkt einer kohärenten Formulierung des Vermeidezwecks von Verkehrssicherungspflichten, der sich nicht mehr auf einen Kausalverlauf im Sinne der Äquivalenztheorie beziehen kann, so dass bestimmte Geschehensabläufe wie beispielsweise die Auslösung von Schockschäden (grundsätzlich) aus dem legitimen Anwendungsbereich von Verkehrssicherungspflichten herausfallen. Domatisch würde sich damit die Möglichkeit eröffnen, die öffentlich-rechtliche (Verhaltens-)Ordnung in eine schlüssige Beziehung zur Privatrechtsordnung zu setzen, indem ihr beispielsweise die Funktion zugewiesen wird, das Vertrauen in die Beachtung bestimmter Verhaltensstandards eines Verkehrskreises im Rahmen der Rechtsausübung involvierter Rechtssubjekte zu schützen.

Und drittens wird damit verhindert, dass Delikte wie die §§ 222, 229 StGB eine Metamorphose zu bloßen Generalklauseln durchlaufen. Die Rechtsfindung nach dem hier vorgestellten Modell vollzieht sich nämlich umgekehrt wie dasjenige der objektiven Zurechnungslehre: Die objektive Zurechnungslehre fußt auf dem als vorrechtlich begriffenen Kausalitätsbegriff der Äquivalenztheorie, der einen viel zu weit geratenen Umfang besitzt. Sie sieht sich daher vor die Notwendigkeit gestellt, nach Gründen zu suchen, mit Hilfe derer sie nachträglich den Zusammenhang zwischen Verhalten und Erfolg wieder auf das adäquate Maß reduzieren kann. Findet sich kein Grund, wird der Täter aus dem entsprechenden Delikt haftbar gemacht. Anders die hier vertretene Theorie: Grundsätzlich haftet der Täter nur dann, wenn er selbst auf die geschädigte Rechtssphäre rechtswidrig eingewirkt hat. Soll der Täter für den Erfolg strafrechtlich zur Verantwortung gezogen werden, obwohl er in diesem Sinne keine Ursache für den Erfolg gesetzt hat, bedarf es einer zusätzlichen Begründung, warum auf eine derartige Kausalrelation ausnahmsweise verzichtet werden kann. Die materielle Begründungslast wirkt sich also bei der objektiven Zurechnungslehre zu Lasten, bei dem hier vertretenen Modell zugunsten des Täters aus. Im Hinblick auf Art. 103 Abs. 2 GG wäre infolgedessen zu diskutieren, inwieweit derartige außerordentliche Zurechnungsnormen den Anforderungen des Bestimmtheitsgrundsatzes genügen müssten – eine Problematik, die ihre praktische Brisanz auch vor dem Hintergrund erfährt, dass nicht wenige der Verkehrssicherungspflichten *de facto* richterrechtlich etabliert werden.

V. Schlussteil

Als Ergebnis kann festgehalten werden, dass die Friktionen der objektiven Zurechnungslehre nur dann vermieden werden können, wenn man die ihr zu Grunde liegende monistische Normentheorie durch eine dualistische Normentheorie substituieren würde, die zwischen subjektiven Privatrechten und öffentlich-rechtlichen Verhaltensnormen differenziert, und die herrschende Äquivalenztheorie durch einen Kausalitätsbegriff des Bewirkens, dessen Aufgabe es wäre, die Reichweite der jeweiligen individuellen Rechtspositionen zu definieren. Es wäre Aufgabe einer weiteren Abhandlung zu zeigen, wie ein derartiger Theorieansatz als dogmatisches System zu entfalten wäre und dass dieser auch vielmehr dem historischen Prozess der Verstaatlichung des ehedem privaten Strafrechts Rechnung tragen würde.

Literatur:

Binding, K.: Die Normen und ihre Übertretung. Erster Band. Normen und Strafgesetze, 3. Aufl., Leipzig 1916.

Bucher, E.: Das subjektive Recht als Normsetzungsbefugnis, Tübingen 1965.

Burgstaller, M.: Das Fahrlässigkeitsdelikt im Strafrecht, Wien 1974.

Burkhardt, B.: Tatbestandsmäßiges Verhalten und ex-ante Betrachtung – Zugleich ein Beitrag wider die „Verwirrung zwischen dem Subjektiven und dem Objektiven", in: *Wolter/Freund* (Hg.), Straftat, Strafzumessung und Strafprozess im gesamten Strafrechtssystem, Heidelberg 1997, S. 99 ff.

von Caemmerer, E.: Das Problem des Kausalzusammenhangs im Privatrecht, in: Gesammelte Schriften, Band I, Tübingen 1968, S. 395 ff.

Deutsch/Ahrens: Deliktsrecht, 4. Aufl., Köln 2002.

Freund, G.: Richtiges Entscheiden – am Beispiel der Verhaltensbewertung aus der Perspektive des Betroffenen, insbesondere im Strafrecht, in: Goltdammers Archiv für Strafrecht 1991, S. 387 ff.

Freund, G.: Erfolgsdelikt und Unterlassen, Köln 1992.

Frisch, W.: Tatbestandsmäßiges Verhalten und Zurechnung des Erfolges, Heidelberg 1988.

Frisch, W.: Straftat und Straftatsystem, in: *Wolter/Freund* (Hg.), Straftat, Strafzumessung und Strafprozess im gesamten Strafrechtssystem, Heidelberg 1997, S. 135 ff..

Frisch, W.: Faszinierendes, Berechtigtes und Problematisches der Lehre von der objektiven Zurechnung, in: Festschrift für Claus Roxin zum 70. Geburtstag, Berlin/New York 2001, S. 213 ff..

Frisch, W.: Zum gegenwärtigen Stand der Diskussion und zur Problematik der objektiven Zurechnungslehre, in: Goltdammers Archiv für Strafrecht 2003, S. 719 ff.

Haas, V.: Kausalität und Rechtsverletzung, Berlin 2002.

Hirsch, H. J.: Gibt es eine national unabhängige Strafrechtswissenschaft, in: Festschrift für Günter Spendel zum 70. Geburtstag, Berlin 1992, S. 43 ff.

Hirsch, H. J.: Zur Lehre von der objektiven Zurechnung, in: Festschrift für Theodor Lenckner zum 70. Geburtstag, München 1998.

Honig, R.: Kausalität und objektive Zurechnung, in: Beiträge zur Strafrechtswissenschaft. Festgabe für Reinhard Frank zum 70. Geburtstag, Band 1, Tübingen 1930, S. 175 ff.

Jakobs, G.: Strafrecht Allgemeiner Teil, 2. Aufl., Berlin 1993.

Jakobs, G.: Bemerkungen zur objektiven Zurechnung, in: Festschrift für Hans Joachim Hirsch zum 70. Geburtstag, Berlin 1999, S. 47 ff.

Jescheck, H.-H./Weigend, T.: Lehrbuch des Strafrechts. Allgemeiner Teil, 5. Aufl., Berlin 1996.

von Jhering, R.: Geist des römischen Rechts auf den verschiedenen Stufen seiner Entwicklung, Dritter Teil, 1. Abteilung, Leipzig 1865.

von Jhering, R.: Der Zweck im Recht, Erster Band, 4. Aufl., Leipzig 1904; Zweiter Band, 4. Aufl., Leipzig 1905.

Kaufmann, A.: „Objektive“ Zurechnung beim Vorsatzdelikt?, in: Festschrift für Hans Heinrich Jescheck zum 70. Geburtstag, Erster Halbband, 1985, Berlin S. 251 ff.

Kindhäuser, U.: Erlaubtes Risiko und Sorgfaltswidrigkeit. Zur Struktur strafrechtlicher Fahrlässigkeitshaftung, in: Goltdammers Archiv für Strafrecht 1994, S. 197 ff.

Kühl, K.: Strafrecht Allgemeiner Teil, 4. Aufl., München 2002.

Küper, W.: Überlegungen zum sogenannten Pflichtwidrigkeitszusammenhang beim Fahrlässigkeitsdelikt, in: Festschrift für Karl Lackner zum 70. Geburtstag, Berlin 1987, S. 247 ff.

Larenz, K.: Hegels Zurechnungslehre und der Begriff der objektiven Zurechnung, Leipzig 1927.

Lenckner, T.: Wesen des Verbrechens und Aufbau des Verbrechensbegriffs in: *Schönke, A./ Schröder, H.*, Strafgesetzbuch, 26. Aufl., München 2001, Vorbem §§ 13 ff. Rn. 8 ff.

von Liszt, F.: Lehrbuch des deutschen Strafrechts, 9. Aufl., Berlin 1899.

Mir Puig, S.: Objektive Rechtswidrigkeit und Normwidrigkeit im Strafrecht, in: Zeitschrift für die Gesamte Strafrechtswissenschaft 108 (1996), S. 759 ff.

Neumann, U.: Moralphilosophie und Strafrechtsdogmatik, in: Archiv für Rechts- und Sozialphilosophie, Beiheft 44 (1991), S. 23 ff.

Otto, H.: Rechtsgutsbegriff und Deliktstatbestand, in: *Müller-Dietz* (Hg.), Strafrechtsdogmatik und Kriminalpolitik, Köln 1971.

Picker, E.: Der negatorische Beseitigungsanspruch, Bonn 1972.

Puppe, I.: Naturalismus und Normativismus in der moderenen Strafrechtsdogmatik, in: Goltdammers Archiv für Strafrecht 1994, S. 297 ff.

Renzikowski, J.: Notstand und Notwehr, Berlin 1994.

Renzikowski, J.: Restriktiver Täterbegriff und fahrlässige Beteiligung, Tübingen 1997.

Roxin, C.: Gedanken zur Problematik der Zurechnung im Strafrecht, in: Festschrift für Richard M. Honig zum 70. Geburstag, Göttingen 1970, S. 133 ff.

Roxin, C.: Zum Schutzzweck der Norm bei den fahrlässigen Delikten, in: Festschrift für Wilhelm Gallas zum 70. Geburtstag, Berlin 1973, S. 241 ff..

Roxin, C.: Strafrecht Allgemeiner Teil, Band 1, 3. Aufl., München 1997.

Rudolphi, H.-J.: Vorhersehbarkeit und Schutzzweck der Norm in der strafrechtlichen Fahrlässigkeitslehre, in: Juristische Schulung 1969, S. 549 ff.

Rudolphi. J.-J.: Die verschiedenen Aspekte des Rechtsgutsbegriffs, in: Festschrift für Richard M. Honig zum 70. Geburstag, Göttingen 1970, S. 151 ff.

Rudolphi, H.-J.: Der Zweck staatlichen Strafrechts und die strafrechtlichen Zurechnungsformen, in: *Schünemann* (Hg.), Grundfragen des modernen Strafrechtssystems, Berlin 1984, S. 69 ff.

Rudolphi. H.-J.: Kausalität und objektive Zurechnung, in: Systematischer Kommentar, Bd. 1, 6. Aufl., Neuwied 1997, Vor § 1 Rn. 39 ff.

von Savigny, C.-F.: System des heutigen römischen Rechts, Bd. I, Berlin 1840.

Schünemann, B.: Moderne Tendenzen in der Dogmatik der Fahrlässigkeits- und Gefährdungsdelikte, in: Juristische Arbeitsblätter 1975, S. 575 ff., 787 ff.

Schünemann, B.: Über die objektive Zurechnung, in: Goltdammers Archiv für Strafrecht 1999, S. 207 ff.

Struensee, E.: „Objektives" Risiko und subjektiver Tatbestand, in: Juristenzeitung 1987, S. 551 ff.

Struensee, E.: Objektive Zurechnung und Fahrlässigkeit, in: Goltdammers Archiv für Strafrecht 1987, S. 97 ff.

Thon, A.: Rechtsnorm und subjectives Recht, Weimar 1878.

Zipf, H.: Kriminalpolitik. Ein Lehrbuch, 2. Aufl., Heidelberg 1980.

Georg Mohr

Präsuppositionen strafrechtlicher Zurechnung im demokratischen Rechtsstaat: Zwei Freiheitsbegriffe

Gliederung

Der Begriff der Zurechnung ist ein sachlich grundlegender Begriff im Strafrecht. Die Frage, ob die Annahme der Zurechenbarkeit von Handlungen berechtigt ist, wird sowohl in der allgemeinen philosophischen als auch in der speziellen strafrechtsphilosophischen Diskussion immer wieder mit der Frage in Verbindung gebracht, ob die Annahme der Willensfreiheit menschlicher Personen berechtigt ist. Die allgemeine Voraussetzung lautet: Nur wer einen freien Willen hat, ist der Zurechnung von Handlungen fähig. Und nur dann ist es legitim, diese zu bewerten, zu loben oder zu tadeln. Diese Voraussetzung machen wir in der moralischen Alltagspraxis. Im Strafrecht wird sie durch die weitere Voraussetzung ergänzt: Nur wer der Zurechnung von rechtswidrigen Handlungen fähig ist, darf bestraft werden. Aus beiden Voraussetzungen ergibt sich dann diese: Nur wer einen freien Willen hat, darf für rechtswidrige Handlungen bestraft werden. Die entscheidende Frage ist dann aber, welchen Begriff von Willensfreiheit wir benötigen, wenn wir diese Annahmen machen. Diese Frage wird im vorliegenden Beitrag dahingehend eingegrenzt, dass es hier weder um eine Beantwortung der Frage „Freiheit oder Determinismus?" noch um eine Stellungnahme zur Debatte um die Abschaffung der Rechtsstrafe (Abolitionismus), sondern nur darum geht zu klären, ob ein demokratisch-rechtsstaatlich verfasstes Strafrecht eine philosophische Konzeption von Willensfreiheit voraussetzt und wie diese gegebenenfalls aussieht.

Zunächst soll gezeigt werden, welchen Freiheitsbegriff wir in unserer alltäglichen Praxis der moralischen Bewertung von Handlungen zugrunde legen (1). Ich führe dann den Begriff der Präsupposition ein (2) und beziehe ihn auf den hier fraglichen Zusammenhang von Handlungszuschreibung und Willensfreiheit (3). Ausgehend von einem vielzitierten BGH-Urteil von 1952 (4) wende ich mich der Frage zu, ob und in welchem Sinne im Strafrecht die Annahme gemacht wird bzw. gemacht werden darf, dass Willensfreiheit eine Voraussetzung der Zurechnung rechtswidriger Handlungen sei. Die Pro- und Contra-Positionen werden kurz umrissen (5, 6). Die Defizite dieser Debatte (7) machen die These attraktiv, dass Willensfreiheit strafrechtlich irrelevant sei (8). Der kritische Impuls der Irrelevanz-These ist berechtigt, nicht aber ihre Schlussfolgerung. Die Lösung kann nur in einer Differenzierung zweier Freiheitsbegriffe liegen, die sich beide von den defizitären Pro- und Contra-Positionen abgrenzen und von denen gezeigt werden kann, dass sie beide tatsächlich von einem demokratisch-rechtsstaatlichen Strafrecht präsupponiert werden (9). Meine Ausführungen verstehen sich als ein Kapitel „rekonstruktiver Rechtsphilosophie", d.h. als ein Beitrag zur Rekonstruktion philosophischer Präsuppositionen des modernen Rechts.

1. Schuldvorwurf und Freiheitsunterstellung in der moralischen Alltagspraxis

Wenn wir das Verhalten einer Person missbilligen und eventuell eine Sanktion fordern (oder wenigstens für richtig halten), dann unterstellen wir zunächst, dass dieses Verhalten gegen eine als allgemein gültig *anerkannte Norm* verstößt. Die Feststellung des Normverstoßes ist als solche jedoch noch nichts weiter als eine *Feststellung*. Sie allein begründet noch keine Missbilligung. Eine Missbilligung ist eine *bewertende Stellungnahme*. Sie erfolgt in der Regel nicht um ihrer selbst willen, sondern im Blick darauf, dass normverletzendes Verhalten auch unterbleiben kann, d.h. – retrospektiv mit Bezug auf eine stattgefundene Normverletzung – nicht hätte stattfinden müssen. Wir unterstellen, dass, ob solches Verhalten stattfinde, davon abhänge, wie *Personen handeln*. Die Missbilligung wird insofern in der Regel mit dem Wunsch oder der Forderung verbunden, dass das missbilligte Verhalten nicht stattfinden *solle*. Mit dieser Forderung richten wir uns vor allem an die Person, der wir als Urheber des missbilligten Verhaltens dieses zurechnen (*kausale Zurechnung*). Wir richten uns damit gleichzeitig aber auch an alle anderen Personen. Bei diesen setzen wir voraus oder muten ihnen doch zu, dass sie die verletzte Norm ebenfalls als gültig anerkennen und dass sie sich als Akteure betrachten, an denen es – im Prinzip – liegt, ob die Norm in ihrem Verhalten zur Geltung kommt oder verletzt wird.
Die Feststellung und Bewertung des Normverstoßes verbinden wir mit einem *Schuldvorwurf*, wenn wir uns für berechtigt halten, auf die nun enttäuschte Erwartung hinzuweisen, die betreffende Person hätte sich entscheiden können,

nicht gegen die Norm zu verstoßen. Zu der kausalen Zurechnung tritt die *normative Zurechnung*. Mit der normativen Zurechnung unterstellen wir, dass dem Normverstoß seitens der Person eine *freie Entscheidung* zugrundeliegt. Was besagt diese Unterstellung? Was wird mit dieser Unterstellung unterstellt? Sie impliziert dreierlei.

(a) Eine erste Voraussetzung des Schuldvorwurfs ist, dass die beschuldigte Person die verletzte Norm kannte oder wenigstens hätte kennen müssen (wobei unterstellt ist, dass sie die Norm hätte kennen können). Eine Norm zu kennen bedeutet zu verstehen, was es heißt, das durch die Norm Gebotene zu tun und das durch sie Verbotene zu unterlassen. Bei gesunden erwachsenen Mitmenschen mit einer den normativen Standards einer Kultur entsprechenden Sozialisation erwarten wir, dass sie die wichtigsten der für sie geltenden Normen in diesem Sinne kennen. Personen verfügen über einschlägige *Normkenntnis*, sie unterliegen nicht systematisch einem Irrtum, was geboten, erlaubt, oder verboten ist. Auch für die ungeschriebenen Normen der Moral gilt, dass sie bekannt sind. Über Tradition und Kommunikation etabliert sich ein öffentliches Wissen davon, was in einer Gesellschaft als moralisch richtig und was als moralisch falsch gilt. (Das schließt nicht aus, dass es in Einzelfällen dennoch zu Irrtümern kommen kann, etwa dann, wenn eine Person sich in einer ihr nicht vertrauten Kultur orientieren möchte.) Vor diesem Hintergrund unterscheiden wir auch in moralischen Kontexten, nicht nur im Recht, zwischen vermeidbarem und unvermeidbarem Verbotsirrtum.

(b) Eine weitere Voraussetzung des Schuldvorwurfs betrifft Umstände und Folgen des Handelns. In der Regel erheben wir einen Schuldvorwurf nur, wenn die beschuldigte Person die Umstände und Folgen ihres Handelns kannte und bewusst im *Wissen um die Situation und die Folgen* gehandelt hat. Die Handlung muss hinsichtlich ihrer relevanten Merkmale als Fall der einschlägigen Norm verstanden werden. Der durch die Handlung verwirklichte Tatbestand muss erkannt werden als ein durch die Norm erfasster Tatbestand, damit die Handlung unter die Norm subsumiert und die Norm auf die Handlung angewandt werden kann. Nur wenn diese Voraussetzung erfüllt ist, unterstellen wir einen Vorsatz zu diesem, im Lichte der Norm zu beschreibenden Handeln, das zum Gegenstand eines Vorwurfs gemacht werden darf. Wir gehen bei einem Schuldvorwurf davon aus, dass der Normverstoß wissentlich, d.h. im Wissen um die durch die Handlung verwirklichte Verletzung der Norm, begangen wurde.

(c) Schließlich machen wir mit einem Schuldvorwurf die Voraussetzung, dass das getadelte Verhalten aus einer freien Entscheidung, die auch hätte anders ausfallen können (und müssen), resultierte und das insofern *freiwilliges Handeln* war. Wir unterstellen unseresgleichen die Fähigkeit, Handlungen selbst zu bestimmen, zumindest in dem Sinne und in dem Maße, dass wir imstande sind, uns gegebenenfalls gegen normverletzende Handlungsmotive zu entscheiden

und nach Maßgabe geltender Normen zu handeln. Wir erwarten dementsprechend voneinander normgerechtes Verhalten.
Es sind also (mindestens) drei Voraussetzungen, die wir machen, wenn wir einer Person wegen eines Normverstoßes einen Schuldvorwurf machen:

(a) Normkenntnis und Normverständnis
(kein systematischer Verbotsirrtum),
(b) Situations- und Folgenwissen
(kein systematischer Tatbestandsirrtum),
(c) Freiwilligkeit des Handelns
(keine hinreichende durchgängige Bestimmung durch äußeren Zwang).

2. Präsuppositionen

Diese drei Voraussetzungen nenne ich *Präsuppositionen der Zurechnung von Handlungen*. Der Terminus „Präsupposition" soll insbesondere die *Nichtbeliebigkeit* dieser Voraussetzungen kenntlich machen. Es handelt sich nicht um Voraussetzungen, die so beschaffen sind, dass, wenn sie oder eine von ihnen nicht erfüllt wäre(n), der durch sie bedingte Sachverhalt immer noch realisiert wäre, zwar nicht genauso, wie er es wäre, wenn die Voraussetzung(en) erfüllt wäre(n), aber immer noch in einer Form, die als andere, modifizierte Form dieses selben Sachverhalts identifizierbar wäre.
Bei Präsuppositionen handelt es sich um notwendige Bedingungen besonderer Art. Sie entscheiden nicht selbst schon darüber, ob ein Sachverhalt realisiert ist oder nicht, d.h. ob ein an sie anschließender Satz wahr oder falsch ist. Sondern sie sind Sätze, die wahr sein müssen, wenn über *andere*, an sie anschließende Sätze überhaupt soll entschieden werden können, *ob diese* wahr oder falsch sind. Eine Präsupposition ist ein Satz, dessen Wahrheit angenommen werden muss, damit andere Sätze überhaupt wahrheitsdifferent werden.
Was damit gemeint ist, lässt sich an einer Debatte illustrieren, die Bertrand Russell und Peter Strawson über die Frage der Wahrheit von Sätzen über Objekte, die nicht existieren, geführt haben. Diese Debatte betrifft *deskriptive* (*theoretische*) Sätze. Aber sie ist, wie sich gleich zeigen wird, auf *präskriptive* (*praktische*) Sätze übertragbar. Nehmen wir als Beispiel den sachverhaltsbeschreibenden Satz, anhand dessen Russell und Strawson ihre jeweiligen Positionen erläutern: „Der König von Frankreich ist kahlköpfig". Bei der Analyse dieses Satzes kommen beide zu sehr unterschiedlichen Ergebnissen. Laut Russell ist dieser Satz *falsch*, weil es keinen König von Frankreich gibt. Nach Strawson hingegen ist der Satz *weder wahr noch falsch*. Strawsons Analyse ist die bessere. Die Erklärung hierfür ist folgende.

Wer einen Satz assertorisch äußert, der einem Gegenstand ein Prädikat zuschreibt und der diese Prädikation so vornimmt, dass ihre Verifizierung (Bestätigung) eine empirische Anschauung des Gegenstandes, dem prädiziert wird, erfordert, behauptet implizit, dass dieser Gegenstand existiert. Er unterstellt, dass die Existenzbedingung (Strawson: *existential condition*) erfüllt ist. Das ist nicht dasselbe wie eine logische Implikation. *Logisch* impliziert der Satz „Der König von Frankreich ist kahlköpfig“ keineswegs, dass es einen König von Frankreich *gibt*. Aber, wer diesen Satz assertorisch äußert, macht implizit eine *Existenzpräsupposition*. Er präsupponiert, dass der Gegenstand existiert. Das hat sachhaltige, nicht rein logische Gründe. Nur von einem existierenden Gegenstand gibt es eine empirische Anschauung. Die Entscheidung, ob ein Satz über ein empirisches Objekt wahr oder falsch ist, setzt voraus, dass die Existenzpräsupposition dieses Satzes *wahr* ist. Über die Wahrheit oder Falschheit eines Satzes über ein Objekt, das es nicht gibt, also eines Satzes mit einer falschen Existenzpräsupposition ist keine Entscheidung möglich. Es gibt keine Erfüllungsbedingungen für Sätze mit falschen Existenzpräsuppositionen.
Am Russell-Strawson-Beispiel: Die Entscheidung darüber, ob der Satz, „Der König von Frankreich ist kahlköpfig“, wahr oder falsch ist, ist überhaupt nur möglich, wenn die *Existenzpräsupposition*, die mit diesem Satz implizit gemacht wird, nämlich: „Frankreich hat derzeit einen König“, oder: „Es gibt einen König von Frankreich“, *wahr* ist. Ist die Existenzpräsupposition *falsch*, so folgt daraus *nicht*, dass der von ihr abhängige Satz, „Der König von Frankreich ist kahlköpfig“, falsch ist, sondern es folgt daraus, dass dieser Satz *unentscheidbar* ist. Insofern mit diesem Satz eine Behauptung aufgestellt werden soll, die im üblichen Sinne überprüfbar sein soll, ist dieser Satz pragmatisch inkonsistent und semantisch sinnlos. Ein Satz mit einer falschen Existenzpräsupposition ist nicht falsch, aber es ist ein Fehler, einen solchen Satz zu bilden, weil über ihn nichts ausgemacht werden kann.

3. Philosophische Rekonstruktionen der Freiheitspräsupposition

Die Grundidee Strawsons lässt sich auch auf *präskriptive* (*praktische*) Sätze anwenden. Strawson hat dies selbst getan, in seinem bis heute einflussreichen Aufsatz *Freedom and Resentment*. Aber die Idee ist viel älter. Eine philosophische Analyse, die diesen Beobachtungen bereits weitgehend Rechnung trägt, ist schon bei Aristoteles, im Dritten Buch der *Nikomachischen Ethik* zu finden. Ihm zufolge sind wissentliches und willentliches Handeln, *Wissen* und *Freiwilligkeit*, die beiden Bedingungen der Vorwerfbarkeit einer Handlung (NE, III 9 und 10, 1135a9-1136a9). Das Moment des Situations- und Folgenwissens lasse ich im folgenden ganz außer acht. Auf das Moment der Normkenntnis komme ich später zurück und beschränke mich erst einmal auf das dritte der oben, am Ende des ersten Abschnitts genannten Momente: die Freiwilligkeitsunterstellung.

Dass diese keine beliebige Annahme ist, zeigt sich am inneren Zusammenhang unserer moralischen Gefühle und deren Präsuppositionen. So ist verschiedentlich, z.B. von Peter Strawson, gezeigt worden, dass die verschiedenen Formen des (sich oder anderen etwas) Übelnehmens, wie Empörung, Groll, Schuldgefühl und Scham, voraussetzen, dass wir uns selbst und unsere Mitmenschen als frei ansehen. Die Freiheitshypothese ist laut Strawson eine faktisch alternativlose Präsupposition unserer Praxis der moralischen Bewertung von Handlungen (Strawson 1962; 1983; Tugendhat 1993, 20 f.).

Dass diese Praxis nun ihrerseits faktisch alternativlos sei, vertritt bereits Thomas Reid. Nach Reid ist ein Zweifel an unserer „Neigung" (*proneness*) zu moralischen Verhaltens- und Reaktionsweisen gegenstandslos. Wie bei unserem Glauben an die Existenz von Körpern sei auch bei dieser moralischen Neigung das Bezweifeln „völlig ineffektiv", denn es gebe eine „natürliche Bindung" (*natural commitment*) an sie (vgl. dazu Reid 1764/^{4}1785, ch. 5, sect. 7, in Verbindung mit Reid 1788, Essay Four).

Die faktische Alternativlosigkeit unserer moralischen Reaktionsweisen wird auch von Juristen zur Legitimierung des juristischen Diskurses herangezogen. Für den Strafrechtler Wolfgang Naucke etwa ist die „subjektive Zurechnung von Handlungen, das Verantwortlichmachen für Taten, das Schuldig-sein-können" ein „selbstverständliches Organisationsprinzip für zwischenmenschliches Verhalten". Auch Naucke hält dieses Prinzip für alternativlos in dem Sinne, dass „keine Phantasie ausmalen kann, was geschähe, wenn man [es] generell fallen ließe" (Naucke, 249). Und die diskursethische Strafbegründung bei Klaus Günther sieht im Schuldvorwurf samt der ihm impliziten Freiheitshypothese eine notwendige Implikation jeder „teilnehmenden" praktischen Einstellung, d.h. jeder kommunikativen Interaktion (zur diskursethischen Strafrechtsbegründung vgl. Günther 1991).

4. Zurechnung, Schuld und Freiwilligkeit im Strafrecht

Auch im Gesetz und in der Rechtsprechung wird zumeist die Unterstellung entweder stillschweigend akzeptiert oder aber explizit in Anschlag gebracht, dass Vorwerfbarkeit und Schuld prinzipiell Freiwilligkeit des Handelns voraussetzen. Philosophische Fragen nach einer Freiheitsunterstellung im Strafrecht werden in der Regel im Ausgang vom Begriff der Schuld oder der „subjektiven Zurechnung der Tat" (Naucke, 245) gestellt. Schuld ist, neben Tatbestandsmäßigkeit und Rechtswidrigkeit, das dritte der drei grundlegenden Merkmale des soge-

nannten „Straftatsystems". Der „Schuldgrundsatz" lautet: *Nulla poena sine culpa*. – Keine Strafe ohne Schuld.
Dass uns in irgendeiner Form die Fähigkeit zu freiwilligem Handeln im Strafrecht unterstellt wird, zeigen zahlreiche gesetzliche Bestimmungen des Strafgesetzbuchs (StGB), vor allem im Zweiten Abschnitt des Allgemeinen Teils „Die Tat". Die Verwendung des Begriffs der Tat bzw. des Begehens einer Tat, der Handlung, des Vorsatzes und explizit auch der Freiwilligkeit sind einige generelle Belege hierfür. Von besonderem Interesse für eine genauere begriffliche Analyse sind die gesetzlichen Kriterien des Irrtums über Tatumstände (§ 16 Abs. 1 StGB; auch § 35 Abs. 2 StGB), des Verbotsirrtums (§ 17 StGB) und der Schuldunfähigkeit (§§ 19, 20 StGB, § 3 JGG).
Diese gesetzlichen Bestimmungen lassen sich auf die drei zuvor genannten Präsuppositionen eines Schuldvorwurfs zurückbeziehen. (1) Der *Verbotsirrtum*, wenn er unvermeidbar war, schließt *Schuld* aus. Das heißt, handelte der Täter in unvermeidbarer Normunkenntnis, so ist ein Schuldvorwurf nicht gerechtfertigt. (2) Der *Irrtum über Tatumstände* schließt den *Vorsatz* aus. Verfügte der Täter nicht über hinreichendes Situations- und Folgenwissen, so kann sich der Schuldvorwurf nur noch auf fahrlässiges Handeln beziehen. (3) Schuldunfähigkeit liegt vor, wenn der Täter nicht freiwillig handelte. Die *Freiwilligkeit des Handelns* liegt für den Gesetzgeber in der Fähigkeit, nach der Einsicht in das Unrecht einer Tat zu handeln. Diese *voluntative* Fähigkeit, sich zu rechtmäßigem Handeln zu entscheiden, setzt außerdem die *kognitive* Fähigkeit voraus, das Unrecht der Tat einzusehen.
Der Zusammenhang von Schuld und Freiwilligkeit ist Gegenstand einer ausführlicheren Erörterung in einem Urteil des Großen Senats für Strafsachen des Bundesgerichtshofs vom 18. 3. 1952. In der Begründung heißt es:

> „Strafe setzt Schuld voraus. Schuld ist Vorwerfbarkeit. Mit dem Unwerturteil der Schuld wird dem Täter vorgeworfen, daß er sich nicht rechtmäßig verhalten, daß er sich für das Unrecht entschieden hat, obwohl er sich rechtmäßig verhalten, sich für das Recht hätte entscheiden können. Der innere Grund des Schuldvorwurfs liegt darin, daß der Mensch auf freie, verantwortliche, sittliche Selbstbestimmung angelegt" ist (BGHSt 2, 200).

In diesem vielzitierten Passus werden die wichtigsten Vokabeln der traditionellen Diskussion über „Freiheit im Strafrecht" erwähnt. Der Schuldvorwurf bezieht sich laut BGH auf die *Entscheidung zum Unrecht*. Es wird unterstellt, der Täter hätte sich auch anders, d.h. für statt gegen das Recht entscheiden können. Es wird also *freie Entscheidung* unterstellt. Eine solche freie Entscheidung liege begründet in der Fähigkeit des Menschen zu „freier, verantwortlicher, sittlicher Selbstbestimmung". Unter der Voraussetzung einer generellen „Kenntnis von Recht und Unrecht" gelte:

„Wer weiß, daß das, wozu er sich in Freiheit entschließt, Unrecht ist, handelt schuldhaft, wenn er es gleichwohl tut.“ (BGHSt 2, 201)

In dieser konditionalen Form ist der Satz sogar relativ harmlos. Aber, gemeint ist offenbar mehr. Gemeint ist, dass wir die Präsupposition von Freiheit *tatsächlich machen*. Und gestützt wird dies durch den Hinweis auf unser allgemeines Selbstverständnis als Menschen, die eben zu „freier, verantwortlicher, sittlicher Selbstbestimmung“ fähig sind.

Diese Hinweise auf Gesetz und Rechtsprechung sollen als Ausgangspunkt für die weiteren Überlegungen genügen.

5. Willensfreiheit als Voraussetzung strafrechtlicher Zurechnung?

Wenn richtig ist, was das BGH-Urteil lehrt, dann scheint sich die Institution der staatlichen Strafe, insofern sie das Schuldprinzip benötigt, nur dann rechtfertigen zu lassen, wenn sie sich auf einen positiven Beweis menschlicher Willensfreiheit berufen kann. Die Frage nach der Zulässigkeit der Freiheitsvoraussetzung in der strafrechtlichen Zurechnungspraxis wird traditionellerweise im Rahmen einer Alternative zwischen Befürwortung und Ablehnung von Willensfreiheit im metaphysischen Sinne *nicht-naturkausal determinierter Willensbestimmung* gestellt. Der Freiheitsbegriff wird von vornherein auf einen Begriff von *metaphysischer Willensfreiheit* reduziert. Außerdem wird unterstellt, dass es dieser und nur dieser Sinn von Freiheit ist, der für den Kontext strafrechtlicher Zurechnung relevant ist.

Sind diese Festlegungen einmal getroffen, hängt die Frage der freiheitstheoretischen Legitimierbarkeit strafrechtlicher Zurechnung an einer vereinfachten Pro-Contra-Entscheidung über die Annehmbarkeit von Willensfreiheit, wie sie in der traditionellen Metaphysik verhandelt wird. Die beiden alternativen Positionen, Position *A: Pro Willensfreiheit und Zurechnung*, und Position *B: Contra Willensfreiheit und Zurechnung*, gehen von einer gemeinsamen Prämisse aus.

(1) Strafrechtliche Zurechnung ist nur unter der Voraussetzung legitim, dass Willensfreiheit im metaphysischen Sinne nicht-naturkausal determinierter Willensbestimmung beweisbar ist.

Die Positionen gelangen zu abweichenden Konklusionen aufgrund ihrer diametralen Freiheitsthese als zweiter Prämisse. Die beiden Argumente sehen unter dieser Voraussetzung im großen und ganzen folgendermaßen aus.

Position *A*: *Pro*

A (2) Willensfreiheit im metaphysischen Sinne nicht-naturkausal determinierter Willensbestimmung ist beweisbar.

A (3) Strafrechtliche Zurechnung ist daher legitim.

Position *B*: *Contra*

B (2) Willensfreiheit im metaphysischen Sinne nicht-naturkausal determinierter Willensbestimmung ist nicht beweisbar. Beweisbar ist hingegen, dass der Mensch in seinem Handeln durch außerhalb seines Willens liegende Faktoren determiniert ist.

B (3) Strafrechtliche Zurechnung ist daher nicht legitim.

Die Kontroverse zwischen diesen Positionen (oder ihren Varianten) wird keineswegs nur von Philosophen, sondern dezidiert auch von Strafrechtlern ausgefochten. Damit wird aber eine *rechtsphilosophische* Frage an die *Philosophie des Geistes* delegiert. Hier liegt ein grundlegendes Problem der gesamten Debatte. Ich komme darauf noch zurück. Doch sehen wir uns zunächst exemplarisch aus dem Spektrum der Positionen Pro- und Contra-Willensfreiheit einige Argumente an. Lassen wir zunächst zwei wichtige Vertreter der Position A zu Wort kommen.

In seinem Lehrbuch des Strafrechts schreibt Hans-Heinrich Jescheck unter der Überschrift „Schuldgrundsatz und Willensfreiheit", dass der Schuldgrundsatz die „Entscheidungsfreiheit des Menschen zur logischen Voraussetzung" habe und ein am Schuldprinzip orientiertes Strafrecht sich mit der „Problematik der Willensfreiheit auseinandersetzen" müsse (Jescheck/Weigend, 407 f.). Im Ergebnis befürwortet Jescheck – bei allen Zugeständnissen an psychiatrische Erkenntnisse und prinzipielle epistemische und epistemologische Grenzen – die Annahme von Willensfreiheit als allgemeine Fähigkeit des „Menschen als Gattung". Seine These lautet:

> „Die Bestimmbarkeit des Handelns beruht auf der Fähigkeit des Menschen, die auf ihn einwirkenden Antriebe zu kontrollieren und seine Entscheidung nach Sinngehalten, Werten und Normen auszurichten." (Jescheck/Weigend, 410)

Durch die Rede von „Sinngehalten" signalisiert Jescheck, dass er sich weitgehend einer Theorie anschließt, die unter deutschen Juristen im 20. Jahrhundert besonders einflussreich wurde: Hans Welzels seit 1930 entwickelte „finale Handlungslehre". Welzels Begriff von Willensfreiheit knüpft ihrerseits an die Theorie der Intentionalität seelischer Akte von Franz Brentano und Richard Hönigswald an. Handlungen sind danach Sinneinheiten, die als solche abhängig sind vom bewussten, intentionalen Setzen eines Handlungszwecks durch ein sinnverstehendes und zwecksetzendes Subjekt. Diese Sinnintentionalität stelle eine eigenständige, von der natürlichen Kausalität unabhängige Dimension von Determination dar (vgl. Welzel 1930, 4 f.). Schließlich definiert Welzel Willensfreiheit als die „Fähigkeit, sinnmäßig sich bestimmen zu können", als die „Freiheit *vom* blinden, sinnindifferenten kausalen Zwang *zu* sinnmäßiger Selbstbestimmung", als „Freiheit zu *sinnmäßigem* Handeln" (Welzel 1969, 148).

Die *Pro*-Willensfreiheit-Position (Position *A*) stützt sich demnach (Welzel kann – schon aufgrund seines erheblichen Einflusses auf die Diskussion – für diese Position durchaus als repräsentativ gelten) auf anthropologisch-intentionalitätstheoretische Annahmen.
Die *Contra*-Willensfreiheit-Position (Position *B*) stützt sich in der Regel auf zweierlei. Zum einen kritisiert sie die Schlüssigkeit der philosophischen Argumente pro Willensfreiheit und weist Freiheitsbeweise aus Gründen interner Mängel als unzulänglich zurück. Zum anderen zieht sie, jeweils in bezug auf bestimmte Situationen und mit Hinweis auf bestimmte biographische Hintergründe straffälliger Personen, empirisch-psychologische Evidenzen heran, die es als zumindest zweifelhaft erscheinen lassen sollen, dass diese Personen frei gehandelt hätten. Über zwei weitere – beweistheoretisch ihrerseits allerdings zweifelhafte – Zwischenschritte gelangt Position *B* von den empirisch-psychologischen Evidenzen schließlich zum Determinismus. Der erste Zwischenschritt lautet: Wenn in einigen Fällen Willensfreiheit zweifelhaft ist, dann ist sie es in allen Fällen. Willensfreiheit muss daher als unbeweisbar gelten. Der zweite Zwischenschritt lautet: Wenn Willensfreiheit nicht beweisbar ist, dann muss der Determinismus als wahr gelten (oder zumindest als die überzeugendere Theorie).
Obwohl die Position *B* (contra Willensfreiheit, pro Determinismus) die Gegenthese zur Position *A* (pro Willensfreiheit) vertritt, akzeptiert sie *dieselbe Grundprämisse*. Diese besagt, dass eine Entscheidung in der Frage, ob Menschen über Willensfreiheit im metaphysischen Sinne nicht-naturkausal determinierter Willensbestimmung verfügen, ausschlaggebend sei für die Legitimation strafrechtlicher Zurechnung. Nach der Auffassung der Vertreter der Pro-Willensfreiheit-Position ist mit dem entsprechenden Freiheitsbeweis auch die wesentliche Legitimationsvoraussetzung für strafrechtliche Zurechnung erfüllt. Nach der Auffassung der Vertreter der Contra-Willensfreiheit-Position hingegen muss das Scheitern von Freiheitsbeweisen in Verbindung mit empirischen Indizien zugunsten des Determinismus zur Ablehnung der strafrechtlichen Zurechnungspraxis führen.

6. Sind alle Freiheitsbeweise unzulänglich?

Nach Ulrich Pothast (1980) ist bis heute kein schlüssiger philosophischer Beweis zugunsten der Annahme von Willensfreiheit geführt worden. Auch Welzels „finale Handlungslehre", an der Pothast gezielt die Rechtfertigungsfunktion des Freiheitsbegriffs in neueren Straftheorien untersucht (Pothast 1980, 315-359), stelle keinen Freiheitsbegriff zur Verfügung, der „es erlaubt, Personen für ihre Handlungen verantwortlich zu machen und die positiven wie negativen sozialen

Reaktionen zu rechtfertigen, die faktisch verhängt werden" (Pothast 1980, 20). Zu gewichtig seien die durch die Theorien nicht ausgeräumten empirischen (psychologischen, soziologischen, kriminologischen) Indizien, die eher für einen Determinismus als für Willensfreiheit sprächen.

Aus diesem Befund schließt Pothast nun auf die Illegitimität unserer gängigen strafrechtlichen Zurechnungspraxis. Ohne einen schlüssigen philosophischen Freiheitsbeweis, der den empirischen Indizien für den Determinismus argumentativ wirkungsvoll begegnen kann, müsse von Strafe abgesehen und bestenfalls auf Therapie gesetzt werden. Gegen diesen Schluss sind mehrere Einwände möglich. Hier seien nur zwei genannt. Zum einen entbindet die Umstellung von Strafe auf Therapie keineswegs von der Freiheitsfrage, sondern verschärft sie nur. Denn während die Strafe, abgesehen von grundlegenden Vorbehalten gegen ihre Legitimierbarkeit wie auch abgesehen von zahlreichen Bedenken gegen die gegenwärtige Strafvollzugspraxis, sich an die Straftäter als Autoren von Handlungsregeln und als Adressaten von als gültig ausgewiesenen Normen wendet, behandelt sie die Therapie als einen gestörten Mechanismus oder Organismus, der durch medizinische Einwirkung wieder funkionstüchtig gemacht wird. Während Strafe also, so idealisierend das klingen mag, Personen *Freiheit zuspricht*, und zwar gerade nicht nur retrospektiv mit Bezug auf vergangene (vorwerfbare) Handlungen, sondern auch *prospektiv* mit Bezug auf die Fähigkeit der Selbstbestimmung zu künftigem normativ richtigen Handeln, spricht Therapie als verordnetes kausales Einwirken auf die Verhaltensdispositionen ihren Patienten Freiheit in einem relevanten Sinne und Ausmaß gerade *ab*.

Zum anderen beruht Pothasts Schlussfolgerung auf der (wiederum fraglichen) Unterstellung, der Determinismus sei anhand einiger empirischer Indizien zu beweisen oder doch zumindest so gut abzustützen, dass mit ihm wie mit einer bewiesenen These argumentiert werden könne. Die Beweisbarkeit des Determinismus wird aber ihrerseits mit guten Gründen bestritten. Spätestens seit David Humes kritischer Analyse des Kausalbegriffs, der „Vorstellung notwendiger Verknüpfung" (Hume, sect. VII: „Of the Idea of Necessary Connexion"), wissen wir, dass aus empirischen Indizien (induktiv) keine *Kausalaussagen* abgeleitet werden können. Noch viel weniger können wir das *Kausalprinzip*, also die These, dass alles, was geschieht, durchgängig naturkausal-gesetzmäßig bestimmt ist, aufgrund empirischer Indizien beweisen. Nach Gerhard Seel (1993) können aus prinzipiellen Gründen *weder* metaphysische Willensfreiheit *noch* der Determinismus, der ebenfalls eine metaphysische Position ist, bewiesen werden.[1] Angesichts dieser beweistheoretischen Situation sollte nicht nur die (vermeintliche) vollständige Disjunktion von Position *A* und Position *B* aufgegeben, sondern auch die Problemstellung selbst revidiert werden. Die *rechtsphilosophi-*

[1] Davon wird im übrigen auch im Strafrecht ausgegangen. Neben den bereits genannten und den im folgenden herangezogenen Autoren, vgl. auch Stratenwerth 1981, Rn. 11.

sche Aufgabenstellung kann nur darin bestehen, die Frage der Legitimation strafrechtlicher Zurechnung hinsichtlich der unterstellten Begriffe von Freiheit und Schuld gerade unter Verzicht auf einen Beweis von Willensfreiheit oder Determinismus anzugehen.

7. Das doppelte Defizit der Pro-Contra-Willensfreiheit-Debatte im Hinblick auf eine Legitimation strafrechtlicher Zurechnung

Der Willensfreiheits-Kontroverse, wie sie oben skizziert ist, leidet an einem doppelten Defizit, wenn es darum gehen soll, strafrechtliche Zurechnung hinsichtlich ihrer Präsuppositionen zu legitimieren. Zum einen engt die vereinfachte Opposition „Pro/Contra Willensfreiheit" die Strafpraxis auf die Perspektive des *autoritären Souveräns* gegenüber Staatsbürgern als *Befehlsempfängern*, als bloßen Norm*adressaten* ein. Dass diese Perspektive unserem allgemeinen Rechts- und Gerechtigkeitsverständnis jedoch unangemessen ist, lässt sich schon an unserer alltäglichen Verständigung über Gerechtigkeitsfragen ablesen. Gesetze fassen wir nicht als bloße Befehle und Strafsanktionen nicht als bloße Konditionierungsstrategien auf. In dem Maße, in dem die Debatte implizit sogar noch hinter die drei Präsuppositionen der (eingangs exponierten) Common-Sense-Moral zurückfällt, unterläuft ihr auch eine *rechtsphilosophische Verkürzung* der Freiheitsfrage. Dies führt dazu, dass die straftheoretischen Legitimationsanforderungen schon im Ansatz verfehlt werden.
Zum anderen belastet die traditionelle Debatte den Begriff freiwilligen Handelns von vornherein mit *metaphysischen* Fragen, die den in Handlungskontexten benötigten Freiwilligkeitsbegriff verzerren. Sie macht die psychologisch beschreibbare Fähigkeit zu freiwilligem Handeln als der Fähigkeit, in Kenntnis von Tatumständen ohne Zwangseinwirkung einer Norm entsprechend zu handeln, die grundsätzlich als legitim eingesehen wird, von der Existenz einer ontologisch selbständigen Dimension nicht-naturkausaler Determination und intelligibler Selbstbestimmung abhängig. Dies ist das Manko der *metaphysischen Überfrachtung* des Freiheitsbegriffs.

8. Die These der Irrelevanz von Willensfreiheit für strafrechtliche Zurechnung

Angesichts dieser Situation kann es kaum überraschen, dass – vor allem von Juristen – die These mobilisiert wird, Theorien über Willensfreiheit seien für eine Legitimierung des Strafrechts überhaupt irrelevant. Eine repräsentative Variante dieser These stammt von Günther Jakobs. Nach Jakobs sind zum einen die Re-

geln, nach denen die „strafrechtliche Konfliktlösung durch Schuldzuschreibung und Entschuldigung" funktioniert, von der „Entscheidung des Freiheitsproblems unabhängig" (Jakobs 1982, 69). Und zum anderen *verdecke* die „Einführung der Willensfreiheit in das Strafrecht die Legitimationsprobleme des Strafrechts, statt sie zu lösen" (ebd.); man könne strafrechtliche Zurechnung nicht dadurch legitimieren, dass man die „Möglichkeit von Schuld als Folge einer Tatsächlichkeit von Willensfreiheit ausweist" (Jakobs 1982, 71; vgl. auch dens. 1993, 34; Roxin 1988, 43, 46; 1992, 42, 541-543). Die Frage der Willensfreiheit ist nach Jakobs obsolet, da die Beantwortung der entscheidenden Frage der Schuldfähigkeit unabhängig von der Kontroverse pro/contra Willensfreiheit möglich sei und vom Gesetzgeber auch entsprechend gehandhabt werde.
Jakobs geht im Anschluss an Hegel davon aus, eine Normverletzung sei eine „Aussage des Täters, die Norm gelte für die Tatsituation nicht" (Jakobs 1982, 75).[2] Das Problem der Schuld besteht dann darin zu klären: Wann dieser Aussage des Täters widersprochen werden muss, „weil die Aussage desorientierend wirkt" (Jakobs 1982, 75). Da das Strafrecht entstandenen Schaden weder reparieren noch ersetzen könne, komme es nicht auf das „rechtsgüterverletzende oder -gefährdende Faktum eines Verhaltens" an, „sondern auf seine Bedeutung als Normbruch" (ebd.).
Die Straftat wäre demnach als Stellungnahme zur Rechtsordnung zu betrachten. In der Fähigkeit zu einer solchen Stellungnahme sieht Jakobs diejenige Kompetenz, aufgrund derer „vollgültige Mitglieder" der Rechtsgemeinschaft als schuldfähig gelten können. Die Unerheblichkeit der Willensfreiheitsfrage für die Schuldfähigkeit zeige sich etwa daran, dass Deterministen und Indeterministen völlig darin übereinstimmten, dass „Kinder und Geisteskranke ungleich und deshalb unmaßgeblich" seien (ebd.). Grund von Schuldfähigkeit sei nicht Willensfreiheit, sondern „Gleichheit in der Vernunft" (ebd.). Hierin liege der „heute noch richtige Kern" von Hegels These, dass mit der Strafe der „Verbrecher als Vernünftiges *geehrt*" werde (Hegel, § 100).
Die für die Strafrechtsschuld relevante Freiheit ist nach Jakobs einzig der durch das Strafrecht „normativ bestimmte Freiraum", in dem es für den Täter die „Wahl der Organisationsalternative" gibt. Ist der Täter an einer solchen Wahl „nicht in rechtlich relevanter Weise gehindert", so steht ihm die „Alternative in diesem Sinne frei" (Jakobs 1982, 81). Die von vornherein *rechtlich-normative* Deutung von Alternativen-Freiräumen geht bei Jakobs einher mit der Funktionsbestimmung des Strafrechts, das Überdauern des staatlichen und gesellschaftlichen Systems zu ermöglichen (Jakobs 1982, 74).[3]

[2] Zu Hegels Philosophie des Strafrechts vgl. Mohr 1997; 2004.

[3] In einer neueren, rechtsphilosophischen Abhandlung spricht Jakobs von der „Wirklichkeit der Gesellschaft" als „Wirklichkeit von Normen". Personen sind Funktionen von Gesellschaft bzw. Normen. Schuldzurechnung „korrespondiert erwarteter Selbststeuerung". Dadurch dass

Von den zahlreichen kritischen Punkten der Position von Jakobs möchte ich hier einen herausstellen, der mir für die Einschätzung dieser Position wesentlich scheint: seine undifferenzierte und unbestimmte Verwendung des Freiheitsbegriffs. Zum einen identifiziert er Willensfreiheit mit der Indifferenz des Indeterminismus, die eine Grundlosigkeit und also Beliebigkeit der Wahl ist. Zum anderen identifiziert er Freiheit mit der durch Rechtsnormen vorgegebenen Alternative zwischen Befolgung und Verletzung der Norm. Die von ihm als schuldbegründend unterstellte Kompetenz der Normgeltungsstellungnahme reduziert sich dabei auf die Bereitschaft zum Rechtsgehorsam, denn eine negative Stellungnahme soll ja im Sinne der übergeordneten Stabilisierungsfunktion des Strafrechts mit einer Sanktion beantwortet werden. Obwohl die Kompetenz zur Geltungsstellungnahme das positiv-qualifizierende Merkmal eines „vollgültigen Mitglieds“ einer Rechtsgemeinschaft sein soll, wird gar nicht die Ausübung dieser Kompetenz der Geltungs-*Stellungnahme* gebilligt, sondern nur die Geltungs-*Bejahung*, d.h. Rechtsgehorsam gefordert. Jakobs' Eliminierung der Willensfreiheit aus der Strafrechtsbegründung macht aus dem Strafrecht bloße Befehle. Dies scheint mir für ein demokratisch-rechtsstaatlich verfasstes Strafrecht ein unangemessenes Ergebnis zu sein.

Eine im Grundsatz, was die Behauptung der Irrelevanz einer Metaphysik der Willensfreiheit für die Legitimation strafrechtlicher Zurechnung betrifft, mit Jakobs übereinstimmende, darüber jedoch konstruktiv auch hinausgehende Position vertritt Claus Roxin (1988). Ihm zufolge ist der „Streit um die *Willensfreiheit* [...] für das Strafrecht unerheblich“, da es dort nicht um die Frage gehe, „ob die Willensentschlüsse des Menschen durch kausale Zwänge vollständig oder nur in eingeschränktem Maße determiniert sind“. Vielmehr gehe es um die

> „*rechtspolitische Forderung*, daß der Staat seine Bürger *als freie*, der selbständigen Entscheidung und ihrer Verantwortung fähige Bürger zu *behandeln* habe“ (Roxin 1988, 46).

Roxins Vorschlag kommt dem Rechtfertigungsstandard moderner demokratischer Rechtsstaaten, deren impliziter Moral der reziproken Anerkennung Freier und Gleicher sowie dem für diese charakteristischen Selbstverständnis von Personen näher als Jakobs. Zwar muss Jakobs' These auch als Reaktion auf die aus rechtsphilosophischer Sicht unbefriedigende Debatte über Willensfreiheit verstanden werden. Aber auch diese These ist der Sachlage nicht angemessen. Zwar leidet die auf die Opposition Pro/Contra Willensfreiheit reduzierte Fragestellung an einer begrifflichen Verengung. Aber daraus darf nicht geschlossen werden, jeder Freiheitsbegriff sei aus der Strafrechtslegitimation insgesamt eliminierbar. Dies widerspräche dem Selbstverständnis des modernen Strafrechts, das sich

dem „normbrechenden Täter Interaktionsmittel weggenommen werden“, wird die „durch den Normbruch unveränderte Wirklichkeit der Gesellschaft festgestellt“ (Jakobs 1999, 126.; vgl. auch 51 ff., 80 ff., 98 ff.).

dem rechtstaatlichen Rechtfertigungsgebot von Institutionen und ihrer Normen verpflichtet. Eine Reduktion des Strafrechts auf Systemstabilisierung, die Jakobs zu befürworten scheint, führt zu Verkürzungen im Verständnis der Legitimationsanforderungen, wie sie das geltende Strafrecht faktisch akzeptiert. Es muss mindestens an der postulativen Deutung von Freiheit, wie Roxin sie vorschlägt, als Minimalbedingung für eine adäquate Legitimationstheorie festgehalten werden.

9. Welche Freiheit braucht das Strafrecht?

Wenn weder metaphysische Beweise von Willensfreiheit oder Determinismus zu haben sind noch die Irrelevanzthese akzeptabel ist, bleibt ein Weg noch offen, den ich als „rekonstruktive" Philosophie bezeichnen möchte. Diese verzichtet auf Metaphysik und beschränkt sich auf die Analyse von Präsuppositionen etablierter Moral- und Rechtskulturen.[4] Für die vorliegende Problemstellung heißt dies, dass die Frage der Legitimation strafrechtlicher Zurechnung immer im Rückbezug auf das zugrundeliegende Moral- und Rechtsverständnis zu stellen ist. In unserem Kulturraum und unserer Epoche ist dies der demokratische Rechts- und Verfassungsstaat. Die Prinzipien des Strafrechts müssen sich daher insgesamt auf Prinzipien des demokratischen Verfassungsstaates beziehen lassen. Dies methodisch vorausgeschickt, komme ich zur Beantwortung der hier leitenden Frage: *Welche* Freiheit braucht das Strafrecht? Meine Antwort lautet: Es braucht *zwei* Freiheitsbegriffe, die jeweils verschiedene Legitimationsaspekte betreffen. Beide Freiheitsbegriffe grenzen sich sowohl gegen den bloßen Indeterminismus als auch gegen einen metaphysisch belasteten Begriff nicht-naturkausaler Determination ab.[5]

Zum einen verwendet der strafrechtliche Zurechnungsdiskurs einen *aristotelischen* Begriff *freiwilligen Handelns*. Wie unsere alltäglichen moralischen Standards unterstellt auch die strafrechtliche Zurechnung prinzipiell die Fähigkeit, ohne Einwirkung von Zwang, in Kenntnis von Normen sowie im Wissen um die

---

[4] Zum Begriff der Rechtskultur, vgl. Mohr 1998 und 2001. Zum Zusammenhang von Menschenrechtskultur und Moral reziproker Anerkennung, vgl. Mohr 2000.

[5] In einem sehr allgemeinen, schwachen oder „dünnen" Sinn von Metaphysik ist Handeln *per se* etwas Metaphysisches. Die Semantik des Handlungsbegriffs impliziert ja in irgendeiner (wie auch immer schwachen) Form die Annahme, dass Handeln etwas anderes ist als bloßes physikalisches Sich-Ereignen (darauf nicht reduzierbar ist). Wer *jeden* Sinn von Willensfreiheit leugnet, muss den Handlungsbegriff aus seinem Vokabular streichen. Allerdings ist dann auch völlig unklar, welchen Sinn überhaupt ein solcher Vorschlag und daraus eventuell abgeleitete sozialreformerische Initiativen haben sollten, die ja ihrerseits die Möglichkeit rationalen und freiwilligen sozialen Handelns zur Voraussetzung hätten. Abgesehen davon, dass der Determinismus selbst Metaphysik wäre, ist er nicht konsistent formulierbar.

Situation und die Folgen zu handeln (s. oben 1. und 3.). Zum anderen benötigt die Legitimation der *Institution* der Strafe einen *rousseauschen* Begriff von *Willensfreiheit*. Dieser ist im Zusammenhang des von Rousseau eingeführten und seither für die politische Philosophie und das Selbstverständnis des demokratischen Rechtsstaats grundlegenden Prinzips der Volkssouveränität zu verstehen (vgl. Rousseau 1762). Für dieses Prinzip wesentlich ist die *Identität* von *Normadressat* und *Normautor*. Die Adressaten von Rechtsnormen sind zugleich auch die Autoren dieser Normen. Staatsbürger sind keine Befehlsempfänger, sondern selbst Gestalter ihrer Rechtsordnung. Sie sind selbst die Moral- und Rechtsbildner. Der Anspruch der Identität von Normadressat und Normautor wird dadurch umgesetzt, dass der Gesetzgeber eines demokratischen Rechtsstaats sich als Repräsentant eines allgemeinen Volkswillens versteht, der den Willen der Bürger als Bürger repräsentiert. Diese Konstellation und insbesondere die *Doppelrolle* des Staatsbürgers als Normadressat und als Normautor ist wesentlich für eine Klärung der Legitimationsanforderungen an das Strafrecht, denn die Prinzipien des Strafrechts müssen sich aus Prinzipien des demokratischen Rechtsstaats insgesamt begründen lassen.

Die beiden Freiheitsbegriffe sind jeweils auf die Perspektive des Normadressaten und des Normautoren zu beziehen. Seitens des *Normadressaten* setzt die strafrechtliche Zurechnung den aristotelischen Begriff *freiwilligen Handelns* voraus. Die strafrechtliche Zurechnung kann und muss sich hier damit begnügen, die Freiwilligkeit anhand *empirisch-psychologischer* Indizien festzustellen und so Verbotsirrtum, Tatbestandsirrtum und Schuldunfähigkeit auszuschließen bzw. angemessen in Rechnung zu stellen. Allerdings haben die durch empirische Indizien gestützten Freiwilligkeitszuschreibungen lediglich einen Wahrscheinlichkeitswert. Sie können nicht mehr als alles in allem gut begründete Vermutungen sein. Solche indiziengeleiteten, empirischen Feststellungen können keinen positiven Beweis der Freiheit der individuellen Person zur Tatzeit erbringen, aber sie können – negativ und sozialvergleichend – die Abwesenheit von Einschränkungen (biographischer oder situativer Art) feststellen (vgl. etwa Stratenwerth 1981, Rn. 193, 513; Jescheck/Weigend, 409 f., 412).[6] Wer dies philosophisch für unzulänglich erachtet, sollte jedoch nicht übersehen, dass das gesamte gesellschaftliche Leben auf solchen Vermutungen basiert. Die Erlaubnis, ein Fahrzeug zu führen, die Befugnis, ein Richteramt auszuüben, die Approbation einer Ärztin – dies alles wird ausschließlich aufgrund der Anwendung solcher mehr oder weniger bewährten empirischen Indizien erteilt. Es kann hier nicht die Aufgabe sein, solche Indizien kriteriell zu bestimmen. Es genügt festzustel-

[6] Schon Franz von Liszt fordert, dass die „Lehre von der strafrechtlichen Schuldfähigkeit ihr Schwergewicht in der Darstellung derjenigen Zustände finden" müsse, „welche *ausnahmsweise* die Zurechnungsfähigkeit als *ausgeschlossen* erscheinen lassen" (Liszt, 141; zit. nach Stratenwerth 1977, 12 f.).

len, dass an diesem Vorgang, Verantwortung aufgrund empirischer (und also fallibler) Indizien zuzuschreiben, nichts Außergewöhnliches ist. Es ist ein grundlegender und die Gesellschaft insgesamt tragender Vorgang. Die strafrechtliche Praxis mit ihrer Präsupposition von Willensfreiheit (hier im aristotelischen Sinne der Freiwilligkeit) ist nicht anderes als einer von vielen Typen von Anwendungsfällen derselben basalen Zuschreibungspraxis mit derselben Präsupposition.

Für den vorliegenden Zusammenhang ist nun wichtig, dass dies nicht einfach eine soziale Tatsache ist, die nur zur Kenntnis zu nehmen ist. Zweierlei ist zu berücksichtigen. Zum einen präsupponiert die Existenz von Normkulturen *notwendigerweise* Freiwilligkeit seitens der Mitglieder, weil es der Sinn von Verhaltensnormierung ist (gerade im Unterschied zu Kausalgesetzen), sich an die Rationalität von sich zum Handeln bestimmenden Normadressaten zu wenden. Und zum anderen hat diese Präsupposition von Normkulturen die Modalität einer *Aufforderung*. Das Wesentliche der Freiwilligkeit ist weniger ihre deskriptive Operationalisierbarkeit mit Hilfe empirischer Indizien, sondern ihre *Normativität*. Jede Norm enthält die Präsuppositionsnorm: Bestimme Dein Handeln gemäß dieser Norm! Die wechselseitige Unterstellung der Fähigkeit, aus Einsicht in Normgeltung selbstbestimmt zu handeln, ist wesentliches Implikat unseres Selbstverständnisses als Personen.

Damit rückt die andere Rolle (oder: Perspektive) des Teilnehmers einer Normkultur und insbesondere des Staatsbürgers im modernen Rechtsstaat in den Blick. Normadressaten werden, was die Institution der staatlichen Strafe angeht, auch als *Normautoren* angesehen. Aus der Perspektive der Normautorin muss ein Freiheitsbegriff in Anschlag gebracht werden, der die Wahrnehmung der Funktion sozialer Normerzeugung betrifft, die sich am formalen Kriterium der Allgemeingültigkeit und am materialen Kriterium des Gemeinwohls orientiert. Der Wille der Normautorin muss in dem Sinn frei sein, dass sie qualitativ anderen Richtlinien als bloß ihren jeweils eigenen subjektiven Präferenzen zustimmen kann. Sie muss als Individuum sich von ihrem besonderen Willen „freimachen" können, um das, was unter dem Gesichtspunkt des allgemeinen Willens vorzuziehen ist, auch ihrerseits *wollen* zu können. Diese Fähigkeit, etwas nicht allein um ihres eigenen Vorteils und ihrer eigenen längerfristigen Perspektiven willen, sondern aufgrund der Orientierung an der Idee allgemeiner rechtspolitischer Vernünftigkeit zu wollen, ist Freiheit im rechtsphilosophisch relevanten Sinn. Sie ist eine Freiheit zu wollen: *Willensfreiheit*.

Für diesen Sinn von Willensfreiheit ist ausschlaggebend, dass er den Freiheitsbegriff mit der Idee der Selbstgesetzgebung in Verbindung bringt, ihn dadurch sogar definiert. Der „Gehorsam gegen das selbstgegebene Gesetz ist Freiheit", schreibt Rousseau im *Contrat social* und belegt diesen Freiheitsbegriff mit dem Ausdruck „liberté morale" (vgl. Rousseau, livre I, chap. VIII: „l'obéissance à la loi qu'on s'est préscritte est liberté"). Diesen freiheitstheoretisch entscheidenden Grundgedanken greift Kant auf und entwickelt ihn im Zusammenhang einer umfassenden Theorie der praktischen Vernunft. Auf deren Grundlage führt Kant in der *Rechtslehre* der *Metaphysik der Sitten* den Begriff der „gesetzlichen Freiheit" ein, der offensichtlich eine Resonanz auf Rousseau ist. Er bezeichnet die Forderung, „keinem anderen Gesetz zu gehorchen, als zu welchem er [der Staatsbürger, *civis*] seine Beistimmung gegeben hat" (Kant AA VI, 314). Diese Forderung ist nicht einfach ein philosophisches Abbild der entstehenden bürgerlichen Gesellschaft, sondern Kant plädiert, umgekehrt, mit Rousseau für eine bürgerliche Verfassung, weil diese der vernunfttheoretischen Grundverfassung menschlicher Personen adäquat ist. Freiheit als Autonomie ist nicht nur Spezifikum der bürgerlichen Gesellschaft, sondern Grundbestimmung menschlicher Personen. Freiheit ist Autonomie. Das Wesen der Vernunft ist Selbstgesetzgebung. Nur von einem solchen, normativen Sinn von Freiheit können wir etwas wissen. Freiheit ist nichts deskriptiv Zugängliches, sondern normative Präsupposition der Selbstgesetzgebung von Personen als vernunftbegabten Wesen.

Mit der Differenzierung des Freiheitsbegriffs kann man insbesondere der Identität von Normadressat und Normautor und somit auch den rechtsphilosophischen Grundlagen des modernen demokratischen Rechtsstaats freiheitstheoretisch gerecht werden. Nur so kann dem doppelten rechtsphilosophischen Manko (das zugleich ein doppelter historischer Anachronismus ist) der oben skizzierten vereinfachten Opposition „Pro/Contra Willensfreiheit" begegnet werden. Der Verengung der Strafpraxis auf die Perspektive des autoritären Souveräns gegen seine Normadressaten wird begegnet durch die ergänzende Einführung eines Freiheitsbegriffs, der auf die Funktion der Staatsbürgerin als Normautorin bezogen wird. Der metaphysischen Überfrachtung des Freiheitsbegriffs mit ontologischen Annahmen wird dadurch begegnet, dass in bezug auf die Zurechnung die im weiteren Sinn empirische Feststellung der Freiwilligkeit einer Handlung als zureichend betrachtet wird und weitergehende Fragen nach einer umfassenderen freiheitstheoretischen Legitimierung des Strafrechts als Institution nicht weiter an die Philosophie des Geistes delegiert werden. Freiheit ist rechtsphilosophisch als Präsupposition von Normkulturen zu rekonstruieren.[7] Allerdings soll, wenn im vorliegenden Zusammenhang auf Rousseaus und Kants Konzeption von Freiheit als Autonomie im Rahmen ihrer Theorie der bürgerlichen Gesellschaft zurückgegriffen wird, damit keineswegs unterstellt werden, der Zurechnungs*begriff* lasse sich überhaupt *nur* unter den Voraussetzungen des demokratischen

[7] Das ist etwas anderes, als – wie Stratenwerth (1981, 17) in kritischer Absicht schreibt – den Umstand, dass „*andere* daran glauben", also eine „landläufige Überzeugung", als zulängliche Rechtfertigung hinzunehmen. Stratenwerth zieht allerdings die hier intendierte Präsuppositionstheorie nicht in Betracht. Vgl. auch Stratenwerths Auseinandersetzung mit Kohlrauschs These von der Willensfreiheit als „staatsnotwendiger Fiktion" (Stratenwerth 1984).

Rechtsstaats rational explizieren.[8] Es spricht aber einiges dafür, dass ein rechtsstaatliches Strafrecht den Freiheitspräsuppositionen der im moralischen Alltag von Personen verankerten Zurechnungspraxis und den damit verknüpften Rechtfertigungsansprüchen eher zu entsprechen vermag als autoritäre Sanktionsordnungen.

Literatur:

Aristoteles: Nikomachische Ethik, Hamburg 1972.

Günther, K.: Möglichkeiten einer diskursethischen Begründung des Strafrechts, in: *H. Jung* u.a. (Hg.), Recht und Moral. Beiträge zu einer Standortbestimmung, Baden-Baden 1991, S. 205-217.

Günther, K.: Individuelle Zurechnung im demokratischen Verfassungsstaat, in: Jahrbuch für Recht und Ethik 2 (1994), S. 143-157.

Hegel, G. W. F.: Grundlinien der Philosophie des Rechts oder Naturrecht und Staatswissenschaft im Grundrisse, 1820, in: Werke in zwanzig Bänden, Band 7, Frankfurt/M 1976.

Hruschka, J.: Verhaltensregeln und Zurechnungsregeln, in: Rechtstheorie 22 (1991), S. 449-460.

Hume, D.: Enquiry concerning Human Understanding, 1748, Neudruck Oxford 1975.

Jakobs, G.: Strafrechtliche Schuld ohne Willensfreiheit?, in: *D. Henrich* (Hg.), Aspekte der Freiheit. Vortragsreihe der Universität Regensburg, Regensburg 1982, S. 69-83.

Jakobs, G.: Strafrecht. Allgemeiner Teil. Die Grundlagen und die Zurechnungslehre, 2. Aufl., Berlin/New York 1991.

Jakobs, G.: Das Schuldprinzip, Opladen 1993.

Jakobs, G.: Norm, Person, Gesellschaft. Vorüberlegungen zu einer Rechtsphilosophie, Berlin 1999.

Jescheck, H.-J./Weigend, T.: Lehrbuch des Strafrechts. Allgemeiner Teil, 5. Aufl., Berlin 1996.

Kant, I.: Die Metaphysik der Sitten, in: Kants gesammelte Schriften, hg. v. d. Königlich Preußischen Akademie der Wissenschaften. Erste Abteilung, Band 6, Berlin 1907, S. 203-493.

Liszt, F. v.: Lehrbuch des Deutschen Strafrechts, 10. Aufl., Berlin 1900.

Mohr, G.: Unrecht und Strafe, in: *L. Siep* (Hg.), G. W. F. Hegel: Grundlinien der Philosophie des Rechts, Berlin 1997, S. 95-124.

[8] Zum Zusammenhang von Legitimation des Rechts und Zurechnung im demokratischen Rechtsstaat, vgl. Günther 1994, der eingangs auch auf die wichtige Unterscheidung zwischen Verhaltensregeln und Zurechnungsregeln in Hruschka 1991 eingeht.

Mohr, G.: Zum Begriff der Rechtskultur, in: *W. Goldschmidt* (Hg.), Kulturen des Rechts, Hamburg 1998, S. 9-29.

Mohr, G.: Menschenrechte, demokratische Rechtskultur und Pluralismus, in: *M. Plümacher, V. Schürmann, S. Freudenberger* (Hg.), Herausforderung Pluralismus, Festschrift für H. J. Sandkühler, Frankfurt/M 2000, S. 315-326.

Mohr, G.: Das Stichwort: Rechtskultur, in: Information Philosophie, Heft 3, August 2001, S. 40-44.

Mohr, G.: Recht als Anerkennung und Strafe als ‚Abbüßung'. Trifft Hegels Kritik der Präventionstheorie Fichtes Begründung der ‚peinlichen Gesetzgebung'?", in: *B. Merker, G. Mohr, M. Quante* (Hg.), Subjektivität und Anerkennung, Paderborn 2004, S. 243-270.

Naucke, W.: Strafrecht. Eine Einführung, 4. Aufl., Frankfurt/M 1982.

Pothast, U.: Die Unzulänglichkeit der Freiheitsbeweise. Zu einigen Lehrstücken aus der neueren Geschichte von Philosophie und Recht, Frankfurt/M 1980.

Pothast, U.: Schwierigkeiten bei der Rechtfertigung des Strafrechts, in: Studia Philosophica 44 (1985), S. 171-181.

Reid, T.: An Inquiry into the Human Mind on the Principles of Common Sense, 1764, Critical Edition by *D. R. Brookes*, Edinburgh, 2000.

Reid, T.: Essays on the Active Powers of Man, Auszüge in: Thomas Reid's Inquiry and Essays, ed. *R. E. Beanblossom* and *Keith Lehrer*, Indianapolis 1999, S. 297–368.

Rousseau, J.-J.: Du contrat social; ou, Principes du droit politique, 1762, in: Oeuvres complètes, Vol. III, Paris 1964 (Bibliothèque de la Pléiade), S. 347-470; dt. Vom Gesellschaftsvertrag oder Grundsätze des Staatsrechts, übs. v. H. Brockard u. E. Pietzker, Stuttgart 1994.

Roxin, C.: „Gedanken zur Problematik der Zurechnung im Strafrecht" (1970), in: ders., Strafrechtliche Grundlagenprobleme. Berlin/ New York 1973, S. 123-146.

Roxin, C.: Der Allgemeine Teil des materiellen Strafrechts, in: *C. Roxin/G. Arzt/K. Tiedemann* (Hg.), Einführung in das Strafrecht und Strafprozeßrecht, Heidelberg 1988, S. 1-68.

Roxin, C.: Strafrecht. Allgemeiner Teil. Band 1: Grundlagen – Der Aufbau der Verbrechenslehre, München 1992.

Seel, G. : Peut-on démontrer la prédétermination de l'avenir?, in: *Alonso, L. G./ Moutsopoulos, A./ Seel, G.* (Hg.), L'art, la science et la métaphysique. Festschrift für André Mercier, Bern u.a. 1993, S. 371ff.

Stratenwerth, G.: Die Zukunft des strafrechtlichen Schuldprinzips, Heidelberg u. Karlsruhe 1977.

Stratenwerth, G.: Strafrecht. Allgemeiner Teil I: Die Straftat, 3. Aufl., Köln/Berlin/Bonn/München 1981.

Stratenwerth, G.: Willensfreiheit – eine staatsnotwendige Fiktion?, in: Schweizerische Zeitschrift für Strafrecht 101 (1984), S. 225 ff.

Strawson, P. F.: On Referring, in: ders.: Logico-Linguistic Papers, London: Methuen, 1974 (1. Aufl. 1971), S. 1-27; dt.: Über Referenz, in: *U. Wolf* (Hg.), Eigennamen. Dokumentation einer Kontroverse, Frankfurt/M 1974, S. 94-126.

Strawson, P. F.: Freedom and Resentment, in: Proceedings of the British Academy 48 (1962); dt.: Freiheit und Übelnehmen, in: *U. Pothast* (Hg.), Seminar: Freies Handeln und Determinismus, Frankfurt/M. 1978, S. 201-233.

Strawson, P. F.: Skepticism and Naturalism: Some Varieties, London (Woodbridge Lectures, Columbia University, April 1983); dt.: Skeptizismus und Naturalismus, Frankfurt/M 1987.

Tugendhat, E.: Vorlesungen über Ethik, Frankfurt/M 1993.

Welzel, H.: Strafrecht und Philosophie, in: Kölner Universitätszeitung 12 (1930) Nr. 9, S. 5 ff., neu abgedruckt in: *Welzel*, Abhandlungen zum Strafrecht und zur Rechtsphilosophie, Berlin und New York 1975, S. 1-6.

Welzel, H.: Das Deutsche Strafrecht. Eine systematische Darstellung, 11. Aufl., Berlin 1969.

Alexander Aichele

Grüße von Sam. Zum Verhältnis von Zurechnungsfähigkeit und Menschheitsbegriff am Paradigma der Rechtsphilosophie Kants

Die vordringlichste Aufgabe am Anfang dieser Überlegungen scheint mir die Klärung ihrer etwas eigenartigen Überschrift zu sein. Ich unterziehe mich ihr umgehend und möchte dabei zugleich einem möglichen Missverständnis vorbeugen und auf eine möglichen anderen, vielleicht aktuelleren Titel hinweisen, die die folgenden Überlegungen hätten genauso haben können.
Jener Sam, von dem in der Überschrift die Rede ist, hielt in den 1970er Jahren im New Yorker Stadtteil La Rochelle einen großen schwarzen Hund, genaugenommen einen Labrador. Dieser Sachverhalt ist freilich allein so unspektakulär wie möglich und für unser Thema ohne jegliches Interesse. Von Interesse ist hingegen der Umstand, dass ein Nachbar jenes Sam Carr, der unauffällige und bescheidene Postangestellte David Berkowitz, nach seiner Verhaftung wegen siebenfachen Mordes und ebenso häufigen Mordversuchs im August 1977 angab, er hätte seine Taten unter dem Zwang eines Dämons begangen, der eben jenen Labrador seines Nachbarn bewohnte; was Berkowitz auch dazu veranlasste, während seiner Mordserie, die vom Sommer 1976 bis zum folgenden Sommer andauerte, unter dem Namen „Son of Sam" bzw. „Sam's Creature" mehrfach Kontakt mit Presse und Polizei aufzunehmen. Berkowitz wurde unter Anerkennung seiner verminderten Schuldfähigkeit aufgrund verschiedener psychischer Störungen zu einer Freiheitsstrafe von 365 Jahren verurteilt, um einer vorzeitigen Entlassung aus der Haft vorzubeugen, wo er nach seiner Konversion zum Christentum seit geraumer Zeit unter dem Namen „Son of Hope" Pamphlete und Videos religiösen Inhalts verfasst, die unschwer via Internet erworben werden können.
Indes soll im folgenden weder auf mögliche Inkohärenzen der U-S-amerikanischen Rechtspraxis hingewiesen noch eine kasuistische Analyse des erwähnten Falles geliefert werden: Beides gehörte nicht in das Feld einer philosophischen Untersuchung (vgl. Oberer 1982, 418, oder Russell 1988, 183ff). Vielmehr soll der angeführte Fall und seine richterliche Würdigung zum Anlass genommen werden, den begrifflichen Hintergrund einer nicht unpopulären Umgangsweise, oder besser: Umgangsaufforderung zu beleuchten, die sich sowohl an dem angeführten Urteil wie auch an einem durch eine Schlagzeile einer großen Boulevardzeitung überlieferten Zitat eines derzeit prominenten deutschen Politikers zur juristischen Würdigung eines sexuell devianten Kindesmörders zeigt. Das Zitat, das in der Tat auch die Gelegenheitsursache für die folgenden Erwägungen darstellt, lautet: „Wegsperren – und zwar für immer!" Diese ebenso knappe

wie pauschalisierende Aufforderung zur endgültigen Entfernung bestimmter Straftäter aus der Gesellschaft unter Umgehung der Todesstrafe hätte füglich ebenso den Titel meines Beitrages abgeben können. Denn es scheint sich hinter dem Ausdruck „wegsperren", wie unreflektiert auch immer, eine Auffassung zu verbergen, die sich in systematischer Klarheit an der Rechtsphilosophie Kants darstellen lässt, ohne sich indes dabei einer anachronistischen Vorgehensweise schuldig zu machen.

Denn dass sich Kant allerdings zum einen darüber klar war, dass ein vorübergehender oder dauerhafter teilweiser oder ganzer Verlust der Zurechnungsfähigkeit durchaus psychopathologische Ursachen haben kann, zeigt schon seine Einteilung der „Gebrechen des Kopfes" in seinem frühen *Versuch über die Krankheiten des Kopfes* anhand der Weisen, in denen die Öffentlichkeit auf die jeweiligen Schädigungen eines betroffenen Individuums reagiert. Kant setzt deren drei an: Zum ersten diejenigen, „welche verachtet und gehöhnet werden", zum zweiten diejenigen, „die man gemeiniglich mit Mitleiden ansiehet" – welche aber „die freie bürgerliche Gemeinschaft nicht aufheben" – und schließlich diejenigen, die ebendies tun und deren sich deswegen „die obrigkeitliche Vorsorge annimmt und um welcher willen sie Verfügungen macht" (WA II, 892).[1] Dass damit nicht nur Fürsorge-, sondern auch Sicherungsmaßnahmen gemeint sein können, erhellt aus Kants Problematisierung der Urteilskompetenz des Richters im Falle eines an sich strafbewehrten Vergehens, bei dem im Zuge der Schuldfeststellung „es auf die Frage ankommt: ob der Gemütszustand des Täters Verrückung, oder mit gesundem Verstande gewonnene Entschließung gewesen sei" (*Anthropologie in pragmatischer Hinsicht* [=ApH], WA XII, 528f). Geistesgestörte Straftäter waren mithin für Kant nichts Außergewöhnliches. Zum anderen dürfte ihm ebenso – schon wenn man bedenkt, dass den größten Anteil an dem im 18. Jahrhundert höchst beliebten *Causes Célèbres* der Natur der Sache gemäß möglichst spektakuläre Morde und Sexualverbrechen ausmachten (vgl. Lüsebrink 1983, 113 ff.) – bekannt gewesen sein, dass auch und gerade hier mitunter Taten von außerordentlicher Schwere auftraten, die gleichsam den ehernen Bestand der zeitgenössischen Pitavals ausmachten und durchaus dem eingangs angeführten Fall vergleichbar sind. Zwar wurden die entsprechenden Delinquenten freilich nicht als Serienmörder tituliert, sondern bis weit ins 18. Jahrhundert üblicherweise als Werwölfe angeklagt (vgl. Russell/Russell 1978), aber ihre Vergehen fanden doch ebenso Eingang in das Bewusstsein der Öffentlichkeit, wie dies gegenwärtig der Fall ist. Als Beispiele für die große, ja europaweite Popularität solcher Mehrfachtäter seien hier nur die durch zeitgenössische Akten bzw. Flugblätter reich dokumentierten Fälle des Gilles

[1] Die veröffentlichten Werke Kants werden zitiert nach: Immanuel Kant, Werkausgabe (hg. von Wilhelm Weischedel), Frankfurt/M. 1977 u.ö. [= WA]; der Nachlass nach der Akademieausgabe [= AA]; im Original gesperrt gedruckte Passagen werden kursiviert wiedergegeben.

Garnier (s. Arrest memorable, 1574) und des Peter Stubbe oder Stumpp (s. Bores 1590; Negele 1589; dazu Lorey 2001), die sich „gereinigt vom Blödsinn des Aberglaubens“ (*Die Religion innerhalb der Grenzen der bloßen Vernunft* [= RiG], WA VIII, 761) als Extremfälle sexuell devianter multipler Mörder ansprechen lassen (vgl. Jenkins 1994, 119) – und Kant mag ähnlich gelagerte oder gar diese Fälle im Auge haben, wenn er vom Verbrechen der „Bestialität“ als einem spricht, dessen Strafe „keine Erwiderung“, d. h. keine talionische Vergeltung, zulässt (*Metaphysik der Sitten* [= MS], WA VIII, 488). Es ist daher kein Anachronismus – ein solcher könnte es bei deren objetivem Geltungsanspruch im übrigen per se nicht sein –, die kantische Theorie der Zurechnung in ihrer Begründetheit an solchen Extremfällen auf ihre Konsequenzen hin zu überprüfen.

Es geht bei diesen Konsequenzen um die von Kant vertretene Auffassung, dass unter bestimmten Voraussetzungen, die allesamt mit dem Verlust bzw. der Abwesenheit von Zurechnungsfähigkeit „bei Begehung der Tat“ im Sinne des § 20 StGB[2] zusammenhängen, ein Straftäter die Zugehörigkeit zur Menschheit als einer ‚Gattung‘ einbüßt. Oder in der Umkehrung ausgedrückt: Nur ein zurechnungsfähiges Subjekt ist in bestimmtem, grundlegendem Sinne ein Mensch. Daraus ergibt sich die schlussendlich zu stellende Frage: Was ist ein Lebewesen, das zwar biologisch der Art „Mensch“ zuzugehören scheint, aber nicht über Zurechnungsfähigkeit verfügt? Sie soll in zwei Hauptschritten am Paradigma Kants exponiert werden: Zuerst ist die Definition des Begriffes der Zurechnung zu analysieren, wie ihn Kant in der *Einleitung in die Metaphysik der Sitten* formuliert. Im zweiten Schritt soll unter Beachtung des Potentialitätscharakters der Zurechnungsfähigkeit gezeigt werden, dass gerade diese Eigenschaft für Kants Bestimmung des Gattungsbegriffes des Menschen in Absetzung von seiner biologischen Artangehörigkeit konstitutiv ist. Vor diesem Hintergrund lässt sich abschließend in aller Kürze der Sinn der Frage erweisen, was es denn bedeute, einem Menschen die Zurechnungsfähigkeit abzusprechen. Ich werde dabei der Einfachheit halber bei diesem Ausdruck bleiben und ihn nicht durch die heutzutage eher gebräuchliche Rede von „Schuldfähigkeit“ substituieren.

[2] Dieser Paragraph regelt die „Schuldunfähigkeit wegen schwerer seelischer Störungen“ und lautet vollständig: „Ohne Schuld handelt, wer bei Begehung der Tat wegen einer krankhaften seelischen Störung, wegen einer tiefgreifenden Bewusstseinsstörung oder wegen Schwachsinns oder einer schweren anderen seelischen Abartigkeit unfähig ist, das Unrecht der Tat einzusehen oder nach dieser Einsicht zu handeln.“

1. Der Begriff der Zurechnung in Kants Rechtsphilosophie

Kant definiert den Begriff der Zurechnung im vierten Kapitel der *Einleitung in die Metaphysik der Sitten* als einer „philosophia practica universalis" (MS 326). Dieses Kapitel ist der Erläuterung von Begriffen gewidmet, die „der Metaphysik der Sitten in ihren beiden Teilen gemein" (MS 327) sind, d. h. die sowohl in der Rechtslehre als auch in der Tugendlehre Gültigkeit besitzen (vgl. dazu Cattaneo 1981, 85-187). Kants Definition lautet:

> „*Zurechnung* (imputatio) in moralischer Bedeutung ist das *Urteil*, wodurch jemand als Urheber (causa libera) einer Handlung, die alsdann *Tat* (factum) heißt und unter Gesetzen steht, angesehen wird; welches, wenn es zugleich die rechtlichen Folgen aus dieser Tat bei sich führt, eine rechtskräftige (imputatio iudicaria, s. valida), sonst aber nur eine *beurteilende* Zurechnung (imputatio diiudicatoria) sein würde." (MS 334)

Bevor nun Kants Differenzierung des Zurechnungsbegriffes betrachtet werden soll, scheint es hilfreich, zunächst zu seiner Klärung in allgemeiner Hinsicht als „imputatio practica" (Refl. 7160, AA XIX) das begriffliche Umfeld ins Auge zu fassen, in welchem er hier auftritt.

Das Urteil, das die Zurechnung ausdrückt, stellt nach Kants Einteilung in formaler Hinsicht die hypothetische Relation zweier Sachverhalte in Raum und Zeit gemäß der Form des „wenn..., dann..." fest, d. h. das Verhältnis von Ursache und Wirkung, worin der Ursache zugeschrieben wird, dass sie unter den Bedingungen der Sukzession der Zeit „so etwas sei, woraus sich auf das Dasein eines anderen schließen läßt" (KrV A 243/B 301).[3] Jedoch ist dieses Urteil über ein Kausalitätsverhältnis im Falle der Zurechnung nicht in der gleichen Weise aufzufassen wie etwa die Zuschreibung der Erwärmung eines Steines als einer Wirkung zur Sonneneinstrahlung als deren Ursache. Denn das bei der Zurechnung thematische Kausalitätsurteil wird in „moralischer Bedeutung" gefällt, die sowohl den ethischen als auch den juridischen Bereich unter sich begreift (vgl. MS 318), d. h. das Urteil bezieht sich auf eine „Kausalität aus Freiheit", die „immer außer der Sinnenwelt im Intelligibelen gesucht werden muß" (KpV, WA VII, 232). Ohne nun eigens diesen „eigentlichen Stein des Anstoßes für die Philosophie" zu diskutieren, der in der „transzendentalen Idee der Freiheit" als „der absoluten Spontaneität einer Handlung, als den eigentlichen Grund der Imputabilität derselben" (KrV A 448/B 476) besteht (vgl. Kreimendahl 1998, 434), mithin ohne zu erörtern, ob Kant der Aufweis der Möglichkeit von Freiheit gelungen ist, sei dies vielmehr im Sinne des vorgelegten Problems als Fundament einer Theorie der Zurechnung zugestanden. Festzuhalten bleibt demnach in aller

[3] Zum Versuch einer Korrelierung der Kategorientafel aus der Ersten Kritik mit der Tafel der Kategorien der Freiheit vgl. den für unser Thema instruktiven Beitrag von Riedel 1989, 116-124.

Kürze, dass sich das Relat der Ursache innerhalb der Relation einer Kausalität der Natur nicht anders verhalten kann als die entsprechende Wirkung hervorzubringen, während die Ursache in der moralischen Relation der Zurechnung auch davon abstehen kann, jene Wirkung hervorzubringen (vgl. KpV 223),[4] mithin also insgenauere insofern frei ist, als dem möglichen Relat jener möglichen Kausalität, das in einer solchen die Stelle der Ursache einnähme, freisteht, überhaupt als Ursache zu wirken. Demnach hat das besondere Kausalitätsurteil, das die Zurechnung ausdrückt, die Spontaneität des Relates, das die Stelle der Ursache einnimmt, zum Gegenstand, da es aussagt, dass dies von sich aus zur Ursache geworden ist.

Eine solche von sich aus als Ursache auftretende Ursache, die es nur im Bereich des Moralischen geben kann, nennt Kant „Urheber" bzw. causa libera. Ein Urheber bringt eine Wirkung vermittels einer Aktion hervor, die „Tat" heißt und „unter Gesetzen steht". Kant definiert den Begriff „Tat" im angeführten Kapitel der *Einleitung in die Metaphysik der Sitten* wie folgt:

> „*Tat* heißt eine Handlung, sofern sie unter Gesetzen der Verbindlichkeit steht, folglich auch, sofern das Subjekt in derselben nach der Freiheit seiner Willkür betrachtet wird. Der Handelnde wird durch einen solchen Akt als *Urheber* der Wirkung betrachtet, und diese, zusamt der Handlung selbst, können ihm *zugerechnet* werden, wenn man vorher das Gesetz kennt, kraft welches auf ihnen eine Verbindlichkeit ruhet." (MS 329)

Eine Handlung ist somit dann eine Tat, wenn sie als Fall eines bestehenden, juridischen oder moralischen Gesetzes beurteilt werden kann, das unbedingt, d. h. „durch bloße Vernunft" bzw. aus Freiheit, zu seiner Befolgung nötigt, was auch für den Bereich des Rechts gilt (vgl. Höffe 1982, 344). Ohne eine entsprechende Verbindlichkeit, d. h. das Fallen einer Handlung unter ein objektiv nötigendes Gesetz, ist diese keine Tat und kann infolgedessen nicht einem Urheber zugerechnet werden.

Daraus ergibt sich als weitere Bedingung für Zurechnung die Abweichung von einer moralischen Norm, und zwar sowohl in positiver wie auch in negativer Hinsicht als Übererfüllung bzw. als Ungenügen. Kant fasst dies in einer Reflexion zur Moralphilosophie zusammen:

> „1. Was ich gutes thue, ob ich gleich nicht schuldig bin es zu thun, das kann mir imputirt werden.
>
> 2. Was ich gutes nicht thue, ob ich zwar schuldig bin es zu thun, das kan mir imputirt werden. (...)
>
> 1, Was ich gutes nicht thue und auch nicht schuldig bin es zu thun, das kann mir *nicht imputirt* werden.

[4] Vgl. zur Bedeutung von Freiheit als der Verfügungsmöglichkeit über Alternativen im Kontext des Zurechnungsbegriffes: Hruschka, 1991, 452.

2. Was ich gutes thue und auch schuldig bin es zu thun, daß kann mir (nicht) imputirt werden." (Refl. 7124, AA XIX)

Mit anderen Worten: Die bloße Erfüllung einer Pflicht ergibt nie eine Zurechnung. Entsprechend gewürdigt werden nur Übererfüllungen oder Verstöße; entweder durch Hochschätzung oder Verachtung in ethischer Hinsicht oder durch – sofern gesetzlich vorgesehen (vgl. MS 334, vgl. Hruschka 1998, 105 ff.) – durch Belohnung oder Strafe in juristischer Hinsicht. Deswegen hat der Richter auch nicht nur über den Tatcharakter einer Handlung, sondern ebenso – dies sei an dieser Stelle betont – auch über die Möglichkeit, diese dem Handelnden zur Schuld oder zum Verdienst zuzurechnen, „für sich allein" (Rasch 1999, 33) zu entscheiden.

Allein solche Handlungen, so wurde gesagt, die aus freier Willkür erfolgen, sind Taten und können zugerechnet werden. Die Freiheit der Willkür ist – wiederum unter Ausklammerung möglicher Probleme des kantischen Freiheitsbegriffes – von der transzendentalen Idee der Freiheit auf der einen Seite und dem Willen auf der anderen Seite zu unterscheiden. Besteht nämlich erstere in der Möglichkeit absoluter Spontaneität, deren Wirklichkeit theoretisch nicht begriffen und damit auch nicht bewiesen werden kann (vgl. MS 333), kann letzterer „weder frei noch unfrei genannt werden, weil er nicht auf Handlungen, sondern unmittelbar auf die Gesetzgebung für die Maxime der Handlungen (...) geht, daher auch schlechterdings notwendig und selbst keiner Nötigung fähig ist" (MS 332). Weil nun mit dem Aufweis der Möglichkeit von Freiheit überhaupt und der Auszeichnung des Willens als absolutem „Bestimmungsgrund der Willkür zur Handlung" (MS 317), d. h. seiner Identifikation mit praktischer Vernunft, zugleich auch die Möglichkeit erwiesen ist, dass ein jedes vernünftige Subjekt praktisch vernünftige Handlungsgrundsätze zu fassen vermag, muss es genau dieser subjektive Bereich sein, in dem der Zurechnungsbegriff zu verorten ist.

Kant nennt diesen Bereich den der Willkür, genauer: der freien Willkür. Willkür wird zunächst gefasst als ein Vermögen, etwas „*nach Belieben zu tun oder zu lassen*", das „mit dem Bewußtsein des Vermögens seiner Handlung zur Hervorbringung des" – nach Begriffen vorgestellten – „Objekts verbunden ist" (MS 317). ‚Frei' wird die Willkür dann genannt, wenn sie in „Unabhängigkeit ihrer *Bestimmung* durch sinnliche Antriebe" „zu Handlungen aus reinem Willen bestimmt werden (kann)" (MS 318). Im Unterschied zur „tierische(n) Willkür (arbitrium brutum)", die „nur durch *Neigung* (sinnlichen Antrieb, stimulus)" bestimmbar ist, ist die menschliche Willkür frei, da sie durch Neigung „zwar *affiziert*, aber nicht *bestimmt*" werden muss (MS 318). Es geht Kant hier also allein – dies ist zu betonen – um die Möglichkeit, dass ein Subjekt in seinem Tun und Lassen, d. h. in seinen Handlungen, die eo ipso unter Maximen bzw. Gesetzen stehen (vgl. Bittner 1996, 244), nicht gewohnheitsmäßigen sinnlichen Begierden (vgl. ApH 599) folgt, sondern der Gesetzgebung der Vernunft.

Ein solches Subjekt aber ist nach Kant eine Person, womit den denn auch die Definition des bislang erläuterten allgemeinen Begriffes der Zurechnung zu vervollständigen ist. In dem bereits mehrfach zitierten Einleitungskapitel gibt Kant folgenden Begriff von „Person" – wobei nochmals erinnert sei, dass Kant bereits das Prädikat ‚moralisch' als Oberbegriff zu ‚ethisch' und ‚juridisch' ausgewiesen hat:

> „*Person* ist dasjenige Subjekt, dessen Handlungen einer *Zurechnung* fähig sind. Die *moralische* Persönlichkeit ist also nichts anders, als die Freiheit eines vernünftigen Wesens unter moralischen Gesetzen (die psychologische aber bloß das Vermögen, sich der Identität seiner selbst in den verschiedenen Zuständen seines Daseins bewußt zu werden), woraus dann folgt, daß eine Person keinen anderen Gesetzen, als denen, die sie (entweder allein, oder wenigstens zugleich mit anderen) sich selbst gibt, unterworfen ist." (MS 329 f.)

Auf den ersten Blick fällt auf – und dies ist festzuhalten –, dass Kant das Personsein eines Subjektes mit dessen Zurechnungsfähigkeit expliziert: Zurechnungsfähigkeit bildet das Kriterium für die allgemeine moralische Personalität eines Subjektes. Auf die Implikationen dieses Sachverhaltes wird später noch einzugehen sein.

An dieser Stelle ist indes darauf hinzuweisen, dass Kant hier, wie etwa auch in der *Kritik der praktischen Vernunft* zwischen „Person" und „Persönlichkeit" unterscheidet (vgl. Ricken 1993, 238 ff.). „Person" bezeichnet dabei gleichsam den ganzen Menschen als ein Wesen, das sowohl der sensiblen als auch der intelligiblen Welt angehört (vgl. KpV 210) und insofern über Freiheit der Willkür verfügt. „Persönlichkeit" hingegen ist diejenige Eigenschaft, genauer: jenes bestimmte Vermögen der Person, das dieser allererst die Angehörigkeit zur intelligiblen Welt der Freiheit ermöglicht und insofern als Grund ihrer Zurechnungsfähigkeit erst die Personalität der Person gewährleistet: „Persönlichkeit" ist „die Freiheit und Unabhängigkeit von dem Mechanism der ganzen Natur" (KpV 210), das – wie Kant sie im emphatischen „Beschluss" der Zweiten Kritik nennt – „unsichtbare Selbst" (KpV 300) eines jeden bestimmten Menschen[5], das ihn überhaupt erst zu einem moralischen Wesen macht. Indes ist wiederum darauf hinzuweisen, dass die so verstandene Persönlichkeit ebenfalls bloß die Möglichkeit von Freiheit verbürgt: Eine Person kann sich zwar durch ihre Persönlichkeit, der sie als intelligibles Wesen unterworfen ist, bestimmen lassen und autonom handeln, da sie sie keinen anderen Gesetzen als denen ihrer Persönlichkeit zu folgen gezwungen ist. Gleichwohl geschieht dies nicht mit Notwendigkeit, denn die Erfahrung zeigt, dass „der Mensch, als *Sinnenwesen*, (...) dem Gesetze nicht allein *gemäß*, sondern auch *zuwider* zu wählen" vermag, „wovon wir doch die Möglichkeit nicht begreifen können" (MS 333).

---

[5] Dies geht aus der Verwendung des Possesivpronomens in der ersten Person singular hervor, das Kant hier gebraucht.

An diesem Punkt lässt sich bereits ein kleines Zwischenresümee hinsichtlich des von Kant bislang entwickelten Zurechnungsbegriffes bilden. Zurechnung im allgemein moralischen Sinne ist für Kant:

1. Ein Urteil über eine Relation der Kausalität, bei der die Ursache von sich aus aus Freiheit eine Wirkung hervorbringt.
2. Dieser Urteil schreibt einem Subjekt die Urheberschaft einer Tat zu.
3. Es wird ausschließlich bei Verstößen gegen moralische Normen gefällt.
4. Der Normverstoß muss in der freien Willkür des Urhebers der Tat liegen.
5. Eine Zurechnung bezieht sich allein auf Personen; oder genauer: Der Sachverhalt, dass einem Subjekt die Urheberschaft einer Tat zugeschrieben wird, qualifiziert dies als Person.

Nun deckt sich der bisher diskutierte, sogenannte allgemeine Begriff der Zurechnung in moralischer Hinsicht, die bei Kant imputatio practica heißt, durchaus mit dem Terminus der imputatio facti aus der Universaljurisprudenz des 18. Jahrhunderts, welche Kant in Gestalt der Werke von Johann Georg Daries auch tatsächlich als Quelle für seine praktische Philosophie diente (vgl. Hruschka 1991, 449 u. Riedel 1989, 104-109). Mit der verwendeten, von dieser Terminologie abweichenden Bezeichnung sollte dem Missverständnis vorgebeugt werden, dass der kantische Zurechnungsbegriff auf den juristischen Bereich beschränkt sei. Vielmehr wird nach Kant jede Tat im angeführten Sinne, verstößt sie nun gegen eine ethische Regel oder gegen eine Rechtsnorm, zugerechnet.
Dementsprechend differenziert Kant den Begriff auch weiter aus, wenn es auf der Ebene der Zurechnung zweiter Stufe, die bei Daries imputatio iuris heißt (vgl. Hruschka 1991, 452), um die praktische Würdigung der Tat de merito et demerito geht. Das Urteil, das die imputatio facti ausdrückt, ist nämlich laut Kant, „wenn es zugleich die rechtlichen Folgen aus dieser Tat bei sich führt, eine rechtskräftige (imputatio iudicaria, s. valida), sonst aber nur eine *beurteilende* Zurechnung (imputatio diiudicatoria)“ (MS 334). Beide imputationes stellen Zurechnungen zweiter Stufe dar: Die imputatio iudicaria ist aus der Rechtstheorie als „Urteil über die Schuld des Täters“ (Hruschka 1991, 455) vertraut, das die zugerechnete Tat rechtlich würdigt, d. h. in der Regel bestraft; freilich – dies sei der Vollständigkeit halber hinzugefügt – kann die imputatio iudicaria auch eine Belohnung zusprechen, sofern eine solche „im Gesetz verheißen“ (MS 334) war. Die imputatio diiudicatoria, die ein Urteil über den Verstoß gegen ethische Regeln fällt, erzwingt dagegen keine objektiven Folgen, stellt aber die allgemeine „*Strafwürdigkeit*“ (KpV 150) des entsprechenden Verstoßes fest (vgl. Oberer 1982, 401 f.), der zwar aufgrund seiner Subjektivität nicht im Rahmen eines objektiven Rechtssystems geahndet werden kann, aber doch gemäß der zustandegekommenen ethischen Beurteilung eine Minderung der Glückseligkeit des Täters als Subjekt verdiente. Oder um ein Beispiel Kants anzuführen: Der „Umgangsfreund“, der sich mir gegenüber für eine Lüge durch

den Hinweis auf die dadurch erfolgte Beförderung seiner Glückseligkeit rechtfertigte, verdiente als ethisch schlechter Mensch meine „Abscheu“ (KpV 147) bzw. im Falle seiner ethischen Vortrefflichkeit meine Achtung.
Da nun die imputationes zweiter Stufe die imputatio facti bzw. practica notwendig voraussetzen und auch diese aufgehoben werden müsste, wenn sich auf der zweiten Stufe eine vollständige Unzurechnungsfähigkeit des Handlungssubjektes zeigte, werde ich mich im nun folgenden zweiten Teil meiner Überlegungen allein auf die Zurechnung in allgemeiner Hinsicht konzentrieren.

2. Zurechnungsfähigkeit als Kriterium der Menschhheitszugehörigkeit

Das besondere Urteil, welches eine Zurechnung darstellt, macht, wie einigermaßen deutlich geworden sein dürfte, eine Aussage über das Subjekt der in Frage stehenden Handlung, das die Stelle der Ursache in der durch das Zurechnungsurteil konstituierten Kausalrelation einnimmt. Die erfolgte Zurechnung erklärt nämlich ein handelndes Subjekt hinsichtlich einer beobachteten Normüberschreitung zu einer Person, da der Begriff der Personalität nichts anderes als die praktische Zurechnungsfähigkeit eines Subjekts enthält.[6] Insgenauere spricht demnach die erfolgte Zurechnung einem Subjekt, das als handelndes durch einen Normverstoß erst auffällig geworden ist, zu oder ab, bei dieser Gelegenheit eine bestimmte Möglichkeit aktualisiert zu haben, die – wie sich zeigen wird – für das Wesen des Menschen als solchem konstitutiv ist.
Nun lässt sich über das Vorliegen einer Potenz erst etwas mit einiger Gewissheit aussagen, wenn diese auch tatsächlich aktualisiert wird. Demnach kann Zurechnungsfähigkeit allein in der Retroperspektive problematisch werden (vgl. Hruschka 1991, 451), wenn eine Handlung vorliegt, die nach den gegebenen Kriterien für eine moralische Zurechnung in Frage kommt, d. h. ein Verstoß gegen praktische Regeln. Es lässt sich also füglich sagen, dass wir uns im gesamten Bereich der menschlichen Praxis – so lange es nicht zu auffälligen Handlungen im genannten Sinne kommt – bloß so verhalten, als verfügten unsere Artgenossen, deren Handlungen uns betreffen könnten, über das Vermögen, ihre Willkür frei zu gebrauchen, und solchermaßen als Urheber ihrer Taten zu fungieren, mithin diese zu verantworten, d. h. wir verhalten uns im praktischen Alltag unseren Mitmenschen gegenüber – wenn diese keine kontraintuitiven Verhaltensauffälligkeiten zeigen – so, als wären diese Personen, obgleich wir

[6] Es ist so ungenau wie irreführend, wenn Riedel 1989, 115, Zurechnungsfähigkeit und Freiheit zu „Wechselbegriffen“ erklärt, da dies metaphysischen Grund und praktische Folge vertauschen würde, zumal sich das als Beleg angeführte Zitat nicht an der angegebenen Stelle findet; zutreffend wäre die Rede von Wechselbegriffen allenfalls mit Bezug auf Zurechnungsfähigkeit und Personalität.

ohne einen einschlägigen Zurechnungsfall strenggenommen keine diesbezügliche Gewissheit haben können – sofern bei der Feststellung subjektiver Möglichkeiten überhaupt so etwas wie Gewissheit erreichbar ist (vgl. Mohr in diesem Band u. Rasch 1999, 362 f.). Denn es besteht ja immerhin die Möglichkeit, dass ein Mensch, mit dem wir in Kontakt kommen, gar nicht über diejenige Fähigkeit verfügt, die ihn zu einer Person macht; schließlich braucht er noch keine solche Verhaltensauffälligkeit, die ein Zurechnungsurteil erforderte, gezeigt haben, bevor er, um den in der Einleitung erwähnten Fall zu evozieren, ohne ersichtlichen Grund das Feuer auf uns eröffnet. Woher also unser Vertrauen?

Dieser alltägliche Vertrauensvorschuss gegenüber unseren Mitmenschen ist nach Kant dadurch gerechtfertigt, dass die Zurechnungsfähigkeit als Gehalt der Personalität konstitutiv zum Wesen des Menschen als Menschen gehört und damit eine Eigenschaft ist, die zunächst, bis zur erfolgten Widerlegung, jedem Exemplar der Gattung zuzuschreiben ist. Dies zeigt sich in aller Deutlichkeit anhand von Kants Bestimmung der Gattungsnatur des Menschen in seiner Schrift über *Die Religion innerhalb der Grenzen der bloßen Vernunft*, die im unmittelbaren zeitlichen und sachlichen Kontext zur *Metaphysik der Sitten* entstanden ist und deswegen hier auch beigezogen werden kann.

Gleich zu Anfang der Religionsschrift, im Zuge der Behandlung der Frage, ob der Mensch von Natur aus eine Anlage zum Bösen im Sinne eines „ersten Grund(es) (...) der Annehmung böser (gesetzwidriger) Maximen“ (RiG 667 f.), mithin also ob dem Menschen seine bösen Maximen oder Handlungen überhaupt zugerechnet werden können, definiert Kant „den Charakter seiner Gattung“, von dem kein Mensch auszunehmen ist (RiG 668 u. 672). Er tut dies gleich im ersten Kapitel des ersten Stückes seiner Untersuchung, das den Titel „Von der ursprünglichen Anlage zum Guten in der menschlichen Natur“ trägt. Dieses ausgesprochen kurze Kapitel besteht allein aus einer knappen Liste der „Elemente der Bestimmung des Menschen“ (RiG 672) und einigen wesentlichen inhaltlichen und formalen Erläuterungen der Titel dieser Liste, zu denen, wie im gegebenen praktischen Zusammenhange billig, nur solche Eigenschaften bzw. „Anlagen“ zählen, „die sich unmittelbar auf das Begehrungsvermögen und den Gebrauch der Willkür beziehen“ (RiG 675). Diese Liste der wesentlichen Eigenschaften des Menschen lautet wie folgt:

> „1) Die Anlage für die *Tierheit* des Menschen, als eines *lebenden*;
> 2) Für die *Menschheit* desselben, als eines lebenden und zugleich *vernünftigen*;
> 3) Für seine *Persönlichkeit*, als eines vernünftigen und zugleich der *Zurechnung fähigen* Wesens.“ (RiG 672 f.)

Hier ist zunächst darauf hinzuweisen, dass diese Bestimmung genau derjenigen entspricht, die Kant in der *Metaphysik der Sitten* im Rahmen der Begründung der Möglichkeit eines Selbstbewusstseins des Menschen als Träger von Pflichten gegen sich selbst gibt. Auch hier zeigt sich wiederum der charakteristische Dreischritt: „Der Mensch betrachtet sich (...) erstlich als *Sinnenwesen*, d. i. als Mensch (zu einer der Tierarten gehörig); dann aber auch als *Vernunftwesen* (nicht bloß vernünftiges Wesen, weil die Vernunft nach ihrem theoretischen Vermögen wohl auch die Qualität eines lebenden körperlichen Wesens sein könnte)" (MS 550). In dem Bewusstsein seiner selbst als ‚Vernunftwesen' ist nun nach Kant bereits die oben angeführte weitere doppelte Bestimmung enthalten:

> „Der Mensch nun, als vernünftiges *Naturwesen* (homo phaenomenon), ist durch seine Vernunft, als *Ursache*, bestimmbar zu Handlungen in der Sinnenwelt und hiebei kommt der Begriff einer Verbindlichkeit noch nicht in Betrachtung. Eben derselbe aber seiner *Persönlichkeit* nach, d. i. als mit innerer *Freiheit* begabtes Wesen (homo noumenon) gedacht, ist ein der Verpflichtung fähiges Wesen und zwar gegen sich selbst (die Menschheit in seiner Person) betrachtet" (MS 550).

Es ist nun zur Bearbeitung der hier vorgelegten Frage nicht nötig, alle diese Definitionsbestandteile im einzelnen zu analysieren. Dennoch scheinen zumindest drei knappe Bemerkungen zu ihnen sinnvoll:

1. Kant situiert den „Trieb zur Gesellschaft" auf der Ebene der Tierheit des Menschen als „Sinnenwesen", auf welcher allerdings allenfalls eine ordnungslose Vergemeinschaftung oder besser: Zusammenrottung in „wilder Gesetzlosigkeit" entstehen kann (RiG 673). Es ist aber zu betonen, dass Kant das Streben des Menschen nach Gemeinschaft mit Artgenossen als bloß tierischen Trieb ansieht, der keinerlei moralische Kompetenz voraussetzt.

2. Kant weist in einer längeren Fußnote zu seinem zweiten Punkt ausdrücklich darauf hin, dass der Sachverhalt, „dass ein Wesen Vernunft hat", keineswegs schon das Vermögen impliziert, dass diese für sich selbst praktisch werden und solchermaßen die Willkür des Vernunftwesens rein durch Vernunft bestimmt werden könnte (RiG 673). Er illustriert diesen praktischen Defekt einer offenbar für möglich erachteten bloß theoretischen bzw. technischen Vernunft im Dienste der tierischen Natur mit so typisch menschlichen wie alltäglichen, von ihm indes „teuflisch" genannten „Lastern" wie Neid, Undankbarkeit und Schadenfreude (RiG 674). Es lässt sich also ein durchaus mit Erfolg in einer Gesellschaft existierendes endliches Vernunftwesen vorstellen, das gleichsam als bloßer „homo phaenomenon" keinerlei moralische Kompetenz besitzt.

3. Letztere kann allein daraus entspringen, dass wir unserer, im oben genannten Sinne zu verstehenden Perönlichkeit, die für uns alle als „homo noumenon" dieselbe ist, aufgrund der absoluten Abwesenheit eines anderen Zwanges zu gestatten haben, uns in unserem Tun und Lassen zu bestimmen und uns so zu Personen zu qualifizieren. Wiederum betont Kant den Potentia-

litätscharakter dieses Verhältnisses, das der Moralität des Menschen zugrundeliegt: Der gattungsmäßige Status des Menschen erweist sich in seiner Zurechnungsfähigkeit.

Dass es Kant mit diesen drei Eigenschaften tatsächlich um eine definitorische Bestimmung dessen geht, was der Mensch seinem Wesen nach ist, zeigt sich in einer kurzen formalen Reflexion über den Status der aufgeführten Eigenschaften, die den letzten Absatz des zitierten Kapitels bildet. Kant schreibt:

> Die „genannten drei Anlagen (...) sind *ursprünglich*; denn sie gehören zur Möglichkeit der menschlichen Natur. (...) Unter Anlagen eines Wesens verstehen wir sowohl die Bestandstücke, die dazu erforderlich sind, als auch die Formen ihrer Verbindung, um ein solches Wesen zu sein. Sie sind *ursprünglich*, wenn sie zur Möglichkeit eines solchen Wesens notwendig gehören; *zufällig* aber, wenn das Wesen auch ohne dieselben an sich möglich wäre." (RiG 675)

Die zitierte Passage lässt an Deutlichkeit kaum zu wünschen übrig: Die drei angeführten Eigenschaften sind notwendige Eigenschaften, die sich allesamt an einem Lebewesen ausweisen lassen müssen, um es hinreichend als Menschen anzusprechen. Oder anders ausgedrückt: Kant definiert den Menschen als Person im bereits dargestellten Sinne, und zwar so – die angeführte Passage lässt hier wenig Raum für Zweifel –, dass nur von Personen gesagt werden kann, dass sie in bestimmten Sinne auch wirklich Menschen sind, weil nach Kant die Zugehörigkeit zur „Menschheit" mehr erfordert als die bloße, biologische Zugehörigkeit eines Lebewesens zur Tierart „Mensch". Kant bezieht sich genau auf diese zusätzliche notwendige, sich nicht analytisch ergebende Eigenschaft, „die unbegreifliche Eigenschaft der *Freiheit*" nämlich, die „sich nur in moralisch-praktischen Verhältnissen (...) erkennen läßt" (MS 550), wenn er in Anlehnung an die Rede vom genus hominum vom Menschen als Gattung spricht und so seinen Unterschied zum Tier bzw. zum moralfreien homo phaenomenon, der füglich ein vernünftiges Tier genannt werden könnte, bezeichnet.

Infolgedessen kann im Bereich des Praktischen, welcher ohne Zweifel die Lebensform des Menschen als Menschen, d. h. als gemeinschaftlichen, theoretisch und praktisch vernünftigen Lebewesens, determiniert, nur dann ein Individuum als Mensch angesprochen werden, wenn es auch Person ist und insofern als homo noumenon die Menschheit repräsentiert. Ist dies nicht der Fall, hat man es offensichtlich nicht mit einem Menschen im eigentlichen Sinne zu tun.

3. Schwierigkeiten

Wiederum unter Ausklammerung aller sich hieraus ergebenden inhaltlichen Härten, die sich womöglich noch unter Umständen durch Verweise auf natürliche bzw. bewusstseinstheoretische Entwicklungsgänge und dergleichen mehr abfedern ließen, wie dies etwa Hegel und in seiner Nachfolge der Historische Materialismus mit der Ausarbeitung einer gesellschaftskonstitutiven Vermittlung von Individuum und Gattung im Rahmen einer Bewusstseinstheorie versuchen (vgl. Aichele 2003), möchte ich nunmehr abschließend zu unserer Ausgangsfrage zurückkehren und auf einige Schwierigkeiten der vorgetragenen Theorie hinweisen.

Stellten wir also vor dem erörterten Hintergrund die Frage, was denn ein lebendiges Wesen sei, das technische Vernunft besitzt und alle sonst üblichen physischen Eigenschaften, die Menschen zu haben pflegen, jedoch nicht der Zurechnung seiner Handlungen fähig ist, müsste die Antwort durchaus negativ ausfallen: Ein solches Wesen wäre jedenfalls kein Mensch im eigentlichen Sinne, da ihm ja eine zur Gattungszugehörigkeit notwendige Eigenschaft fehlt, sondern nicht mehr und nicht weniger als ein Tier, das als vernünftiges Naturwesen der biologischen Art „Mensch" angehört. Kant denkt konsequenterweise in die gleiche Richtung. Denn wenn die Abwesenheit von Zurechnungsfähigkeit letztlich mit der Abwesenheit von Freiheit gleichzusetzen ist, dann gilt für solche Individua dasselbe wie für Sklaven – freilich abzüglich des von Kant intendierten Strafcharakters des vollkommenen Freiheitsentzuges, der im Falle des unzurechnungsfähigen Individuums mangels des notwendigen Vermögens schon gegeben ist. Kant befasst sich mit dem praktischen Status von Sklaven als vollständig freiheitslosen Wesen in einigen Reflexionen zur Rechtsphilosophie, von denen hier einige angeführt seien:

> „Die gänzliche Beraubung der freyheit hebt die Persohn auf." (Refl. 7881, AA XIX)
>
> „Die Leibeigenschaft ist der Tod der Persohn aber das Leben des Thiers." (Refl. 7886, AA XIX)
>
> „Die aqvisitio servi kann nur statt finden dadurch, daß er sich der freyheit gänzlich unwürdig gemacht hat, indem er keine Grenzen derselben durch Gesetze erkennen will, folglich blos anderer Gewalt und absoluter Willkühr muß unterworfen werden. Es ist der Tod der Persohn, und er lebt nur gleichsam wie ein Thier" (Refl. 7929, AA XIX)

Rückt man also den Zurechnungsbegriff dermaßen ins Zentrum der moral- bzw. rechtsphilosophischen Überlegung, wie Kant dies zu tun scheint, bekommt man es nicht nur mit eher oberflächlichen Problemen zu tun, etwa mit der korrekten Bezeichnung nicht zurechnungsfähiger Individua, die nicht als Tiere oder ähnliches bezeichnen zu wollen womöglich als „teilnehmende Empfindelei einer affektierten Humanität" (MS 457) abgetan werden könnte. Eine Theorie, die in der aufgezeigten Weise zum einen Zurechnungsfähigkeit zum Kriterium der Personalität macht und zum anderen Personalität zum Kriterium der Gattungszugehörigkeit, wird indes auch auf ernsthafte sachliche Schwierigkeiten führen.

Unter anderem müssten wohl neben dem chronischen Verfahrensproblem, wie sich denn das Vorliegen oder Nichtvorliegen einer Potentialität mit Gewissheit bestimmen lassen soll, die strenggenommen nur subjektiv zugänglich sein kann, wenigstens folgende augenfällige Schwierigkeiten auf dem Boden der kantischen Theorie aufzulösen sein, um die sachliche Angemessenheit einer Theorie solchen Typs zu sichern: Unter welchen Voraussetzungen ließe sich denken, dass ein Lebewesen einer Gattung A durch Wegfall einer wesentlichen Eigenschaft zu einem anderen Lebewesen, dann wohl der Gattung B, sofern es ein Lebewesen bleibt, wird? Oder spezifischer: Unter welchen Voraussetzungen kann ein Mensch im dargelegten Sinne zu einem Tier werden und womöglich unter das Sachenrecht fallen? Müsste nicht ein derartiger Identitätsbruch, ja schon die Möglichkeit eines solchen, sofort zur Vernichtung jeglicher Personalität bzw. der Infragestellung ihrer Möglichkeit führen, sofern man Kontinuität denn als ein Kriterium für Personalität ansehen möchte? Wie ist in diesem Szenario das Phänomen vorübergehender Unzurechnungsfähigkeit zu erklären? Hätte man es hier mit einem Wesen zu tun, das die Fähigkeit besitzt, unter bestimmten Voraussetzungen, die sich ganz oder teilweise seiner Verfügungsgewalt entziehen, zwischen kategorial differenten Lebensformen zu wechseln?

Vor dem Hintergrund dieser und weiterer ähnlicher Schwierigkeiten scheint es, womöglich unter Verzicht auf durchgängige systematische Geschlossenheit unter den Bereichen von Recht und Ethik, ratsam, die Begriffe von Zurechnung, Personalität und Menschheit zu entflechten, um so zu einer tragfähigen Theorie der Zurechnung zu gelangen, die allerdings das durch den kantischen Versuch gesicherte fundamentale Vertrauen in unsere Mitmenschen nicht aufgeben sollte – vielleicht unter Integration einzelner kantischer Lehrstücke, aber jedenfalls wohl unter Aufgabe der kantischen Systematik. Der Vorteil aber einer solch klaren, wie intellektuell redlichen Systematik liegt nicht zuletzt darin, dass die ebenso markige wie verdruckste Redeweise, dass es da Menschen gebe, die im Grunde genommen eigentlich gar keine seien und deswegen „für immer weggesperrt“ gehörten, über den Luftraum über Stammtischen hinaus in ihren Prämissen transparent und infolgedessen erst diskutabel wird.

Literatur:

Aichele, A.: Was heißt „Gattung“? Zu einem unaufgeklärten Begriff in Jürgen Habermas' Versuch zur Bioethik, in: *M. Kaufmann/L. K. Sosoe* (Hg.), Gattungethik – Gattungswürde, Frankfurt/M./Bern/New York 2004.

Anonymus: Arrest memorable de la cour de parlemet de Dole, Sens 1574.

Bittner, R.: Handlungen und Wirkungen, in: *G. Schönrich/Y. Kato* (Hg.), Kant in der Diskussion der Moderne, Frankfurt/M. 1996, S. 240-255.

Bores, G. u.a.: A true Discourse. Declaring the damnable life and death of one Stubbe Peter, a most wicked Sorcerer, who in the likenes of a Woolfe, committed many murders, continuing this diuelish practise 25 yeeres, killing and deuouring Men, Woomen, and Children, London 1590.

Cattaneo, M. A.: Dignità umana e pena nella filosofia di Kant, Milano 1981.

Höffe,O.: Kants Begründung des Rechtszwangs und der Kriminalstrafe, in: *R. Brandt* (Hg.), Rechtsphilosophie der Aufklärung. Symposium Wolfenbüttel 1981, Berlin/New York 1982, S. 335-375.

Hruschka, J.: Verhaltensregeln und Zurechnungsregeln, in: Rechtstheorie 22 (1991), S. 449-460.

Hruschka, J.: Superrogation and Meritorious Duties, in: Jahrbuch für Recht und Ethik 6 (1998), S. 93-108.

Jenkins, P.: Using Murder. The Social Construction of Serial Homicide, New York 1994.

Kant, I.: Werkausgabe (hrg. v. Wilhelm Weischedel), Frankfurt/M. 1977 u.ö. -, Akademieausgabe, Berlin 1902 ff.

Kreimendahl, L.: Die Antinomie der reinen Vernunft, 1. und 2. Abschnitt (A 405/B 432-A 461/B 489), in: *G. Mohr/M. Willaschek* (Hg.), Immanuel Kant: Kritik der reinen Vernunft, Berlin 1998, S. 413-446.

Lorey, E. M.: Das Werwolfstereotyp als instabile Variante im Hexenprozeß. „Gefragt, wie oft er sich des Jahrß zum Wehrwolf gemacht", in: Nassauische Annalen 112 (2001), S. 135-176.

Lüsebrink, H.-J.: Kriminalität und Literatur im Frankreich des 18. Jahrhunderts. Literarische Formen, soziale Funktionen und Wissenskonstituenten von Kriminalitätsdarstellung im Zeitalter der Aufklärung, München/Wien 1983.

Negele, J.: Warhafftige vnd wunderbarliche Newe zeitung von einem Bawren der sich durch Zauberey de(s) Tags siben st(u)nnd zu einem Wolff verwandelt hat vnd wie er darnach gericht ist worden durch den Cölnschen Nachrichter den letzten October im 1589. Jar, Augsburg 1589.

Oberer, H.: Über einige Begründungsaspekte der Kantischen Strafrechtslehre. Hans Wagner zum 10. 1. 1982, in: Brandt 1982, S. 399-423.

Rasch, W.: Forensische Psychiatrie, 2. Aufl., Stuttgart/Berlin/Köln 1999.

Ricken, F.: Homo noumenon und homo phaenomenon. Ableitung, Begründung und Anwendbarkeit der Formel von der Menschheit als Zweck an sich selbst, in: *Höffe O.* (Hg.), Grundlegung zur Metaphysik der Sitten. Ein kooperativer Kommentar, 2. Aufl., Frankfurt/M. 1993, S. 234-252.

Riedel, M.: Imputation der Handlung und Applikation des Sittengesetzes. Über den Zusammenhang von Hermeneutik und praktischer Urteilskraft in Kants Lehre vom „Faktum der Vernunft", in: ders., Urteilskraft und Vernunft. Kants ursprüngliche Fragestellung, Frankfurt/M. 1989, S. 98-124.

Russell, B.: Ethik, in: ders., Philosophische und Politische Aufsätze (hrg. v. *U. Steinvorth*), Stuttgart 1988, S. 183-197.

Russell, C./Russell, W. M. S.: The Social Biology of Werewolves, in: *J. R. Porter/W. M. S. Russell* (Hg.), Animals in Folklore, Ipswich 1978, S. 143-182.

Vanna Gessa Kurotschka

Verantwortung und Zurechnung in Fragen des guten Lebens

I. Einleitung

Der Versuch, Fragen des guten und würdigen Lebens mit den Begriffen Verantwortung und Zurechnung in Verbindung zu bringen, mag in mancher Hinsicht verwundern. Fragen des guten und würdigen Lebens können zwar dem Bereich der Verantwortung angehören. Es liegt aber nicht auf der Hand, dass sie ohne eine besondere Rechtfertigung in den Bereich der Zurechnung fallen. Aristoteles, der den Begriff des guten Lebens ins Zentrum seiner praktischen Philosophie stellt, hätte die Frage nach dem guten Leben nicht mit dem Begriff der Zurechnung in Zusammenhang gebracht. Die zentralen Begriffe der aristotelischen Ethik befassen sich mit der Bildung der *proairesis*, der individuellen Fähigkeit der Entscheidung für das Gute.[1] Man kann nach Aristoteles ein gutes Leben nur dann leben, wenn man fähig ist, das eigene Leben *autonom* gut zu gestalten.

Die *Autonomie* besteht für Aristoteles freilich nicht darin, dass man rationale Entscheidungskriterien anwendet. Sie besteht vielmehr in der Fähigkeit, die richtigen und guten Mittel individuell abzuwägen und zu wählen, um das eigene Gute zu verwirklichen. Wenn man aber dieses Ziel verfehlt, d.h. wenn man unfähig ist, ein gutes Leben zu leben, verfehlt man das eigene Glück. Das Glück kann jedoch nicht durch Gesetze sichergestellt werden. Man kann das eigene Glück nur erreichen, indem man die Fähigkeit entwickelt, das eigene gute Leben zu verwirklichen. Der Kern der Theorie des guten Lebens besteht für Aristoteles in der Bestimmung der individuellen inneren guten Konstitution.

Aristoteles denkt sogar, dass wir selbst für die schlechten Gewohnheiten, die uns unfähig machen, das erkannte wirklich Gute zu erstreben, verantwortlich sind. Daraus, dass wir für unsere innere gute Konstitution verantwortlich sind, kann vielleicht eine moralische, nicht aber eine rechtliche Zurechnung abgeleitet werden.[2] Freilich denkt Aristoteles, dass wir bei der Suche nach dem guten Leben Hilfe brauchen. Wir brauchen Freunde und Mitbürger einer guten Gemeinschaft,

---

[1] Die Philosophie des guten Lebens wurde schon vor Aristoteles paradigmatisch formuliert; sie findet sich in den ersten Dialogen Platons, in denen Sokrates als zentrale Gestalt auftritt. S. dazu: Wolf 1996.

[2] „Aber, dass man ein solcher geworden ist, ist man selber schuld, indem man sich gehen lässt; und dass man ungerecht und zügellos ist, ist man selber schuld, der eine dadurch, dass er fortgesetzt Unrecht begehrt, der andere dadurch, dass er in Trinkgelagen und ähnlichen Dingen seine Zeit hinbringt. Denn die Akte, die man in einer bestimmten Richtung ausübt, machen einen zu einem solchen, wie man ist" (Aristoteles 1972, III, 1113a, 10-12, 56).

damit wir das Leben gut gestalten können (Nussbaum 1986).[3] Die Gemeinschaft, in der wir leben, spielt ja auch eine unersetzbare Rolle, damit unsere Suche nach dem Guten gelingt (MacIntyre 1981).[4] Der Kern der Ethik besteht für Aristoteles aber nicht darin, dass wir die Gesetze der guten Gemeinschaft befolgen, sondern darin, dass wir lernen, unser Glück in guter Gemeinschaft mit den Freunden und Mitbürgern selbst zu gestalten (Höffe 1972; Berti 1987).[5]

Was Kant betrifft steht die Sache in Bezug auf Fragen des guten Lebens wesentlich anders als bei Aristoteles. Kant behandelt in seiner Moralphilosophie die Frage des guten Lebens überhaupt nicht. Die Moralphilosophie *strictu sensu* beschäftigt sich mit Fragen der Kriterien der Wahl der praktischen Maximen. Moralisch-Sein heißt für Kant, das Universelle qua Universelles zu wollen, ohne Bezug auf den möglichen Inhalt der Maximen.[6] Fragen des guten Lebens gehören deswegen nicht zum Problembereich der Moral. Daraus folgt, dass für Kant weder moralische noch rechtliche Verantwortung und Zurechnung mit Fragen des guten Lebens in Verbindung gebracht werden können. Fragen des guten Lebens gehören zum Bereich des moralisch und rechtlich Erlaubten und können individuell und willkürlich entschieden werden. Weder die Moralphilosophie noch die Rechtsphilosophie können dem Einzelnen bei den Entscheidungen, die das Gute betreffen, Hilfe leisten (Honneth 1992).[7]

Ich habe kurz die Thesen Aristoteles' und Kants zur zentralen Frage meines Beitrages zusammengefasst, weil sowohl die praktische Philosophie Aristoteles' als auch die Moral- und Rechtsphilosophie Kants noch heute unersetzliche Kategorien anbieten, wenn man sich mit Fragen des guten Lebens, der Moral und des Rechts auseinandersetzt. Im Gegensatz zu Kants These ist aber m. E. die Frage des guten Lebens weder außerhalb der Philosophie noch ganz außerhalb der Moral einzuordnen. Gewisse Aspekte der Frage, was es heißt, ein gutes Leben zu leben, gehören im Gegenteil zum Bereich der Moral und sogar des

[3] Insbesondere Martha Nussbaum hebt diesen Aspekt der aristotelischen Auffassung des Guten hervor – einen Aspekt, der das menschliche Gute zerbrechlich macht, da es nicht nur von uns selbst, sondern auch von anderen abhängt. Für eine andere Auffassung der Ethik Aristoteles' vgl. Bien 1973.

[4] MacIntyre greift in seiner Ethik vor allem diesen Aspekt der aristotelischen Ethik auf. Über die Grenzen dieser Auffassung vgl.: Gessa Kurotschka 1996.

[5] Sowohl Höffe als auch Berti nehmen gegenüber denjenigen Auffassungen der aristotelischen Ethik eine kritische Stellung ein, die ihre konservativen Resultate hervorheben.

[6] S. Kant 1914, 46-47: „Das ursprünglich Gute ist die Heiligkeit der Maximen in Befolgung seiner Pflicht, mithin bloß aus Pflicht".

[7] Gerade dieser Aspekt der *Moralphilosophie* Kants gab gegen Ende der 60er Jahre sowohl in Amerika als auch in Deutschland Anlass zu Diskussionen zwischen Liberalen und Kommunitaristen. Vor allem von Seiten der Kommunitaristen wurde bezweifelt, dass die Justiz gegenüber jeder individuellen und allgemeinen Auffassung des Guten blind sein müsse. Was die Ergebnisse dieser Diskussion in den 90er Jahren in Deutschland betrifft, siehe Gessa Kurotschka 1999.

Rechts. Anders als Aristoteles, glaube ich, dass die Frage des guten Lebens nicht nur im Bereich der Aneignung der individuellen Fähigkeit, ein *spoudaios* zu werden, behandelt werden sollte.
Ich werde meine These in zwei Schritten formulieren. Zuerst werde ich die Frage des guten Lebens philosophisch neu formulieren, damit ihre Aktualität deutlich wird, und dann zeigen, dass notwendige Voraussetzungen für die Verwirklichung des guten und würdigen Lebens, der für den Menschen guten Lebensform, unter moralischen, und sogar rechtlichen Schutz zu stellen sind. Dabei werde ich die Philosophie Jonas' als Ausgangspunkt benutzen, um dessen Reflexionen weiter zu führen. Die ethisch evaluative Auseinandersetzung mit den letzten Forschungsergebnissen der empirischen Wissenschaften des Lebens und mit denen der Kognitionswissenschaften wird eine zentrale Rolle spielen, um den Begriff der guten und würdigen Lebensform zu formulieren, die als Bezugsrahmen dessen dienen soll, was moralisch respektiert und rechtlich geschützt werden soll, wenn man das Leben im Allgemeinen und das menschliche Leben im Besonderen technisch verändern will.

II. Das Erbe der Ethik Hans Jonas'

Die Philosophie des guten Lebens ist, und zwar nicht erst seit heute, Gegenstand des Interesses für diejenigen, die der Meinung sind, dass sich die ethische Reflexion auch *inhaltliche* Fragen und nicht nur Fragen bezüglich der formalen Auswahlkriterien der Handlung stellen sollte. Der Neuaristotelismus in Deutschland und der Kommunitarismus in Amerika haben unbestreitbare Dienste geleistet, indem sie die Grenzen einer Reflexion über das moralische Handeln aufzeigten, die sich – unter Vernachlässigung jeglichen Inhalts – nur damit beschäftigte, die formalen Bedingungen der Möglichkeit des moralischen Handelns zu definieren (Riedel 1973-74).[8] In diesem Kontext scheint es mir jedoch ratsam, weder auf die neuaristotelische noch auf die kommunitaristische Fassung der Ethik des guten Lebens unmittelbar Bezug zu nehmen. Im philosophischen Kontext der Fragen, die hier diskutiert werden sollen, scheint es mir weitaus vorteilhafter, auf einen Zugang zur Frage des guten Lebens zurückzugreifen, der sich von demjenigen unterscheidet, der in den 70er Jahren von den Neuaristotelikern und in den 80er Jahren von den Kommunitaristen vorgeschlagen wurde. Vom konservativen Ergebnis eines solchen Zugangs, das nicht zu Unrecht oft kritisiert wurde, sollte nämlich meiner Meinung nach Abstand genommen werden. Es ist die besondere Form, die die Philosophie des guten und würdigen Lebens in der

[8] Zur Beurteilung der Ergebnisse dieser Diskussion, siehe: Ferrara/Gessa Kurotschka/Maffettone 2000.

Ethik Hans Jonas' annimmt, die in diesem Kontext hervorgehoben werden sollte und an die wir hier philosophisch anknüpfen wollen.
Jonas' *Verantwortungsethik* wurde weltweit rezipiert, wenn auch nicht immer positiv. Ich bin der Meinung, dass die Kritik an der antiken Ethik und an der Moralphilosophie Kants, die Jonas im ersten Kapitel von „Das Prinzip Verantwortung" formuliert, geeignet ist, die aktuelle Relevanz des ethischen Ansatzes Hans Jonas' zu verdeutlichen (Jonas 1979). Die Grenzen der Ethik des guten Lebens, wie sie von der Antike vorgeschlagen wurde – Jonas bezieht sich offensichtlich nicht nur auf Aristoteles – bestehen nach Jonas in der Tatsache, dass die ethische Reflexion auf das *Hier* und *Jetzt* angewendet wurde und kein Interesse an den späteren Auswirkungen des Handelns zeigte. Diese Sichtweise Jonas' in Bezug auf die antike Ethik ist weniger eine Kritik als eine Feststellung, die sich auf die Art der Probleme bezieht, mit denen sich die antike Ethik auseinandersetzt. Die antike Ethik hatte tatsächlich guten Grund, sich nicht den fernliegenden Ergebnissen des Handelns zu widmen, da diese aufgrund der begrenzten Wirksamkeit des menschlichen Handelns keinen großen Einfluss auf die zukünftige Konstitution des Menschen und der Welt hatten (Jonas 1979, Kap. I [I, 6]). Die Tatsache also, dass sich die antike Ethik nicht um die fernliegenden Konsequenzen von Handlungen sorgt, ist für Jonas jedoch kein Anlass, die Frage des guten Lebens beiseite zu lassen. Sie wird vielmehr zur Voraussetzung, um die Problematik der antiken Ethik innerhalb einer weiteren Perspektive fruchtbar zu machen.
Dasselbe gilt auch für die Kritik an Kant. Die Moral- und Rechtsphilosophie Kants – so Jonas – geht vom Individuum aus und regelt dessen Handeln. Moral- und Rechtsphilosophie haben für Kant die Aufgabe, das Problem der Konstitution und des Aufrechterhaltens eines gemeinsamen sozialen Raumes zu lösen, innerhalb dessen Individuen mit spezifischen und voneinander verschiedenen Konzeptionen des Guten zusammenleben können, ohne sich gegenseitig zu stören. Aufgrund der Entwicklung der Technik und ihres manipulativen Gebrauchs, betrifft die zentrale ethische Frage heute jedoch hauptsächlich die Suche nach den ethischen Grenzen, die dem Handeln, das das Leben der Natur und der Menschen in immer aggressiverer und gefährlicherer Weise verändert, gesetzt werden sollen. Um diese Frage zu behandeln, reicht der kategorische Imperativ, wie ihn Kant formuliert hat, d.h. als formales Kriterium für die Wahl der praktischen Maxime, nicht aus. Die ethischen Grenzen des individuellen Handelns, die der kategorische Imperativ erkennen lässt, betreffen tatsächlich nur den formalen Aspekt der Freiheit der Individuen. Deswegen reicht der kategorische Imperativ nicht aus, um das Leben zu schützen (Jonas 1979, Kap. I V., 15).
Jonas distanziert sich auf diese Weise philosophisch sowohl von der antiken als auch von der modernen Ethik und formuliert die unterschiedlichen ethischen Perspektiven der antiken und der modernen Ethik neu, indem er diese miteinan-

der in Verbindung setzt. Um die der Ethik heute gestellte Aufgabe zu erfüllen müssen für Jonas die Ethik des guten Lebens, die Moralphilosophie und die Philosophie des Rechts eng zusammenwirken. In der Ethik Jonas’ sind es die Kritik Heideggers an der Metaphysik der Subjektivität und deren nihilistische Resultate und gleichzeitig die Ergebnisse der Forschung im Bereich der empirischen Wissenschaften des Lebens, die ihm erlauben, zwischen Moral und Recht und einer Ethik des guten und würdigen Lebens eine Brücke zu schlagen. Das Ergebnis dieser philosophischen Vermittlung ist die Anerkennung, dass die „ontologische Idee des Menschlichen“, deren Inhalt das Konzept des guten und würdigen Lebens ist, moralische Achtung und rechtlichen Schutz verdient. Die ontologische Perspektive, die mit der philosophischen Formulierung des Konzeptes des guten und würdigen Lebens eröffnet wurde, gestattet Jonas, das zu erkennen, was beim manipulativen Handeln moralisch zu achten, rechtlich zu schützen und politisch zu fördern ist (Jonas 1979, Kap. II IV .).
Jonas kommt durch drei argumentativ miteinander verknüpfte Schritte zu diesen Ergebnissen: erstens die Herstellung des Zusammenhangs zwischen Ethik und Ontologie (Jonas 1979, Kap. II IV., 6 und 7), zweitens die Kritik an der Metaphysik der Subjektivität, die den Hintergrund für die Auffassung der modernen Wissenschaft bildet,[9] und drittens der Entwurf einer metaphysischen Biologie. Jonas’ Philosophie des Organischen macht vom Konzept der Teleologie Gebrauch und schafft die Grundlage für die Formulierung einer neuen Ontologie, in deren Zentrum Jonas die Reflexion über das „Phänomen des Lebens“ stellt. Jonas übernimmt die Kritik Heideggers an der Moderne als Ausgangpunkt seiner Reflexion und bereichert sie in seiner Ethik sowohl durch den Beitrag der Philosophie Kants als auch durch die Philosophie des Aristoteles. Dieser Beitrag verleiht dem von Heidegger vorgeschlagenen und von Jonas positiv rezipierten normativen Horizont der „Eigentlichkeit“ eine vorwiegend ethische Bedeutung, die der Heideggerschen „Fundamental-ontologie“ fehlt (Heidegger 1977 und 1988). Der Kantsche kategorische Imperativ, der in der Ethik Jonas’ neu formuliert wurde, verpflichtet uns, die Bedingungen der Kontinuität der Existenz einer für das Überleben des menschlichen guten Lebens geeigneten Welt zu sichern (Jonas 1979, I V., 2). Die Natur wird von Jonas nicht mehr als Objekt der wissenschaftlichen Beschreibung und der technischen Manipulation verstanden, sondern vielmehr als etwas, das in sich *Selbstheit*, *Zweckhaftigkeit* und *Freiheit*

[9] Jonas’ Verhältnis zur Philosophie Heideggers ist bekanntlich ein zwiespältiges. Einerseits verdankt Jonas seinem Lehrer viel, anderseits distanziert er sich offen von ihm. Die Philosophie der Technik stellt ein zentrales Argument der gesamten philosophischen Forschung des ausgehenden 19. Jh. bis zu den 30er Jahren des 20. Jh. dar und beschränkt sich keineswegs auf Heideggers Philosophie (s. Jakob 1996). Die eingehende philosophische Reflexion über die Auswirkungen der Technik ist der gemeinsame Nenner, der Jonas auch mit Hanna Arendt und Günter Anders verbindet, die bekanntlich ebenfalls ursprünglich Schüler Heideggers waren.

enthält. Die durch die Auseinandersetzung mit den Ergebnissen der empirischen Wissenschaften des Lebens erreichte Erkenntnis, dass *Selbstheit, Zweckhaftigkeit* und *Freiheit* aus dem Sein des Organischen hervorgehen, wird somit die Bedingung für das Entstehen einer Philosophie des Organischen, in der das Leben als ein an und für sich mit Wert Ausgestattetes verstanden wird, dem Respekt gebührt und das unserer Fürsorge bedarf (Jonas 1973 und 1985).[10]
Um die hier vorgeschlagene Rezeption von Jonas' Ethik angemessen zu verstehen ist es aber vor allem relevant, genauer über die Folgen für die Ethik nachzudenken, die vom kategorischen Charakter des Imperativs stammen, den Hans Jonas an die Spitze seiner Ethik stellt.[11] Der Imperativ, aus dem sich Jonas' Verantwortungsethik konstituiert, verpflichtet uns, die Idee am Leben zu erhalten, die der Philosoph als „ontologische Idee des Menschlichen" bezeichnet. Um unerwünschte Konsequenzen eines philosophischen Ansatzes, wie die des Konsequentialismus, zu vermeiden, vertritt Jonas die Auffassung, dass die kategorische Verpflichtung zur Achtung des Lebens kein spezielles „So-Sein" des Menschen schützen soll. Was nach Jonas unter Schutz gestellt werden soll, ist vielmehr die „ontologische Idee des Menschlichen", die frei von jedem Inhalt ist (Jonas 1978, Kap. II IV., 3).
Diese Definition des verpflichtenden Charakters des Imperativs lässt uns jedoch, wenn sie ernst genommen und konsequent befolgt würde, nicht nur ohne konkrete Angaben zur Anwendung des Prinzips, sondern auch ohne die notwendigen theoretischen Mittel, um die Kriterien einer solchen Anwendung abzuleiten. Ohne Hinweis auf einen Inhalt, der „die ontologische Idee des Menschlichen" artikuliert, kann die Verpflichtung zur Achtung des Lebens keine Anwendung finden. Worin besteht das Leben, das moralisch geschützt werden sollte? Jonas ist sich der Schwierigkeit bewusst, die Verantwortungsethik in eine angewandte Ethik zu verwandeln. In seiner angewandten Ethik dient als Prinzip nicht mehr die leere ontologische Idee des Menschlichen; der konkrete Bezugsrahmen der angewandten Ethik Jonas ist vielmehr die Idee einer für das Überleben des guten und würdigen menschlichen Lebens geeigneten Welt. Das gute und würdige Leben weist auf ein menschliches Sein hin, dessen Charakter *Selbstheit*, *Zweckhaftigkeit* und *Freiheit* ist (Jonas 1973, 107-144).[12] Die Kantsche Zwecksformel

[10] In diesem Rahmen kann allerdings nicht auf das ganze, umfassende philosophische Werk Jonas' Bezug genommen werden, der sich bis zum Ende seines langen und tätigen Lebens mit diesen Problemen auseinander setzte.

[11] Die hier vorgeschlagene Rezeption der Philosophie Jonas' bewegt sich in andere Richtung als die Dietrich Böhlers. Während Böhler den Aspekt der normativen Gründung der Ethik hervorhebt, konzentriert sich mein Interesse eher auf den einer Reflexion über das Organische. Siehe dazu: Böhler 1994.

[12] Jonas steht den Ergebnissen der biologischen Forschung seiner Zeit positiv gegenüber, kritisiert hingegen die Kybernetik, die in den 50er und 60er Jahren beginnt, reduktionistische

nimmt so in der Philosophie von Jonas einen ontologischen Wert an. Wenn dem Sein des Lebens *Selbstheit*, *Zweckhaftigkeit* und *Freiheit* innewohnen, wie uns auch die Ergebnisse der biologischen Forschung lehren, besitzt das menschliche Sein die Merkmale des Organischen, aus dem das Leben des Menschen hervorgeht, in höchster Weise. Diese Überlegungen bezüglich des besonderen Charakters des organischen Lebens erlauben die Behauptung, dass die Ontologie des Lebens, die den Hintergrund für die Ethik Jonas' bildet, nicht zum Vorwand für die Rechtfertigung eines forschungsfeindlichen Konservativismus wird. Die Ontologie des Lebens wird vielmehr zum Ausgangpunkt für eine Ethik, die auf einem Konzept des menschlichen Seins aufbaut, dessen ureigenster Charakter es ist, sich frei Ziele zu setzen und diese bewusst zu verfolgen. Die Verwirklichung der menschlich guten Lebensform kann realisiert werden, indem der Mensch den teleologischen Charakter des organischen Seins berücksichtigt und respektiert, von dem das Menschliche nur die Spitze der Entwicklung darstellt.[13]

III. Die Idee des guten und würdigen Lebens

1. Philosophische Voraussetzungen

Ich habe einige Aspekte von Jonas' Verantwortungsethik rekonstruiert und dabei die enge Beziehung dieser Ethik sowohl mit der Ethik des guten Lebens als auch mit der Ethik Kants hervorgehoben. In der Tat glaube ich, in der Form, welche die Ethik des guten Lebens in Jonas' Reflexion angenommen hat, einen Ausgangspunkt finden zu können, sich mit den Herausforderungen auseinander zu setzen, denen sich die Ethik heute stellen muss, wenn sie Fragen der Anwendung der Technik auf das Leben behandelt. Im Zentrum eines Arbeitsprogramms, das nach den Grenzen der Anwendung der Biotechnologien fragt, damit das gute und würdige Leben unter moralischen und rechtlichen Schutz gestellt werden kann, steht deswegen die Frage der Konstitution der menschlich guten Lebensform.

Das Kriterium, das Jonas ohne weitere Problematisierung benutzte, um den seiner Ethik zugrunde liegenden Imperativ anwenden zu können, nämlich die Idee einer für ein menschenwürdiges Leben geeigneten Welt, soll über Jonas hinaus in Bezug auf seine Möglichkeitsbedingungen untersucht und in Bezug auf seine spezifischen Merkmale philosophisch und anthropologisch problematisiert wer-

Hypothesen über das Menschliche aufzustellen (s. Jonas 1973, 164-187). Gegen den Reduktionismus der modernen, insbesondere der kognitiven Wissenschaften, s. auch Jonas 1987.

[13] Die in der praktischen Ethik Jonas' verwendete normative Orientierungsbasis ist die Erhaltung der Möglichkeit, individuell Ziele zu setzen. S. dazu insbesondere die Abhandlungen in Jonas 1985.

den. Welches ist die gute und würdige menschliche Lebensform? Welche Welt brauchen wir, um diese Lebensform möglich zu machen? Wenn das wesentlichste Merkmal des Organischen, in dem sich das menschliche Leben bisher entwickelt hat, *Selbstheit*, *Zweckhaftigkeit* und *Freiheit* ist, wohin soll dann diese Freiheit führen und worauf soll sich das Urteil stützen, das unser Handeln lenkt, damit das für den Menschen Gute verwirklicht werden kann oder wenigstens nicht unmöglich gemacht wird?

Solche Fragen sind nicht einfach zu beantworten. Wie von Ursula Wolf schon klar aufgezeigt wurde, kann einerseits der in ihnen enthaltene totalisierende Anspruch nicht eingelöst werden, da der Antwort auf diese Fragen der metaphysische Bezugsrahmen fehlt – ein Bezugsrahmen, der uns heute, nach Nietzsche, wenigstens in seiner herkömmlichen Form, nicht mehr zur Verfügung steht.[14] Andererseits macht es das Bestehen zahlreicher Interpretationen hinsichtlich der Konstitution der besten menschlichen Lebensform – Interpretationen, die an die Erfahrungen unterschiedlicher Individuen, Kulturen und Gemeinschaften gebunden sind – äußerst problematisch, das substantivisch definierte menschlich Gute mit Moral und Recht in Bezug zu setzen.

Solche philosophischen Schwierigkeiten, auf die wir stoßen, wenn wir einem Gedankengang folgen, bei dem die Grenzen der Anwendung der Technik auf das Leben unter der Berücksichtigung der Idee der guten und würdigen Lebensform definiert werden sollen, sind weder einfach zu analysieren noch problemlos zu überwinden. Zunächst scheint es unmöglich, ein Konzept der guten und würdigen menschlichen Lebensform zu formulieren, ohne vorher diese Möglichkeit philosophisch gerechtfertigt zu haben; wenn es uns aber gelänge, die Möglichkeit der Formulierung eines philosophisch annehmbaren Konzepts des guten menschlichen Lebens zu rechtfertigen, stünden wir vor den Problemen,

---

[14] Ursula Wolf (1999) setzt sich mit dem Thema der Form auseinander, die die Frage nach den Merkmalen des guten Lebens annehmen muss, und mit den Möglichkeiten der Philosophie, auf diese Frage eine angemessene Antwort zu finden. Nach Ursula Wolfs Meinung macht die metaphysische Reichweite der Frage nach dem guten und glücklichen Leben des Menschen diese heute für die Philosophie unlösbar. Das Ergebnis, zu dem die philosophische Reflexion über das Problem einer Definition des guten und glücklichen menschlichen Lebens gelangt, ist aber für U. Wolf nur scheinbar ein negatives. Wenn auch die Antworten, die wir bei dem Versuch einer Definition der guten und glücklichen menschlichen Lebensform finden können, immer nur partiell und an den Vergleich mit persönlichen und subjektiven Erfahrungen Einzelner gebunden bleiben, wobei dieser Vergleich zeitlich und räumlich begrenzt ist und diese Erfahrungen folglich keinerlei Anspruch auf absolute universelle Gültigkeit haben können, so bedeutet dies dennoch nicht, dass es überflüssig wäre, sich die Frage nach dem guten Leben zu stellen mit dem Ziel, ethisch *bessere* Lösungen zu finden. Auf Fragen nach der besten menschlichen Lebensform ist es unvermeidlich, sich mit diesem *Status* der Antworten zu begnügen. Obwohl wir wissen, dass die gefundenen Antworten begrenzt sind und der Revision unterliegen, so wissen wir auch, dass sie für uns die besten sind, wenn wir sie durch ernsthaftes Überlegen gefunden haben.

die aus seiner Anwendung als normatives Bezugssystem der Ethik erwachsen. Trotz der Schwierigkeiten bei der Formulierung eines Konzepts der guten und würdigen Lebensform und bei dessen praktischer Anwendung, um die Grenzen der Anwendung von Biotechnologien mit den geeigneten Mitteln festlegen zu können, können wir wenigstens versuchen, uns mit der Frage der Definition der Merkmale dieser Lebensform aueinanderzusetzen. Auch wenn wir uns nicht wie Jonas auf eine *Ontologie des Organischen* berufen möchten: Die Bezugnahme auf eine substantiell artikulierte Anthropologie, in der der Bedeutung und dem Sinn des organischen Elements des Lebens besondere Beachtung geschenkt wird, ist im Kontext der Frage nach den Grenzen der Anwendung von Technologien, die das organische Leben radikal verändern können, sicherlich wünschenswert.

2. Elemente zur Definition der guten menschlichen Lebensform

Bereits in den 90er Jahren machte Martha Nussbaum den Versuch, die Merkmale des guten und würdigen menschlichen Lebens zu definieren und dieses Konzept in die philosophische Diskussion über die Gerechtigkeit, d.h. in einen Bereich einzubringen, der, wenn auch nicht völlig verschieden, so doch zumindest weniger spezifisch ist als der, dem hier unser Interesse gilt. Die amerikanische Philosophin stellte sich die Aufgabe, die Reflexion über die Kriterien der Gerechtigkeit durch eine Theorie des Guten zu bereichern – eine Theorie, die Nussbaum als *umfassend* und gleichzeitig *vage* bezeichnete (Nussbaum 1987, 152-187; 1990; 1995). Das Ergebnis dieses Versuchs ist im Zusammenhang mit den hier aufgeworfenen Fragen äußerst interessant und die Bezugnahme darauf kann uns von Nutzen sein.

Zunächst ist zu bemerken, dass dank der postmetaphysischen philosophischen Grundlage von Nussbaums Theorie des Guten die Aporien vermieden werden können, auf die uns Ursula Wolf hingewiesen hatte. Die von Martha Nussbaum vorgeschlagene Theorie des Guten stellt nämlich nicht die totalisierenden Ansprüche, die es uns heute unmöglich machen würden, das in der antiken Tradition erarbeitete Konzept des guten menschlichen Lebens ohne Änderungen zu übernehmen. Die theoretische Grundlage einer ethisch qualifizierten Anthropologie, die nach Martha Nussbaum die Aufgabe hat, die wesentlichen Merkmale des Menschlichen zu definieren, nach deren Kriterien festgelegt werden soll, was Ethik und Politik zu schützen und zu fördern gedenken, ist eine Metaphysik, die ihre Grundlage auf der Voraussetzung zweier Bedingungen aufbaut, die nach Nietzsche imstande sind, ihre Möglichkeit philosophisch zu rechtfertigen. Die erste Bedingung ist die, dass wir, unabhängig von den zeitlichen und räumlichen Unterschieden, in denen sich unser Leben abspielt, einander als menschliche

Wesen anerkennen. Die Liste, die nach Martha Nussbaum die wesentlichen Merkmale des guten menschlichen Lebens definiert, enthält die Grundlagen und die Gründe, die diese Lebewesen, die sich gegenseitig als menschlich anerkennen, dazu bewegen, sich als solche zu erkennen. Die zweite Bedingung, von der Martha Nussbaum ausgeht, ist die, dass über die Bestimmung derjenigen menschlichen Fähigkeiten und Funktionen, deren Fehlen zum Verlust des menschlichen Charakters des Lebens führen würde, weitgehende Übereinstimmung besteht.

Die Metaphysik, auf deren Grundlage Martha Nussbaum ihre Ethik aufbaut, ist also geschichtlich und stützt sich auf Anerkennung und Zustimmung; sie kann, trotz ihres Verzichts auf den traditionell gestellten totalisierenden Anspruch, als maßgebende ethische Richtschnur gelten, da sie das ausdrückt, was die Menschheit insgesamt, und nicht nur eine bestimmte Gruppe oder einzelne Individuen, begründeterweise und übereinstimmend als wesentlich zum Menschlichen gehörend beurteilen und anerkennen.[15] Darüber hinaus stellt diese Metaphysik, obwohl sie eine Aufstellung der Fähigkeiten und Funktionen gibt, die wesentlich das gute menschliche Leben definieren, nicht den Anspruch, eine endgültige und unveränderliche Vorstellung des Guten zu besitzen; sie wird vielmehr von Martha Nussbaum als ‚vage' bezeichnet. Mit diesem Terminus möchte Martha Nussbaum zum Ausdruck bringen, dass ihre Theorie des Guten für eine Erweiterung der Liste der das menschliche Gute definierenden Fähigkeiten und Funktionen offen ist – einer Liste, die aufgrund der Auseinandersetzung mit neuen Erfahrungen und der Verarbeitung dieser Erfahrungen sogar erweiterungsfähig bleiben muss.

Zwei Züge des von Martha Nussbaum erarbeiteten Konzepts des menschlichen Guten erscheinen mir im spezifischen Zusammenhang einer Festlegung der Grenzen beim Gebrauch von Biotechnologien besonders bedeutsam: Die Tatsache, dass wir sterbliche Wesen sind, deren Leben an den Körper gebunden ist, ist bis heute noch zweifellos ein allgemein anerkanntes Merkmal des Menschseins, sowie es auch eine ebenso allgemein anerkannte Tatsache ist, dass wir als Individuen die Fähigkeit besitzen, unser Leben frei zu gestalten. Was in diesem Zusammenhang besonders eingehend untersucht werden muss, ist gerade die Bedeutung und der spezifische Sinn dieser wesentlichen und übereinstimmend angenommenen Merkmale des guten menschlichen Lebens in Bezug auf die Herausforderungen, vor die uns die Anwendungsmöglichkeiten der Technik auf das menschliche Leben stellen. Die im Kontext der Diskussion über die Anwendung der Technik auf das Leben relevante Formulierung eines Konzepts des guten und würdigen Lebens, der menschlich guten Lebensform, soll nämlich, wie es auch Jonas vorgeschlagen hatte, das organische Element und die Freiheit

[15] Zwischen der Auffassung Nussbaums und der Wolfs besteht meines Erachtens kein Widerspruch, sondern Konvergenz.

des Lebens besonders hervorheben, um seinen Sinn für das menschliche Leben zu verstehen.

3. Die Frage der Funktion des organischen Elements des Lebens

Die Frage nach der Funktion und dem Sinn des organischen Elements in der Konstitution unserer Lebensform besitzt heute einen eminent aktuellen Sinn. Das Organische unterliegt nämlich Hybridisierungen, die seinen Charakter nicht nur oberflächlich, sondern auch grundlegend verändern können. Eine genauere Kenntnis der Funktion des organischen Elements innerhalb der Lebensform des Menschen – und hier kann uns die Forschung auf dem Gebiet der Neurobiologie und der kognitiven Psychologie, zumindest anfänglich, in unserer Reflexion weiterhelfen – kann als Grundlage dienen, auf deren Basis vorsichtige praktische Entscheidungen getroffen werden können, die den Charakter des Lebens verändern oder gar seine organische Kontinuität in Frage stellen könnten. Die Herstellung einer engen Beziehung mit den Forschungsergebnissen der empirischen Wissenschaften des Lebens und der Kognitionswissenschaften und deren anthropologische Evaluierung wird somit zur ersten Aufgabe, die die Ethik in diesem Kontext zu erfüllen hat.[16]
Die Funktion des organischen Elements für die Konstitution des Geistes steht heute im Zentrum des Interesses wichtiger Forschungsprojekte und relevanter philosophischer Debatten. Sich hier erschöpfend mit dem vollen Umfang der diese Fragestellung betreffenden Resultate biologischer und kognitions-wissenschaftlicher Forschungen, oder auch nur mit denen der letzten zehn Jahre, auseinander zu setzen, würde den Rahmen dieser Abhandlung sprengen (Lycan 1990; Davies/Humphreys 1993; Metzinger 1995; Block/Flanagan/Guezeldere 1997; Shear 1997; Jackson 1998; Hobson 1998 und Rosenthal 1991; Dennett 1991; Flanagan 1992; Searle 1992; Strawson 1994; Tye 1995; Dretske 1995; Chalmers 1996; Baars 1997; Velmans 2000; Papineau 2002).[17] Ich kann mich

[16] Dieser Aspekt des Konzepts des guten menschlichen Lebens wurde von Martha Nussbaum nicht eingehend genug behandelt, da sie ihr Interesse mehr auf einen interkulturellen Vergleich der Interpretationen seiner Merkmale konzentriert. Andererseits kann aber auch nicht behauptet werden, dass M. Nussbaum am biologischen Aspekt des Lebens kein Interesse habe. Eher das Gegenteil trifft zu. Dies geht aus ihren Studien zur aristotelischen Biologie hervor, auf die sie als erste, auch in Bezug auf die ethische Reflexion, die Aufmerksamkeit gelenkt hat.

[17] In den 90er Jahren wurden auch drei Fachzeitschriften gegründet, die sich mit der Problematik des wissenschaftlichen Studiums des Bewusstseins befassen: „Consciousness and Cognition", „Psyche" und „Journal of Consciousness Studies". In Tucson wurde ein Zentrum für das Studium des Bewusstseins gegründet, das alle zwei Jahre ein internationales Treffen zu diesem Thema veranstaltet. Außerdem wurde ein Verein für das wissenschaftliche Studium

hier deswegen nur kurz darauf beziehen. Heute stehen zwei deutlich voneinander verschiedene Erklärungsmodelle des Geistes zur Diskussion, in denen dem organischen Element eine unterschiedliche Funktion zugewiesen wird. Ich kann ihren Charakter hier nur so beschreiben, dass ich verschiedene Theorien zusammenstelle, deren besondere Merkmale genauer studiert werden müssten, um daraus all die relevanten Schlüsse zu ziehen, die sich auf philosophischer Ebene ergeben. Das erste Modell ist das, welches Searle das Modell der „starken künstlichen Intelligenz" nannte (Searle 1992). In diesem Modell wird bekanntlich der Geist mit Hilfe der Metapher eines digitalen Computers beschrieben, eines vom Geist implementierten Computers. Nach diesem Modell also nimmt der Geist im Gehirn und Körper die Funktion an, die die Software in der Hardware des Computers annimmt.

Es geht hier nicht darum, die zahlreichen Widerlegungen, die zu diesem Modell verfasst wurden, zu referieren und zu diskutieren, zumal dergleichen hier nicht zur Diskussion steht. Doch ist für unseren Kontext die Beobachtung interessant, dass in diesem Modell des Geistes die organische Materie, aus der unser Gehirn besteht, überhaupt keine Rolle spielt. Theoretisch relevant für dieses Modell ist in Wirklichkeit nicht die materielle Beschaffenheit der Hardware, sondern die Software, also der „Programm-Geist" (Chalmers 1996).

Das andere Modell hingegen ist das neurobiologische, das den Geist als aus der Materie des Gehirns hervortretende Eigenschaft betrachtet (Edelmann 1980 und 1992; G. Edelman./G. Tononi 2000; Damasio 1994 und 1999).[18] Gewiss haben einige Neurobiologen noch im letzten Jahrzehnt Versionen dieses Modells ausgearbeitet, die noch entweder ganz oder teilweise vertraute Arten der Reduktion des Bewusstseins wiederholen. Es sind aber nicht die Ergebnisse solcher Forschungen, die ich in diesem Kontext heranziehen möchte. Die hier relevanten Ergebnisse der neurobiologischen Forschungen, vor allem die Gerald Edelmans und Antonio Damasios, haben gezeigt, dass der Geist eine emergente Eigenschaft des Gehirns ist. Auf der Basis dieser Feststellung kommt man aber nicht notwendigerweise zu reduktionistischen Schlüssen auf epistemologischer Ebene und zu eliminatorischen Schlüssen auf ontologischer Ebene (Searle 1992). Wenn man die subjektive Qualität des Bewusstseins als etwas begreift, das aus der Hirnmaterie hervorgeht, ist es weder notwendig, ihren spezifisch subjektiven ontologischen Charakter zu beseitigen, noch ist es notwendig, epistemologische

des Bewusstseins (*Association for the Scientific Study of Consciousness*) gegründet, der jährlich ein Treffen veranstaltet und die Zeitschrift „Consciousness and Cognition" herausgibt. Das „Journal of Consciousness Studies" wirkt dagegen bei der Veranstaltung der Treffen in Tucson mit und steht in enger Verbindung mit dem Forschungszentrum der dortigen Universität.

[18] Ich beziehe mich hier insbesondere auf die Arbeiten Gerald Edelmans und Antonio Damasios, aber auch auf die vieler anderer Neurobiologen, die sich seit etwa 15 Jahren mit dem wissenschaftlichen Studium des Bewusstseins befassen.

Reduktionen auszuarbeiten, die die Besonderheit ihres subjektiven Status nicht mehr erkennen lassen.

Während also für das Modell, das von denen vorgeschlagen wurde, die dem Entwurf der starken künstlichen Intelligenz anhängen, die Materie des Geistes, das organische Element, keine Rolle spielt, ist die Materie für dieses zweite Modell eminent wichtig. Die Qualität des Bewusstseins, das wir genau kennen und das wir, indem wir unsere theoretischen Modelle ausarbeiten, auch erklären möchten, ist unauflösbar an die Gehirnmaterie gebunden, aus der das subjektive Bewusstsein hervorgeht. Das Gefühl, das uns zu dieser besonderen Art von bewussten Wesen macht, die wir sind, wäre sicher ganz anders, wenn unser Bewusstsein aus einer andersartigen Substanz hervorginge – eine Möglichkeit, die wir nicht von vornherein ausschließen können (Chalmers 1996). Diese Überlegung wird speziell dann wichtig, wenn man überzeugt ist, dass „das Gefühl, das uns zu jener besonderen Art von Wesen macht, die wir sind" genau das ist, was uns ganz besonders interessiert und teuer ist.

Diese enge Verbindung von Materie und Geist, die, wie schon erwähnt, insbesondere durch die Forschungstätigkeit von Edelman und Damasio nicht mehr nur eine Arbeitshypothese zu sein scheint, sondern vielmehr ein wichtiges Ergebnis der empirischen Forschung, diese Verbindung, die weder eliminierende noch reduktionistische Folgen hat, hat wichtige Auswirkungen auf das Erklärungsmodell des Geistes, das die oben erwähnten Neurobiologen aufgestellt haben. Wichtige Operationen des Geistes, wie Vorstellung, Phantasie, Gedächtnis, Abstraktion, Entscheidung und Sprache werden zu etwas ganz Anderem, wenn sie sozusagen „entmaterialisiert" und als Fähigkeiten eines Geistes beschrieben werden, für deren Qualität das Fleisch (und alles was man mit dem Fleisch verbindet) irrelevant ist. Wenn sie im Gegensatz dazu als aus der organischen Materie unseres Körpers hervorgehende Fähigkeiten verstanden werden, wird das Organische zur Beschreibung des besonderen Charakters, den sie beim Menschen annehmen, eminent wichtig (Johnson 1987).

Um die Relevanz einer solchen Unterscheidung zu ermessen, genügt hier der Hinweis auf einige Resultate der Untersuchungen, die Damasio allein in seinem „Descartes Irrtum" betitelten Werk darlegt. Dieses Werk erschien ein paar Jahre vor „The Feeling of What Happens", ein Buch, in dem der Neurobiologe ein allgemeines theoretisches Erklärungsmodell des Bewusstseins ausarbeitet. Dem kartesianischen Dualismus setzt Damasio einen naturalistischen Monismus entgegen. Das Denken, vor allem dann, wenn es Informationen liefert, auf die dann ein Entschluss aufgebaut wird, verfehlt sein Ziel völlig, wenn es der Informationen beraubt wird, die von eng mit dem Fleisch verbundenen menschlichen Fähigkeiten wie Emotion und Gefühl herrühren. Im organischen Körper sind Erfahrungen gespeichert, ohne die das „Denken" grundlegender Angaben beraubt wäre, die ihm notwendig sind, damit es sein Ziel nicht verfehlt. In diesem Kontext ist es das individuelle *working memory*, das zu einer wertvollen Ressource für das Individuum wird und ein Paket an impliziten und expliziten Kenntnissen bereitstellt, das den besonderen Charakter seines einzigartigen und unwiederholbaren Lebens ausmacht (Mecacci 1984; Oliverio 1999). Der organische Körper liefert uns Kenntnisse über uns und unsere Welt, die nicht ersetzbar sind, ohne die Form des Lebens, die uns heute bekannt und teuer ist, grundsätzlich zu verändern.

Über die anthropologische und ethische Relevanz solcher Ergebnisse neurobiologischer Forschungen wird man noch reflektieren müssen. Schon bei einer ersten oberflächlichen Überlegung ist es jedoch wichtig, wenigstens aufzuzeigen, dass wir, wenn wir das organische Element des Lebens verändern, durch die Anwendung der Technik eine höchst komplexe Struktur gefährden. Das Leben, das technisch verändert wird, ist in Wirklichkeit nicht die „objektive" Seite des Menschseins, die der „subjektiven" beigefügt ist. Die Manipulation unseres „Fleisches" verändert auch die Qualität des Gefühls, das unser subjektives Bewusstsein begleitet und uns vertraut und teuer ist.

Die Beziehungen zwischen dem, was die technische Manipulation in unserem Organismus verändert, einerseits, den Organismen um uns herum und den besonderen Aspekten unseres qualitativen Bewusstseins andererseits, sind noch nicht in ihrem ganzen Ausmaß und in der empirischen Detailliertheit ersichtlich, die erforderlich wäre, um Risiken bei der Anwendung der Technik auf das organische Leben zu vermeiden. Neurobiologische Forschungen bringen jedoch täglich größere Klarheit über diese Verknüpfungen.

4. Die Aporie der Freiheit und die Frage nach den Grenzen der Anwendung der Technik auf das Leben

Der andere wesentliche Aspekt der typisch menschlichen Lebensform ist nach Martha Nussbaum die Freiheit, das eigene Leben zu gestalten und dabei mit anderen zu interagieren – eine Freiheit, die jedem Individuum innerhalb einer freien Gemeinschaft zusteht. Über die zentrale Bedeutung der Freiheit, das eigene Leben zu bestimmen, herrscht breite Übereinstimmung verschiedener philosophischer Richtungen.[19] Der Hinweis auf die Freiheit allein bleibt aber zu allgemein und unzureichend, um sich mit der Problematik der Festlegung der

[19] Die Frage der Handlungsfreiheit steht heute im Zentrum zahlreicher Debatten auf analytischem Gebiet. Es wird versucht, ausgehend vom heutigen Stand unserer wissenschaftlichen Kenntnisse über die Natur ihre Möglichkeit zu ermessen. Wenn die Natur sich durch Gesetzmäßigkeiten zu erkennen gibt, die sich kompakt als vorbestimmt erweisen, welche Rechtfertigung besitzt dann die dem Menschen schon immer eigene Idee seiner Fähigkeit, sich frei selbst zu bestimmen? Besteht zwischen dem Determinismus der Wissenschaft und der Freiheit eine unlösbare Antinomie? S. dazu: Searle 2000, 3-22.

Grenzen der Anwendung der Technik auf das Leben auseinander zu setzen (Habermas 2001).[20] Wie müssen wir unsere Freiheit bei der Planung unseres Lebens einsetzen, wenn grundsätzlich die Form des Lebens auf dem Spiel steht? Die Freiheit, die nach Kants klassischer Definition als Kriterium unseres moralischen Handelns dienen muss, soll von jeder anthropologischen Voraussetzung Abstand nehmen. In diesem Zusammenhang ist die Anthropologie hingegen von größter Bedeutung. Der Bezug zwischen Freiheit und Natur, wie er von Kant definiert wurde, muss von Grund auf neu überdacht werden, um zu verhindern, dass die Freiheit die Natur in Gefahr bringen kann. Dazu erscheint der Rückgriff auf die Stellungnahme Jonas' an dieser Stelle sinnvoll. Die Freiheit des Menschen ist für Jonas im biologischen Element des Lebens verankert und charakterisiert darüber hinaus auch das organische Element, in dem das Leben gedeiht.[21] Die letzten biologischen Forschungsergebnisse scheinen Jonas Recht zu geben. Schon bei einer ersten anthropologischen Evaluation der neuesten Erkenntnisse über das Organische gelangen wir zu einer Definition des Phänomens des Lebens, die es nicht mehr als feste, sondern richtiger als biologisch offene Form bezeichnet.[22] Dem Menschen steht eine Freiheit zu, die eigene biologisch offene Form zu gestalten. Unsere Freiheit erlaubt es, überraschend unterschiedliche und neue Formen des Lebens zu entwerfen. Die Phantasie kann so am Ursprung einer Praxis stehen, die das Bild dessen verändern kann, was als menschliches Le-

[20] Habermas schlägt vor, als Kriterium die Achtung der Freiheit der freien Planung des eigenen Lebens einzusetzen, um die Frage der Grenzen einer gentechnologischen Programmierung des Lebens zu lösen. Dieser Vorschlag ist sicherlich nützlich, um der technischen Manipulation von Embryonen Grenzen zu setzen; er hilft aber demjenigen nicht weiter, der frei entscheiden soll, was an der gegenwärtigen Konstitution des eigenen Lebens gegen die Gefahren des technischen Eingriffs geschützt und in seiner Entwicklung gefördert werden muss. Zur Vertiefung dieses Aspekts der Frage s. Gessa Kurotschka 2002.

[21] Es wäre hier interessant, die Beziehung der Anschauungen Jonas' zur traditionellen Biologie des 19. und 20. Jh. oder auch zur rein aristotelisch geprägten Auffassung genauer zu untersuchen. Zur Biologie des 19. Jh. vgl. Poggi 2000; Orsucci 1992.

[22] Die deterministische Auffassung der Konstitution des Lebens, die die Entwicklung der empirischen Forschung auf dem Gebiet der Genetik während des 20. Jh. begleitete und auch die Grundlage des Projekts zur Entschlüsselung des menschlichen Genoms bildete, wurde gerade durch die Weiterentwicklung der genetischen Forschung tief erschüttert, die völlig neue Arbeitsperspektiven eröffnete. Gegen den Determinismus und den biologischen Reduktionismus, s. Lewontin 2001, insbesondere gegen den Reduktionismus 95-121 und die darin gegebenen bibliographischen Hinweise. Das Ideal des Reduktionismus wird von Steven Rose folgendermaßen zusammengefasst: „...da die Wissenschaft einheitlich ist, und da die Physik die grundlegendste der Wissenschaften ist (...), wird es möglich sein, die theoretische Chemie zum Spezialfall der Physik zu erklären und die Biochemie auf die Chemie, die Physiologie auf die Biochemie, die Psychologie auf die Physiologie und schließlich die Soziologie auf die Psychologie und folglich auf die Physik zurückzuführen. Dies war im Grunde der theoretische Anspruch der Molekularbiologie seit ihrem Beginn in den 30er Jahren" (ebd., 106). Vgl. auch Fox Keller 1995 und 2000.

ben im herkömmlichen Sinn verstanden wird – eine Praxis, die besonders unsere Vorstellung, Wesen zu sein, die auf der Erde leben und deren Leben an den Körper eng gebunden ist, nicht ruhen lässt. Das, was bei der Anwendung der Technik auf das Leben auf dem Spiel steht, ist nicht nur die Möglichkeit, die Grenzen von Leben und Tod durch Hybridisierung des Organischen zu verschieben. Es scheint heute auch die Kontinuität des Lebens in der Form, in der es den menschlichen Wesen auf der Erde gegeben wurde, also mit einem organischen Körper, auf dem Spiel zu stehen. Und das sowohl weil die Anwendung der Biotechnologien das organische Element des Lebens gefährdet als auch weil die extrem fortgeschrittene Technik, von der die Freiheit Gebrauch machen kann, sogar die Möglichkeit zu haben scheint, ein post-organisches Leben zu schaffen.

Obwohl eine solche Entwicklungsperspektive heute den meisten noch als zu fürchtende Gefahr erscheint, bleibt dennoch die Frage einer Festlegung von Grenzen für die Anwendung der Technik auf das Leben äußerst problematisch. Den technisch möglich gewordenen Transformationen eine kategorische Grenze zu setzen, indem man Bezug nimmt auf den aktuellen Status dessen, was herkömmlich als menschliche Lebensform verstanden wird, scheint im Widerspruch zum offenen Charakter der menschlichen Lebensform zu stehen. Der Vorschlag, dem Gebrauch der Technik eine solche kategorische Grenze zu setzen, würde zwar mit Sicherheit einen Aspekt unserer Lebensform schützen, die uns wichtig und teuer ist, nämlich den, dass sich unsere Lebensform in einem organischen Körper ohne Gefahr verwirklicht; er würde aber mit einem anderen, ebenso wichtigen Aspekt in Konflikt geraten, nämlich mit der Freiheit, sich selbst frei und kreativ zu gestalten.

Wir stehen also einer schwer lösbaren Aporie gegenüber. Weil sich die Freiheit einer hoch entwickelten und spezialisierten Technik bedienen kann, stellt die Ausübung der Freiheit, unser Leben zu gestalten und dessen Form radikal zu verwandeln, eine Gefahr für die biologische Basis des Lebens dar. Wie sollen wir dieser Aporie entgegentreten? Ist sie überhaupt lösbar? Der Vorschlag einer absoluten und nicht überschreitbaren Grenze für unsere Freiheit im weitesten Sinne des Wortes erscheint nicht nur unrealistisch sondern auch wenig wünschenswert. Unrealistisch, weil die Entwicklung der Biotechnologien und ihre fortschreitende Anwendung sowohl mit dem Interesse verbunden ist, unsere Lebensform zu verbessern (wie unbestimmt zuerst auch dieses Interesse sein mag), als auch mit den Investitionen in die biotechnologische Forschung starker Wirtschaftsgruppen, die die politische Entscheidungen grundsätzlich beeinflussen. Wenig wünschenswert erscheint ein solcher Vorschlag, weil ihm die Vorstellung einer verängstigten und in sich verschlossenen Lebensform, innerhalb derer nur das verteidigt wird, was vor uns andere Menschen verwirklicht haben, zugrunde läge. Eine Lebensform, die der Möglichkeit beraubt wäre, Phantasie und Erfindungsgabe einzusetzen, wäre für uns alles andere als anziehend und würde eine Idee des Menschlichen absichern, die in krassem Gegensatz zur attraktivsten und lebendigsten Kreativität steht, die als unantastbar betrachtet werden sollte. Ein Leben, das sich selbst immer gleich reproduziert, scheint für uns nicht die Merkmale zu besitzen, die wir als „gutes und würdiges menschliches Leben" definieren könnten.

Obwohl die ethisch qualifizierte Anthropologie, die als normativer Bezugsrahmen der Praxis dienen kann, uns keine einfachen Lösungen für unsere ethischen Fragen bietet, da sie keinen Schluss auf sichere Normen zulässt, die in einem unveränderlichen Bild der guten Lebensform verankert sind, muss man die Bezugsnahme auf die Frage nach dem guten und würdigen Leben bei der Suche nach einer praktischen Orientierung für die Festlegung von Grenzen der Anwendung der Technik auf das Leben nicht als trügerisch und zum Scheitern verurteilt ansehen. Die Rechtfertigung von Normen, die die Anwendung der Technik auf das Leben regeln sollten, kann sich einerseits *nur* anthropologischer Argumente bedienen. Die demokratische Legitimierung solcher Normen ist andererseits *nur* durch eine öffentlichen Diskussion solcher immer wieder neu verarbeiteter anthropologischer Argumente durchsetzbar. Obwohl die Bezugnahme auf die Idee der besten menschlichen Lebensform keine Garantie gegen die möglichen Risiken unserer Entscheidungen darstellt, überträgt sie uns dennoch die positive Aufgabe, uns um das Leben und um die Art zu sorgen, in der es sich weiter zu entwickeln hat, die Aufgabe nämlich, dasjenige unter rechtlichen Schutz zu stellen, was wir immer wieder neu als die unverzichtbaren Aspekte unseres „guten und würdigen Lebens" erkennen.

Literatur:

Aristoteles: Nikomachische Ethik, herausgegeben von G. Bien, Hamburg 1972.

Baars, B.: In the Theatre of Consciousness: The Workspace of the Mind, Oxford 1997.

Berti, E.: Le vie della ragione, Il Mulino - Bologna 1987.

Bien, G.: Die Grundlegung der politischen Philosophie bei Aristoteles, Freiburg/München 1973.

Block, N./Flanagan, O./Guezeldere, G. (Hg.): The Nature of Consciousness. Philosophical Debates, Cambridge 1997.

Böhler, D. (Hg.): Ethik für die Zukunft. Im Diskurs mit Hans Jonas, München 1994.

Chalmers, D.: The Conscious Mind, Oxford 1996.

Damasio, A: Descartes' Error: Emotion, Reason and the Human Brain, NY 1994.

Damasio, A.: The Feeling of what Happens. Body and Emotion in the Making of Consciousness, NY 1999.

Davies, M./Humphreys, G.W. (Hg.): Consciousness. Psychological and Philosophical Essays, Blackwell-Oxford 1993.

Dretske, F.: Naturalising the Mind, Cambridge 1995.

Edelman, G.: The Remembered Present, NY 1980.

Edelman, G.: Bright Air, Brillant Fire: On the Matter of the Mind, NY 1992.

Edelman, G./Tononi, G: A Universe of Consciousness. How Matter Becomes Imagination, NY 2000.

Ferrara, A./Gessa Kurotschka V./Maffettone S. (Hg.): Etica individuale e giustizia, Liguori - Neapel 2000.

Flanagan, O.: Consciousness Reconsidered, Cambridge 1992.

Fox Keller, E.: Refiguring Live: Metaphors of Twentieth-Century Biology, NY 1995.

Fox Keller, E.: The Century of the Gene, Harvard College 2000.

Gessa Kurotschka V.: Alasdair MacIntyre. La vita buona e i principi, Neapel 1996.

Gessa Kurotschka V.: Dimensioni della moralità. Etica e politica nella filosofia tedesca contemporanea, Neapel 1999.

Gessa Kurotschka, V.: Über die Grenzen der Anwendung von Biotechnologien. Jürgen Habermas vs. Hans Jonas, im Druck befindliche Schrift, bei den Akten des Internationalen Treffens in Luxemburg, November 2002.

Habermas, J.: Die Zukunft der menschlichen Natur. Auf dem Weg zu einer liberalen Eugenik?, Frankfurt a.M. 2001.

Heidegger, M.: Sein und Zeit, Gesamtausgabe, I. Abteilung: Veröffentlichte Schriften 1914-70, Band 2, Frankfurt a. M. 1977.

Heidegger, M.: Ontologie (Hermeneutik der Faktizität), Gesamtausgabe, II. Abteilung: Vorlesungen, Band 63, Frankfurt a.M. 1988.

Hobson, J.A. (Hg.): Consciousness, NY 1998.

Höffe, O.: Grundmodelle der praktischen Philosophie. Das Modell des Aristoteles, Frankfurt a.M. 1972.

Honneth, A. (Hg.): Kommunitarismus. Eine Debatte über die moralischen Grundlagen moderner Gesellschaften, Frankfurt a.M. 1992.

Kant, I.: Die Religion innerhalb der bloßen Vernunft, Kants Werke, Band VI, Akademie Ausgabe, Berlin 1914.

Jakob, E.: Martin Heidegger und Hans Jonas. Die Metaphysik der Subjektivität und die Krise der technologischen Zivilisation, Tübingen, Basel 1996.

Jackson, F.: Consciousness, Ashgate 1998.

Jonas, H.: Organismus und Freiheit. Ansätze zu einer philosophischen Biologie, Göttingen 1973.

Jonas, H.: Das Prinzip Verantwortung, Frankfurt a. M. 1979.

Jonas, H.: Technik, Medizin und Ethik. Zur Praxis des Prinzips Verantwortung, Frankfurt a.M. 1985.

Jonas, H.: Macht oder Ohnmacht der Subjektivität? Das Leib-Seele-Problem im Vorfeld des Prinzips Verantwortung, Frankfurt a. M. 1987.

Johnson, M.: The Body in the Mind: The Bodily Basis of Meaning, Imagination and Reason, Chicago Illinois 1987.

Lewontin, R.C.: Gene, organismo e ambiente, Rom/Bari 1998.

Lycan, W.G. (Hg.): Mind and Cognition: A Reader, Oxford 1990.

MacIntyre, A.: After Virtue. A Study in moral Theory, Notre Dame 1981.

Mecacci, L.: Identikit del cervello, Bari/Rom 1984.

Metzinger, T. (Hg.): Conscious Experience, 1995.

Nussbaum, M.C.: The Fragility of Goodness. Luck and Ethics in Greek Tragedy and Philosophy, Cambridge 1986.

Nussbaum, M.C.: Nature, Function and Capability: Aristotle on Political Distribution, in Aristotles' Politik. Akten des XI Symposium Aristotelicum, hg. von G. *Patzig*, Göttingen 1987, S.152-187.

Nussbaum, M.C.: Aristotelian Social Democracy, in Liberalism and the Good, hg. von R. B. *Doeglass*/G. R. *Mara*/H. S. *Richardson*, London 1990.

Nussbaum, M.C.: Women, Culture and Development. A Study of Human Capabilities, hg. von M. C. *Nussbaum*/J. *Glover*, Oxford 1995.

Nussbaum, M.C./ Sen, A (Hg.): The Quality of Life, Oxford 1993.

Nussbaum, M.C.: Vom Nutzen der Moraltheorie für das Leben, Wien 1997. Symposium on Martha Nussbaum's Political Philosophy, in: Ethics 111(2000), S. 5-141.

Nussbaum, M.C.: Woman and Human Development. The Capabilities Approach, Cambridge-NY 2000.

Oliverio, A.: Biologia e filosofia della mente, Bari/Rom, 1999.

Orsucci, A.: Dalla biologia cellulare alle scienze dello spirito. Aspetti del dibattito sull'individualità nell'Ottocento tedesco, Bologna 1992.

Papineau, D.: Thinking about Consciousness, 2002.

Poggi, S.: Il genio e l'unità della natura. La scienza della Germania romantica (1790-1830), Bologna 2000.

Riedel, M. (Hg.): Rehabilitierung der praktischen Philosophie, Band I und II, Freiburg 1973-74.

Rose, S.: Linee di vita. Oltre il determinismo, Garzanti 2001 (Originalausgabe 1977).

Rosenthal, D.M.: The Nature of Mind, NY 1991; D. Dennett, Consciousness Explained, NY 1991.

Searle, J.: The Rediscovery of the Mind, Cambridge 1992.

Searle, J.: Consciousness, Free Action and Brain, in: Journal of Consciousness Studies, 7, 10 (2000), S. 3-22.

Sen, A.: Equality of What?, Tanner Lectures of Human Values, Bd. I, 1980.

Sen, A.: Well-being, Agency and Freedom, in: Journal of Philosophy LXXXII (1985), S. 169-221.

Sen, A.: Inequality Reexamined, Oxford, 1992.

Sen, A.: Development and Freedom, Oxford, 1999.

Shear, J. (Hg.): Explaining Consciousness – The "Hard Problem", 1997.

Spengler, O.: Der Mensch und die Technik, München 1931.
Strawson, G.: Mental Reality, Cambridge 1994.
Tye, M.: The Problems of Consciousness, 1995.
Wolf, U.: Die Suche nach dem guten Leben. Platons Frühdialoge, Reinbeck 1996.
Velmans, M.: Understanding Consciousness, London 2000

Matthias Kaufmann

Die Grenzen der Zurechnung

Der vorliegende Band untersucht, inwieweit sich der mitunter schwer greifbare und schwer einzugrenzende Begriff der Verantwortung durch den wesentlich weniger komplexen Begriff der Zurechnung theoretisch handhabbarer machen lässt. Insofern liegt der Versuch nahe, die Erfolgsaussichten und sachlichen Grenzen dieses Verfahrens der „Zurechnungsexpansion" (Lübbe 1998, 20ff.) in vorläufiger Weise zu markieren. Insbesondere ist interessant, welche dieser Grenzen vermutlich durch den Kontext der Begriffsverwendung vorgegeben und kaum veränderlich sind, und in welchen Fällen man hoffen kann, durch weitere Differenzierung des Zurechnungsbegriffs auch die Rede von der Verantwortung noch genauer anwendbar zu machen. Dies zumindest ansatzweise zu tun ist das Anliegen dieses Beitrags. Angesichts der hochdifferenzierten Literatur zu vielen der angeschnittenen Fragestellungen bleibt ein solches Vorgehen notwendig bei eher allgemeinen, skizzenhaften Hinweisen. Mir kommt es insbesondere darauf an, bei den Bereichen, wo eine derartige Operationalisierung der Verantwortung eher schwierig zu bewerkstelligen scheint, solche Fälle, in denen wir lieber auf die Rede von Verantwortung verzichten sollten, weil sie der Verwirrung und der politischen Propaganda dient, von denen zu unterscheiden, wo der Begriff der Verantwortung, wenn auch vielleicht in eher ungenauer Form, auf verbleibende Probleme aufmerksam macht und daher eine wichtige soziale Funktion erfüllt.
Als Hilfsmittel für meine Untersuchung werde ich mich einer „morphologischen Matrix der Verantwortungstypen" bedienen, die Günther Ropohl (Ropohl 1996, 75) vor einigen Jahren zusammengestellt hat, die allerdings zur Anpassung an den für unseren Kontext relevanten Sprachgebrauch etwas modifiziert wurde.

1. Das unproblematische Individuum

Wenn in diesem Kontext die rechtlich und moralisch relevanten Handlungen der einzelnen Menschen noch relativ unproblematisch zu handhaben sind, so ist dies natürlich kein Zufall, weil eben der Begriff der Zurechnung für den Bereich der individuellen Verantwortung entwickelt wurde. Der sozusagen klassische Fall besteht darin, dass ein Individuum sich für eine Handlung oder eine Unterlassung für die voraussehbaren Folgen wegen der Übertretung der Gesetze vor einem Gericht nach der Handlung passiv zu verantworten hat. Bei der Untersuchung darüber, in welchem Maß das Individuum zur Verantwortung zu ziehen ist, spielen die verschiedenen Formen der Zurechnung, wie sie u.a. im 18. Jahr-

hundert ausdifferenziert wurden, eine entscheidende Rolle (vgl. z.B. Hruschka 1991a; 1991b; 1994). Selbstverständlich gibt es in diesem Bereich noch immer mehr als genügend theoretische Probleme. Dazu gehören u.a. Probleme der Haftung für Fern- und Spätfolgen, der Haftung für individuell produzierte Produkte, der Zurechenbarkeit von Unterlassungen etc. Andererseits gibt es aber auch so etwas wie einen Grundkonsens darüber, welche Parameter selbst bei kontroversen Diskussionen zur Anwendung gelangen.
Dieses vergleichsweise einfache Modell kommt in metaphorischer Redeweise zur Anwendung, wenn Menschen außerhalb der rechtlichen Sphäre für ihr gegenwärtiges Handeln von anderen „zur Rechenschaft gezogen" werden, weil ihr Tun nicht den gemeinsamen Wertvorstellungen entspricht. Sie neigen dann ferner dazu, für ihr tadelnswertes Verhalten, beispielsweise in Gestalt von Unpünktlichkeit oder Unhöflichkeit, in den verschiedensten Bereichen Entschuldigungsgründe anzuführen, die es erschweren sollen, ihnen ihr Tun in vollem Umfang zuzurechnen (vgl. z.B. Habermas 1983, 56).
Moralische Verantwortung trägt man in analoger Form: „Das Bewußtsein eines inneren Gerichtshofes im Menschen (»vor welchem sich seine Gedanken einander verklagen oder entschuldigen«) ist das Gewissen." (I. Kant: Die Metaphysik der Sitten, Tugendlehre 2. Hauptstück, 1. Abschnitt, § 13 [S. 402]). Man hat es hier also mit einer gleichfalls metaphorischen, internalisierten Form der Zurechnung zu tun, bei der in vielen Ethikansätzen auch der handlungsleitende Wille eine bedeutende Rolle spielt. Die *imputabilitas*, die Zurechenbarkeit, wird im frühen vierzehnten Jahrhundert nicht zufällig im Kontext jener Diskussion zum Merkmal moralisch relevanter Handlungen (vgl. Kaufmann 1994), bei der angesichts von Gottes Wissen um unsere geheimsten Wünsche gefragt wird, ob es genau so schlimm sei, Böses zu wollen, wie Böses zu tun (Adams/Wood 1983).
Auch prospektive Verantwortung lässt sich für ein zurechnungsfähiges Individuum daher so handhaben, dass es die Zurechnung vor diesem inneren oder auch einem äußeren Gerichtshof antizipiert Die Forderung nach verantwortlichem Handeln beinhaltet die Forderung, sich stets auf ein derartiges Gericht einzustellen. Umgekehrt definiert sich spätestens seit der Neuzeit der Mensch als moralisch relevantes Wesen gerade durch seine Zurechnungsfähigkeit (vgl. dazu pointiert den Beitrag von Alexander Aichele in diesem Band).
Besondere, bis ins tragische reichende Schwierigkeiten treten hier auf, wenn ein Mensch sich gleichzeitig wegen eines möglichen Verstoßes gegen verschiedene Regeln zu verantworten hat, die einander fundamental widersprechende Forderungen zum Ausdruck bringen. Möglicherweise beanspruchen hier mehrere innere und/oder äußere Gerichtshöfe zugleich die Gerichtshoheit. Als klassisches Beispiel sei nur Antigone genannt, bei der die Forderung nach Gehorsam gegenüber dem weltlichen Herrscher der religiösen Forderung nach würdiger Totenbestattung gegenübersteht. So schwierig diese Fragen auch sind, wir besitzen

doch ein über längere Zeit hinweg herangereiftes Handwerkszeug, damit methodisch kontrolliert umzugehen. Inzwischen, spätestens seit den Arbeiten von Lawrence Kohlberg, untersucht man den moralischen Entwicklungsstand von Kindern und Heranwachsenden nicht zuletzt anhand der Frage, inwieweit sie mit moralischen Dilemma-Situationen umzugehen verstehen (vgl. u.a. Kohlberg 1996, Oser/Althof 1994).

2. Die etwas heiklen Korporationen

Wesentlich schwieriger gestaltet sich die Angelegenheit bereits dann, wenn Kollektive für etwas verantwortlich sind (vgl. u.a. Lübbe 1994; 1998, Kap. IV und den Beitrag von Jan Joerden in diesem Band). In diesem Feld werden bereits seit einiger Zeit die Probleme der Verantwortung von Wirtschaftsunternehmen für ihre Produkte und die ökologischen und anderweitigen Folgen ihrer Produktionsweise diskutiert. Darüber hinaus gewinnt auch die Diskussion um die Verantwortung für politische Verbrechen mehr und mehr an Bedeutung. Insbesondere seit es möglich wird, derartige Verbrechen vor internationalen Gerichten zu ahnden, erhält das Völkerstrafrecht zunehmend Gewicht und Relevanz. Es wird zugleich schwieriger, komplexer, unübersichtlicher. Dennoch bleibt das im letzten Abschnitt präsentierte Grundmuster, mit Verantwortung umzugehen, indem wir sie in Zurechnung umsetzen, erhalten, man kann sogar sagen, dass wir alles daran setzen, es auszuweiten und zur Geltung zu bringen.
Wie man zugestehen muss, entstehen für ein solches Vorgehen erhebliche Schwierigkeiten, wenn eine kollektive Täterschaft dazu führt, dass die Bezugnahme auf den Anteil Einzelner nicht mehr möglich ist. Dies kann rein epistemische Ursachen haben: Man weiß, dass einer aus einer bestimmten Gruppe für den Schaden eines anderen aus einer anderen Gruppe verantwortlich war, doch weiß man nicht, wer es genau gewesen ist. Ein u.a. von Weyma Lübbe (Lübbe 1998, 126) genanntes Beispiel ist ein Medikament, von dem bei der durch die Einnahme seitens der Mutter Geschädigten nach dem Tod der Mutter nur noch der Wirkstoff, nicht mehr der Markenname, daher auch nicht der Hersteller bekannt war. Nach dem Grundsatz der „market share liability" ließ man sämtliche Hersteller des Medikaments proportional zu ihrem Marktanteil haften.
Eine neue Stufe der Undurchsichtigkeit tritt ein, wenn nicht nur das Wissen über den wahren (individuellen) Verursacher fehlt, sondern ein Kollektiv tatsächlich etwas gemeinsam begeht, sei es einen Mord im Orientexpress oder eine Abstimmungsentscheidung in einem an sich legitimen Gremium, deren Resultat zu erheblichen Schädigungen Anderer führt. Ferner, dies ist nochmals eine andere Situation mit ähnlichen Problemen für die Zurechnung, können sich mehrere an sich nicht problematische Einzelhandlungen derart summieren, dass sie plötzlich

zur Katastrophe führen. Dieses Resultat muss nicht immer gleich ein Ozonloch sein. Es genügt, dass mehrere Waldbesitzer durch von einander getrenntes Abholzen im Wasserschutzgebiet am Oberlauf eines Flusses zu beschleunigtem Wasserabfluss und Überschwemmungsschäden flussabwärts beitragen. Solange es um Straftaten geht, bei denen ein Täterkreis einigermaßen einzugrenzen ist, besitzen die Strafrechtstradition, aber auch das für Schadensersatzklagen zuständige Zivilrecht ein gewisses Instrumentarium zur Behandlung multipler Täterschaft, sei es gemeinsame Täterschaft, sei es Nebentäterschaft etc.
Weitere Problemverschärfungen treten auf, wenn die Gruppe der Handelnden nicht bestimmbar oder die rechtliche Regelung nicht eindeutig fixierbar ist. Ersteres kommt etwa bei Massentumulten vor. Um ein nicht der ideologischen Steuerung verdächtiges Beispiel zu nennen, könnte man den Sturm auf den Wiener Justizpalast am 15. Juli 1927 nennen, ein Aufruhr, der als Reaktion auf unverantwortliches Polizeiverhalten mehr oder minder spontan ausbrach, bei dem es zahlreiche Tote und Verletzte gab, ohne, dass man eindeutig Rädelsführer hätte benennen können. Das aus der Geschichte sattsam bekannte Verfahren obrigkeitlichen Umgangs mit derlei Ereignissen, also die Durchführung von Massenerschießungen wie etwa nach der Niederschlagung der Pariser Kommune, kann heute und konnte natürlich auch damals im „roten Wien“ nicht mehr akzeptabel erscheinen. Bis auf die von rechtskonservativer Seite geäußerten antisemitischen Verdächtigungen blieben die Obrigkeit wie die Intellektuellen unterschiedlichster Disziplinen gegenüber dem Phänomen der Masse als Täterin eigenartig ratlos (Maderthaner 2001). Für Elias Canetti war dies wohl einer, wenn nicht *der* Auslöser zur Beschäftigung mit dem Problemen von Masse und Macht (vgl. Canetti 1999). Als weiteres Beispiel derartiger „random collections“ kann man die zufällig in der Nähe eines Unfalls befindlichen Passanten nennen (u.a. Lübbe 1998, 23, 164 ff.; May/Hoffman 1991).
Die Unklarheit über die verbindliche rechtliche Regelung finden wir insbesondere im Völkerstrafrecht vor. Hier scheint es, zumindest im deutschsprachigen Raum, eine starke Tendenz zu geben, die individuelle, zurechenbare Beteiligung einzelner Täter so weit wie möglich zu ermitteln und zu beurteilen, obwohl man angesichts der in einem Organisationszusammenhang begangenen Verbrechen ein „Strukturproblem“ einräumt (Marxen in Lüderssen 1998). Die Ansicht, man müsse gegebenenfalls so etwas wie eine „Kollektivschuld“ annehmen und es sei durchaus im Sinne der Gerechtigkeit, wenn durch bestimmte Maßnahmen das „Staatsvolk“ getroffen werde, wird überwiegend abgelehnt (Jäger 1989, Lüderssen 1998; 1999; Naucke 1999). Abgesehen davon, dass man, was selbstverständlich sein sollte, auch einen als „Bestrafung“ titulierten Krieg nicht als Strafe ansehen kann, selbst wenn er legitim ist, bleiben zusätzliche Zweifel an Maßnahmen, die eher geeignet sind, die unschuldige Bevölkerung zu belasten als die Schuldigen innerhalb des Unrechtsregimes, wie etwa manche der Boy-

kottmaßnahmen gegen den Irak. Auch hier kann man feststellen, dass die erfolgversprechenden Versuche, so etwas wie Berechenbarkeit in das System des Völkerstrafrechts zu bringen, an Bemühungen gekoppelt sind, Personen Handlungsweisen zuzurechnen. Eher als die bloße Beteiligung am Machtapparat eines Unrechtssystems ahndet man die „Beteiligung an einem verbrecherischen Gesamtvorhaben", wenn ein Verbrechenserfolg vorliegt (Marxen in Lüderssen 1998). Allerdings gibt es durchaus Bereitschaft, in solchen Fällen Institute wie etwa das Rückwirkungsverbot außer Kraft zu setzen (Naucke 1996), ferner reagiert man auf die besondere, hierarchische Struktur verbrecherischer Kollektive dadurch, dass man die Zurechnung teilweise auf eine höhere Ebene verlagert und anstatt bzw. zusätzlich zu den unmittelbaren Tätern in hohem Maße die Hintermänner zur Rechenschaft zieht (vgl. Moeller 2003, Werle 2003).
Die Bemühung um Individualisierung der Belastungen aus kriminellen politischen Maßnahmen setzt sich auch ökonomisch in Überlegungen fort, wie man den Eliten politisch instabiler aber rohstoffreicher Entwicklungsländer die Möglichkeit nehmen kann, sich persönlich zu bereichern und den Schadenersatz der Bevölkerung zu hinterlassen (Pogge 2001; 2002).

3. Die schwer greifbare Gesellschaft und der noch schwerer fassbare Mensch an sich

Noch diffiziler wird der Umgang mit dem Verantwortungsbegriff, wenn das Mahnen anhebt, welches unser aller Verantwortung gegenüber der Natur, der Welt, dem Kosmos oder auch „nur" der künftigen Menschheit einklagt und uns auf einen demütigen Umgang mit der Schöpfung verpflichten will. Ein, wenn nicht der Klassiker in dieser Literatursparte ist Hans Jonas mit seinem „Prinzip Verantwortung". Er fordert bekanntlich eine neue Demut angesichts der „exzessiven Größe unserer Macht" (Jonas 1998, 55), eine „Ethik des wissbaren (daher in die ... Verantwortung einbezogenen) Überschusses der Macht über das Wissen" (216; Lübbe 1994, 229). Man habe „der Unheilsprophezeiung mehr Gehör zu geben als der Heilsprophezeiung" (Jonas 1998,70).
Spätere Vertreterinnen und Vertreter der Tiefenökologie fordern dann ein prinzipielles Umdenken, etwa von einer anthropozentrischen oder auch nur „pathozentrischen" Weltsicht auf ein „biozentrisches" oder sogar „physiozentrisches" Vorgehen, das die Stellung des Menschen und seine Verantwortung gegenüber anderen Kreaturen deutlicher mache (vgl. Birnbacher 1997).
Bereits vor einigen Jahren hatte Weyma Lübbe gegen Jonas eingewandt, es sei nicht statthaft, in einer Weise von Verantwortung zu reden, die in keiner Form durch nachvollziehbare Regeln mehr eingegrenzt sei. Letztlich verliere man da-

durch seine Handlungsmöglichkeiten, zumal es unmöglich sei, unvorhergesehene Handlungsfolgen generell im Voraus einzuplanen (Lübbe 1994, 230).
Hier könnte ein erfolgversprechender Umweg über die Zurechnung zu Kollektiven verlaufen, die für die Gesamtheit ihres Tuns einer gewissen Haftung und Kontrolle unterliegen sollten.
Die bisherigen Ausführungen sollten zeigen, dass die Versuche, den Begriff der Verantwortung kontrollierbar und handhabbar zu machen, auf dem einen oder anderen Weg stets die Rückführung auf die Zurechenbarkeit von Verhalten impliziert, wobei man versucht, so lange wie irgend möglich mit der individuellen Zurechnung oder einem Analogon zurecht zu kommen, es dreht sich um die mehr oder minder komplizierte „analytische Arbeit der Zerlegung jener komplexen Schädigungsprozesse in handlungstheoretisch fassbare Teilrozesse" (Lübbe 1998, 35). Unüberwindliche Schwierigkeiten scheinen daher bis jetzt nicht aufzutreten. Eine weniger optimistische Einschätzung dieser Situation gibt der Beitrag von Joachim Lege.
Wenn sich Verantwortung gleichwohl nicht vollständig auf den Begriff der Zurechnung reduzieren lässt, dann liegt dies einmal an einem faktischen, aber in letzter Konsequenz illegitimen Sprachgebrauch, dann aber auch an einem schwer greifbaren Bedeutungselement von „Verantwortung", welches sich der Reduktion auf die Zurechnung hartnäckig versperrt, aber durchaus eine gewisse Berechtigung besitzt, weil es auf einen zusätzlichen Teil menschlicher Interaktion zu verweisen vermag.

4. „Wer Geschichte sagt, will betrügen"

Es gibt nun ein in der Geschichte politischer Systeme schon traditionelles Muster, wie man vehement, plakativ und manchmal sogar lautstark Verantwortung für eine politische Handlung oder ein ganzes Aktionsprogramm übernehmen kann, ohne sich jedoch dem Vorgang der Zurechnung der eigenen Handlungen stellen zu wollen. Interessant zu beobachten war in diesem Zusammenhang, wie die Massenmedien bei der Berichterstattung über Terroranschläge mehr und mehr auf die Formulierung verzichteten, eine bestimmte Gruppierung habe „die Verantwortung übernommen", eben, weil sich derartige Täter normalerweise eben nicht der Verantwortung stellen. Doch auch bei Regierenden verschiedener Lager lässt sich das Verhaltensmuster beobachten, dass man quasi die Instanz erst mitbringt, vor der man bereit ist, sich zu verantworten. Man beruft sich da gewöhnlich auf die Verantwortung vor „der Geschichte", die über die kleinliche Kritik durch Zeitgenossen erhaben sei. Besonders beliebt ist solches Vorgehen naturgemäß bei Diktatoren verschiedener Provenienz, doch dient es auch anderen, die sich etwa durch die faktische Gerichtsbarkeit und andere irdische Instanzen für ihr politisches Handeln nicht adäquat beurteilt sehen dazu, jenen gegenüber eine höhere Instanz zu benennen. So endete Fidel Castros erste Verteidigungsrede anlässlich seiner Verhaftung wegen des inzwischen zum Mythos gewordenen Überfalls auf die Moncada-Kaserne am 26. Juli 1953 mit dem Satz: „Verurteilt mich ruhig, die Geschichte wird mich freisprechen", Erich Honecker berief sich insbesondere nach seiner Entmachtung und nach dem Ende der DDR wiederholt auf die Geschichte als Legitimationsinstanz.

Ein Paradebeispiel ebenso aufdringlicher wie unverbindlicher Verantwortungsübernahme formuliert Carl Schmitt im Jahr 1933 für die nationalsozialistische Bewegung. Nachdem er kurz zuvor noch an den normalerweise unauffällig aus der Gesellschaft heraus herrschenden Eliten wie dem Klerus, der Wirtschaft und der Freimaurerei Kritik geübt hat, Mächten, wie gesagt, die ihre Rolle im Verborgenen spielten, betont er:

> „Immer größer und gewaltiger erscheint dann sowohl die Tat wie die Aufgabe der Nationalsozialistischen Bewegung Deutschlands, die sich offen zu ihrer geschichtlichen Verantwortung bekennt und die Riesenleistung einer Staat- und Volktragenden Organisation in aller Öffentlichkeit auf sich nimmt." (Schmitt 1933, 28)

Allerdings weiß Schmitt als Jurist nur zu gut, worauf er achten muss, will er der nationalsozialistischen Bewegung mit diesem Anspruch keinen Bärendienst erweisen. In der Anwendung auf die politische Realität sieht die geschichtliche Verantwortung nach der Vorstellung Schmitts dann so aus, dass die Trennung von Partei und Staat, die den Nationalsozialismus gerade vom italienischen Faschismus unterscheidet, u.a. bei Amtsmissbrauch die Übertragung der Körperschaftshaftung vom Staat auf die Partei oder die SA verhindert (Schmitt 1933, 22). Ferner dürfen sich Gerichte nicht in die „inneren Angelegenheiten" von SA und SS einmischen. Für SA und SS bedürfe es einer eigenen Standgerichtsbarkeit. Kein „bürgerlich prozedierendes Gericht" könne Partei und SA die gewaltige Aufgabe der Sorge um das Schicksal des deutschen Volkes abnehmen, „in der sich auch die ganze Gefahr des Politischen anhäuft" (Schmitt 1933, 33). Es ist nur konsequent wenn Schmitt zwei Jahre später die Tötung Röhms und seiner Gefolgsleute als „richterliche Handlungen des Führers" feiert (Schmitt 1935).

Es war Carl Schmitt, der Proudhons Satz: „Wer Gott sagt, will betrügen" ein ebenso überzeugtes „Wer Menschheit sagt, will betrügen" entgegensetzte (Schmitt 1940, 143). Dem kann man mit Bezug auf die hier skizzierte und ähnliche Übernahmen von Verantwortung hinzufügen: „Wer Geschichte sagt, will betrügen". Schließlich hat die Geschichte als Rechtfertigungsinstanz allenfalls in feudalen Kriegergesellschaften ihre unmittelbare Evidenz, wo der Ruhm für große Taten oder auch die Schande für schimpfliches Verhalten möglicherweise größeres Gewicht als Handlungsmotive besitzen als die Sorge um das eigene Leben oder gar um die Familie. Auch in solchen Gesellschaften gab es jedoch stets deutliche Belege dafür, dass diese Motivation keineswegs als zwingend angesehen wurde. Ein Beispiel hierfür, dass nämlich Giovampagolo Baglioni von Perugia nicht die Courage besaß, den mit nur wenigen Bewaffneten in seine Stadt eingedrungenen Papst Julius II. gefangenzunehmen und zu töten, was ihm unsterblichen Ruhm eingetragen hätte, brachte Machiavelli zu seiner oft zitierten Klage, die Menschen verstünden es weder, konsequent gut, noch konsequent böse zu sein (Discorsi I 27; Machiavelli 1992, 109).

In der modernen bürgerlichen Gesellschaft, insbesondere im demokratischen Verfassungsstaat, wird der Verweis auf derartige Verantwortung vor der Geschichte noch sehr viel rascher zum Ausweichen vor dem Tragen der Verantwortung gegenüber Menschen. Dies sind daher Verwendungsweisen, auf die man zumindest dann besser verzichten sollte, wenn sie als einzige oder als entscheidende Begründung für umstrittene Handlungen dienen sollen.

Es mag seinen Sinn haben, wenn jemand mit Formulierungen wie der Verantwortung vor der Geschichte dafür plädieren will, auch die längerfristige Perspektive unseres Handelns nicht aus den Augen zu verlieren. Es wird jedoch dann ein definitiver Betrugsversuch aus dem Verweis auf die Menschheit, auf die Geschichte, auf das Gewissen oder auch auf Gott als Instanzen, vor denen man sich verantwortlich fühlt, wenn man zugleich die kontrollierbar geregelte Verantwortung gegenüber Menschen von sich weist, wie es eben bei Carl Schmitt zu sehen war. Wer bereit ist, sich als Politikerin der allgemeinen und freien Wahl oder als Bürgerin dem gerichtlichen Urteil in einem fairen Verfahren zu stellen, kann unter Umständen auch derartige Argumente zur Begründung der eigenen Handlungen heranziehen, wenn es schwierig wird, die eigenen moralischen Intuitionen mit dem zur Verfügung stehenden Vokabular zum Ausdruck zu bringen. Zweckmäßiger ist es freilich, wenn sie Begründungsverfahren benutzt, die allgemein akzeptiert sind – und zur allgemeinen Akzeptanz von Instanzen wie „der Geschichte" und „der Menschheit" trägt es bei, ihre Verwendung für andere nachvollziehbar zu machen. Vielleicht lässt sich die Bemühung um „Nachhaltigkeit" in der ökologischen und energiepolitischen Debatte in manchen ihrer Aspekte hier einordnen. Dazu verhilft für gewöhnlich eine Darstellungsweise, die direkt oder in analoger Weise auf Elemente der Zurechnung zurückgreift. Unbedingt notwendig ist sie indessen nicht.

5. Verantwortung ohne Zurechnung

Es gibt dennoch einen Bereich menschlichen Handelns, in dem wir Verantwortung tragen, den wir auch in der politischen Diskussion behandeln, der jedoch nur sehr schwer durch das Instrumentarium der Zurechnung erfassbar ist. Letzteres liegt nicht zuletzt daran, dass die Regeln und Imperative, denen man folgen oder die man verletzen kann, wenn überhaupt, dann solche der Klugheit sind, nicht jedoch solche des Rechts oder der Moral. Dennoch kann eine derartige Entscheidung katastrophale Auswirkungen auf die Zukunft ganzer Unternehmen, ganzer Volkswirtschaften, aber auch ganzer Staaten haben, ohne dass die Handelnden gegen die Gesetze verstoßen oder gar Schlechtes gewollt hätten. Vielleicht haben sie sich sogar an alle verfügbaren Daten und die gängigen Faustregeln im Umgang mit vergleichbaren Situationen gehalten. Und trotzdem ist später allen klar, dass das Verhalten in dieser Situation falsch war. Bereits in den achtziger Jahren hatte Dietrich Dörner (Dörner 1989) die Experimente mit Computersimulationen angestellt, bei denen Menschen als Bürgermeister einer imaginären Stadt, als Entwicklungshelfer in einer imaginären Gegend in Afrika, als Ökologen in der nördlichen Tundra trotz besten Willens in die Katastrophe steuerten. Man konnte zwar einige Faustregeln angeben, welche Vorgehensweise eher zur Katastrophe führte. Die positiven Normen karikiert man selbst in der Form, man habe eben Alles richtig und nichts falsch zu machen. Allenfalls lässt sich eine bestimmte Haltung als erfolgversprechend identifizieren, die permanent nach dem Warum von Erfolg und Misserfolg fragt und so die eigene Performanz kontinuierlich verbessert (Dörner 1989, 40 ff.; vgl. Lübbe 1994, 238 ff.).

Machiavelli benutzt hier die Rede von der diversità de' temporali, der Verschiedenheit der Zeitläufte, (Discorsi III.9; Machiavelli 1992, 213), in welche der Handlungsstil eines Menschen passen kann oder eben nicht. Kaum jemand ist in der Lage, seine charakterliche Anlage zu ändern, etwa vom zögerlichen Menschen zum Draufgänger zu werden oder auch umgekehrt. Ein anderes Element, auf das Machiavelli verweist, ist die *occasione*, die gute Gelegenheit, die es beim Schopf zu packen gilt, die man aber für gewöhnlich nur von hinten sieht, um die die Menschen sich vergeblich bemühen, nachdem sie vorbeigegangen ist, oder sich abgewandt hat (invan s'affatica un, se gli avviene ch'i' l'abbi traspassato, os'i' mi vòlto; Capitolo dell'ambizione, Machiavelli 1992, 987). Um ein positives Beispiel für den Umgang mit diesen besonderen Situationen zu wählen: Der Umstand, dass Helmut Kohl nach der Maueröffnung die Gelegenheit, Deutschland zu vereinen, derart beherzt beim Schopf packte, trug ihm zehn Jahre später auch von Seiten des politischen Gegners selbst inmitten eines Finanzskandals hohen Respekt ein. Negative Beispiele fallen uns allen, denke ich genügend ein.

Es gibt eine Vielzahl von Fällen, in denen über alle Rechts-, Moral- und Klugheitsregeln hinaus so etwas wie Gespür, Intuition und Sinn für das in der Situation Erforderliche erwartet wird, wofür wir Menschen dann später auch loben oder tadeln, ohne ein klares Verfahren der Zuschreibung zu besitzen. Ein Bereich, in dem wir dies kennen, ist wie bereits angedeutet die Politik, wo das Risiko der politisch am vorderster Stelle Engagierten eben darin besteht, abge-

wählt zu werden, eventuell auch, ohne dass man ihnen eigentlich etwas vorwerfen kann – und umgekehrt. „Die sogenannte politische Verantwortung gehorcht daher auch anderen Regeln als juristische und moralische Verantwortung“ (Lübbe 1998, 200). In Kriminalfilmen oder –romanen ist oft die Rede vom siebten Sinn, vom kriminalistischen Gespür, bis zum Jucken im kleinen Finger. Ähnliches nehmen erfahrene Mediziner für sich in Anspruch und können es manchmal auch unter Beweis stellen. Daran ist nun im Prinzip wenig Mystisches, da die Gesamtheit der durch zahlreiche Einzelfälle herausgebildeten Erfahrungen, Regeln und Hinweise, die uns mitunter zu emotionalen Stellungnahmen bewegt, möglicherweise ein bestimmtes Handeln nahe legt, ohne dass man es gegenwärtig im ausreichenden Maß deduktiv begründen könnte. Auf lange Sicht kann man vielleicht eine zusammenhängende und konsistente Begründung dafür finden, warum das Verhalten in der konkreten Situation richtig oder falsch war, im Augenblick muss man sich jedoch auf vage Verweise zurückziehen.
Damit wird selbstverständlich nicht dem Verzicht auf das Sammeln von Daten, auf den Rückgriff auf bewährte Verfahrensmuster, auf die Bereitschaft, sein Verhalten zu korrigieren, auf rationale, methodische Reflexion im Allgemeinen das Wort geredet. Es wird nur deutlich gemacht, dass angesichts der hohen Komplexität menschlicher Lebenssituationen ein erhebliches Maß an unwägbarem Rest bleibt, das zur Gefahr werden kann, wenn man es ignoriert. Da wir logischerweise nicht über die Beachtung der Sorgfältigkeit hinaus sorgfältig sein und die Rationalität unseres Handelns niemals so weit steigern können, dass wir stets um die Ergebnisse unseres Tuns wissen, bleibt uns in dieser Situation nur die Möglichkeit, mit einer bestimmten Haltung an die Dinge heranzugehen, mit der Bereitschaft, trotz allen Wissens um unsere Unvollkommenheit Verantwortung für unser Handeln zu tragen. Diese Bereitschaft zeigt sich darin, dass wir selbst da, wo wir die unliebsamen Folgen unserer Vorgehensweise nicht hatten vorhersehen können, alle Kräfte mobilisieren, diese Folgen auszugleichen, für den Politiker oder die Politikerin heißt dies eben häufig, dass sie zurücktreten, obwohl man ihnen nichts Justiziables vorwerfen kann.

Literatur:

Adams, M. McC.; Wood, R.: Is To Will It as Bad as To Do It? The Fourteenth Century Debate, in: Franciscan Studies 43 (1983), S. 5-60.

Birnbacher, D. (Hg.): Ökophilosophie, Stuttgart 1997.

Canetti, E.: Masse und Macht, 25. Aufl., Frankfurt 1999.

Dörner, D.: Die Logik des Mißlingens. Strategisches Denken in komplexen Situationen, Reinbek bei Hamburg 1989.

Habermas, J.: Moralbewußtsein und kommunikatives Handeln, Frankfurt/M. 1983.

Hruschka, J.: 1991a, Verhaltensregeln und Zurechnungsregeln, in: Rechtstheorie 22 (1991), S. 449-460.

Hruschka, J.: 1991b, Rechtfertigungs- und Entschuldigungsgründe: Das Brett des Karneades bei Gentz und bei Kant, in: Goltdammers Archiv für Strafrecht 138 (1991), S. 1-10.

Jäger, H.: Makrokriminalität, Studien zur Kriminologie kollektiver Gewalt, Frankfurt/M. 1989.

Jonas, H.: Das Prinzip Verantwortung, Frankfurt/M. 1998.

Kaufmann, M.: imputabilitas als Merkmal des Moralischen. Die Diskussion bei Duns Scotus und Wilhelm von Ockham, in: Jahrbuch für Recht und Ethik 2 (1994), S. 55-66.

Lübbe, W. (Hg.): Kausalität und Zurechnung, Über Verantwortung in komplexen kulturellen Prozessen, Berlin/New York 1994.

Lübbe, W.: Verantwortung in komplexen kulturellen Prozessen, Freiburg/München 1998.

Lüderssen, K.: Aufgeklärte Kriminalpolitik oder der Kampf gegen das Böse, Bd. 3, Baden-Baden 1998.

Lüderssen, K.: Makrodelinquenz, Baden-Baden 1998.

Machiavelli, N.: Tutte le opere, Firenze 1992.

May, L.; Hoffman, S. (Hg.): Collective responsibility. Five Decades of Debate in Theoretical and Applied Ethics, Savage (Maryland) 1991.

Moeller, C.: Völkerstrafrecht und internationaler Strafgerichtshof – kriminologische, straftheoretische und rechtspolitische Aspekte, Münster 2003.

Naucke, W.: Die strafrechtliche Privilegierung staatsverstärkter Kriminalität, Frankfurt/M. 1996.

Pogge, T.: World Poverty and Human Rights: Cosmopolitan Responsibilities and Reforms, Polity Press, 2002.

Pogge, T. (Hg.): Global Justice, Oxford 2001.

Ropohl, G.: Ethik und Technikbewertung, Frankfurt/M. 1996.

Schmitt, C.: Staat, Bewegung Volk: Die Dreigliederung der politischen Einheit, Hamburg 1933.

Schmitt, C.: Staatsethik und pluralistischer Staat, in: ders., Positionen und Begriffe im Kampf mit Weimar-Genf-Versailles, 1923-1939, Hamburg 1940.

Schmitt, C.: 1935: Der Führer schützt das Recht, in: ders., Positionen und Begriffe im Kampf mit Weimar-Genf-Versailles, 1923-1939, Hamburg 1940.

Werle, G.: Völkerstrafrecht 2003.

Autorenverzeichnis:

Dr. Alexander Aichele, Institut für Philosophie der Martin-Luther-Universität Halle-Wittenberg
Schleiermacherstr. 1, D-06114 Halle (Saale)
Tel. + 49 345 552 4395 Fax. 552 7154
aichele@phil.uni-halle.de

Prof. Dr. Giuseppe Cacciatore, Università di Napoli Federico II, Dipartimento di Filosofia "A.Alliotta", Via Porta di Massa 1, I-80133 Napoli
Tel. +39 081 5423713
cacciato@unina.it

Prof. Dr. Agostino Carrino, Università di Napoli Federico II, Dipartimento di Scienze dello Stato
Via Guglielmo Sanfelice 47, I-80134 Napoli
agocar@tin.it

Prof. Dr. Vanna Gessa Kurotschka, Dipartimento di Filosofia e Teoria delle Scienze Umane, Università di Cagliari
Piazza D'Armi, I-09123 Cagliari
Tel. +39 0706 757298 Fax. 757291
vanna@unica.it

Dr. Volker Haas, Universität Tübingen, Juristische Fakultät
Wilhelmstr. 7, D-72074 Tübingen
haas@jura.uni-tuebingen.de

Prof. Dr. Joachim Hruschka, Universität Erlangen-Nürnberg, Lehrstuhl für Strafrecht und Rechtsphilosophie
Schillerstr. 1, D-91054 Erlangen
Tel. +49 9131 8522248 Fax. 8529117
Joachim.Hruschka@jura.uni-erlangen.de

Prof. Dr. Jan C. Joerden, Lehrstuhl für Strafrecht und Rechtsphilosophie der Europa-Universität Viadrina
Große Scharrnstraße 59, D-15230 Frankfurt (Oder)
Tel. +49 335 5534336
joerden@euv-frankfurt-o.de

Prof. Dr. Matthias Kaufmann, Institut für Philosophie der Martin-Luther-Universität Halle-Wittenberg
Schleiermacherstr. 1, D-06114 Halle (Saale)
Tel. + 49 345 5524393 Fax. 552 7154
kaufmann@phil.uni-halle.de

Dott. Andreas Labardi, Istituto di Diritto Romano e Storia del Diritto - Facoltà di Giurisprudenza dell'Università degli Studi di Pisa
Via Curtatone e Montanara, 15, I-56126 Pisa
andrealabardi@tiscalinet.it

Prof. Dr. Joachim Lege, Lehrstuhl für Öffentliches Recht, Verfassungsgeschichte, Rechts- und Staatsphilosphie der Universität Greifswald
Domstr. 20, D-17489 Greifswald
Tel. +49 3834-86-2151 Fax. 2156
joachim.lege@uni-greifswald.de

Prof. Dr. Georg Lohmann, Institut für Philosophie der Otto-von-Guericke Universität Magdeburg
Virchowstr. 24, D-39016 Magdeburg
Tel. +49 391 67-16697/16698 Fax. 16557
Lohmann@gse-w.uni-magdeburg.de

Prof. Dr. Georg Mohr, Studiengang Philosophie, Fachbereich 9 , Universität Bremen
SFG, 4. Etage, Raum 4160, Enrique-Schmidt-Str. 7 , D-28359 Bremen
Tel. +49 421 2183034 Fax. 2189317
gmohr@uni-bremen.de

Prof. Dr. Mario Montorzi, Dipartimento di Diritto Privato "U. Natoli", Università di Pisa
Palazzo della Sapienza, Via Curtatone e Montanara, I-56126 Pisa
Tel. +39 050 920822 Fax. 920837
montorzi@idr.unipi.it

Prof. Dr. Stanley L. Paulson, William Gardiner Hammond Professor of Law and Professor of Philosophy Washington University
School of Law, Box 1120, One Brookings Drive, St. Louis, MO 63130 4899, USA
Tel. +314 9356409 /-6422 (Sekr.), Fax. 93553356
Paulson@wulaw.wustl.edu

Prof. Dr. Joachim Renzikowski, Professur für Strafrecht und Rechtsphilosophie der Martin-Luther-Universität Halle-Wittenberg
Universitätsplatz 6, D-06108 Halle
Tel. +49 345 5523130 Fax. 5527274
renzikowski@jura.uni-halle.de

Prof. Dr. Kurt Seelmann, Universität Basel, Ordinariat für Strafrecht und Rechtsphilosophie
Maiengasse 51 CH-4056 Basel
Tel. +41 61 2672542 ,- 2537 (Sekr.) Fax. 2672547
Kurt.Seelmann@unibas.ch

Treffpunkt Philosophie

Herausgegeben von Matthias Kaufmann, Dieter Birnbacher, Jan C. Joerden, Wolfgang Kersting, Peter Koller, Georg Lohmann, Georg Mohr, Joachim Renzikowski, Wilhelm Vossenkuhl

Band 1 Matthias Kaufmann (Hrsg.): Recht auf Rausch und Selbstverlust durch Sucht. Vom Umgang mit Drogen in der liberalen Gesellschaft. 2003.

Band 2 Georg Lohmann (Hrsg.): Demokratische Zivilgesellschaft und Bürgertugenden in Ost und West. 2003.

Band 3 Matthias Kaufmann (Hrsg.): Wahn und Wirklichkeit – Multiple Realitäten. Der Streit um ein Fundament der Erkenntnis. 2003.

Band 4 Matthias Kaufmann / Joachim Renzikowski (Hrsg.): Zurechnung als Operationalisierung von Verantwortung. 2004.

www.peterlang.de

Piotr W. Juchacz / Roman Kozłowski (Hrsg.)

Freiheit und Verantwortung

Moral, Recht und Politik

Frankfurt am Main, Berlin, Bern, Bruxelles, New York, Oxford, Wien, 2002. 293 S.
DIA-LOGOS. Herausgegeben von Tadeusz Buksiński und Piotr W. Juchacz. Bd. 1
ISBN 3-631-39683-X · br. € 51.50*

Die Versuche der Problematisierung der politischen Landschaft Europas und der erwünschten globalen Gestalt von Freiheitsverfassung und sozialer Gerechtigkeit sowie deren Ethos in Mitteleuropa bilden den Inhalt des ersten Teils mit dem Titel „Gesellschaft und Politik". Der zweite Teil „Moral und Recht" enthält grundsätzliche Studien zur freien und verantwortlichen Praxis in der Sphäre der Moral sowie zu zusammengehörigen Rechts- und Ethikkonzepten, insbesondere der kontroversesten Projekte des 20. Jahrhunderts. Das 21. Jahrhundert stellt uns Humanisten die Aufgabe, die vernünftige Freiheit in neuen Zusammenhängen zu erörtern und für jene dort zu werben, wo sie noch nicht im vollen Ausmass realisiert und respektiert wird.

Aus dem Inhalt: Freiheit als Verantwortung · Freiheit als Selbsteinschränkung · Freiheitsgrenzen – gerechte Freiheit – rechtliche Person · Philosophen zur Verantwortung · Moralische Norm vs. Geschlechterdifferenz · Kultur der Freiheit · Die Gesellschaft Freier und Gleicher · Diskursprinzip · Genethik – Freiheit – Verantwortung · Freiheit in der globalisierten Welt

Frankfurt am Main · Berlin · Bern · Bruxelles · New York · Oxford · Wien
Auslieferung: Verlag Peter Lang AG
Moosstr. 1, CH-2542 Pieterlen
Telefax 00 41 (0) 32 / 376 17 27

*inklusive der in Deutschland gültigen Mehrwertsteuer
Preisänderungen vorbehalten

Homepage http://www.peterlang.de